Reptilien & Amphibien

REPTILIEN
UND AMPHIBIEN

Beratende Autoren

Dr. Harold G. Cogger
Australian Museum, Sydney (Australien)
und
Dr. Richard G. Zweifel
American Museum of Natural History, New York (USA)

Illustrationen von
Dr. David Kirshner

Orbis Verlag

Produced by
Weldon Owen Pty Ltd
59 Victoria Street, McMahons Point,
Sydney NSW 2060, Australia

Titel der Originalausgabe: Reptiles & Amphibians

Herausgeber:
Dr. Harold G. Cogger und Dr. Richard G. Zweifel
Illustrationen: Dr. David Kirshner

Übersetzung: Dr. Derek Vinyard
Satz: Partner-Satz, Hamburg
Druck: Kyodo Printing, Singapore,
Umschlaggestaltung: Büro Norbert Pautner, München

Printed in Singapore

ISBN 3-572-01369-0

Innenseiten: Von goldenem Licht beschienen, kommen Suppenschildkröten *(Chelonia mydas)* bei Sonnenuntergang zur Eiablage an Land.
Foto von D. Parer & E. Parer-Cook/AUSCAPE International
Seite 1: Die Augen des gewöhnlichen Chamäleons *(Chamaeleo chameleon)* können sich unabhängig voneinander bewegen. Dadurch ist das Tier imstande, alle Richtungen nach Beute und möglichen Feinden zu überwachen.
Foto von Stephen Dalton/NHPA.
Seite 2-3: Eine Zwergpuffotter *(Bitis peringueyi)* in der Namib-Wüste. Sie tarnt sich, indem sie sich in einer Sanddüne vergräbt.
Foto von Michael und Patricia Fogden.
Seite 4-5: Ein weiblicher Sumpffrosch *(Limnodynastes tasmaniens)* mit seinem Eiklumpen.
Seite 7: Der Faltengecko *(Ptychozoon homocephalum)* wählt von den Baumwipfeln herab den kürzesten Weg. Dabei benutzt er Hautfalten an den Körperseiten und zwischen den Zehen wie einen Fallschirm.
Seite 8-9: Meerechsen *(Amblyrrhynus cristatus)* nehmen auf Ferdinand Island (Galapagos) ein frühes Sonnenbad.
Foto von Tui De Roy/AUSCAPE International.
Seite 10-11: Die riesigen, flügelähnlichen Flossen treiben eine Meeresschildkröte durch das Wasser.
Seite 12-13: Weidende Galapagos-Riesenschildkröten *(Chelonoidis elephantopus)* auf Isabela Island.
Foto von Tui De Roy/AUSCAPE International.
Seite 50-51: Der vielleicht bekannteste aller Frösche, der europäische Grasfrosch *(Rana temporaria)* springt in einen Teich.
Foto von Stephen Dalton.
Seite 106/107: Eine Meerechse *(Amblyrrhynchus cristatus)* hat sich an Algen gesättigt und kehrt nun ans Ufer zurück.
Foto von Mark Jones/AUSCAPE International.

C. A. Henley/AUSCAPE International

HERAUSGEBER:

Dr. Harold Cogger und Dr. Richard G. Zweifel

DIE AUTOREN

Dr. Aaron M. Bauer
Villanova University, Pennsylvania, USA

Dr. Charles C. Carpenter
University of Oklahoma und Oklahoma Museum of Natural History, USA

Dr. William E. Duellman
Museum of Natural History und University of Kansas, USA

Dr. Carl Gans
University of Michigan, USA

Dr. Brian Groombridge
World Conservation Monitoring Centre, Cambridge, England

Dr. Harold Heatwole
North Carolina State University, Raleigh, USA

Dr. Benedetto Lanza
Zoologisches Museum »La Specola«, Universität Florenz, Italien

Dr. William E. Magnusson
Instituto Nacional de Pequisas da Amazonia, Brasilien

Dr. Donald G. Newman
Department of Conservation, Wellington, Neuseeland

Dr. Annamaria Nistri
Zoologisches Museum »La Specola«, Universität Florenz, Italien

Dr. Ronald A. Nussbaum
Museum of Zoology, University of Michigan, USA

Dr. Fritz Jürgen Obst
Staatliches Zoologisches Museum, Dresden, Deutschland

Dr. Olivier C. Rieppel
Field Museum of Natural History, Chicago, USA

Dr. Jay M. Savage
University of Miami, Coral Gables, Florida, USA

Dr. Richard Shine
University of Sydney, Australien

Dr. Stefano Vanni
Zoologisches Museum »La Specola«, Universität Florenz, Italien

Stephen Dalton/NHPA

INHALT

Dritter Teil

DIE ARTEN DER REPTILIEN

VORWORT

Unter den Reptilien fordern zweifellos die Dinosaurier unsere Aufmerksamkeit und Vorstellungskraft am meisten heraus. Dies ist kaum verwunderlich, denn diese Riesen beherrschten das Land mehr als 100 Millionen Jahre lang, ehe sie vor etwa 65 Millionen Jahren plötzlich ausstarben. Glücklicherweise haben andere große, wenn auch weniger auffällige Reptiliengruppen bis heute überlebt. Dies gilt auch für viele Amphibien, deren Vorfahren als erste Wirbeltiere das Land besiedelten.

Allein die Vielfalt der lebenden Reptilien und Amphibien ist erstaunlich. Zieht man die Einschränkungen in Betracht, die sich durch ihren relativ einheitlichen Bauplan und die fehlende Warmblütigkeit ergeben, verfügen sie über ein erstaunliches Spektrum an Lebensweisen und Überlebensstrategien. So nutzen zum Beispiel Frösche zwei Lebensbereiche – als Erwachsene sind sie Räuber, als Kaulquappen dagegen Pflanzenfresser. Schlangen bewohnen eine Fülle von Lebensräumen. Sie leben unterirdisch, auf Bäumen oder im Wasser, einschließlich der Meere. Auch die Art, in der Reptilien und Amphibien sich paaren und fortbewegen, ist gleichermaßen breit gefächert. Man findet hier Brutfürsorge, Formen der Balz und Territorialität sowie Wanderzüge, die denen der Vögel und Säuger durchaus vergleichbar sind. Dennoch müssen wir noch viel mehr über diese großartigen Tiere in Erfahrung bringen, nicht zuletzt auch über ihre ökologische Bedeutung.

Es steht zudem außer Frage, daß wir die Auswirkungen unserer menschlichen Rasse auf unsere Umwelt in den Griff bekommen müssen, wenn wir diesen Tieren helfen und aus ihnen Nutzen ziehen wollen. Durch die Zerstörung ihrer Lebensräume, die Beeinträchtigung der Umgebung durch Umweltverschmutzung, das Einschleppen ursprünglich nicht ansässiger Arten und schließlich die unmittelbare Abschöpfung aus der Natur, wird das Fortbestehen vieler Arten nachhaltig bedroht. Einige Arten konnten zumindest durch jüngst ins Leben gerufene Naturschutz-Initiativen unmittelbar vor dem Aussterben noch gerettet werden. Mehrere Krokodilarten und die Menschen, die sie züchten, profitieren von einer naturverträglichen Nutzungsweise, und neue internationale Initiativen sorgen für einen zunehmenden Schutz von Meeresschildkröten. Allerdings gibt es noch immer alarmierende Meldungen über Bestandsrückgänge bei Amphibien überall auf der Welt, insbesondere in den hohen Breiten. Sie zeigen vielleicht, daß wir unsere Umwelt auf globaler Ebene tatsächlich überbeansprucht und grundlegend geschädigt haben.

So hoffe ich, daß sich alle Leser, die an den folgenden faszinierenden Beschreibungen aller lebenden Reptilien und Amphibien erfreuen, auch zu verantwortlichem Handeln aufgerufen fühlen, um diese Tiere in all ihrer wunderbaren Vielfalt zu bewahren.

Dr. George B. Rabb
Vorsitzender der Artenschutzkommission Brookfield, USA

G. M. Wellington

ERSTER TEIL

DIE WELT DER REPTILIEN

UND AMPHIBIEN

EINE EINFÜHRUNG IN DIE REPTILIEN UND AMPHIBIEN

HAROLD G. COGGER

Wissenschaftler unterteilen das Tierreich zum Zwecke der Klassifizierung in mehrere Hauptgruppen. Die bei weitem größte davon ist die der Wirbellosen: Sie enthält etwa 95 Prozent der Millionen bekannter Tierarten, darunter Schwämme, Mollusken (Weichtiere), Krebstiere und Insekten. Reptilien und Amphibien dagegen sind Wirbeltiere und gehören zu einer Gruppe, die durch ein knöchernes Rückgrat ausgezeichnet ist, eine biegsame, aber starke Stützsäule aus untereinander verbundenen Abschnitten (Wirbeln), an der andere Körperstrukturen befestigt sind. Zu den Wirbeltieren gehören nicht nur die Amphibien (Klasse Amphibia) und Reptilien (Klasse Reptilia), sondern auch die Fische (drei Klassen), die Vögel (Klasse Aves) und die Säugetiere (Klasse Mammalia). Die Unterschiede zwischen Reptilien und Amphibien sind zumeist auffälliger als ihre Gemeinsamkeiten, obwohl sie in wissenschaftlicher Tradition unter dem Terminus »Herpetologie« (vom Griechischen *herpo* = kriechen) seit beinahe zwei Jahrhunderten gemeinsam erforscht werden.

VERSCHIEDENE FORMEN

Die Fossilien-Funde zeigen, daß sowohl Amphibien als auch Reptilien einst eine wesentlich größere Vielfalt an Körpergröße und Körperbau aufwiesen als es heute der Fall ist (dafür sind die Dinosaurier die am besten bekannten Beispiele). Daher neigt man dazu, die heutigen Formen als einen schwachen Abglanz ihrer früheren Herrlichkeit anzusehen, die von den warmblütigen Vögeln und Säugern von ihrer führenden Position verdrängt wurden. Allerdings repräsentieren die Amphibien mit 4250 lebenden Arten zusammen mit den 7000 lebenden Reptilienarten mehr als die Vögel (9000 Arten) oder die Säugetiere (4250 Arten). Sie sind in keinerlei Hinsicht primitiver als Vögel und Säugetiere. Ihre Verhaltensweisen und ihre Physiologie sind ebenso vielschichtig und gleichermaßen gut den vielfältigen Lebensräumen angepaßt, die sie bewohnen.

▲ Reptilien weisen enorme Unterschiede in Körperbau und Größe auf. Sie haben sich dadurch nahezu jedem denkbaren Lebensraum der ganzen tropischen und gemäßigten Breiten angepaßt. Wegen ihrer stärkeren Abhängigkeit vom Wasser sind Körpergröße und -form unter den Amphibien weniger vielfältig. In beiden Gruppen gibt es viele ganz unscheinbar gefärbte Arten. Allerdings machen gewisse Giftschlangen und tropische Frösche den Vögeln mit ihren kräftigen, lebhaften Farbmustern Konkurrenz.

KÖRPERTEMPERATUR UND STOFFWECHSEL

Ein bezeichnender Faktor für die Verbreitung und das Verhalten moderner Reptilien und Amphibien ist ihr Unvermögen, eine hinreichend hohe innere Stoffwechselwärme zu erzeugen, um damit eine konstante Körpertemperatur zu erhalten, wie beinahe alle Vögel und Säugetiere. Daher werden sie häufig als »wechselwarme« oder »ektotherme« Tiere bezeichnet. Obwohl einige Reptilien durchaus genügend Stoffwechselwärme erzeugen können, um ihre Körpertemperatur über einen begrenzten Zeitraum für besondere Aufgaben anzuheben (so bebrüten etwa weibliche Pythons ihre Eier), vermag doch keines eine konstante Temperatur beizubehalten, die wesentlich höher liegt als diejenige der Umgebung, es sei denn mit Hilfe einer äußeren Wärmequelle. Dadurch, daß sie auf äußere Wärmequellen angewiesen sind, um eine »Aktivitäts-

Leo Meier/Australian Picture Library

▲ ▼ (Oben) Diese Nahaufnahme zeigt die Haut eines australischen Wüstenteufels (*Moloch horridus*). Sie ist, wie die aller Reptilien, mit einer wasserundurchlässigen Schicht trockener Hornschuppen bedeckt. Dadurch gedeihen Reptilien noch in viel trockeneren Gebieten als Amphibien aushalten können. (Unten) Im Gegensatz zu den Reptilien können viele Amphibien ihren Sauerstoffbedarf ganz oder teilweise über die Haut decken. Dies ist ein Darwin-Nasenfrosch (*Rhinoderma darwinii*).

temperatur« zu erreichen, können sie in kälteren Klimaten nur eingeschränkt leben und sich fortpflanzen. Daher haben sie in den tropischen und gemäßigten Regionen ihre größte Verbreitung.

Während ein wechselwarmes Tier einerseits mit einer Reihe von Einschränkungen fertigwerden muß (es ist zum Beispiel bei niedrigen Umgebungstemperaturen Räubern gegenüber besonders wehrlos), kann dies auch Vorteile mit sich bringen. So können Reptilien und Amphibien bei allzu unfreundlichen Umweltbedingungen einfach »abschalten« – etwa, wenn es zu kalt oder die Nahrung zu knapp wird. Aus diesem Grund müssen sie keine großen Mengen aufgespeicherter Energie aufbrauchen, um sich warmzuhalten.

HAUT UND SCHUPPEN

Bei den meisten Amphibien ist die Haut dünn, drüsenreich und muß für eine einwandfreie Funktion relativ feucht gehalten werden. Sie ist zudem in hohem Maße durchlässig, so daß Wasser absorbiert oder verdunstet werden kann. Schließlich nimmt sie auch, zusätzlich zur normalen Lungenatmung, am Gasaustausch teil. Also sind die meisten Amphibien an mehr oder weniger feuchte Lebensräume gebunden.

Die Reptilienhaut unterscheidet sich von der der Amphibien insofern, als die äußere Schicht zu Schuppen verdickt ist, die aus Keratin bestehen. Einige Bereiche sind darüber hinaus verstärkt und bilden so Warzen und Kämme. Bei vielen Reptilien (und einigen Amphibien) entwickeln sich kleine Knochen in der Haut unmittelbar unterhalb der Oberfläche. Diese Hautknochen oder Osteodermen verstärken und schützen die Haut zusätzlich und senken die Wasserverdunstung noch weiter. Die Farbe der Haut und ihre Veränderung werden überwiegend von Pigmentzellen bestimmt, die unmittelbar unter den äußeren Hautschichten liegen.

KÖRPERBAU

Ausgehend von den muskulösen Flossen ihrer Fischvorfahren entwickelten die ersten Amphibien vier Gliedmaßen, um sich an Land fortzubewegen. Die späteren Amphibien und Reptilien haben mit ihnen diesen grundlegenden Tetrapoden- (Vierfüßer-) Bau im Wirbeltierskelett gemeinsam.

Dieser Grundbauplan des Skeletts wurde bei einigen Amphibien und Reptilien in hohem Maße modifiziert. Eine extreme Anpassung findet man bei den Schildkröten. Hier sind der größte Teil der Wirbelsäule, der Rippen und des Schulter- und Beckengürtels mit den Hautknochen verwachsen und bilden einen schützenden Panzer. Bei den Fröschen machte die Entwicklung eines effizienten Sprungmechanismus eine größere Festigkeit der Wirbelsäule und einen soliden Körperbau erforderlich, um die enorme Masse der Beinmuskeln zu tragen. Die Tiere erreichten dies durch eine starke Abnahme der Wirbelzahl. Außerdem verschmolzen verschiedene Wirbel zu einem einzigen langen Stützknochen, der als Urostyl bezeichnet wird.

Moderne Amphibien besitzen einfache Zähne, mit denen sie ihre Beute packen. Bei vielen Arten sind die Zähne jedoch reduziert oder fehlen. Die Zähne der Reptilien variieren stark in Bau und Gestalt. Man findet einfache, stumpfe Zähne, mit denen eine Beute gepackt und zum Teil zerquetscht wird, aber auch solche mit breiten Mahlflächen oder scharfen Schnittkanten. Am stärksten spezialisiert sind wohl die Fangzähne der Schlangen, die Rinnen oder Hohlräume entwickelt haben und so zu wirkungsvollen, giftigen Injektionsnadeln wurden. Bei den meisten Amphibien und Reptilien besitzt die Zunge beim Beutefang eine wichtige Hilfsfunktion zu den Zähnen und Kiefern. Sie ist in der Regel stark muskulös, biegsam und dehnbar. Häufig wird sie durch Speichel sogar klebrig, damit die Beute, etwa Insekten, daran haften bleibt. Außerdem bewegt das Tier damit seine Nahrung innerhalb des Mauls. Bei einigen Reptiliengruppen, etwa bei Waranen und Schlangen, entwickelte sich die Zunge zu einem spezialisierten Sinnesorgan, mit dessen Hilfe eine Beute wahrgenommen und geortet wird. Sie ist jedoch in anderer Hinsicht nicht direkt am Beutefang beteiligt.

INNERE ORGANE

Die Weichteile erwachsener Amphibien und Reptilien sind denen anderer Wirbeltiere ähnlich. Eine Trachea (Luftröhre) führt von der Glottis (dem Stimmapparat) zu einer paarigen Lunge. Allerdings kann letztere bei einigen aquatischen Arten, die nahezu ihren gesamten Sauerstoffbedarf über die Haut decken können, reduziert sein oder sogar fehlen. Bei den meisten Schlangen ging die rechte Lunge im Laufe ihrer Entwicklungsgeschichte verloren, und bei zahlreichen Seeschlagen dehnt sich die Lunge an der gesamten Luftröhre entlang nach vorn aus. Hier reguliert sie beim Tauchen den Auftrieb der Schlange. Das komplizierte Kreislaufsystem arbeitet wirkungsvoll, doch besitzt das Herz der Amphibien und Reptilien – eine Aus-

ZEFA/Ziesler

nahme bilden nur die Krokodile - lediglich drei Kammern: zwei Atria (Vorhöfe) und einen unvollkommen geteilten Ventrikel (Hauptkammer). Allerdings wird das Blut so geleitet, daß sich der sauerstoffreiche (arterielle) Anteil mit dem sauerstoffarmen (venösen) nur minimal vermischt. Bei den Krokodilen ist der Ventrikel, wie bei Vögeln und Säugern, vollständig durch ein Septum getrennt. Dadurch wird jegliche Vermischung von arteriellem und venösem Blut verhindert, und dieses System ist wesentlich wirkungsvoller als das anderer Reptilien und der Amphibien. Obwohl sich unter den Amphibien und Reptilien zahlreiche Nahrungsspezialisten entwickelt haben, wird die Nahrung, sobald sie das Maul einmal passiert hat, in einem völlig normal gebauten Wirbeltier-Darmtrakt verdaut. Ein wesentliches Merkmal sowohl der Amphibien als auch der Reptilien, das sie zudem von den meisten Säugetieren unterscheidet, ist das Vorhandensein einer Kloake. Es handelt sich dabei um eine große Kammer innerhalb der Analöffnung, in die der Darm und die Gänge des Urogenitaltraktes einmünden.

Da die Mehrzahl der Amphibien in feuchter Umgebung lebt, ist der Wasserverlust für sie meist kein größeres Problem. Daher werden ihre stickstoffhaltigen Abfallprodukte in der Leber in Harnstoff überführt und von den Nieren ausgeschieden. Sie verlassen den Körper in einem flüssigen Urin. Dasselbe gilt für Reptilien, die in feuchter Umgebung oder im Wasser leben. Wo sie jedoch in sehr trockenen Gebieten leben, etwa in Wüsten, in denen das Wasser knapp ist, wird die Körperflüssigkeit zu kostbar, um als Urin abgegeben zu werden. Also verwandelt die Leber bei den meisten Reptilien die stickstoffhaltigen Abfallprodukte zu Harnsäure, die nach ihrer Ausscheidung über die Nieren zur Kloake weitergeleitet wird. Hier wird das Wasser resorbiert, und es werden feste Harnsäure-Kristalle abgelagert. Diese verlassen den Körper als eine feuchte Paste mit nur einem Bruchteil des Wassergehaltes, der benötigt würde, um den Harnstoff als Urin auszuscheiden.

DIE SINNESORGANE

Für die meisten Amphibien und Reptilien sind drei Sinnesorgane überlebenswichtig: Gesicht, Gehör und Geruch. Dabei hängt die relative Bedeutung eines jeden Sinnesorgans stark von der Lebensweise der jeweiligen Art ab.

Bei den Fröschen, deren Männchen ihre Weibchen durch Rufe anlocken, ist ein scharfes Gehör erforderlich, um die Rufe einzelner Männchen der eigenen Art vom Hindergrundgeräusch anderer rufender Männchen oder derer anderer Arten unterscheiden zu können. Bei vielen Echsen locken die Männchen ihre Geschlechtspartner mit leuchtenden Farben an und schrecken damit zugleich andere Männchen von ihren Territorien ab. Natürlich ist ein scharfer Gesichtssinn, der solche Farben unterscheiden kann, für diese Arten ganz entscheidend.

Hinsichtlich ihrer Grundmerkmale sind die Augen der Amphibien und Reptilien denen anderer Landwirbeltiere ähnlich: Sie besitzen die typische Cornea, Iris, Linse und Retina (Netzhaut). Die meisten Amphibien haben ein unbewegliches oberes und ein bewegliches unteres Augenlid, dessen oberer Teil (die Nickhaut) zumeist durchsichtig ist. Auch bei den Reptilien ist das untere Augenlid in der Regel beweglich und wenigstens zum Teil mit Schuppen bedeckt. Bei vielen Echsen und sämtlichen Schlangen jedoch ist das obere Augenlid mit dem unteren verwachsen, und das Auge wird von einer großen, unbeweglichen, durchsichtigen Scheibe – der Brille – bedeckt, die es vor Verletzungen schützt. Mit der Zeit sammeln sich auf der Brille Kratzer und Schmutz, und sie wird in jedem Häutungszyklus zusammen mit der Haut abgestreift.

Auch die Ohren sind typisch für Landwirbeltiere. An jeder Seite des Kopfes befindet sich eine Membran (das Trommelfell), die alle herankommenden Töne empfängt und über einen oder mehrere feine, Gehörknochen an das Innenohr weiterleitet. Da jedoch vielen Reptilien das Trommelfell fehlt oder von Haut überwachsen ist, können sie diese Töne aus der Luft nur eingeschränkt wahrnehmen. Hier sind die inneren knöchernen Strukturen häufig so modifiziert, daß sie Schwingungen über andere Körpergewebe aufnehmen.

Auch die olfaktorischen Sinnesorgane (Geruchs- und Geschmackssinn) sind bei den meisten Amphibien und Reptilien mäßig bis gut entwickelt. Das wichstigste olfaktorische Organ beider Tiergruppen ist ein Vomeronasalorgan, das sich am Munddach befindet und als Jacobsonsches Organ bezeichnet wird. Bei den Amphibien und vielen Reptilien »schmeckt« es die Nahrung im Maul. Andere Reptilien, besonders die Warane und Schlangen, besitzen eine stark vorstreckbare Zunge, die ihre Umgebung quasi »testet«, indem sie winzige Partikel aufnimmt, die über die Zungenspitze(n) dem Jacobsonschen Organ zugeführt werden, um sie dort zu analysieren. So können derartige Reptilien der Spur einer Beute folgen, selbst wenn sich das Beutetier fortbewegt.

Anthony Bannister/NHPA

▲ Säuger und Vögel schuppen ihre Haut, Zelle für Zelle, ständig ab. Bei Reptilien wird die Haut normalerweise im Stück abgestreift, wie die häutende Bibrons Dickfingergecko (*Pachydactylus bibroni*) aus Afrika zeigt.

▼ Das Krokodilauge enthält sowohl Stäbchen als auch Zäpfchen. Daher können diese Tier wahrscheinlich Farben erkennen.

David P. Maitland/AUSCAPE International

FORTPFLANZUNG UND LEBENSZYKLEN

Der Lebenszyklus eines Amphibs unterscheidet sich grundlegend von dem eines Reptils. Die Reptilien produzieren Eier, innerhalb derer sich jeweils ein Embryo entwickelt und ausschlüpft (oder im Falle der lebendgebärenden Arten geboren wird). Dabei ist das Neugeborene meist eine Miniaturausgabe des erwachsenen Tieres. Dagegen zeichnen sich die Amphibien durch einen zweistufigen Lebenszyklus aus. Hier schlüpfen aus den Eiern aquatische, kiementragende Larven (zum Beispiel Kaulquappen), die sich irgendwann zu luftatmenden, überwiegend landlebenden Erwachsenen weiterentwickeln. Es gibt Arten, bei denen das gesamte Kaulquappenstadium noch im Ei oder im Körper der Mutter abläuft.

Beinahe alle Amphibien bringen Eier hervor, deren Anzahl von einem einzigen zu mehreren tausend in einem Gelege variiert und die im Wasser oder an einer feuchten Stelle auf dem Land abgelegt werden. Die Befruchtung erfolgt entweder innerlich oder äußerlich. Den meisten männlichen Amphibien fehlt jede Art einführbarer Organe, mit deren Hilfe sie Sperma in ein Weibchen hineinbringen könnten. Einige sind jedoch imstande, einen Teil ihrer Kloake in die des Weibchens hineinzustülpen. Bei den meisten Fröschen stößt das Männchen seine Samenflüssigkeit lediglich über den Eiern aus, sobald diese den Körper des Weibchens verlassen haben. Die Männchen der Salamander legen ein Spermapaket (die Spermatophore) ab, das anschließend von den Kloakenlippen des Weibchens aufgenommen und in der Kloake festgehalten wird, bis es für die Befruchtung benötigt wird.

Bei einem Reptil entsteht ein Ei durch innere Befruchtung. Mit Ausnahme der Brückenechse, deren Sperma zwischen den Geschlechtern nur durch Kontakt der Kloaken ausgetauscht wird, besitzen alle Reptilien wohlentwickelte einführbare Organe, um die Samenflüssigkeit zu übertragen. Bei Echsen und Schlangen sind diese Organe paarig, so daß jedes Männchen über zwei funktionsfähige Penisse verfügt. Dagegen haben Schildkröten und Krokodile nur einen einzigen Penis.

Das Reptilienei ist erheblich komplizierter gebaut als das eines Amphibs und zudem besser dem Überleben an Land angepaßt. Bei zahlreichen Reptilien entwickelt das Ei keine Schale, und die Entwicklung erfolgt im Körper der Mutter. Die Embryonalhüllen werden zurückbehalten und bilden in einigen Fällen eine einfache plazentale Verbindung zur Mutter.

DIE EIER DER REPTILIEN UND AMPHIBIEN

Die Eier der Amphibien besitzen weder eine Schale noch irgendeine andere Schutzmembran. Sie sind daher sehr empfindlich gegen Austrocknung. Jedes befruchtete Ei ist von einer dichten, schützenden Gallertmasse umhüllt. Der darin enthaltene Dotter ernährt den Embryo während seiner Entwicklung bis zum Schlüpfen.

Die meisten modernen Reptilien legen Eier, doch unterscheiden sich diese erheblich von denen der Amphibien. Normalerweise ist der Embryo in mehrere flüssigkeitsgefüllte Säcke eingebettet, die wiederum von einer verkalkten Schale umgeben werden. Die Schale schützt den Keim gegen physische Beschädigung. Und obwohl sie für Gase und in gewissem Umfang auch für Wasser durchlässig ist, hält sie den Wasserverlust weitgehend gering, so daß sich das Ei an Land auch in relativ trockenen Gebieten sicher entwickeln kann. Auch hier ernährt ein Dottervorrat den sich entwickelnden Embryo, und überdies haben drei Embryonalhüllen innerhalb des Eies besondere Aufgaben übernommen: Die Allantois ist ein Sack, in dem die Stoffwechselabfälle des Embryos sicher gespeichert werden. Sie ist zum Teil mit einem anderen Sack, dem Chorion, verschmolzen, das sich der Schaleninnenseite anschmiegt. Beide Hüllen sind von Blutgefäßen durchsetzt, die dem Embryo beim Sauerstoffaustausch über die luftdurchlässige Schale helfen. Die dritte Hülle, das Amnion, bildet um den Embryo herum einen flüssigkeitsgefüllten Sack, der ihn gegen äußere Störungen abpuffert.

Im Gegensatz zum Amphibien-Ei bildet das eines Reptils ein im wesentlichen geschlossenes System, in dem der Embryo alles vorfindet, was er für seine Entwicklung braucht.

AMPHIBIEN-EI

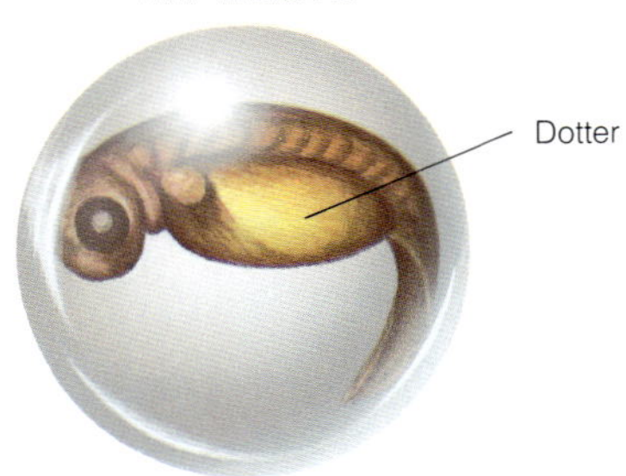

REPTILIEN-EI

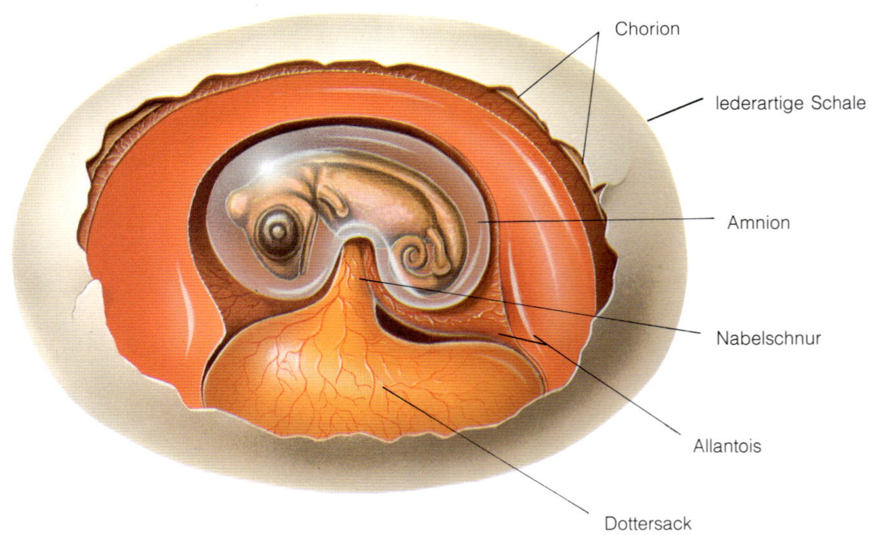

▲ Das typische Ei eines Amphibs (oben) und eines Reptils mitsamt den Embryonalhüllen und der lederartigen Schale (unten).

DIE SYSTEMATIK DER REPTILIEN UND AMPHIBIEN

JAY M. SAVAGE

Unter den vielen Millionen Arten gegenwärtig lebender Pflanzen, Tieren und Mikroorganismen haben die Biologen bisher etwa 1,5 Millionen entdeckt, beschrieben und benannt. Außerdem benannten sie zahlreiche Arten, die früher einmal die Erde bewohnten, heute jedoch ausgestorben sind. Die Aufgabe der Systematik besteht darin, einem jeden dieser Organismen einen unverwechselbaren Namen zu geben und sie in eine Hierarchie zunehmend übergreifender Taxa (Gruppen) zu stellen, die sich von ihrer entwicklungsgeschichtlichen Verwandtschaft herleiten. Auf diese Weise lassen sie sich eindeutig erkennen und mit anderen Arten in Verbindung bringen, die eine gemeinsame Vergangenheit besitzen.

▼ Ein Rotaugen-Laubfrosch (*Agalychnis callidryas*) klammert sich in einem Regenwald Costa Ricas an eine Heliconia. Frösche und Kröten unterscheiden sich von allen übrigen Amphibien durch ein auffälliges äußeres Merkmal: Ihre Hinterextremitäten bestehen nicht aus drei, sondern aus vier Elementen.

SYSTEMATIK UND TAXONOMIE

Die Wissenschaft, die sich zur Aufgabe gemacht hat, die Vielfalt und die entwicklungsgeschichtliche Verwandtschaft der Organismen zu erforschen, wird Systematik genannt. Und der Teil der Systematik, der sich damit beschäftigt, die Organismen zu benennen und zu klassifizieren, bildet das Untergebiet der Taxonomie. Das grundlegende Taxon (Gruppe) ist die Art, und im Idealfall gehört zu allen höheren oder umfassenderen Taxa eine altertümliche Art mit allen ihren Vorfahren. Die Verwandtschaft wird durch alle Vertreter einer Gruppe festgelegt, die mindestens ein abgeleitetes Merkmal (eine evolutionäre Neuentwicklung) gemeinsam haben. So sind zum Beispiel bei allen Fröschen und Kröten zwei der Knochen im Knöchel stark verlängert und bilden im hinteren Bein ein viertes Segment (alle anderen gliedmaßentragenden Amphibien und Reptilien besitzen im Hinterbein nur drei Abschnitte). Dies vergrößert die Hebelwirkung beim Sprung und dient zugleich als Abgrenzung der Gruppe, der Ordnung der Anuren, in die Frösche und Kröten gestellt werden.

NAMEN UND KLASSIFIZIERUNG

Die verschiedenen Gruppen der Organismen werden von den Wissenschaftlern mit latinisierten Namen belegt, um einen möglichst universellen und konstanten Gebrauch zu gewährleisten. Zudem entfällt dadurch die Notwendigkeit, den Namen in viele verschiedene Sprachen zu übersetzen. So wird der lateinische wissenschaftliche Name, unabhängig von der jeweiligen Landessprache, stets mit derselben Gruppe von Organismen in Verbindung gebracht.

Die Grundeinheit aller Klassifizierungen ist die Art. Arten sind Populationen von Organismen, die eine oder mehrere Gemeinsamkeiten teilen, die man in verwandten Arten nicht findet. Sie bilden geschlossene genetische Systeme. Es kommt allerdings manchmal vor, daß eng miteinander verwandte Arten bastardisieren. Der Name einer Art besteht aus zwei Wörtern: Der erste bezeichnet die Gattung und damit ihre engste Verwandtschaft. Dagegen wird der zweite Name (der Artname) ausschließlich für diese eine Art innerhalb einer Gattung gebraucht. Der Gattungsname be-

Michael Fogden

J. Cancalosi/AUSCAPE International

▲ Selbst in solch nicht greifbaren Bereichen wie den Rufen und Verhaltensweisen von Tieren findet man wertvolle Kriterien zu ihrer Klassifizierung. Grundsätzlich besteht kein Anlaß, irgendeine Merkmalskombination als relevanter anzusehen als andere. Aus naheliegenden, praktischen Gründen jedoch sind Merkmale, die mit der äußeren Erscheinung und dem Körperbau (der Morphologie) zusammenhängen, in den meisten Fällen am hilfreichsten. Wenn man zum Beispiel die Schuppen am Kopf einer Schlange, wie dieses Teppichpythons (*Morelia spilotes*), genau betrachtet, zeigen sich Muster, die von einer Gruppe zur anderen variieren und mit denen sich die Tiere unterscheiden lassen.

ginnt stets mit einem Großbuchstaben, während der Artname klein geschrieben wird. Zudem werden beide Namen immer *kursiv* dargestellt. So wird etwa der Name der im tropischen Afrika lebenden Gabunviper *Bitis gabonica* geschrieben. Ein wissenschaftlicher Name leitet sich häufig von einem Unterscheidungsmerkmal ab oder nimmt Bezug auf den Ursprungsort der betreffenden Art. Er kann jedoch auch eine Person ehren, etwa dadurch, daß deren Name hier in einer latinisierten Form gebraucht wird.

Es gibt Fälle, in denen Populationen ein und derselben Art geographisch voneinander getrennt leben und dabei relativ konsistente Unterschiede aufweisen. Sie werden dann als Unterarten angesprochen und erhalten einen dritten Namen: So lautet etwa der Name für die östliche Dreiecksnatter *Lampropeltis triangulum triangulum* und für die nordamerikanische Ebenen-Dreiecksnatter *Lampropeltis triangulum gentilis*.

Außerdem verwenden die Wissenschaftler einen standardisierten Wortschatz für jede hierarchische Stufe innerhalb der Taxa und einen einzigen lateinischen Namen (der stets groß geschrieben wird) für jedes unterschiedliche Taxon. Die umfassendste Kategorie, der die Amphibien und Reptilien angehören, ist das Tierreich (Animalia). Diese enthält sämtliche mehrzellige Organismen, die ihre Energie durch Nahrungsaufnahme aus der Umgebung erhalten und sich in der Regel aus dem Zusammenschluß zweier Zellen, einer großen Eizelle und eines kleinen Spermiums, entwickeln.

Das Tierreich setzt sich aus 35 Phyla (Stämmen) zusammen, von denen jeder einen eigenen größeren biologischen Bauplan und Lebensweise repräsentiert. Die Amphibien und Reptilien gehören zum Phylum Chordata, zu dem diejenigen Tiere gehören, die über einen einzigen dorsalen (am Rücken gelegenen) Nervenstrang (das Rückenmark) verfügen. Zudem haben diese Tiere ein (wenigstens embryonal angelegtes) knorpeliges Notochord, das unter dem Nervenstrang über die gesamte Körperlänge verläuft und schließlich Kiemenbögen und -taschen (die jedoch bei Reptilien, Vögeln und Säugern nur beim Embryo vorhanden sind). Bei den anderen Chordaten, darunter auch den Larven der Amphibien, tragen die Kiemenbögen funktionierende Kiemen, und die in der Kehlregion gelegenen Kiementaschen besitzen eine äußere Öffnung.

Innerhalb der Chordata kennt man drei Subphyla (Unterstämme). Amphibien und Reptilien befinden sich im Unterstamm Craniata. Die Tiere dieser Gruppe zeichnen sich durch ein gekammertes Herz, halbkreisförmige Innenohrbögen, knöcherne Kiementräger und ein knorpeliges oder knöchernes Cranium (Schädel) aus, das das Gehirn schützt. Die meisten Vertreter dieser Gruppe verfügen darüber hinaus über segmental angeordnete Skelettelemente (Vertebrae oder Wirbel), die das Rückenmark umgeben und schützen.

Die nächste Stufe in der Hierarchie ist die Klasse. Die Amphibien und Reptilien werden unterschiedlichen Klassen zugeordnet, den Amphibia und Reptilia. Klassen werden weiter in Ordnungen unterteilt. Es gibt von den Amphibien drei lebende Ordnungen und vier unter den Reptilien. wiederum Ordnungen werden in Familien unterteilt, diese in Genera (Gattungen), und jede Gattung umfaßt mindestens eine Art. Die Klassifizierung, der wir in diesem Buch folgen, macht zusätzlich von der Unterordnung Gebrauch, einer Kategorie, die umfassender ist als eine Familie, jedoch einen tieferen Rang einnimmt als eine Ordnung.

Diese hierarchischen Kategorien bilden einen Satz von Taxa, die durch das Vorhandensein gemeinsamer Merkmale definiert werden. Demnach sind Arten derselben Gattung einander ähnlicher als gegenüber Arten, die anderen Gattungen derselben Familie angehören. Gattungen derselben Familie sind einander ähnlicher als gegenüber Gattungen anderer Familien, und so weiter. Zugleich bedeutet dies, daß je weiter man in der Hierarchie hinaufsteigt, die Arten einer Ordnung, einer Klasse, eines Stammes oder eines Reiches über immer weniger gemeinsame Merkmale verfügen. Auf diese Weise spiegelt die Rangordnung in umgekehrter Folge das Verzweigungsmuster der Evolution des Lebens wider, denn die Abnahme der Ähnlichkeiten steht in Zusammenhang mit dem Zeitpunkt der Auseinanderentwicklung. Je größer die Ähnlichkeit, desto kürzer liegt dieser Zeitpunkt also zurück.

TRIVIALNAMEN UND KÜNSTLICH GEPRÄGTE NAMEN

Die Amphibien und Reptilien sind unter Trivial- oder landläufigen Namen bekannt, die von Sprache zu Sprache, von einem Land zum anderen und sogar innerhalb desselben Landes variieren. In einigen Fällen bezeichnet derselbe Name sogar eine ganze Reihe ähnlich erscheinender Arten. Es kommt auch vor, daß ein Name für völlig verschiedene Tiere verwendet wird. So bezeichnet etwa der Name »gopher« in unterschiedlichen Teilen der Vereinigten Staaten eine Landschildkröte, ein Erdhörnchen und ein unterirdisch lebendes Nagetier, das »pocket gopher« genannt wird. Aufgrund der Verwechslungsgefahr werden diese Namen bei der offiziellen, wissenschaftlichen Identifizierung nicht verwendet. Aber es wurden in den letzten Jahren wissenschaftliche Namen, die von der einheimischen Bevölkerung niemals für Amphibien oder Reptilien eingesetzt wurden, für den Gebrauch in populärwissenschaftlichen Werken oder Feldführern geprägt, besonders im englischen Sprachraum. Diese Namen besitzen allerdings nicht einmal die Würde eines wirklich umgangssprachlichen Ursprungs, denn sie sind nur Erfindungen ihrer Autoren, Kopien wissenschaftlicher Namen und haben für Menschen einer anderen Landessprache in der Regel keine Aussagekraft.

DIE ARTEN

Es gibt 4250 Arten lebender Amphibien und ungefähr 7000 Arten lebender Reptilien. Obwohl einige der größeren und auffälligeren Vertreter – etwa der Haarfrosch, die Lederschildkröte und der Komodo-Waran – sich gut erkennen lassen, sind viele eng verwandte Formen durch feine Unterschiede charakterisiert. In der Regel bilden äußere Gestalt und Körperbau sowie dessen Proportionen und Färbung die Grundlage dafür, verwandte Arten auseinanderzuhalten. Bei den Reptilien liegt der Schwerpunkt auf den Unterschieden in Zahl, Form und Gestalt der Schuppen. Um Arten zu unterscheiden, deren äußere Merkmale von denen ihrer engsten Verwandten nur geringfügig abweichen, haben sich in jüngster Zeit Chromosomenuntersuchungen als wertvoll erwiesen.

Viele Amphibien- und Reptilienarten sind klein und führen ein Leben im Verborgenen. Dazu kommen sie nur stellenweise vor oder bewohnen noch unerforschte Gebiete der Erde (besonders die tropischen Regenwälder). Daher entdeckt man alljährlich zuvor noch unbeschriebene Arten. So wurden während des letzten Jahrzehnts in jedem Jahr etwa 40 neue Amphibienarten (zumeist Frösche und Kröten) sowie 25 Reptilienarten (in den meisten Fällen Echsen) beschrieben. Manchmal, wenn wir über eine besondere Gruppe mehr wissen, zeigt es sich, daß gewisse Formen, die man früher für unterschiedlich hielt, in Wirklichkeit zu einer einzigen Art gehören. Dazu kommen die Fälle, in denen einander widersprechende Hinweise (oder deren Interpretation) Wissenschaftler dazu verleiten, den taxonomischen Status benannter Arten uneinheitlich zu beurteilen. Dies alles spiegelt sich in den abweichenden Artenzahlen wider, die von dem einen oder anderen Fachmann anerkannt werden. Es läßt sich jedoch mit Sicherheit sagen, daß man neue Amphibien- und Reptilienarten noch weit in die Zukunft hinein in diesem Umfang entdecken wird. Man muß dabei bedenken, daß die Amphibien und Reptilien zwar häufig als kleine Überreste einer früheren entwicklungsgeschichtlichen Auffächerung angesehen werden, die Zahl der lebenden Amphibienarten jedoch denen der Säugetiere vergleichbar ist und daß die der lebenden Reptilien die der Säuger sogar noch übertrifft.

DIE GATTUNGEN

Eine Gattung enthält eine oder mehrere Arten, die wenigstens ein abgeleitetes oder fortschrittliches Merkmal gemeinsam haben. Dabei erfolgt die Einteilung der Amphibien und Reptilien zu unterschiedlichen Gattungen gewöhnlich aufgrund innerer Merkmale, besonders denen des Skeletts, denn ihr weicher Körper weist relativ wenige signifikante äußere Unterschiede auf. Zwar wird die Skelettmorphologie auch bei den Reptilien zu Rate gezogen, doch bietet die Beschuppung (besonders am Kopf) häufig eine Grundlage, um die Tiere auf Gattungsebene einzugruppieren. Es kommt vor, daß eine sehr unverwechselbare lebende Art wegen eines oder mehrerer einzigartiger Merkmale in eine eigene Gattung gestellt wird. So werden die meisten Baumfrösche Amerikas und Eurasiens in die Gattung *Hyla* eingeordnet; der Kronen-Baumfrosch wird dagegen als *Anotheca spinosa* in eine separate Gattung, *Anotheca*, gestellt. Häufig erweist sich im Laufe weiterer Forschung, daß einer Gattung, die nach früherer Ansicht nur eine Art enthielt, neu entdeckte lebende oder fossile Arten beigefügt werden müssen. Zur Zeit kennt man etwa 410 Gattungen lebender Amphibien und 898 Gattungen lebender Reptilien.

FAMILIEN

Auf der Basis eines oder mehrerer gemeinsamer Merkmale der inneren Morphologie werden Gattungen zu unterschiedlichen Familien zusammengestellt. Für den Laien ist es häufig schwierig, nur aufgrund äußerlich sichtbarer Merkmale herauszufinden, zu welcher Familie eine Art gehört. Bei wenig vertrauten Amphibien hat jedoch auch ein Spezialist mit der Zuordnung zu einer Familie seine Probleme, da die Tiere äußerlich häufig täuschend ähnlich erscheinen. Einige wenige Amphibien-Familien besitzen eine einzige, deutlich abgesetzte Gattung mit einer oder nur wenigen Arten. Theoretisch müssen derartige Familien als einzige Relikte einer größeren Artengruppe gelten, von der die meisten bereits ausgestorben sind.

Alle Familiennamen enden mit dem Suffix »-idae«. Da es für viele Amphibien- und Reptiliengruppen keine Trivialnamen gibt, wird der Familienname häufig ins Deutsche übernommen, Dabei wird die Endung »-ide« angehängt. So werden zum Beispiel die Vertreter der Echsenfamilie Agamidae als Agamiden bezeichnet. Sofern unter den zugehörigen Gattungen größere Unterschiede vorkommen, wird eine Familie in mindestens zwei Unterfamilien unterteilt. Die heute lebenden Amphibien werden in 37, die Reptilien in 50 Familien gestellt.

▼ Eine Art ist im wesentlichen ein geschlossenes genetisches System: Die Fortpflanzung erfolgt innerhalb dieses Systems zwischen den Individuen, nicht außerhalb. Normalerweise besitzen derartige Systeme enge Nachbarn, mit denen sie gemeinsam Einheiten bilden, die als Gattungen bezeichnet werden. In einigen Fällen kommt es vor, daß die meisten Arten einer solchen Einheit aussterben und unter Umständen nur eine überlebt. Dies widerfuhr vermutlich dem Kronen-Baumfrosch (*Anotheca spinosa*). Diese mittelamerikanische Art besitzt überhaupt keine engen Verwandten.

Michael Fogden/Oxford Scientific Films

Tom Ulrich/Oxford Scientific Films

▲ Die beiden Arten der Brückenechsen gibt es heute nur noch auf winzigen Inseln Neuseelands. Sie sind die einzigen Überlebenden einer ganzen Reptilienordnung, die ihre Blütezeit vor 200 Millionen Jahren erlebte, deren Arten anschließend jedoch nach und nach ausstarben.

ORDNUNGEN

Bei Ordnungen handelt es sich um Familiengruppen, die mindestens ein abgeleitetes Merkmal gemeinsam haben und sich erkennbar von anderen derartigen Gruppen unterscheiden. Die meisten Amphibien erkennt man wahrscheinlich problemlos entweder als Salamander oder Molch (Ordnung Caudata), eine beinlose Blindwühle (Ordnung Gymnophiona) oder als langbeinige, aber schwanzlose Frösche oder Kröten (Gattung Anura). Ähnliches gilt für die Reptilien: Es dürfte schwer sein, eine Schildkröte (Ordnung Testudinata) mit einer typischen Echse, einer Doppelschleiche, einer Schlange (Ordnung Squamata) oder mit einem Krokodil (Ordnung Crocodilia) zu verwechseln. Der einzige überlebende Vertreter der Ordnung Rhynchocephalia, die neuseeländische Brückenechse, erinnert an eine Echse, weicht jedoch von dieser in einigen Details der Beschuppung und zahlreichen Merkmalen der inneren Anatomie ab. Zwar ist die Brückenechse der einzige zeitgenössische Vertreter ihrer Ordnung, doch kennt man eine Reihe ausgestorbener Rhynchocephalier aus dem Mesozoikum, das 245 bis 65 Millionen Jahre zurückliegt.

Schließlich sind zahlreiche weitere Ordnungen ausgestorbener Amphibien und Reptilien (mit ihren Familien, Gattungen und Tausenden von Arten) bekannt, von denen heute keine mehr am Leben sind.

HÖHERE EINHEITEN

Die Wissenschaftler sind sich darüber einig, daß die modernen Amphibien untereinander und zudem insgesamt mit einer Gruppe altertümlicher Amphibien verwandt sind, die sich bis zum oberen Devon, vor etwa 380 Millionen Jahren, zurückdatieren lassen und vor 200 Millionen Jahren, am Ende der Trias, ausgestorben sind. Es ist schwierig, dieses Verwandtschaftsverhältnis zu interpretieren. Dazu kommt der umstrittene Status anderer fossiler »Amphibien« einschließlich der Entwicklungslinie, die mit den frühen Reptilien verbunden ist. All dies führt dazu, daß eine Einordnung der sogenannten »Amphibien« auf höheren taxonomischen Ebenen immer einem gewissen Fluß unterworfen bleibt. Es scheint daher geraten, diese miteinander wenig vereinbaren Schemata der Klassifizierung zur Zeit noch nicht anzuwenden.

Im Gegensatz dazu bilden die Reptilien drei unterschiedliche Unterklassen, die sich in erster Linie auf Unterschiede in den Schädel- und Kiefermerkmalen gründen. Die Unterklasse Anapsida umfaßt neben den Schildkröten eine Reihe ausgestorbener Entwicklungslinien. Auch die Unterklasse Lepidosauromorpha schließt eine Fülle fossiler Formen ein (so etwa

DER KAMMOLCH: EIN BEISPIEL FÜR EINE KLASSIFIZIERUNG

Die Prinzipien zoologischer Klassifizierung und Nomenklatur sollen beispielhaft am Kammolch (*Triturus cristatus*), einer Art West-Eurasiens, erläutert werden. Die Gattung *Triturus* enthält zwölf Arten von Molchen, die alle aus dieser Gegend stammen. *Triturus* wird mit einer Reihe 14 weiterer Gattungen, die die gemäßigten Zonen Nordamerikas und des östlichen Eurasien sowie die gemäßigten und subtropischen Regionen Ostasiens bewohnen, zu der Familie Salamandridae gruppiert. Gemeinsam mit einer Reihe anderer Amphibien-Familien, bei denen die erwachsenen Tiere über Gliedmaßen und einen Schwanz verfügen und ihre aquatischen Larven echte Zähne haben, gehören die Salamandridae zu der Ordnung Caudata. Diese bilden wiederum eine Untereinheit der Klasse Amphibia. Die Amphibia werden mit den Klassen Reptilia, Aves, Mammalia und verschiedenen Klassen kieferloser und kiefertragender Fische in das Subphylum Craniata gestellt, das wiederum mit den Tunikaten (Subphylum Urochordata) und Lanzettfischchen (Subphylum Cephalochordata) den Stamm Chordata bildet.

Stephen Dalton/NHPA

▲ Der europäische Kammolch (*Triturus cristatus*).

Reich: Animalia	Ordnung: Caudata
Stamm: Chordata	Familie: Salamandridae
Subphylum: Craniata	Gattung: *Triturus*
Klasse: Amphibia	Art: *Triturus cristatus*

die Ichthyosaurier und Plesiosaurier); dazu kommen die Brückenechse, die Echsen und Schlangen. Alle übrigen Reptilien werden in die Klasse der Archosauromorpha gestellt, zu der die ausgestorbenen Dinosaurier, Pterosaurier und Phytosaurier ebenso gehören wie die Krokodile und auch die Vögel, obwohl man diesen traditionell eine eigene Klasse zugesteht.

DIE KLASSIFIZIERUNG IM WANDEL

Um neuen Erkenntnissen entwicklungsgeschichtlicher Verwandtschaftsbeziehungen Rechnung zu tragen, sind Klassifizierungen Veränderungen unterworfen. So kommt es, daß der Informationsgehalt des Klassifizierungssystems zunimmt. Dies wird zum Beispiel daran deutlich, daß in letzter Zeit chromosomale und molekulare Befunde in entwicklungsgeschichtliche Studien einbezogen werden und daß man heute Möglichkeiten kennt, bestehende Klassifizierungen besser auszuwerten. Also unterliegen Klassifizierungen selber einer Entwicklung und müssen daher als vorläufige Aussagen benutzt werden. Zwar scheint der gegenwärtige Rahmen, der drei Ordnungen lebender Amphibien und vier Ordnungen lebender Reptilien vorsieht, gesichert zu sein, doch dürften viele Familien (besonders die artenreichen) hinsichtlich ihrer Zahl und Einordnung noch eine Revision erfahren, sobald man mehr über die Verwandtschaftsverhältnisse weiß.

DIE LEBENDEN ORDNUNGEN, UNTERORDNUNGEN UND FAMILIEN

Da die Klassifizierung der Amphibien und Reptilien einer permanenten Revision unterliegt, steht keine endgültige Klassifizierungsliste zur Verfügung. Die folgende Aufstellung entspricht der gemeinsamen Vorstellung der Fachleute, die an diesem Buch mitgewirkt haben.

Einige Familien der Amphibien und Reptilien besitzen umgangssprachliche deutsche Namen. Bei anderen ist dies nicht der Fall, und es scheint angebracht, eher eine eingedeutschte Form ihrer wissenschaftlichen Namen zu gebrauchen als etwa einen künstlich geprägten. So werden zum Beispiel die Salamander der Familie Hynobiidae als Hynobiden bezeichnet.

KLASSE AMPHIBIA	
Ordnung CAUDATA	SALAMANDER UND MOLCHE
Unterordnung Cryptobranchoidea	
Cryptobranchidae	Cryptobranchiden
Hynobiidae	Hynobiden
Unterordnung Salamandroidea	
Proteidae	Furchenmolche und Grottenolme
Dicamptodontidae	Dicamptodontiden
Aphiumidae	Aalmolche
Salamandridae	Salamandriden
Ambystomatidae	Querzahnmolche
Plethodontidae	Lungenlose Salamander
Sirenidae	Armmolche
Ordnung GYMNOPHIONA	**BLINDWÜHLEN**
Rhinatrematidae	Rhinatrematiden
Ichthyophiidae	Ichthyophiden
Uraeotyphlidae	Uraeotyphliden
Scolecomorphidae	Scolecomorphiden
Caeciliidae	Caeciliden
Typhlonectidae	Typhlonectiden
Ordnung ANURA	**FRÖSCHE UND KRÖTEN**
Unterordnung Archaeobatrachia	
Leiopelmatidae	Neuseeländische Urfrösche
Discoglossidae	Discoglosside Frösche
Unterordnung Pipoidea	
Pipidae	Wabenkröten und Krallenfrösche
Rhinophrynidae	Nasenkröten
Unterordnung Pelobatoidea	
Pelobatidae	Krötenfrösche
Pelodytidae	Schlammtaucher
Unterordnung Neobatrachia	
Sooglossidae	Seychellenfrösche
Myobatrachidae	Australasiatische Frösche
Heleophrynidae	Gespenstfrösche
Leptodactylidae	Neotropische Frösche
Bufonidae	Echte Kröten
Allophrynidae	Allophrynide Frösche
Brachycephalidae	Kurzkopffrösche
Rhinodermatidae	Nasenfrösche
Pseudidae	Harlekinfrösche
Hylidae	Hylide Baumfrösche
Centrolenidae	Glasfrösche
Ranidae	Ranide Frösche
Hemiotidae	Schaufelnasen
Hyperoliidae	Riedfrösche
Rhacophoridae	Rhacophoride Frösche
Arthroleptidae	Höhlenfrösche
Dendrobatidae	Giftfrösche
Microhylidae	Microhyliden
KLASSE REPTILIA	
UNTERKLASSE ANAPSIDA	
Ordnung TESTUDINATA	**WASSER-, SUMPF- UND LANDSCHILDKRÖTEN**
Unterordnung Pleurodira	**HALSWENDER-SCHILDKRÖTEN**
Chelidae	Schlangenhalsschildkröten
Pelomedusidae	Pelomedusen-Schildkröten
Unterordnung Cryptodira	**HALSBERGER-SCHILDKRÖTEN**
Chelydridae	Geier- und Schnappschildkröten
Cheloniidae	Eigentliche Meeresschildkröten
Dermochelyidae	Lederschildkröte
Trionychidae	Holarktische und paläotropische Weichschildkröten
Carettochelyidae	Neuguinea-Weichschildkröte
Kinosternidae	Klappbrust- und Moschusschildkröten
Dermatemydidae	Tabasco-Schildkröten
Emydidae	Neuweltliche Sumpf- und Wasserschildkröten
Testudinidae	Landschildkröten
Bataguridae	Altweltliche Sumpfschildkröten
UNTERKLASSE LEPIDOSAUROMORPHA	
Ordnung RHYNCHOCEPHALIA	**BRÜCKENECHSEN**
Sphenodontidae	Brückenechse
Ordnung SQUAMATA	SQUAMATEN
Unterordnung Sauria	**ECHSEN**
Iguanidae	Iguaniden (Leguane)
Agamidae	Agamiden
Chamaeleodontidae	Chamäleons
Gekkonidae	Geckos
Pygopodidae	Flossenfüße
Xantusiidae	Nachtechsen
Lacertidae	Lacertiden (Eidechsen)
Teiidae	Macroteiiden
Gymnophthalmidae	Microteiiden
Scincidae	Skinke
Cordylidae	Gürtelschweife
Dibamidae	Dibamiden
Anguidae	Anguiden (Schleichen)
Xenosauridae	Höckerechsen
Helodermatidae	Krustenechsen
Lanthanotidae	Taubwaran
Varanidae	Warane
Unterordnung Amphisbaenia	**DOPPELSCHLEICHEN**
Bipedidae	Zweifuß-Doppelschleichen
Amphisbaenidae	Eigentliche Doppelschleichen
Trogonophidae	Spitzschwanz-Doppelschleichen
Rhineuridae	Florida-Doppelschleichen
Unterordnung Serpentes	**SCHLANGEN**
Anomalepididae	Blindschlangen
Typhlopidae	Eigentliche Blindschlangen
Leptotyphlopidae	Schlankblindschlangen
Aniliidae	Rollschlangen
Uropeltidae	Schildschwänze
Boidae	Boas und Pythons
Acrochordidae	Warzenschlangen
Colubridae	Nattern und Trugnattern
Elapidae	Kobras, Bungare, Korallen- und Seeschlangen
Viperidae	Ottern und Vipern
UNTERKLASSE ARCHOSAUROMORPHA	
Ordnung CROCODILIA	**KROKODILIER**
Alligatoridae	Alligatoren und Kaimane
Crocodylidae	Krokodile
Gavialidae	Gavial

REPTILIEN UND AMPHIBIEN IM WANDEL DER ZEITEN

OLIVIER RIEPPEL

Die ersten Tiere mit einem Rückgrat (Wirbeltiere) entwickelten sich im Meer am Ende des Kambriums, also vor etwa 500 Millionen Jahren. Im Laufe der folgenden 150 Millionen Jahre bildeten sich in den Weltmeeren Gruppen von Fischen heraus, die in ihrer Vielfalt faszinieren. Um jedoch das Land besiedeln zu können, mußten sich diese aquatischen Wirbeltiere den ungeheuren Herausforderungen stellen, die damit verbunden sind, die aquatische Lebensweise gegen die terrestrische (das Leben an Land) einzutauschen. Dazu gehört etwa, daß sie anstelle des im Wasser gelösten den atmosphärischen Sauerstoff atmen mußten. Außerdem konnten sie sich nicht länger auf den Auftrieb des Wassers stützen und mußten daher den Körper so umbauen, daß er dem starken Einfluß der Schwerkraft gewachsen war.

▼ *Eustenopteron* war ein Quastenflosser-Verwandter aus dem Devon. Er stand der Entwicklungslinie nahe, die zu den Amphibien führte oder war sogar ein direkter Vorfahr. Er besaß sowohl Lungen als auch Kiemen und konnte atmosphärische Luft atmen, wenn seine Gewässer austrockneten und das Tier über Land wanderte. Seine paarigen Flossen, die durch muskuläre Lappen mit knöchernen Elementen gestützt wurden, waren die Vorläufer der Armknochen der Tetrapoden.

VOM WASSER ZUM LAND

Die ersten Wirbeltiere, die den Übergang vom Wasser zum Land vornahmen, waren die Amphibien. Im späten Devon, vor etwa 360 Millionen Jahren, waren sie die ersten Tetrapoden (Wirbeltiere mit vier an Gelenken sitzenden Beinen). Aus ihnen entwickelten sich später alle anderen Wirbeltiergruppen (Reptilien, Vögel, Säugetiere). Nachdem die Amphibien die grundlegenden Strukturen entwickelt hatten, die zur Besiedlung des Landes nötig waren, boten sich den Wirbeltieren tatsächlich unermeßliche Möglichkeiten zur Evolution. Nur etwa 50 Millionen Jahre nach den ersten Amphibien – dies ist in geologischem Maßstab ein kurzer Zeitraum – entwickelten sich die ersten Reptilien aus einem Amphibien-Vorfahren. Und in der Trias (vor etwa 240 Millionen Jahren) waren sie zu den dominierenden Landbewohnern geworden. Hier begann dcas Zeitalter der gewaltigen Dinosaurier.

VON FISCHEN ZU AMPHIBIEN

Der Ursprung der frühen Tetrapoden ist in der Wissenschaft noch immer umstritten. Unter den heute lebenden Tieren dürften die Lungenfische jenem Vorfahren der Tetrapoden am nächsten stehen. Denn auch sie besitzen innere Nasenöffnungen (Choanen), mit deren Hilfe sie bei geschlossenem Maul Luft holen können. Zudem verfügen sie über Lungen und ein funktionell unterteiltes Herz.

Ein weiterer lebender Fisch, der mit den Tetrapoden Ähnlichkeiten aufweist, ist der berühmte Quastenflosser, den man erst 1938 in den Meeren vor Süd-

▲ *Ichthyostega*, das früheste bekannte Amphib, besaß einen Schädel, der dem seiner Fischvorfahren ähnelte. Die starken Gliedmaßen und der stämmige Brustkasten weisen auf seine landbewohnende Lebensweise hin. Er dürfte jedoch niemals weit vom Wasser fortgegangen sein, denn auf seinem Schwanz befand sich eine Flosse, die von Knochen gestützt wurde, und im Schädel sind Kanäle eines Seitenlinienorgans nachweisbar.

afrika entdeckte. Er war der Beweis für das Überleben einer Gruppe, die man seit 65 Millionen Jahren für ausgestorben hielt. Seine paarigen Flossen bewegen sich so, wie man es auch bei den Tetrapoden-Vorfahren vermutet. Man muß jedoch einschränken, daß der Quastenflosser in anatomischen Einzelheiten den Tetraopden nur entfernt entspricht. Dagegen gibt es größere Ähnlichkeiten mit den fossilien Quastenflossern aus dem Devon, sowohl hinsichtlich der Schädelanatomie als auch des Baus der Brustflossen.

DIE FRÜHEN AMPHIBIEN

Die frühesten bekannten Amphibien, *Ichthyostega* und *Acanthostega*, deren Versteinerungen man auf Grönland fand, lebten vor etwa 360 Millionen Jahren. Sie gehören zu einer Gruppe, die man wegen der labyrinthartigen Faltenbildungen in der Pulpahöhle ihrer Zähne als Labyrinthodonten bezeichnet. Diese frühen Formen sind insofern interessant, als sie noch einige fischähnliche Merkmale erhalten haben, etwa einen fischähnlichen Schwanz und einen Rest des knöchernen Kiemendeckels in der Schläfenregion des Schädels. Bei den Fischen kommt dem Knochen, der den knöchernen Kiemendeckel trägt, eine entscheidende Bedeutung für die Umspülung der Kiemen zu. Dagegen wurde dieser Knochen im Laufe der Tetrapoden-Entwicklung irgendwann zu einem schmalen Stab (der Columella) reduziert, der imstande ist, Schallwellen von einer äußeren Gehörmembran (dem Trommelfell) zum druckempfindlichen Innenohr zu übertragen.

Bei den Fischen bildet der Schultergürtel das hintere Ende des Schädels. Bei Tetrapoden, wie den Amphibien und Reptilien dagegen, hängt dieser Gürtel nicht mit dem Schädel zusammen, sondern wird durch einen Halsbereich getrennt, so daß der Schädel eine größere Bewegungsfreiheit erhält. Schulter- und Beckengürtel verankern und tragen die Gliedmaßen, und die Wirbelsäule hängt zwischen beiden wie eine Brücke. Dies erfordert nicht nur eine Umbildung der weichen Gewebeteile, sondern auch die Entwicklung besonderer Gelenke zwischen den Wirbeln, damit sich die Wirbelsäule seitwärts beugen läßt. Vermutlich waren die frühen Amphibien während ihrer Landausflüge noch nicht imstande, bei der Fortbewegung zu atmen, denn die Bewegungen der Rippen, die zum Ventilieren ihrer Lungen erforderlich waren, ließen sich vermutlich mit der Muskelkontraktion nicht vereinbaren, mit Hilfe derer die Wirbelsäule von einer Seite zur anderen gebeugt werden mußte.

DIE »REPTILIOMORPHEN« AMPHIBIEN

Zu den ganz primitiven Tetrapoden aus dem frühen Karbon (vor etwa 340 Millionen Jahren) gehörte *Crassigyrinus*, dessen Versteinerungen man in Schottland fand. Aufgrund seiner recht schwachen Gliedmaßen vermutet man, daß er im Wasser lebte. Auch bei diesem Tier entdeckte man einen Rest des ursprünglichen Kiemendeckels, und seine Schädelproportionen ähnelten denen der Quastenflosser. Allerdings zeigt die Schädelanatomie, daß *Crassigyrinus* mit den Anthracosauria verwandt sein dürfte, einer größeren Untergruppe der labyrinthodonten Amphibien.

Heute rechnet man die Anthracosaurier zu der »reptiliomorphen« Gruppe, zu der die Vorfahren der Reptilien, Vögel und Säuger gehören. Diesen steht die »batrachomorphe« Gruppe gegenüber, zu der der Vorfahr der modernen Amphibien zählt.

Bei den Reptiliomorphen handelt es sich überwiegend um aquatische Amphibien, die in den Schädelknochen noch Spuren eines Seitenlinienorgans (es dient dazu, Veränderungen im Wasserdruck oder Wasserströmungen zu registrieren) aufwiesen. Zudem war ihr langer, mit kurzen Gliedmaßen ausgestattete Körper einer seitlich schlängelnden Fortbewegung angepaßt. Bei einigen wenigen waren die Gliedmaßen wohlentwickelt, so etwa bei *Proterogyrinus*, einem bis zu 60 Zentimeter langen Tier, das überwiegend auf dem Land lebte.

Offenbar kam es bei einigen Amphibien während des Perm, vor 285 bis 245 Millionen Jahren, zu einem Evolutionstrend, der Anpassungen an ein Leben an Land nach sich zog. Man fand nämlich in rotem Sandstein Fossilien an Orten, die während des Perm trockene Küstenebenen waren. *Seymouria*, aus den Sandsteinablagerungen des Perm in Texas, war etwa 60 Zentimeter lang, recht massiv gebaut und lebte vermutlich überwiegend auf dem Land. Viele Merkmale, am deutlichsten am Schädel und der Wirbelsäule sichtbar, weisen dieses Tier als einen Reptiliomorphen aus. *Diadectes*, der erste Tetrapode, der sich eindeutig als Pflanzenfresser identifizieren ließ, war bis zu drei Meter lang. Die Tatsache, daß dieser Reptiliomorphe über lange Zeit als ein Reptil betrachtet wurde, zeigt, wie schwer es für die Wissenschaftler ist, Amphibien und Reptilien nur aufgrund ihrer Skelette voneinander zu unterscheiden.

DIE »BATRACHOMORPHEN« AMPHIBIEN

Unter den frühesten Labyrinthodonten findet man zwei Vertreter der »batrachomorphen« Amphibien (das griechische Wort *Batrakhos* bedeutet »Frosch«), die im frühen Karbon vor 360 Millionen Jahren lebten. Sie werden in der Ordnung Temnospondyli geführt. *Caerorhachis* lebte überwiegend auf dem Land. Im Gegensatz zu den Reptiliomorphen (und allen modernen Reptilien und Amphibien) fehlte ihm der »Ohreinschnitt«, eine Einhöhlung im Schädel oberhalb der Schläfenregion, die das Trommelfell beherbergt. Auch *Greererpeton*, ein aquatisches Tier, zeigte von dieser Kerbe keine Spur. In seinem Schädel bildete die Columella ein massives Element (ähnlich der Situation bei fossilen Quastenflossern), das den Hirnschädel stützte. Erst später in der Evolution der Batrachomorphen kam es – offenbar unabhängig von der reptiliomorphen Gruppe – bei den Temnospondyli zur Entwicklung eines Mittelohres. Daher dürfte das Mittelohr der modernen Amphibien einen anderen Ursorung haben als das der Reptilien und Säuger.

Zu den frühesten Vertretern der Temnospondyli gehörte *Dendrerpeton* aus dem späten Karbon Nordamerikas (dies ist 290 Millionen Jahre her), der bereits einen Ohreinschnitt besaß und sich überwiegend auf dem Land aufhielt. Bei späteren Vertretern dieser Gruppe, etwa dem größeren, massiv gebauten *Eryops* und dem schwer gepanzerten *Cacops*, die man beide in Nordamerika fand, war der Schädel noch vergleichsweise hoch und schmal gebaut. Die Augen saßen, wenn auch recht hoch, an den Seiten, Wirbel und Brustkorb waren gut entwickelt, und starke Extremitätengürtel und Gliedmaßen trugen die Tiere auf ihren Raubzügen. Als während der Trias die nördlichen Kontinente von den Meeren überspült wurden, erreichten viele Amphibien eine erstaunliche Größe. Ihr Körper war langgestreckt und die Gliedmaßen reduziert. Bei *Metoposaurus* und *Cyclotosaurus* war der flache Schädel bis zu einem Meter groß, und die Augen saßen oben. Andere Vertreter der Temnospondyli waren die Brachiosauridae, eine vielgestaltige Familie, deren Fossilien in Europa häufig gefunden wurden. Dazu gehörten nicht nur die aquatischen Larven überwiegend landbewohnender erwachsener Tiere, sondern auch solche Amphibien, die als aquatische Larven geschlechtsreif wurden, wie es heute beim Axolotl (Ordnung Caudata) der Fall ist. Aufgrund einer Reihe von Merkmalen – allen voran der Bau des Innenohres und das Vorhandensein pedicellater (gestielter) Zähne, nachstehender Absatz – besteht heute grundsätzlich Einigkeit darüber, daß alle modernen Amphibien ihren gemeinsamen Ursprung innerhalb der Temnospondyli haben.

MODERNE AMPHIBIEN

Die Klasse der Amphibien, Unterklasse Lissamphibia, wird durch drei lebende Ordnungen repräsentiert: die Anura (Frösche und Kröten), die Caudata (Salamander und Molche) und die Gymnophiona (Blindwühlen).

Möglicherweise gehörten die Vorfahren der heutigen Amphibien zu einem besonderen Zweig der Temnospondyli. *Doleserpeton* war ein kleines, terrestrisches Amphib aus dem frühen Perm (vor etwa 285 Millionen Jahren). Seine versteinerten Knochen, die man in Oklahoma (USA) fand, haben im Bau der Wirbel vieles mit den modernen Amphibien gemeinsam. Zudem besaß auch *Doleserpeton* Zähne vom pedicellaten Typ, wie sie bei heutigen Amphibien vorkommen. Hier ist der Zahn horizontal durch ein nicht mineralisiertes Gewebe getrennt – ganz anders als die oben beschriebene labyrinthodonte Einfaltung. Die meisten fossilen Schädel von *Doleserpeton* sind weniger als 12 Millimeter lang. Es könnten also die Schädel noch junger Tiere sein, und es könnte sich bei dem besonderen Zahnbau um ein juveniles Merkmal handeln.

Die Lissamphibien sind fossil nur spärlich belegt, wobei jedoch die Frösche eine bemerkenswerte Ausnahme bilden. Der aus dem frühen Trias Madagaskars stammende, 245 Millionen Jahre alte *Triadobatrachus* ähnelte den modernen Fröschen in vielerlei Hinsicht, so etwa in bezug auf den Schädel und die verlängerten Hinterbeine.

Das früheste Fossil eines »echten« Salamanders wurde in Rußland entdeckt. Das Tier lebte im späten Jura vor 150 Millionen Jahren. Das älteste Fossil einer Blindwühle, das nur aus einem einzigen Wirbelknochen besteht, stammt aus der späten Kreidezeit, die über 65 Millionen Jahre zurückliegt. Allerdings sprechen Hinweise dafür, daß die Gruppe der Blindwühlen schon zu der Zeit existierte, als vor 200 Millionen Jahren die Landmasse von Gondwana in kleinere Platten zerbrach.

DIE ERSTEN REPTILIEN

Die ältesten Versteinerungen, die man einem Reptil zuschreibt, stammen aus dem schottischen Karbon vor etwa 340 Millionen Jahren. Etwa vor 315 Millionen Jahren hatten sich die Captorhinomorpha entwickelt, eine Gruppe recht kleiner, wendiger, echsenähnlicher Tiere, die man sowohl von Fossilien in den Baumstümpfen des Riesen-Bärlapps *Sigillaria* aus dem späten Karbon als auch aus den späteren Perm-Sedimenten kennt. Die Proportionen ihres Schädels hatten sich verändert. Diese Räuber zeigten also nicht mehr den kraftvollen zuschnappenden Biß, wie er für labyrinthodonte Amphibien typisch war, sondern hatten einen kräftigen, malmenden Biß entwickelt, der gut an den Chitinpanzer ihrer Insektenbeute angepaßt war. Die Captorhinomorpha respräsentieren eine Reptiliengruppe, aus der sich vermutlich alle übrigen Reptilien entwickelten.

Bis heute basiert die Klassifizierung der verschiedenen Reptiliengruppen in erster Linie auf der Schädelmorphologie. Dabei unterscheidet man bis zu fünf Unterklassen. Die älteste, zu denen die sogenannten Captorhinomorpha gehören und aus der folglich alle übrigen Reptilien hervorgegangen sind, ist die der Anapsida. In dieser Gruppe ist die Knochendecke der oberen Schläfenregion des Schädels vollständig geschlossen, obwohl bei den Schildkröten (sie sind die einzigen überlebenden Anapsiden) durchaus Öffnungen an den Rändern vorkommen, um verschiedene Muskeln aufzunehmen. Mit *Proganochelys* reichen die fossilen Belege bis in die späte Trias zurück. Dieses Tier unterschied sich von modernen Schildkröten neben wenigen anderen Merkmalen nur dadurch, daß es auf dem Kieferknochen Zähne trug. Im Jura nahm die Formenvielfalt der Schildkröten vorübergehend zu und ging dann wieder zurück. Trotz ihrer offensichtlichen Schwerfälligkeit haben die Schildkröten bisher nahezu 200 Millionen Jahre überlebt und ihren grundlegenden Körperbau dabei kaum verändert.

Die Gruppe der Synapsida tauchte im späten Karbon, vor etwa 300 Millionen Jahren auf. Sie zeichnet sich durch das Vorhandensein einer einzigen unteren Schläfenöffnung im Schädel aus. Die frühesten Synapsiden waren die Pelycosaurier, eine vielgestaltige Gruppe, zu der sowohl leichtfüßige, fleischfressende als auch große, schwergebaute, pflanzenfressende Reptilien gehörten. Vor etwa 250 Millionen Jahren entwickelten sich in der Mitte des Perm aus den Pelycosauriern die Therapsiden oder säugetierähnlichen Reptilien, und es gelang ihnen beinahe 50 Millionen Jahre lang zu überleben. Während die Synapsida und ihre Nachkommen, die Säugetiere, früher für Nachfahren captorhinomorpher Vorfahren gehalten wurden, ordnet man sie heute einer eigenen Entwicklungslinie zu.

Bei den Diapsida handelt es sich um eine Gruppe, deren Vertreter durch ein (oberes) oder zwei (ein oberes und ein unteres) Schläfenfenster im Schädel charakterisiert sind. Das älteste Beispiel bildet *Petrolacosaurus* aus dem späten Karbon von Kansas. Die Diapsida teilen sich in zwei größere Linien auf, die Archosauromorpha (die »herrschenden Reptilien«) und die Lepidosauromorpha, zu denen die Squamaten (Echsen, Amphisbaeniden und Schlangen) und die Brückenechse gehören.

In der Evolution der Reptilien haben die Archosauromorpha die größte Vielfalt hervorgebracht. Zu den frühen Vertretern gehören die pflanzenfressenden Rhynchosaurier, die mit den säugetierähnlichen Reptilien (Synapsiden) zusammen vielleicht über 60 Millionen Jahre die beherrschenden Landtiere waren – bis die am besten bekannten Archosaurier auf den Plan traten, die Dinosaurier und ihre Verwandten. Diese hatten ihren Fortbewegungsapparat verbessert und verfügten vermutlich auch über eine höher entwickelte Physiologie zur Steuerung ihrer Körpertemperatur. An den Küstengebieten lebten die sogenannten Prolacertiformen, extrem lebhafte, überwiegend landlebende Räuber von etwa 80 Zentimeter. Dazu gehörte etwa *Macrocnemus*. Das merkwürdigste dieser Geschöpfe war wohl *Tanystropheus*, der im Meer lebte und sich von Fischen und Cephalopoden (Tintenfischen, Oktopoden etc.) ernährte. Er fing seine Beute mit Hilfe eines in grotesker Form verlängerten Halses, der so lang war wie Körper und Schwanz zusammengenommen. Seine Gesamtlänge betrug sechs Meter.

DAS ZEITALTER DER DINOSAURIER

Die Dinosaurier beherrschten die Erde während der Jura- und Kreidezeit über 140 Millionen Jahre lang. Allerdings fand ihre Herrschaft ein abruptes Ende, als vor 65 Millionen Jahren die Dinosaurier und alle anderen großen Reptilien, mit Ausnahme der Krokodile und Schildkröten, durch eine Katastrophe ausgelöscht wurden.

Die frühen Dinosaurier teilen sich in zwei Gruppen: die Saurischia (mit einem reptilienähnlichen Becken) und die Ornithischia (mit einem vogelähnlichen Becken). Letztere waren ausnahmslos Pflanzenfresser. Obwohl die meisten Dinosaurier alle vier Beine zur Fortbewegung benutzen, gingen einige aufrecht auf zwei Beinen. Ihr häufig merkwürdiges Er-

▼ Die Entdeckung von *Deinonychus*, eines Saurischiers, trug dazu bei, den Mythos des plumpen, trägen Dinosauriers mit schleppendem Schwanz zu Grabe zu tragen. Dieser aktive Räuber packte seine Beute mit den langen Armen und schlitzte sie mit den sensenartigen Klauen seiner Hinterbeine auf. Diese Aufgabe erforderte große Geschwindigkeit und Beweglichkeit. Der Schwanz war durch Knochenstäbe versteift und ließ sich so vom Boden abheben, um das Gleichgewicht zu halten.

▲ Pterosaurier besaßen hohle Knochen, eine verstärkte Wirbelsäule, einen »warmblütigen« Stoffwechsel und ein isolierendes Haarkleid. Diese Eigenschaften machten sie nach heutiger Ansicht zu besseren Fliegern als man früher vermutet hatte. *Pteranodon* segelte weit aufs Meer hinaus und sammelte dort Fische in einem pelikan-ähnlichen Kehlsack. Die schmalen Flughäute wurden von verlängerten Fingern gestützt und hatten eine Spannweite von bis zu 7,5 Meter.

scheinungsbild ist uns wohl bekannt. Unter den Saurischia entwickelten sich die größten Fleischfresser, die jemals die Kontinente durchstreiften: die Carnosauria, etwa *Allosaurus* und *Tyrannosaurus*. Andere wurden zu den gewaltigsten Pflanzenfressern, etwa *Diplodocus*, der eine Länge von 30 Meter erreichte sowie *Brachiosaurus*, dessen 20 Meter langer Körper zwölf Meter hoch aufragte.

Die Vertreter der Theropoden, einer Gruppe der Saurischier, liefen aufrecht auf zwei Beinen. Sie waren wendige Räuber. Zu ihnen gehörte nicht nur einer der kleinsten bekannten Dinsoaurier, *Compsognathus*, der ausgewachsen nur etwa die Größe eines Huhns hatte, sondern auch größere, schnell bewegliche Tiere. Einige von ihnen besaßen vermutlich ein recht kompliziert gebautes Gehirn und die Fähigkeit, ihre Physiologie (einschließlich der inneren Temperaturregulierung) nervös zu steuern.

Die Eroberung der Luft

Die Vögel stammen vermutlich von fortgeschrittenen Theropoden ab. Eines der Verbindungsglieder ist *Archaeopteryx*, der vor 150 Millionen Jahre am Ende der Juraperiode lebte. Man kann daher die Vögel als die letzten überlebenden Dinosaurier ansehen! Allerdings sind die Vögel nicht die ersten Wirbeltiere, die die Fähigkeit zum Fliegen hervorbrachten. Die Pterosaurier (Flugsaurier), deren früheste Vertreter man aus spät-triassischen Fossilien der Alpen kennt, entwickelten einen stark vergrößerten vierten Finger, an dem sich eine Flughaut aufspannte. Die während der folgenden Juraperiode lebenden Rhamphorhynchoiden blieben vergleichsweise klein und dürften auf den ersten Blick modernen Fledermäusen ähnlich gesehen haben. Dagegen findet man unter den Pterodactyloiden der Kreidezeit die größten Tiere, die jemals aktiv geflogen sind. Unter diesen ist *Pteranodon* am besten bekannt. Seine Flügelspanne betrug 7,5 Meter, und es gibt Hinweise darauf, daß verwandte Formen wie *Quetzalcoatlus* sogar eine Spannweite von elf bis zwölf Meter besaßen.

Doch selbst die Pterosaurier waren keineswegs die ersten Wirbeltiere, die in den Luftraum vordrangen. Vielleicht 100 Millionen Jahre zuvor, im späten Perm, gab es eine kleine Gruppe echsenähnlicher, diapsider Reptilien, die als Coelurosauraviden bezeichnet werden. Zwischen ihren stark verlängerten Rippen spannte sich mit großer Wahrscheinlichkeit eine Flugmembran, die ihnen einen Gleitflug von Baum zu Baum ermöglichte.

Die Invasion der Meere

Die Archosaurier drangen auch in die Meere vor. Fossile Krokodile, wie etwa die jurassischen Thalattosuchier, besaßen stark verlängerte Kiefer, wie man sie beim modernen Gavial findet und konnten damit hervorragend Fische fangen. Bei einigen Formen, zum Beispiel bei *Geosaurus* und *Metriorhynchus*, waren die Gliedmaßen zu Paddeln umgebildet, und ihr nach unten gebogenes Schwanzende dürfte eine flossenähnliche Struktur getragen haben. Wir wissen nicht, zu welchem Zeitpunkt sich die Vorfahren der Krokodile von den übrigen Archosauriern abspalteten, doch lebten die frühesten, die in der mittleren Trias auftauchten, ausschließlich terrestrisch.

Die seichten Meere waren auch der Lebensraum einer anderen Reptiliengruppe, der Euryapsida, die sich durch ein einziges, hoch gelegenes Schläfenfenster im Schädel auszeichnen. Zu dieser Gruppe gehören die Placodonten, die ihren Namen den großen, malmenden Zahnplatten verdanken, die sich auf dem Gaumen und im hinteren Kieferbereich befanden. Ihre langen Vorderzähne waren wie Meißel geformt und waren dafür geschaffen, hartschalige Mollusken vom Meeresboden aufzuheben. Einige Placodonten entwickelten eine Körperpanzerung, die oberflächlich an einen Schildkrötenpanzer erinnert. Zu dieser Gruppe gehörten außerdem die kleinen Pachypleurosaurier, die größeren Nothosaurier (sie erreichten eine Länge von beinahe vier Meter) und die Plesiosaurier. Während sich die Pachypleurosaurier und Nothosaurier seitlich schlängelnd wie Aale durch das Wasser bewegten, besaßen die Plesiosaurier große, paddelförmige Gliedmaßen, die im Zusammenspiel mit kräftigen Extremitätengürteln und einem starren Körperstamm wie die Tragflächen moderner Meeresschildkröten funktionierten.

Am vollkommensten dem Leben im Wasser angepaßt waren die Ichthyosaurier, die in ihrem äußeren Erscheinungsbild an Delphine erinnern. Die recht kleinen Mixosaurier überschritten nur selten eine Körperlänge von einem Meter. Sie lebten in den Küstenregionen in großer Zahl mit den Pachypleurosauriern zusammen. Dagegen erreichten einige andere Arten gewaltige Ausmaße. Der spättriassische *Shonisaurus* wurde 15 Meter lang und bewohnte die offene See.

DIE GESCHICHTE DER SQUAMATEN

Echsen, Amphisbaeniden und Schlangen, die den größten Teil der heute lebenden Reptilien bilden, sind Squamaten und damit Vertreter der Unterklasse Lepidosauria. Obwohl die ältesten Fossilien erst aus dem späten Jura stammen, muß der Ursprung der Squamaten mindestens auf die späte Trias zurückgehen. Am Ende der Kreidezeit gab es bereits Squamaten, die sich als Vertreter heute lebender Familien einordnen lassen. Allerdings brachte eine auf die Grenzen Frankreichs beschränkte Untersuchung zutage, daß moderne Reptilienarten – ebenso wie die moderner Amphibien – nicht vor dem mittleren Miozän, also vor etwa 20 Millionen Jahren, auftraten. Da das Meer für die meisten Squamaten ein unüberwindliches Hindernis darstellt, spiegelt sich in der geographischen Verbreitung ihrer verschiedenen Untergruppen mehr oder weniger das Modell der Plattentektonik wider – das langsame Treiben kontinentaler Landmassen, die sich mit nur wenigen Zentimetern im Jahr über den Erdball schieben.

Im Devon (vor etwa 400 Millionen Jahren) waren die Landmassen der Erde zu einem einzigen Superkontinent zusammengedriftet, den man Pangäa nennt. Dies war die Welt, in der sich die ersten Amphibien und Reptilien entwickelten. In der Jurazeit, 200 Millionen Jahre später, begann Pangäa, sich in zwei große Superkontinente zu teilen: einen nördlichen, der Laurasia genannt wurde und zu dem der größte Teil des heutigen Europa, Asien und Nordamerika gehörte, und einen südlichen mit dem Namen Gondwana. Dieser umfaßte die Flächen des heutigen Südamerika, der Antarktis, Australiens, Neuseelands, Afrikas und Indiens. Entsprechend lassen sich die meisten Untergruppen der Squamaten in ihrem Ursprung entweder Laurasia oder Gondwana zuordnen.

In der späten Kreide ermöglichten voürbergehend existierende Landbrücken den Tieren, über einen kurzen Zeitraum zwischen Nord- und Südamerika hin und her zu wandern, wie es heute der Fall ist. Danach blieben Nord- und Südamerika allerdings bis in die heutige Zeit voneinander isoliert. Ein Beispiel für eine im Süden entstandene Gruppe, die während der kreidezeitlichen Landbrücke von Süd- nach Nordamerika vordrang, bilden die Leguane. Zudem drangen sie auf dem Landwege weiter bis nach Europa vor, wie der dort gefundene fossile Iguanide *Geiseltaliellus* zeigt.

Während des frühen Eozän war Nordamerika von Europa durch den Atlantik getrennt, doch zeigten die Tiere beider Kontinente zu Beginn dieser Epoche vor 57 Millionen Jahren noch immer starke Gemeinsamkeiten. (Zu der Zeit lag ein Meer zwischen Europa und Asien.) Nach der vollständigen Erweiterung des Nordatlantik entwickelten sich die europäischen Amphibien und Reptilien zu typischen Formen, die nur noch in Europa zu finden waren und mit denen Nordamerikas kaum noch vergleichbar waren. Als Beispiele seien die Anguiden (Schleichen) und eine Gruppe von Waranen genannt, die als Necrosauriden bezeichnet werden.

In Australien reichen die Fossilien von Squamaten bis etwa 30 Millionen Jahre zurück. Die ältesten von ihnen sind jedoch ausnahmslos Vertreter typischer gondwanischer Gruppen, etwa Warane. Besonders interessant ist der Riesenwaran *Megalania* aus dem Pleistozän (vor zwei Millionen bis 10 000 Jahren), der eine Größe von sieben Meter und ein Gewicht von beinahe 600 Kilogramm erreichte.

Das Verschwinden der *Megalania* und vieler anderer großer Reptilienarten, wie etwa dem acht Meter langen australischen Python *Montypythonoides* fällt zeitlich mit dem Aussterben vieler großer Säugetiere am Ende des Pleistozän (vor etwa 100 000 bis 10 000 Jahren) zusammen. Die Ursachen für das Aussterben dieser »Megafauna« bleiben umstritten. Während einige Wissenschaftler klimatische Veränderungen für verantwortlich halten, glauben andere, daß der Mensch die Zahl der Arten durch übermäßige Bejagung reduziert habe. Die Befunde lassen keinen eindeutigen Schluß zu.

▼ Die Ichthyosaurier waren, wie *Ichthyosaurus*, von allen Reptilien am stärksten dem Leben im Wasser angepaßt. Sie besaßen einen stromlinienförmigen Körper. Gut erhaltene Fossilien haben gezeigt, daß Ichthyosaurier lebendgebärend waren. Die Jungen wurden, wie bei modernen Delphinen und Walen, mit dem Schwanz voran geboren.

LEBENSRAUM UND ANPASSUNG

WILLIAM E. DUELLMAN UND HAROLD HEATWOLE

Amphibien und Reptilien gibt es in vielen Gegenden der Welt, selbst im Himalaya und den Anden oberhalb von 4500 Meter. Sie sind, mit Ausnahme der Antarktis, auf sämtlichen Kontinenten vertreten, und einige Reptilien findet man selbst auf winzigen, abgelegenen Inseln. Sie leben in Regenwäldern, Waldgebieten, Savannen, Wüsten, Gras- und Buschland. Sie kommen auf oder unter dem Boden vor, in Felsspalten und unter Pflanzenresten, hoch auf den Bäumen und in Marschen, Sümpfen, Seen, Strömen, Teichen und im Meer. Einige schweben sogar für kurze Zeit durch die Luft.

WO AMPHIBIEN LEBEN

Lediglich in der Antarktis, dem äußersten Norden Europas, Asiens und Nordamerikas und auf den meisten ozeanischen Inseln gibt es keine ursprünglich dort lebenden Amphibien. Die Blindwühlen sind pantropisch, fehlen jedoch auf Madagaskar, Neuguinea und in Australien. Die Salamander sind in den gemäßigten Regionen der Nordhalbkugel weit verbreitet, obgleich die Familie der Plethodontidae ihre größte Artenvielfalt im tropischen Mittel- und im nördlichen Südamerika besitzt. Dagegen sind die Frösche nahezu weltweit vertreten. Die größte Artenvielfalt findet man in den Tropen: An einer einzigen Stelle am oberen Amazonasbecken Ecuadors leben ebensoviele Arten (81) wie in den Vereinigten Staaten insgesamt.

Obwohl die meisten Amphibienarten aquatische (im Wasser lebende) Larvenstadien haben (etwa die Kaulquappen der Frösche) leben die erwachsenen Tiere nur bei wenigen Arten noch im Wasser. Die meisten Salamander und Blindwühlen sowie etwa die Hälfte der Froscharten lebt terrestrisch (auf dem Boden). Einige davon, insbesondere die Blindwühlen, verbringen den größten Teil ihres Lebens unterirdisch. Einige Salamander und Frösche leben arboreal (auf Bäumen).

AQUATISCHE AMPHIBIEN

Vier in Nordamerika lebende Salamander-Familien (Proteidae, Cryptobranchidae, Amphiumidae und Sirenidae) sind ausschließlich aquatisch. Dasselbe gilt für zwei Cryptobranchiden aus China und Japan (die Riesensalamander) und einen Proteiden aus dem Südosten Europas (der Grottenolm). Sie alle, und dazu einige nordamerikanische plethodontide Salamander, die in unterirdischen Gewässern leben, sind neoten.

▶ Im Regenwald Costa Ricas ruht ein Pfützenfrosch (*Smilisca phaeota*) sicher in seinem Tagesunterschlupf, einem noch nicht entrollten Heliconia-Blatt. In den gemäßigten Breiten gibt es viele aquatische Frösche. Tropische Regenwälder bieten diesen Amphibien jedoch eine wesentlich größere Auswahl potentieller Nischen. Hier leben viele Arten auf Bäumen.

Michael and Patricia Fogden

Reg Morrison/AUSCAPE International

◀ Obwohl sie wenigstens für einen Teil ihres Lebens auf Wasser angewiesen sind, haben sich zahlreiche Frösche mit Erfolg den Wüsten und anderen Trockengebieten angepaßt. Zu den merkwürdigsten dieser Formen zählt der Wasserreservoir-Frosch (*Cyclorana platycephala*) aus den Binnenland Australiens. Bei Dürrezeiten gräbt er sich ein, streift seine lose, sackartig herunterhängende Haut ab und überzieht sie mit Schleim. Nach dem Trocknen bildet die Haut eine harte, wasserdichte Hülle, in der der Frosch ruhen kann, bis es wieder regnet.

Dies bedeutet, daß sie ihre Metamorphose vom Larvenstadium niemals vollenden. Zu dieser Gruppe gehören einige der größten Salamander, die durch Kiemen atmen und noch immer larvale Schwanzflossen besitzen. Den Armmolchen (Familie Sirenidae) und Aalmolchen (Familie Amphiumidae) fehlen die Extremitäten mehr oder weniger ganz, und sie bewegen sich daher schlängelnd im Wasser. Im Gegensatz dazu verfügen die Furchenmolche, Grottenolme (Proteidae) und Riesensalamander (Cryptobranchidae) über einen zusammengepreßten Körper mit normalen Beinen. Sie sind stärker an einen Standort gebunden und kriechen am Grunde von Seen oder Flüssen umher.

Die meisten der sogenannten Teichfrösche aus der Gattung *Rana* haben kräftige Hinterbeine, und zwischen den Zehen spannen sich umfangreiche Schwimmhäute. Sie sind gut daran angepaßt, sich vom Land ins Wasser zu schnellen, wo sie sich als hervorragende Schwimmer erweisen. Zwar können praktisch alle Frösche schwimmen, doch haben sich die Vertreter zweier Familien in besonderem Maße spezialisiert. So verfügen der südamerikanische Harlekinfrosch und seine Verwandten (Familie Pseudidae) über besonders kraftvolle Hinterbeine, riesige Füße mit großen Schwimmhäuten sowie oben auf dem Kopf gelegene Augen. Diese Frösche sind an der Gewässeroberfläche aktiv. Auch bei den afrikanischen Krallenfröschen und der südamerikanischen Wabenkröte mit ihren Verwandten aus der Familie Pipidae sind die Zehen vollständig durch Schwimmhäute verbunden. Allerdings ist der Körper hier sehr flach und die Augen recht klein. Sie schlafen und fressen auf dem Boden der Gewässer und kommen in regelmäßigen Abständen an die Oberfläche, um Luft zu schlucken. Wenn die Teiche austrocknen, vergraben sich diese Frösche im Schlamm und bleiben dort, bis sie sich wieder mit Wasser gefüllt haben.

Unter den Blindwühlen (Typhlonectidae) lebt eine südamerikanische Familie vollständig aquatisch. Diese aalähnlichen Amphibien bewohnen Seen und Flüsse.

GRABENDE AMPHIBIEN

Während nur wenige Salamander dafür bekannt sind, in Schlamm oder feuchter Erde zu graben, sind Blindwühlen die Meister unter den grabenden Amphibien. Diese schlanken, wurmähnlichen Tiere ohne Gliedmaßen besitzen einen muskulösen Körper und einen kompakten Schädel. Die Augen sind von Haut oder Knochen bedeckt, so daß sie blind sind. Allerdings sind sie in der Lage, ihre Umgebung mit Hilfe vorstreckbarer Tentakel, die sich in einer Rinne oder Höhlung auf dem Kopf befinden, zu erkunden. Ihre Beute, die überwiegend aus Regenwürmern besteht, finden sie auf chemo-sensorischem Wege. Die Blindwühlen bewegen sich wie eine Ziehharmonika durch die Erde. Dabei hält ein Teil des Körpers festen Kontakt mit der Erde, und gleichzeitig schiebt oder zieht das Tier die benachbarten Körperteile nach vorn.

In verschiedenen Gruppen gibt es Frösche, die am Innenrand eines jeden Hinterfußes über einen großen, verhornten spatenähnlichen Fortsatz verfügen. Die nordamerikanischen Schaufelfüße (Familie Pelobatidae), afrikanische Engmaulfrösche (Microhylidae) und echte Frösche (Ranidae) sowie die mittelamerikanische Nasenkröte (Rhinophrynidae) und der australische Schildkrötenfrosch, der zu den Myobatrachidae gehört, vergraben sich alle mit Hilfe seitlich schaufelnder Bewegungen der Füße rasch in weichem Dreck oder Schlamm. Einige wenige Frösche graben sich mit dem Kopf voran ein und tragen daher auf der Schnauze dicke Schwielen. So besitzen die afrikanischen Schaufelnasen (Hemisotidae) spitze Schnauzen und vergraben sich durch senkrechte Bewegungen ihres Kopfes. Dagegen sind die Schnauzen des australischen Schildkrötenfrosches und des Sandfrosches (Myobatrachidae) stumpf geformt, und die Tiere graben mit den Vorderfüßen.

Frösche vergraben sich, um sich während des Tages zurückzuziehen oder, was noch wichtiger ist, um lange Trockenzeiten (in einer Art Trockenstarre) zu überstehen, die viele Monate dauern können. Da während dieser Zeit die Gefahr besteht, daß die Frö-

R.W. Van Devender

▲ Caecilien sind Amphibien, die sich einem nahezu vollkommen unterirdischen Leben angepaßt haben. Daher besitzen sie einen stark verknöcherten Schädel, die Augen sind reduziert, und vom Beckengürtel finden sich nicht einmal Spuren. Dies ist *Oscaecilia ochrocephala* aus Mittelamerika.

Michael and Patricia Fogden

▲ Im Prinzip sind Amphibien während ihrer frühen Entwicklungsstadien auf Wasser angewiesen. Dies stellt solche Arten, deren erwachsene Tiere auf Bäumen leben, vor besondere Probleme, da sie ihren Kaulquappen Wasser in irgendeiner Weise zugänglich machen müssen. Es wurden mehrere ungewöhnliche Lösungswege beschritten. So tragen die Weibchen des Zwerg-Beutelfroschs (*Flectonotus pygmaeus*) ihre Eier in einer feuchten Tasche auf dem Rücken umher.

sche austrocknen, füllen sie vor Beginn der Trockenstarre ihre Harnblase mit Wasser. Einige Froscharten, etwa der Afrikanische Ochsenfrosch (Ranidae), der Australische Wasserreservoir-Frosch (Myobatrachidae) sowie die in Südamerika lebenden Hornfrösche und ihre Verwandten (Leptodactylidae) reduzieren die Gefahr der Austrocknung darüber hinaus, indem sie einen Kokon bauen. Wenn sie sich tief unten in ihren Gängen befinden, häuten die Frösche ihre äußere Hautschicht und scheiden Schleim aus, der zusammen mit der abgestreiften Haut um den Frosch herum zu einem Kokon erstarrt.

ARBOREALE AMPHIBIEN

Bei zahlreichen Baumfröschen (Hylidae, Centrolenidae, Hyperoliidae, Rhacophoridae und einigen Microhylidae) ist das Endglied eines jeden Fingers und jeder Zehe zu einem spezialisierten Polster erweitert, mit Hilfe dessen sich diese Frösche an senkrechten Oberflächen festhalten können. Zudem findet man bei vielen Baumfröschen schlanke Körper und lange Beine. Diese Anpassungen erlauben ihnen, von einem Blatt oder Zweig zum nächsten zu springen und sich an ihren Ansitzen festzuhalten. Bei einer Gruppe hylider Frösche (den *Phyllomedusa*-Arten aus den amerikanischen Tropen) sind die innersten Finger und Zehen verlängert und lassen sich den äußeren Fingern gegenüberstellen. Diese Tiere wandern durch die Bäume, indem sie die Zweige regelrecht ergreifen. Einige wenige Baumfrösche (es handelt sich um einige *Agalychnis*- und *Hyla*-Arten aus Mittelamerika sowie um einige *Rhacophorus*-Arten aus Südostasien) besitzen nicht nur riesige Hände und Füße mit gutentwickelten Schwimmhäuten, sondern obendrein Hautfransen, die an den Gliedmaßen entlang verlaufen. Beide Modifizierungen bieten gemeinsam eine stark vergrößerte Oberfläche, wenn der Frosch seine Beine teilweise ausstreckt und Finger und Zehen dabei spreizt. Auf diese Weise können diese Frösche nach einem Absprung von einer hochgelegenen Stelle über beträchtliche Entfernungen gleiten.

Einige Frösche entwickelten noch andere Anpassungen für das Leben in den Bäumen. So ist die Haut bei einigen der in den amerikanischen Tropen lebenden helmkopfartigen Fröschen mit den darunterliegenden Schädelknochen verknöchert und wird kaum noch durchblutet. Um in Trockenzeiten möglichst wenig Wasser zu verlieren, ziehen sich diese Tiere rückwärts in Baumhöhlen oder die »Becher« von Bromeliengewächsen zurück, die noch etwas Wasser enthalten. Dann beugen sie den Kopf im rechten Winkel zum Körper und verschließen damit die Öffnung.

Viele Arten von Baumfröschen paaren sich auf der Vegetation über dem Wasser und legen auch dort ihre Eier ab, so daß die Kaulquappen später nach dem Schlüpfen ins Wasser fallen. Andere heften ihre Eier an die Innenwände wassergefüllter Baumhöhlen oder legen sie in Bromelien, die auf Bäumen wachsen. Dadurch müssen die Erwachsenen die Bäume für die Fortpflanzung nicht verlassen. Die weitreichendste Anpassung an die Fortpflanzung in Bäumen findet man bei einigen südamerikanischen Beutelfröschen (Hylidae), bei denen sich die befruchteten Eier in einer Tasche auf dem Rücken der Mutter in winzige Frösche verwandeln. So leben die Frösche über viele Generationen, ohne daß ein einziger die Bäume verlassen müßte.

WILLIAM E. DUELLMAN

WO REPTILIEN LEBEN

Wie die Amphibien sind auch die Reptilien ektotherm (wechselwarm). Sie produzieren also einen geringen Teil ihrer Körperwärme und sind in dieser Hinsicht auf ihre Umgebung angewiesen. Sie sind daher temperaturempfindlich, und in höheren Breiten oder größeren Höhenlagen nimmt die Zahl ihrer Arten ab, bis an einem bestimmten Punkt gar keine mehr vorkommen. Dennoch leben je eine besonders widerstandsfähige Echsen- und eine Schlangenart oberhalb des Polarkreises in Skandinavien, und auch auf einigen Bergen kann man Echsen beobachten, die tagsüber um Schneebänke herumziehen. Man kennt eine Brückenechse, die in einer sieben Grad Celsius kalten Nacht Seevögel jagte und fing. Obendrein regnete es damals stark, und es blies ein Wind von 50 Knoten! Derartige Beispiele sind allerdings ungewöhnlich, und im Grunde gedeihen Reptilien nur in zwei Bereichen wirklich gut: Sie leben zum größten Teil in den Tropen und bilden einen ansehnlichen Teil der Wüstenfauna.

Während Schildkröten und Krokodile in ihrer Mehrzahl aquatisch sind, lebt der größte Teil der Echsen und Schlangen auf dem Boden oder auf Bäumen. Es gibt jedoch einige interessante Ausnahmen: Einige Landschildkröten leben nicht nur weit weg vom Wasser, sondern sogar in der Wüste, und einige Seeschlangen führen eine vollständig aquatische Lebensweise.

TERRESTRISCHE REPTILIEN

Der Mensch ist an das Leben an Land gewöhnt. Daher betrachtet er Anpassungen an andere Lebensräume häufig als eine »Spezialisierung« und hält die Anpassung an das Landleben allenfalls für normal. Allerdings fordert das Leben an Land einzigartige

Voraussetzungen, die bei einem Tier Veränderungen der Gestalt und Physiologie ebenso erforderlich machen wie es beim Leben im Wasser oder auf Bäumen der Fall wäre. Das Skelett muß so stark sein, daß es imstande ist, das Körpergewicht ohne die stützende Auftriebskraft des Wassers zu tragen. Das Tier muß über Anpassungen verfügen, um die Luft über der respiratorischen Oberfläche zu erneuern (Atmung) und über Möglichkeiten, sich am Boden fortzubewegen. Auch die Fähigkeit, weiter entfernte Objekte zu sehen, ist von Bedeutung. Für uns Menschen gehören Lungen, Gliedmaßen und Augen zur Standardausrüstung, weil auch wir sie besitzen, an Land leben und auch die meisten Tiere, die wir zu Gesicht bekommen, ähnlich gebaut sind. Im gesamtbiologischen Zusammenhang handelt es sich jedoch um bemerkenswerte Anpassungsleistungen.

Die Gliedmaßen der Reptilien sind stark der Umgebung angepaßt, die sie bewohnen. Schnell laufende, terrestrische Echsen verfügen meist über relativ lange Beine mit gutentwickelten Zehen und Krallen, die dazu beitragen, auf dem Boden voranzukommen. Einige Echsen mit besonders langen Hinterbeinen richten sich auf und laufen ausschließlich mit diesen. Dadurch erreichen sie eine höhere Geschwindigkeit. Zusätzlich haben diese Arten einen ungewöhnlich langen Schwanz, der bei diesem zweibeinigen Laufen als Gegengewicht dient.

Terrestrische Schlangen, denen alle Gliedmaßen fehlen, haben ganz andere Anpassungen hervorgebracht. Sie bewegen sich über den Boden, indem sie den Körper beugen und sich nach hinten an kleinen Erhebungen der Bodenfläche abstoßen. Die großen Querschuppen am Bauch sind vorn festgewachsen, hinten jedoch, wo sie die folgende Schuppe überlappen, frei beweglich. Diese Kanten verankern sich am Boden und verhindern, daß die Schlange nach hinten rutscht. (Bei den Seeschlangen, die keine Haftung auf dem Boden mehr benötigen, sind die Bauchschuppen in ihrer Größe reduziert. In einigen Fällen haben sie die gleiche Größe und Form wie die Schuppen auf dem Rücken.) Viele auf dem Land lebende Schlangen sind lang, schmal und besitzen relativ lange Schwänze. Diese Merkmale bringt man allgemein mit einer raschen Fortbewegung über dem Boden in Zusammenhang.

ARBOREALE REPTILIEN

Ein Tier, das auf Bäumen lebt, muß imstande sein, an Stämmen und Zweigen Halt zu finden, damit es nicht hinunterfällt. Außerdem muß es von einem Zweig aus den nächsten erreichen können. Daher verfügen viele kletternde Echsen über scharfe Krallen, die sich in die Rinde graben und so beim Klettern helfen. Andere, wie die Geckos, tragen an den Zehen umfangreiche Lamellenkissen, mit denen sie auch an glatten Oberflächen Halt finden. Die Wirkung dieser Lamellen läßt sich daran erkennen, daß Geckos kopfunter an der Zimmerdecke laufen können! Bei anderen arborealen Echsen, etwa den Chamäleons, können die Zehen einander gegenübergestellt werden (wie Daumen und Finger beim Menschen) und dadurch Zweige umgreifen. Zudem haben Chamäleons einen Greifschwanz. Damit können sie sich, wie die Affen, an Zweigen festhalten.

Da Schlangen keine Gliedmaßen besitzen, entwickelten sie andere Anpassungen. Viele Baumschlangen sind wahre Kletterkünstler. Einige können sogar einen senkrechten Baumstamm erklimmen, ohne diesen zu umschlingen. Stattdessen benutzen sie nur Lücken in der Rinde als Stützpunkte. Unter den Baumschlangen gibt es Arten, die Kletterpflanzen ähnlich sehen. Diese langen, dünnen Schlangen lassen sich von Zweigen herunterhängen, was ihnen eine wirkungsvolle Tarnung verleiht. Mit Hilfe ihrer Länge überwinden sie jedoch auch die Leerräume zwischen einzelnen Zweigen. Bei einigen Baumschlangen findet man eine im Querschnitt dreieckige Körperform. Sie verleiht dem Leib eine größere Kraft und Stabilität, wenn er ohne Stütze über einen leeren Raum ausgestreckt wird.

Tiere, die in einer dreidimensionalen Umgebung zurechtkommen wollen, müssen fähig sein, Entfernungen abzuschätzen. Daher sind die Augen vieler arborealer Echsen und Schlangen nach vorn ausgerichtet, so daß beide Augen nach vorn scharf sehen und die Voraussetzungen für ein räumliches Bild schaffen können.

Die vielleicht ungewöhnlichste Anpassung unter den Reptilien, die auf Bäumen leben, ist die Fähigkeit zu gleiten. Bei einer Gattung asiatischer Echsen (*Draco*) lassen sich die Rippen seitlich vom Körper abspreizen. Sie sind von einer Haut überzogen und bilden auf diese Weise »Flügel«. Werden sie gestört, springen diese »fliegenden Echsen« von ihrem Baum ab und gleiten über lange Strecken, entweder zum Boden oder auf einen anderen Baumstamm. In Asien lebt auch eine »fliegende« Schlange (*Chrysopelea*). Sie schnellt sich von einem Baum, flacht dann ihren Körper ab und kann dadurch ihren Fall bremsen. Allerdings ist kein lebendes Reptil imstande, so zu segeln, wie die ausgestorbenen Pterodactylen es vermochten.

▼ Eine Riemennatter (*Imantodes inornata*) jagt in den Zweigen eines *Heisteria*-Baumes in Costa Rica. Derartige Baumschlangen sind im allgemeinen lang und schlank gebaut. Eine schlanke Schlange kann die Zwischenräume der Zweige besser überspannen als eine dicke. Viele Arten besitzen zudem einen dreieckigen Querschnitt und ziehen so den optimalen Nutzen aus einer gegensätzlichen Mischung von Geschmeidigkeit und Stabilität.

Michael Fogden

UNTERIRDISCH LEBENDE REPTILIEN

Bei einigen der besonderen Veränderungen grabender Reptilien handelt es sich nicht wirklich um Anpassungen, sondern um den Verlust von Strukturen, die keine biologische Funktion mehr haben. So sind zum Beispiel die Augen in einem dunklen Gang, in dem der Kopf direkten Kontakt mit der Erde hat, nicht mehr von Nutzen, und daher sind die Augen bei einigen grabenden Schlangen und Echsen reduziert. Auch der Verlust der Gliedmaßen ist eine Folge der grabenden Lebensweise. Obwohl Beine beim Graben durchaus nützlich sein können – viele terrestrische Echsen graben sich damit Unterstände und Gänge – vergrößern sie doch die Reibung und erfordern bei Tieren, die sich nicht durch die Erde graben, sondern schieben, auch einen größeren Gangdurchmesser. Daher haben sich die meisten wirklich unterirdisch lebenden Reptilien von dieser Last befreit oder ihre Größe wenigstens stark reduziert.

Andere Merkmale sind dagegen echte Anpassungen an die grabende Lebensweise. Bei vielen grabenden Echsen und Schlangen sind die Schädelknochen zu einer soliden, kompakten Struktur verwachsen, die den als Rammbock genutzten Kopf stützen können. Die Blindschlangen (Familie Typhlopidae) tragen auf dem Schwanz einen scharfen Fortsatz, der als Anker eingesetzt wird, wenn das Tier seinen glatten, stark polierten Körper durch die Erde schiebt. Die Amphisbaenier wenden eine andere Taktik an: Um den Körper herum besitzen sie Gruben, die für den Zug sorgen, und sie kommen in ihren Gängen nur zentimeterweise voran.

Die Beinlosigkeit der Schlangen ist möglicherweise ein Erbe ihrer grabenden Vorfahren. Man vermutet, daß die Schlangen aus grabenden Echsen hervorgingen, die ihre Gliedmaßen eingebüßt hatten und beinahe blind geworden waren. Da dem Schlangenauge Merkmale fehlen, die man bei den meisten Wirbeltieren findet, hat es sich wohl aus einem rudimentären Echsenauge zurückentwickelt. Allerdings haben Schlangen niemals wieder Beine bekommen. Dieser Umstand lenkte, wie gesagt, ihre Anpassung an arboreale und terrestrische Lebensräume auf andere Wege als es bei den Echsen der Fall war.

▼ Sowohl unter den Reptilien als auch den Amphibien leben viele Vertreter vollständig unterirdisch. Einige grabende Schlangen, wie diese mittelamerikanische Schlankblindschlange *Leptotyphlops albifrons*, ernähren sich vorzugsweise von Ameisen und Termiten. Mit Hilfe ihres empfindlichen Geruchsorgans verfolgen sie die Spur umherstreifender Ameisen und Termiten zu deren Nestern zurück. Während ihrer Raubzüge schützen sie sich offenbar durch abstoßende Körpersekrete.

Gerald Thompson/Oxford Scientific Films

AQUATISCHE REPTILIEN

Der terrestrische Ursprung der modernen Reptilien setzt ihren Möglichkeiten, im Wasser zu leben, Grenzen. Da die meisten Arten Eier legen, müssen deren Weibchen zur Fortpflanzung an Land kommen. Nur einige Seeschlangen bringen lebende Junge im Wasser zur Welt und kommen niemals freiwillig an Land. Eine weitere Begrenzung liegt im Atmen atmosphärischer Luft. Alle Reptilien müssen in regelmäßigen Abständen an die Oberfläche kommen, um zu atmen, obwohl einige ihre Tauchzeiten bemerkenswert lange ausdehnen können. Seeschlangen können bis zu zwei Stunden unter Wasser bleiben. Dies liegt zum Teil daran, daß sie über die Haut Sauerstoff in einem Umfang aufnehmen können, der landbewohnenden Schlangen nicht zugänglich ist. Sie können, ohne Rücksicht auf die »Taucherkrankheit«, bis zu 100 Meter tief tauchen, vielleicht wiederum dadurch, daß die Haut gasdurchlässig ist. Vermutlich tritt der überschüssige Stickstoff, der unter Druck vom Blut absorbiert wird, durch die Haut ins Meer aus und sammelt sich daher nicht so stark an, daß er die »Taucherkrankheit« verursachen könnte. Um zu verhindern, daß Luft aus den Lungen austritt, verfügen die Seeschlangen über Klappen, die bei den Tauchgängen die Nasenöffnungen verschließen. Auch das Maul schließt absolut dicht.

Bei Krokodiliern und aquatischen Schlangen liegen Nasenöffnungen und Augen weiter an der Oberfläche, als es bei anderen Reptilien der Fall ist. Dadurch kann ein Tier, das sich an der Oberfläche befindet, den Körper tief im Wasser halten, hat weniger Probleme mit dem Auftrieb, kann jedoch gleichzeitig atmen und sehen.

Die Fortbewegung unter Wasser ist ganz anders als die an Land, denn der Druck muß nicht gegen eine Oberfläche, sondern gegen ein umgebendes Medium ausgeübt werden. Die Reptilien haben sich diesem Erfordernis in zweifacher Weise angepaßt. Diejenigen mit Gliedmaßen verfügen über Schwimmhäute an den Füßen oder, wie im Falle der Meeresschildkröten, über Flossen. Die Seeschlangen entwickelten einen zusammengedrückten, paddelförmigen Schwanz. Auch bei den Krokodiliern und einigen semiaquatischen Echsen ist der Schwanz abgeflacht, wodurch sich seine Oberfläche und sein Vortrieb vergrößern.

Zusätzlich zu den Problemen, die Reptilien im Süßwasser haben, hat das Meer noch weitere zu bieten. So kann etwa die Reptilienniere mit hohen Salzkonzentrationen nicht fertigwerden, und das Leben im Meer ist nur mit Hilfe besonderer, salzausscheidender Drüsen möglich. Bei den Seeschlangen, den Plattschwänzen und Warzenschlangen ist eine Speicheldrüse zu einer Salzdrüse umgewandelt. Sie befindet sich unter der Zunge, und das Salz wird in die Zungenscheide ausgeschieden. Immer wenn die Schlange ihre Zunge herausstreckt, wird das Salz ins Meer hinausgestoßen. Eine andere Schlangengruppe, die das Salzwasser bewohnt, die Homalopsinen, besitzen eine ähnliche Drüse, die sich jedoch vor dem Munddach befindet. Bei den Meeresschildkröten wird das Salz von einer modifizierten Tränendrüse am Auge ausge-

Stephen Dalton/NHPA

▲ Durch eine Kombination aus Vortrieb, raschen Beinbewegungen und seitlich faltbaren Hautlappen an den Zehen können die Basilisken Mittel- und Südamerikas über erhebliche Strecken auf der Wasseroberfläche laufen. Daher werden diese Vertreter der Gattung *Basiliscus* manchmal *Jesus-Christus-Echsen* genannt.

schieden, und beim Leistenkrokodil sind kleine Salzdrüsen auf der Zungenoberfläche verstreut. Der Meerleguan, eine große Echse von den Galapagos-Inseln, die im Meer taucht und die am Boden wachsenden Algen frißt, trägt eine Salzdrüse in ihrem Nasengang. Das ausgeschiedene Salz wird in die Luft geschneuzt, wenn sich die Echse an Land befindet.

Nur wenige Tiere sind daran angepaßt, sich auf der Wasseroberfläche zu bewegen. Eine solche Ausnahme ist ein Reptil, der Mittelamerikanische Basilisk, auch Jesus-Echse genannt. An den Zehen seiner Hinterfüße trägt das Tier Hautlappen, die bei der Fortbewegung an Land aufgefaltet werden. Wenn der Basilisk Angst bekommt, schliddert die Echse auf zwei Beinen über die Oberfläche eines Stromes oder Teiches. Die Lappen öffnen sich und bieten soviel zusätzliche Oberfläche, daß das Tier über die Wasseroberfläche laufen kann, solange sie den Vortrieb erhält. Sobald sie aufhört zu laufen, sinkt die Echse ein und muß schwimmen.

REPTILIEN AUF INSELN

Auf entlegenen ozeanischen Inseln leben meist nur wenige Pflanzen- und Tierarten, überwiegend solche, die lange Reisezeiten überleben können. Gewisse Reptilien, besonders Geckos, sind normalerweise gut vertreten, da sie über verschiedene Anpassungen verfügen, die es ihnen erleichtern, sich auf Inseln zu verbreiten und, dort angekommen, auch fest anzusiedeln.

Viele Echsen leben auf oder unter dem Treibholz an den Stränden. Baumstämme werden ins Meer hinausgespült und treiben irgendwann an eine entfernte Küste. Dabei tragen sie Echsen oder deren Eier mit sich, die in Höhlungen festsitzen. Einige Geckos legen salztolerante Eier, die bei der Ablage klebrig sind und nach dem Trocknen in Spalten und Höhlen festsitzen.

Ein größeres Problem für Tiere, die als neue Siedler eine entlegene Insel erreicht haben, besteht darin, eine Population aufzubauen. Die Verbreitung über treibende Pflanzen kommt nur selten vor. Zudem ist es unwahrscheinlich, daß ein zweites Treibholz dieselbe Insel während der Lebenszeit eines einzigen Reptils erreicht. Daher würden die meisten ankommenden Arten mit dem Tode des neu siedelnden Tiere wieder aussterben, wenn eine solche Miniatur-Arche nicht mindestens von jedem Geschlecht ein Tier mit sich trüge. Derartige Einschränkungen gelten für parthenogenetische Arten (die Weibchen können fortpflanzungsfähige Eier legen, ohne von einem Männchen befruchtet worden zu sein) allerdings nicht. Es ist wohl bezeichnend, daß einige der für entlegene Inseln typischen Geckos parthenogenetisch sind. Männchen findet man kaum, oder sie fehlen ganz. Bei solchen Arten muß lediglich ein einziges Individuum oder Ei die Insel erreichen, um eine Kolonie zu gründen. Auch eine weit verbreitete, pazifische Blindschlange ist parthenogenetisch.

Unter den Landreptilien halten wohl die Leguane der Fijis und ihrer Nachbarinseln im Pazifik den Rekord für die Verbreitung über das Wasser. Ihre einzigen Verwandten leben in Süd- und Mittelamerika. Ganz eindeutig schwammen deren Vorfahren auf Treibholz über den Pazifik und entwickelten sich, nachdem sie isoliert waren, zu den heutigen Arten.

HAROLD HEATWOLE

DAS VERHALTEN DER AMPHIBIEN UND REPTILIEN

WILLIAM E. DUELLMAN UND CHARLES C. CARPENTER

Reptilien und Amphibien sind als einzige Landwirbeltiere nicht imstande, ihre Körpertemperatur durch innere, physiologische Mittel zu steuern. Grob gesagt bedeutet dies, daß sie ihre Körpertemperatur über ihr Verhalten regulieren müssen, weil sie sonst einfach mit der Außentemperatur ansteigen oder sinken würde. Dies verursacht bei ihnen zahlreiche Einschränkungen. Vorgänge, wie das Schlüpfen aus dem Ei, Wachsen, Fressen, Fortpflanzung, die Flucht vor Feinden, ja selbst die einfache Tagesaktivität, sind daran gebunden, daß der Körper eine Temperatur erreicht, die eine normale Funktionsweise erlaubt. Daher zielt ein weiter Bereich des Verhaltens bei Reptilien und Amphibien auf die Temperaturregulierung ab, und dieses Erfordernis liegt zugleich vielen komplizierten und häufig merkwürdigen Verhaltensweisen einzelner Arten zugrunde.

DAS VERHALTEN DER AMPHIBIEN

Die durchlässige Haut der Amphibien und das in der Regel vorhandene Unvermögen, die Körpertemperatur über physiologische Prozesse zu steuern, haben zur Folge, daß viele Bereiche ihres Verhaltens durch die Umgebung bestimmt werden. Die meisten Amphibien sind nachtaktiv und kommen nur dann hervor, wenn die Umgebung feucht genug ist, um einen allzu großen Wasserverlust durch Verdunstung zu vermeiden.

Bei einigen Amphibien kommt es jedoch zu wassersparenden Verhaltensweisen, ja sogar einem Verhalten zur Regulierung der Körpertemperatur. So setzen sich beispielsweise diurnale (tagaktive), in den gemäßigten Klimaten lebende Frösche der Sonne aus und heben dadurch ihre Körpertemperatur an, ehe sie auf Nahrungssuche gehen. Einige gehen dabei in regelmäßigen Abständen ins Wasser zurück, um Feuchtigkeit aufzunehmen und ihre Temperatur zu senken. Der nordamerikanische Ochsenfrosch reguliert seine Temperatur dadurch, daß er seine Sitzhaltung im Verhältnis zu den auftreffenden Sonnenstrahlen verändert. Weitere Positionswechsel, die Abgabe schleimiger Sekrete zur Erzeugung von Verdunstungskälte und eine regelmäßige Nachbefeuchtung der Haut dienen dazu, die Körpertemperatur des Ochsenfrosches herabzusetzen oder zu stabilisieren. Anderserseits heben der amerikanische Tiger-Querzahnmolch, der hoch in den Rocky Mountains lebt, und Kaulquappen in vielen Gebieten der Welt ihre Temperatur dadurch an, daß sie an sonnigen Tagen ins seichte Wasser gehen. Nahezu gar nichts weiß man jedoch über das Verhalten der verborgen unterirdisch lebenden Blindwühlen.

DAS NAHRUNGSVERHALTEN

Die meisten Amphibien sitzen einfach da und warten darauf, daß eine Beute in Reichweite kommt. Einige schwergebaute Frösche, etwa die südamerikanischen Hornfrösche, locken bewegliche Beute dadurch heran, daß sie mit den langen Zehen ihrer hinteren Füße wedeln. Andere Frösche wiederum, in erster Linie die kleinen giftigen Arten des tropischen Amerika, suchen am Tage aktiv nach kleinen Insekten und finden ihre Beute mit den Augen. Ein mittelamerikanischer Grabfrosch (Gattung *Rhinophrynus*) vermag offenbar die unterirdischen Tunnel von Termiten durch ihren Duft zu entdecken. Anschließend bricht er den Gang auf, steckt die Schnauze hinein und leckt die Termiten auf.

WIE SIE SICH VERTEIDIGEN

Viele Amphibien, die einem potentiellen Räuber gegenüberstehen, stellen sich einfach tot. Andere machen sich größer als sie sind oder zeigen dem Räuber den am wenigsten schmackhaften Teil ihres Körpers. Wiederum andere verwirren den Beutegreifer dadurch, daß sie ihre typische Körperform oder ihre Farbe verändern, um ihn zu warnen. Manchmal greifen sie den Räuber sogar an. So schlagen Salamander mit dem Schwanz, an dem viele Giftdrüsen sitzen, nach dem Feind; andere tragen zahlreiche Giftdrüsen am Hinterkopf und schlagen mit dem Kopf um sich. Einige Salamandriden Asiens haben die Fähigkeit, die Spitzen ihrer Rippen durch die Giftdrüsen zu stoßen, die sich an ihren Flanken befinden. Dadurch wächst die Wahrscheinlichkeit ganz erheblich, daß der Räuber mit den übelschmeckenden Sekreten in Berührung kommt. Bei vielen Salamandern kommt es zur Autotomie des Schwanzes. Die Tiere können einen Teil des Schwanzes willentlich abbrechen. Sobald der Räuber den Schwanz gepackt hat, bricht er ab, windet sich noch längere Zeit hin und her und lenkt so den Angreifer ab, während der Salamander entkommen kann.

Der Tot-Stell-Reflex ist unter Fröschen weit verbreitet. Einige falten die Gliedmaßen eng gegen den Körper und liegen reglos auf dem Rücken. Andere nehmen mit ausgestreckten Beinen eine starre Haltung ein. Kröten holen häufig tief Luft, blähen dabei ihren Körper auf und zeigen sich dabei dem Räuber größer als sie in Wirklichkeit sind. Zugleich stemmen sie den Körper vom Boden ab und neigen ihn manchmal auch dem Räuber zu. Einige leptodactylide Frösche aus Südamerika (*Physalaemus* und *Pleurodema*) besitzen in der Leistengegend große Drüsen, die an leuchtend gefärbte »Augenflecken« erinnern. Wenn also ein solcher Frosch den Kopf senkt und das Becken anhebt, wirkt er wie der Kopf eines größeren Tieres und schreckt so den potentiellen Räuber mit hoher Wahrscheinlichkeit ab. Es gibt afrikanische und südamerikanische Baumfrösche, die bei Gefahr ihr Maul öffnen (und dabei häufig eine leuchtend gefärbte Zunge zeigen), was wohl als Drohgeste zu werten ist. Einige große Frösche springen auch dem Angreifer entgegen und schnappen nach ihm. Viele Froscharten geben einen lauten Schrei von sich, wenn sie von einem Räuber gestört oder gepackt werden. Dabei dient das Geräusch nicht nur dazu, den Beutegreifer einzuschüchtern, sondern warnt zugleich die anderen Frösche vor der Gefahr.

DAS FORTPFLANZUNGSVERHALTEN DER AMPHIBIEN

Zum auffälligsten Fortpflanzungsverhalten unter den Amphibien gehören die Töne der Frösche, besonders der Paarungsruf der Männchen. Jede Art besitzt ihren eigenen Ruf, der von den anderen Tieren derselben Art erkannt wird. Viele Frösche, die in einer jahreszeitlich wechselnden Umwelt leben, haben eine kurze Fortpflanzungssaison, während derer die Männchen zu den bald wieder ausgetrockneten Teichen wandern und dort rufen. Diese Rufe sind akustisch zumeist sehr einfach und dienen nur dazu, Weibchen anzulocken. Dagegen haben Frösche, die in den tropischen und subtropischen Regionen über den größten Teil des Jahres aktiv sind, meistens kompliziertere Rufe, die sowohl der Paarung als auch der Verteidigung von Territorien dienen: Ein Männchen verkündet seinen Geschlechtsgenossen, daß es ein Territorium besitzt und lockt damit zugleich Weibchen an. Nicht alle Froscharten rufen.

Bei Salamandern sind Lautäußerungen bei ihrem Sexualverhalten nicht bekannt, obwohl einige von ihnen bellende oder quiekende Laute von sich geben können. Wenigstens einige terrestrische Arten markieren ihre Territorien mit Duftspuren, die von ihren Artgenossen erkannt werden. Jede europäische Molchart (Gattung *Triturus*) besitzt ein einzigartiges, kompliziertes Paarungsverhalten. Hier muß ein Männchen dem Weibchen eine Antwort entlocken, ehe es die nächste Stufe der Paarung einleiten kann. Die Paarung selbst erfolgt im Wasser. Während der Paarungszeit entwickeln die Männchen leuchtende Farben und einen prächtigen Flossenschmuck am Schwanz. Das Männchen setzt sich vor das Weibchen und beginnt den Schwanz zu bewegen, wodurch das Weibchen optisch, sowie durch Berührung und Geruch gereizt wird. Die neuweltlichen lungenlosen Salamander gehen mit abgespreiztem Schwanz im Wasser oder an Land umher. Dann beginnt das Männchen die Paarung, indem es den Kopf des Weibchens mit seinem Kinn reibt und dabei chemische Stoffe aus seinen Kinndrüsen abgibt, die das Weibchen erregen. Dann bewegt es sich nach vorn, und das Weibchen setzt sich auf den Schwanz des Männchens, wobei es sein Kinn auf dessen Schwanzwurzel drückt. Wenn das Weibchen den engen Kontakt verliert, schnellt sich das

▼ Eine Aga-Kröte (*Bufo marinus*) fühlt sich von einer mittelamerikanischen Krötennatter (*Xenodon rabdocephala*) bedroht und nimmt eine Drohstellung ein. Dabei bläst sie die Lungen auf, hebt den Körper hoch vom Boden ab und neigt sich dem Angreifer zu. Wird sie noch weiter provoziert, ist die Kröte imstande, aus Drüsen ihres Kopfes ein giftiges Sekret hervorzusprühen.

Michael and Patricia Fogden

Michael and Patricia Fogden

Purzelbäume Eier ausstößt. Anschließend befruchtet das Männchen die Eier und plaziert sie schwungvoll mit den Füßen auf deren Rücken, wo sie sich in der Haut einnisten und entwickeln.

DIE VERSORGUNG DER EIER UND KAULQUAPPEN

Die meisten Amphibien, die ihre Eier im Wasser ablegen, ziehen sich anschließend sofort zurück. Bei den Arten jedoch, die ihre Eier an Land ablegen, bleibt ein Elternteil normalerweise bei diesen zurück, um zu verhindern, daß sie Räubern zum Opfer fallen. Viele Froscharten versorgen ihre Jungen in noch aufwendigerer Weise. So transportieren etwa die Weibchen der südamerikanischen Beutelfrösche ihre Eier auf dem Rücken oder in einer Rückentasche. Die Männchen des in Chile lebenden Darwin-Nasenfrosches sammeln eben geschlüpfte Kaulquappen vom Gelege auf dem Boden auf und tragen sie in einer Schallblase, bis sie ihre Entwicklung abgeschlossen haben. Bei den australischen Taschenfröschen sammeln die Männchen die Kaulquappen auf und transportieren sie in Taschen, die sich an der Körperseite befinden. Und bei den australischen Magenbrüter-Fröschen verschlucken die Weibchen die befruchteten Eier. Die Larven vollenden ihre Entwicklung im Magen der Mutter, dessen Verdauungsfunktionen während dieser Zeit abgeschaltet werden müssen.

Bei einigen südamerikanischen Teichfröschen der Gattung *Leptodactylus* wurde beobachtet, daß die Eltern ihre freilebenden Kaulquappen verteidigten. Hier schwimmen die Larven in Schulen, und das Weibchen bleibt in ihrer Nähe. Man hat sogar gesehen, wie Weibchen potentielle Feinde der Kaulquappen regelrecht anspringen. Die vielleicht höchste Stufe der Brutfürsorge bei den Amphibien ist die Fütterung freibeweglicher Larven durch die Mutter. Unter einigen Giftfröschen des tropischen Amerika transportiert die Mutter einzelne Kaulquappen zu Bromeliengewächsen, die zwischen ihren Blättern Wasser gesammelt haben. In regelmäßigen Abständen kehrt sie zu jeder Bromelie zurück, um dort unbefruchtete Eier hineinzulegen, von denen sich eine jede Larve ernährt. In ähnlicher Weise legt ein jamaicanischer Baumfrosch seine befruchteten Eier in das Sammelwasser einer Bromelie und legt anschließend weitere Klumpen unbefruchteter Eier als Nahrung dazu.

WILLIAM E. DUELLMAN

DAS VERHALTEN DER REPTILIEN

Die Reptilien haben eine eindrucksvolle Bandbreite von Formen und Größen entwickelt. Dazu gehören die gepanzerten Land- und Wasserschildkröten ebenso wie die langgestreckten Schlangen, die beweg-

▲ Der weibliche Zwerg-Panamabaumsteiger (*Dendrobates pumilo*) aus Mittelamerika trägt seine Kaulquappen einzeln nacheinander in winzige Teiche, die aus den Regenwasserrückständen von Bromeliengewächsen bestehen. Später kehrt die Mutter zurück und legt, als Nahrung für die Jungen, unbefruchtete Eier in diesen Miniatur-Aquarien ab.

▶ Die weibliche Wabenkröte (*Pipa pipa*) trägt ihre Jungen während der Embryonalentwicklung mit sich auf dem Rücken umher. Die Larven befinden sich fest eingekuschelt in besonderen Taschen ihrer Haut.

Männchen herum und trifft dessen Kopf empfindlich mit seinem Kinn. Also folgt das Weibchen dem Männchen solange, bis dieses eine galertige Kapsel mit einem Spermabehältnis (Spermatophore) abgelegt hat, das es anschließend mit den Lippen seiner Kloake aufnimmt. Erst dann ist die Paarung erfolgreich beendet.

Die einzigen Frösche mit einem ausgedehnten Paarungsverhalten sind einige der im Wasser lebenden zungenlosen Frösche. Bei der südamerikanischen Gattung *Pipa* etwa ergreift das Männchen seine Partnerin um die Taille herum, während diese mit Hilfe einiger

Chris Mattison

lichen Echsen und die massiven Krokodile. Sie entwickelten daher zugleich vielfältige Strategien zum Überleben und zur Fortpflanzung. Die meisten Reptilienarten legen Eier, doch bringen einige Echsen und Schlangen lebende Junge zur Welt.

Von entscheidender Bedeutung ist, daß Artgenossen einander erkennen. So müssen einzelne Tiere mit anderen Artgenossen kommunizieren, um für die Fortpflanzung zueinanderzufinden. Diese Kommunikation kann auf verschiedenen Wegen erfolgen: optisch (wie bei balzenden Leguanen) oder olfaktorisch (geruchlich), wobei chemische Stoffe eine Rolle spielen, die als Pheromone bezeichnet werden (dies ist bei den meisten Schlangen der Fall). Es werden jedoch auch Lautäußerungen zu Hilfe genommen (so etwa bei einigen Echsen, wie den Geckos, und bei Krokodilen und Alligatoren). Diese Signale sagen nicht nur etwas über die Artzugehörigkeit aus, sondern auch zum Geschlecht und zur Fortpflanzungsbereitschaft des Individuums. Bei einigen Arten bekunden die Männchen mit arttypischem Imponiergehabe öffentlich ihre Revieransprüche und vielleicht auch ihren sozialen Rang gegenüber niedriger gestellten Männchen.

TERRITORIALITÄT

Bei den meisten Echsenfamilien erklären die Männchen ihre Revieransprüche durch ein ritualisiertes Imponiergehabe. So posieren die Männchen der Iguanidae und Agamidae in einer Weise, die die Geschlechterunterschiede in Farbe und Farbmuster herausstellt und anderen Männchen unmißverständlich klarmacht, daß ihnen dieses Territorium gehört. Diese Körpergesten werden noch durch ritualisierte Bewegungsabläufe verstärkt. Dabei handelt es sich, je nach Art, um »Aufwärtsstoßen« oder Nicken des Kopfes. Bei den Galapagos-Meerechsen kommt es vor, daß die Männchen ihre Köpfe aneinanderschlagen, wenn eines das Gebiet eines anderen für sich beansprucht. Viele männliche Warane führen Ringkämpfe aus, wobei sie sich gegenseitig mit den Armen umfassen und aufrecht stehend versuchen, einander umzuwerfen. Bei einigen Echsenarten bekräftigt ein ranghohes Männchen seine Position über die anderen Männchen mit seinem Imponiergehabe, und das untergeordnete Männchen nimmt eine Demutshaltung ein. Die normalerweise nachtaktiven Geckos verbreiten derartige Informationen auch durch Rufe. Ein Territorium bietet einer erwachsenen männlichen Echse ein Revier, in dem es jagen und einen Geschlechtspartner finden kann.

Unter Schlangen wurde kaum ein Hang zur Territorialität beobachtet. In einigen Familien jedoch, etwa bei Vipern und Grubenottern, kommt es unter den Männchen zu komplizierten rituellen Zweikämpfen. Sie dienen vermutlich dazu, eine Rangordnung herauszubilden und das Paarungsrecht mit Weibchen festzulegen. Wenn Klapperschlangen einen solchen Zweikampf ausführen, hebt jedes Männchen Kopf und Körper in die Höhe, dreht sich dann gegen seinen Gegenspieler und versucht, diesen zu Boden zu werfen. Bei einigen Schildkröten kommt es vor, daß zwei Männchen ihre Panzer zusammenstoßen, um dem stärkeren einen Vorteil zu sichern.

BALZ UND PAARUNG BEI DEN REPTILIEN

Während der Werbung zeigt das Männchen bestimmte Verhaltensweisen, die häufig ritualisiert sind

Michael and Patricia Fogden

◀ Das Männchen eines mittelamerikanischen Anolis (*Anolis insignis*) zeigt unübersehbar seinen farbenprächtigen, segelähnlichen Kehllappen. Damit dokumentiert es seinen Anspruch auf ein Revier.

Jean-Paul Ferrero/AUSCAPE International

▲ In Queensland (Australien) schleppt sich eine weibliche Unechte Karettschildkröte (*Caretta caretta*) mühsam über einen Strand, um nach ihrer nächtichen Eiablage ins Meer zurückzukehren. Diese und andere Meeresschildkröten legen im offenen Meer gewaltige Entfernungen zurück, um ihre angestammten Nistplätze zu erreichen. In der Regel handelt es sich um denselben Strand, an dem sie selber einst geschlüpft waren.

und zudem von Pheromonen unterstützt werden. Damit wird ein Weibchen angelockt und soweit beeinflußt, daß es sich während der folgenden Kopulation hinreichend passiv verhält. Bei Schlangen klettert das Männchen meist mehrfach über seine Partnerin und richtet seinen Kopf an dem ihren aus. Dabei bringt es zugleich seinen Schwanz neben dem ihren für die folgende Kopulation in Position. Bei einigen Arten hält das Männchen sein Weibchen durch einen Biß in die Kopf- oder Nackengegend fest. Bei vielen Echsen hält das Männchen die Partnerin mit einem Fixierungsbiß fest, während es seine Schwanzbasis für die Paarung in Position bringt. Die männliche Schmuckschildkröte wirbt um ihr Weibchen, indem sie rückwärts vor ihr herschwimmt und ihr Gesicht dabei mit ihren langen Krallen berührt. Die männliche Wüstenschildkröte umkreist ihr Weibchen auf dem Land und schlägt es zuweilen mit ihrem Panzer, um es einzuschüchtern und bewegungslos zu machen, so daß es von hinten aufreiten kann. Bei den nordamerikanischen Dosenschildkröten, deren Bauchpanzer bewegliche Scharniere besitzen, schließt das Weibchen ihren Bauchpanzer über den Hinterfüßen des Männchens. Dadurch fesselt es den Partner an sich, sobald er für die Paarung auf den Rücken gefallen ist. Offenbar erfordert der hochgewölbte Panzer dieser Schildkröten eine solche Position.

DIE BRUTFÜRSORGE BEI REPTILIEN

Nach der Paarung gräbt das Weibchen ein Loch, legt seine Eier ab und überläßt diese ihrem Schicksal, so daß sie selbständig schlüpfen. So sieht das typische Nistverhalten vieler Reptilienarten aus. Da die Jungen ohne jeden Schutz schlüpfen, sterben viele von ihnen früh, und nur wenige werden erwachsen. Bei einigen Schlangen- und Echsenarten hält das Weibchen die Eier im Körper zurück, bis die Jungen für die Geburt reif sind. Es kommen dann lebende Junge zur Welt, die, sobald sie ihre Embryonalhüllen verlassen haben, auf sich selbst gestellt sind.

Die Weibchen einiger nordamerikanischer Skinke bleiben bei ihren Eiern und betreuen sie bis zum Schlüpfen. Ja, sie bringen unter Umständen sogar die Eier wieder in ihren Besitz, die Räuber forttragen wollen. Die Weibchen einiger Pythonarten legen sich ringförmig um ihre Eier und bebrüten sie. Durch ein Zittern der Körpermuskulatur kann die Mutter Stoffwechselwärme erzeugen, wenn die Temperatur der Eier erhöht werden muß. Das wohl auffälligste Nistverhalten findet man beim Mississippi-Alligator, der Bruthügel anlegt. Das Weibchen hält sich in der Nähe auf, um das Nest vor Eindringlingen zu schützen, hilft aber auch den Jungen beim Schlüpfen und dem Verlassen des Nestes.

WANDERUNGEN

Die meisten Reptilien wandern nicht. Die wenigen Ausnahmen suchen meist einen geeigneten Nistplatz oder günstigere Nahrungsgründe. So wandern Prärie-Klapperschlangen im Frühjahr von ihren Überwinterungshöhlen bis zu fünf Kilometer weit und kehren im Herbst zu jeweils derselben Höhle zurück. Die Meeresleguane der Galapagos-Inseln wandern von den Lava-Riffen zu den Niststränden, um dort ihre Eier abzulegen und kehren dann zu den 100 Meter entfernten Riffen wieder zurück. Meeresschildkröten legen etwa 2000 Kilometer zurück, um ihre Niststrände zu erreichen. Dies erfordert ein kompliziertes Orientierungsvermögen, das noch nicht vollständig erklärt werden konnte. Einige Populationen der Suppenschildkröte wandern von der brasilianischen Küste zu ihren Niststränden auf Ascension Island, mitten im Atlantischen Ozean, und legen dabei einen Weg von 5000 Kilometer zurück.

WIE SICH REPTILIEN VERTEIDIGEN

Am häufigsten verteidigen sich Reptilien dadurch, daß sie zubeißen. Einen besonders hochentwickelten Verteidigungsbiß findet man in vielen Schlangenfamilien, besonders bei den Vipern, Grubenottern und Elapiden (Giftnattern, zu denen die Kobras und ihre Verwandten zählen), die alle Gift erzeugen. Es gibt dagegen nur zwei giftige Echsenarten, die zwei Krustenechsen des westlichen Nordamerika.

Die Art, in der das Aggressionsverhalten von Reptilien zum Ausdruck kommt, wird von ihrem Körperbau und Lebensraum mit beeinflußt. Viele Echsen flachen ihren Körper seitlich ab und heben ihn an, um größer zu erscheinen und einen potentiellen Feind damit abzuschrecken. Die australischen Bartagamen und Kragenechsen verfügen über umfangreiche Kehlfächer, die sie einem Räuber präsentieren. Dadurch erscheinen sie größer als sie wirklich sind. Einige Schlangen blähen oder spreizen ihren Hals in einer Drohgeste – ein gut bekanntes Beispiel dafür sind die Kobras. Zahlreiche Schlangen und Echsen drohen einem Räuber mit aufgesperrtem Maul, und einige Schlangen lassen an der Unterseite ihres Schwanzes eine leuchtend helle Farbe aufblitzen. Wenn eine nordamerikanische Hakennatter von einem Freßfeind bedroht wird, reagiert sie mit einer Reihe von Verhaltensweisen: Zunächst stellt sie sich, als wolle sie zubeißen, dann rollt sie sich auf den Rücken, stellt sich bei geöffnetem Maul tot, entleert ihren Kot und wird schlaff. Sobald man die Schlange auf den Bauch dreht, wendet sie sich unverzüglich wieder mit dem Rücken nach unten, um »toter Mann zu spielen«.

Tarnfärbungen sind unter Reptilien weit verbreitet. In einigen Fällen verschmelzen reglos sitzende Reptilien optisch vollkommen mit ihrer Umgebung. Andere dagegen weisen verwirrende Farbmuster auf, wenn die Tiere sich bewegen. Die Chamäleons sind imstande, ihre Farben oder Farbmuster willkürlich zu verändern, wenn sie sich in verschiedenen Vegetationstypen aufhalten.

BEUTEFANG

Bei einer Giftschlange besteht die Hauptfunktion ihres Giftes darin, die Beute unbeweglich zu machen, so daß sie verschlungen werden kann. Ungiftige Schlangen bedienen sich anderer Methoden des Beutefangs. So schlingen sie sich etwa um ihre Beute, um sie zu erwürgen, wie es Boas und Rattenschlangen tun. Einige Reptilien verfolgen aktiv ihre Beute, während andere »abwarten«, bis ein Beutetier in Reichweite kommt. Die australische Todesotter liegt im abgefallenen Laub verborgen. Nur ihr leuchtend gefärbter Schwanz schaut heraus und wird, wie ein insektenähnlicher Köder, periodisch von einer Seite zur anderen gebogen, um Beute anzulocken. Die nordamerikanische Geierschildkröte liegt mit aufgesperrtem Maul am Flußboden und wendet einen kleinen, fleischigen »wurmähnlichen« Fortsatz auf ihrer Zunge hin und her, um arglose Fische neugierig zu machen.

CHARLES C. CARPENTER

Michael Fogden/Oxford Scientific Films

▲ Viele Schlangen, so auch diese Südafrikanische Baumnatter (*Theletornis capensis*), blähen bei Gefahr ihre Kehle auf, um ihren Kopf größer erscheinen zu lassen.

Jack Dermid/Oxford Scientific Films

◀ Eine Reihe von Schlangen und Echsen »stellt sich tot«, wenn Gefahr droht. So dreht sich eine erregte Gemeine Hakennatter (*Heterodon platyrhinos*, eine nordamerikanische Art) auf den Rücken, entleert den Darm, öffnet das Maul und erschlafft. Dieses Verhalten ist so starr programmiert, daß eine wieder umgedrehte Schlange sofort »zum Leben erwacht«, um sich unmittelbar darauf abermals auf den Rücken zu drehen und den Verhaltensablauf zu wiederholen.

GEFÄHRDETE ARTEN

BRIAN GROOMBRIDGE

Zu allen Zeiten gab es gefährdete Arten. In Zeiträumen, die sich nach -zig Jahrmillionen rechnen, haben sich unterschiedliche Linien von Arten entwickelt, die an Zahl und ökologischer Bedeutung zunahmen und schließlich in den geologischen Schichten nicht mehr nachzuweisen waren. Durch Untersuchung der verschiedenen Typen von Pflanzen und Tieren, die in den Ablagerungen nachfolgender geologischer Zeiten versteinerten, weiß man, daß im Laufe der Jahrmillionen nach und nach Artengruppen verschwunden sind, die keinerlei Verwandtschaft zueinander aufwiesen, und dies wohl aus verschiedenen Gründen. So erging es vielen Amphibiengruppen während des Perm und der Trias (vor etwa 285 bis 200 Millionen Jahren). Es gab allerdings auch Zeiten, in denen eine Reihe deutlich abgegrenzter Gruppen vergleichsweise schnell vollständig verschwand. Ihr Aussterben hatte vermutlich eine gemeinsame Ursache, wie im Falle der zahlreichen Reptiliengruppen am Ende der Kreidezeit vor etwa 65 Millionen Jahren. Es war die Zeit, in der die letzten Dinosaurier ausstarben.

▶ Ein Drusenkopf (*Conolophus subcristatus*) knabbert an einer Opuntie. Diese nur auf den Galapagos-Inseln verbreitete Art wurde in starkem Umfang von eingeschleppten Hunden und Katzen gejagt und ist daher ernsthaft gefährdet. Er lebt in Gängen, die er im sandigen Grund anlegt, und ernährt sich von Pflanzen und Insekten.

K.H. Switak/NHPA

NUR DER NATÜRLICHE LAUF DER DINGE?

Nach der Evolutionstheorie ist eine Art besonders dann vom Aussterben bedroht, wenn sie von einer anderen im Wettbewerb um eine begrenzte Reserve von Ressourcen (etwa die passende Nahrung) ausgestochen wird, oder wenn sie ihre Fähigkeit verliert, sich den Veränderungen ihrer Umgebung anzupassen. Zudem verändert sich im Laufe der Entwicklungsgeschichte die genetische Identität der Arten, da sich einzelne Populationen in Richtung jeweils neuer, abgegrenzter Arten entwickeln. Es kann auch vorkommen, daß eine geographische Barriere eine Art in zwei voneinander getrennte Populationen teilt, von denen dann jede eine neue entwicklungsgeschichtliche Karriere beginnen kann.

Wenn nun sowohl die fossilen Belege als auch die Evolutionstheorie dafür sprechen, daß der Niedergang und das Aussterben von Arten völlig natürliche Vorgänge sind, das heißt, es gab »gefährdete Arten« zu allen Zeiten - warum sorgt man sich in unserer Zeit so stark um schrumpfende Populationen und das Aussterben von Arten?

Die Antwort liegt darin, daß, wie viele befürchten, das Ausmaß der Gefährdung und des Aussterbens überall auf der Welt größer ist als jemals zuvor. Indem sich die Menschheit einen unangemessen großen Anteil der irdischen Ressourcen aneignete und zur erfolgreichsten einzelnen Art wurde, die je auf der Erde gelebt hat, veränderte sie praktisch jeden Teil der Biosphäre – vom Tiefseeboden bis zur Atmosphäre selbst. Auf globaler Ebene haben Rate und Umfang dieser Veränderungen während der letzten menschlichen Generationen stark zugenommen. Dies wird sich auch nicht ändern, zumal einige Menschen mit den elementarsten Problemen des Überlebens kämpfen, während sich andere einem Leben übermäßigen Konsums hingeben. Wir sind Zeugen des Rückgangs und der geographischen Aufsplitterung ehemals weit verbreiteter Wildtierarten geworden, haben erlebt, wie artenreiche Lebensräume zusammengeschnitten werden und können Listen von Arten aufstellen, die noch vor 50 oder 100 Jahren zu sehen waren, heute jedoch wohl für immer verschwunden sind.

ARTEN, DIE IM 20. JAHRHUNDERT AUSSTARBEN

Niemand sollte sich darüber täuschen lassen, daß zahlreiche Arten und deren Lebensräume brennenden Problemen gegenüberstehen. Es läßt sich voraussagen, daß viele empfindliche Arten mit kleinen oder heute zerstreut lebenden Populationen vermutlich verloren sind. Es sollte jedoch deutlich werden, daß wir tatsächlich einige Arten kennen, die zu unseren Lebzeiten ausstarben. So liegt die Anzahl der Wirbeltierarten (der Arten mit einem Rückgrat), die nachweislich im 20. Jahrhundert ausgestorben sind, bei 110. Rein rechnerisch fällt dies natürlich kaum ins Gewicht im Vergleich zu den 42 000 Arten lebender Wirbeltiere, die der Wissenschaft bekannt sind. Unter den Wirbellosen und Pflanzen sehen die Proportionen sogar noch günstiger aus. Dies ist jedoch insofern kaum von Bedeutung, als die wissenschaftliche Bestandsaufnahme dieser Gruppen alles andere als vollständig ist und sich Hinweise darauf, daß eine Art wirklich ausgestorben ist, nur schwer ermitteln lassen.

Es ist selbstverständlich nicht möglich, alle in unserer Zeit auftretenden Fälle ausgestorbener Arten zur Kenntnis zu nehmen. Und mit Sicherheit ist eine bedeutende Zahl von Arten bereits verschwunden, ehe sie von Wissenschaftlern jemals gesammelt, beschrieben und benannt werden konnte. Im besonderen Maße dürfte dies auf die Wirbellosen und Pflanzen zutreffen – gerade dort, wo diese unzugängliche Gebiete bewohnen.

▲ Dieser Magenbrüter-Frosch (*Rheobatrachus silus*) bewohnt die gebirgigen Waldbäche im Osten Australiens. Die Weibchen dieser Art brüten ihre Jungen im Magen aus und »gebären« sie dann durch das Maul. Als dieses ungewöhnliche Brutverhalten in den siebziger Jahren bekannt wurde, war die Art noch recht häufig. Während der achtziger Jahre verschwand sie jedoch, und niemand weiß, warum. Mehrere sorgfältig durchgeführte Suchexpeditionen blieben ohne Erfolg.

GERADE NOCH RECHTZEITIG ENTDECKT

Einige neue Arten verdanken ihren Namen dem Umstand, daß ein Taxonom Unterschiede in der Anatomie, Biochemie oder im Verhalten neu beleuchtet und dabei herausfindet, daß eine zuvor als eine Art beschriebene Tiergruppe in Wirklichkeit aus zwei Arten besteht. Andere Arten sind in dem Sinne wirklich »neu«, als sie von der Wissenschaft noch niemals zuvor aufgenommen worden waren. Manchmal erfolgt die Entdeckung unter Bedingungen, die uns zeigen, wie schwierig es ist, das Vorkommen oder den Status einer solchen Art nachzuweisen.

Im Jahre 1981 etwa ließ ein Herpetologe in den Palni Hills (Südindien) seinen dreijährigen Sohn an einer Straße neben einem kleinen Wald allein zurück. Der Kleine spielte Schlangenjagd, während die Erwachsenen in der Nähe wirklich Tiere erbeuteten. Ganz beiläufig kratzte der Junge etwas Mörtel aus einer Steinmauer, und eine kleine Schlange fiel vor seine Füße. Es zeigte sich, daß das Tier einer Art angehörte, die der Wissenschaft bislang unbekannt gewesen war, und es erhielt später den Namen *Oligodon nikhili*. Hätte man diesen Waldflecken abgeholzt wie den Rest der ursprünglichen Walddecke, wäre diese Art mit Sicherheit noch vor ihrer Entdeckung verschwunden.

Ganz ähnlich verlief die Entdeckung der Schleiche *Diploglossus anelpistus*. Sie wurde nach nur vier Exemplaren beschrieben, die man beim Roden eines Waldgebiets in der Dominikanischen Republik gefunden hatte. Es gibt keine zuverlässigen Beschreibungen dieser Art von anderen Stellen der Insel, und das Waldstück, in dem sie entdeckt worden war, ist seitdem vollständig gerodet. Vermutlich ist sie heute aus-

Michael and Patricia Fogden

▲ Zwei Schmetterlinge nehmen die Augen- und Nasensekrete zweier Terekay-Schildkröten (*Podocnemis unifilis*) auf, die im peruanischen Manu-Nationalpark in der Sonne liegen. Einige Arten der Gattung *Podocnemis*, die die großen Flußsysteme und Feuchtgebiete Südamerikas bewohnen, ähneln in ihrem Nistverhalten den Meeresschildkröten, denn sie kommen ans Ufer, um ihre Eier gemeinsam abzulegen. Da man ihre Eier als Nahrungsmittel schätzt, wurden einige Arten vom Menschen beinahe ausgerottet.

gestorben, auch wenn es Hinweise dafür gibt, daß sie eine nächtliche, halb grabende Lebensweise führt. Es ist also nicht ganz ausgeschlossen, daß anderenorts weitere Populationen im Verborgenen leben. Der entscheidende Punkt ist, daß es in vielen Fällen eben nicht, wie in den beschriebenen Beispielen, zu derartigen Zufallsentdeckungen kommt und Arten daher verloren sind, noch ehe die Wissenschaftler von ihrer Existenz etwas ahnen.

WIR BRAUCHEN INFORMATIONEN

Noch ist nicht alle Hoffnung verloren. Einige der hier erwähnten Entwicklungen lassen sich verlangsamen, andere lassen sich gar in die Gegenrichtung lenken, und wir können unsere Informationsbasis erweitern. Mit Hilfe der nötigen Information und des richtigen politischen Einflusses sollten wir imstande sein, den Druck auf die Artenvielfalt der Welt zu lindern oder in einigen Fällen gar aufzuheben.

Die Information bildet dazu ein wesentliches Erfordernis. Der Entwurf der »Roten Liste«, in den sechziger Jahren von dem verstorbenen Sir Peter Scott ins Leben gerufen, war ein Hilfsmittel von entscheidender Bedeutung, um die Öffentlichkeit für den Naturschutz zu interessieren. Man wollte Arten auflisten, die vermutlich – in unterschiedlichem Ausmaß – vom Aussterben bedroht waren. Es wurden kurze Bemerkungen über Verbreitung, Ursachen der Bedrohung und erforderliche Schutzmaßnahmen beigefügt. Mit Hilfe bestimmter Kategorien wurde zum Ausdruck gebracht, wie nahe diese Arten dem Aussterben vermutlich standen, und diese wurden mit den Jahren nur geringfügig verändert.

Im System der »Roten Liste«, die von der IUCN (der internationalen Vereinigung zum Schutz der Natur und der natürlichen Ressourcen, heute als Weltnaturschutz-Organisation bekannt), hat das Wort »gefährdet« eine relativ präzise Bedeutung. Es wird auf Arten angewendet, die solange unmittelbar vom Aussterben bedroht sind, wie dessen Ursachen nicht beseitigt werden. Gemeinsam mit Arten, die sich in weniger akuter Gefahr befinden, werden sie als »bedrohte Arten« bezeichnet. Außerhalb des Systems der IUCN werden diese Begriffe häufig in abweichender Bedeutung gebraucht. Seit den Sechzigern sind regional, national und auf provinzieller Ebene zahlreiche »rote Listen« erschienen, die von offiziellen Einrichtungen und außerparlamentarischen Organisationen herausgegeben wurden.

Trotz seines riesigen Erfolges hat der Ansatz der »Roten Liste« seine Grenzen. Zunächst sind der biologische Zugang und die Bestandsaufnahme als eine Voraussetzung dafür, daß eine Art als »bedroht« in einer Liste geführt wird, am besten in solchen Ländern durchführbar, die über hochrangige Wissenschaftler, viel Geld und eine engagierte Öffentlichkeit verfügen. Daraus ergibt sich zwangsläufig ein geographisches Ungleichgewicht: So ist zum Beispiel die Rote Liste der Amphibien und Reptilien mit der großen Artenzahl Nordamerikas und der kleinen aus den tropischen Ländern eher ein Spiegel für die Dichte der beteiligten Beobachter als für die Zahl der bedrohten Arten. Man findet auch ein erhebliches Ungleichgewicht in der Taxonomie, da eine Reihe von Gruppen von aktiven Spezialisten bearbeitet wird. So findet man etwa in weitem Umfang eine Beurteilung des Schutzstatus aller Arten von Land- und Wasserschildkröten, und als Folge dieser Bevorzugung stehen auf der Roten Liste der IUCN viel mehr Schildkröten als Schlangen oder Salamander. Dies hängt zudem mit der Größe und Sichtbarkeit der Tiere zusammen: Über die großen Arten, etwa Krokodile, Wasserschildkröten und große Leguane, weiß man wesentlich mehr als über kleine Echsen, Schlangen und Salamander, von denen viele zudem stark zurückgezogen leben und nur zu bestimmten Jahreszeiten auftauchen. Schließlich ist es absolut unmöglich, den Status einzelner Arten in artenreichen Tiergesellschaften, etwa denen tropischer Regenwälder, zu überwachen.

»AUFHÄNGERARTEN«

Obwohl sich die Aufmerksamkeit von einzelnen bedrohten Arten weg auf Lebensräume und Ökosysteme im allgemeinen verlagert hat, müssen die großen Mühen, die noch immer zum Schutz einzelner Arten unternommen werden, nicht immer fehlgeleitet sein. Arten wie der Tiger und der Große Panda haben nicht nur in Hinsicht auf ihre eigene Existenz eine Bedeutung, sondern dienen auch als »Aufhängerarten«. Der Schutz und die Verwaltung so großer Flächen, wie sie von diesen großen Tieren benötigt werden, um überlebensfähige Populationen am Leben zu halten, verbessern nämlich zugleich die Aussichten zahlloser kleiner Tiere und Pflanzen.

Unter den Amphibien oder Reptilien gibt es kein exaktes Äquivalent zum Tiger, doch wurden in Indien Schutzgebiete für den Gavial (*Gavialis gangeticus*) und im indopazifischen Raum für das Leistenkrokodil (*Crocodylus porosus*, beide gehören zu den bedrohten Arten) eingerichtet. In diesen Regionen leben allerdings Populationen anderer schutzbedürftiger Reptilien, insbesondere Wasserschildkröten und der Bindenwaran (*Varanus salvator*). Allgemein betrachtet, hängt der Schutz von Amphibien und Reptilien entweder davon ab, ob sie zufällig in Schutzgebieten vorkommen, die man aus anderen Gründen eingerichtet hatte, oder von Einzelaktionen, die sich auf besondere Arten konzentrieren. Manchmal erweist sich letztere Methode als die geeignetere, denn unter den am stärksten bedrohten Arten findet man die Krokodile und Meeresschildkröten, deren mißliche Lage auf die Ausbeutung durch Menschen zurückzuführen ist, ebenfalls die Aktion einer einzelnen Art.

DER WEG INS VERDERBEN

Die Sorge über das Aussterben von Arten ist durchaus zu rechtfertigen, und von dessen Endgültigkeit geht vielleicht sogar eine merkwürdige Faszination aus. Allerdings kann gefährdeten Arten nur wirkungsvoll geholfen werden, solange sie dieses Stadium noch nicht erreicht haben. Für einige Arten kommt vermutlich jede Hilfe zu spät. Sie werden als »zum Aussterben verurteilt« bezeichnet. Andere haben trotz ihrer mehr oder weniger starken Belastung immerhin noch die Möglichkeit, auf Hilfsaktionen positiv zu reagieren. Daher sollten sich Naturschutzbemühungen eher auf diese als auf die Arten richten, denen nicht mehr zu helfen ist. Informationen über die Biologie des Aussterbeprozesses sollten dazu beitragen, beide Gruppen besser voneinander zu trennen.

Eine Art kann nur dann überleben, wenn ihre Fortpflanzung ungebrochen voranschreitet, wenn also die Neugeborenen die todesbedingten Ausfälle zahlenmäßig kompensieren können. Hier treten verschiedene Möglichkeiten von Störungen auf. Werden in einer Population gerade die fortpflanzungsaktivsten Individuen herausgeschossen, wirkt sich dies natürlich auf die Geburtenrate aus. Wenn diese Ausbeutung nur genügend lange durchgeführt wird (der Zeitraum hängt, neben anderen Faktoren, von dem Alter ihrer ersten Elternschaft ab und von dem Alter, in dem sie die Fortpflanzung einstellen), kann die ganze Population zusammenbrechen. Durch Auseinanderreißen der Lebensräume in großem Stil gelangen die Tiere an weniger Unterschlüpfe und Nahrung als vorher, worunter die Fortpflanzung ebenso stark leidet.

Erst in letzter Zeit stellte sich heraus, in welchem Umfang zufällige Ereignisse Populationen beeinflussen können, besonders dann, wenn diese durch Habitatverlust oder menschliche Ausbeutung in ihrer Zahl zurückgegangen oder zerstreut worden sind. Bei kleinen Populationen liegt die Wahrscheinlichkeit wesentlich höher, daß die genetische Variabilität verlorengeht, die Voraussetzung, um mit den Herausforderungen der sich verändernden Umwelt fertigzuwerden. Kleine, isolierte Populationen werden viel leichter durch Krankheiten oder Naturkatastrophen ausgelöscht als große. Im Extremfall kann die Fortpflanzung einfach dadurch zum Erliegen kommen, daß gegengeschlechtliche Individuen einander nicht mehr begegnen oder das soziale Umfeld verloren haben, in dem Wanderungen oder andere, für die Paarung wesentliche Verhaltensweisen normalerweise stattfinden. Und an Stellen, an denen auseinandergerissene Populationen durch große Bereiche unbrauchbarer Lebensräume voneinander getrennt sind, lassen sich auf kritische Zahlen gesunkene Bestände nicht mehr durch entfernt lebende Populationen ergänzen.

Arten, die derartige Merkmale aufweisen, können letztlich zum Untergang verurteilt sein, obwohl einzelne Vertreter noch immer am Leben sind. Ein Beispiel: Unter den Meeresschildkröten werden manchmal alle Weibchen, die zum Nisten einen besonderen Strand aufsuchen, abgeschlachtet und sämtliche Eier eingesammelt. Es gibt Strände, auf denen sich dies über viele Jahre so abspielte. Da die Weibchen potentiell sehr alt werden, tauchen sie weiterhin Jahr für Jahr am Niststrand auf, obwohl über viele Jahre kein einziges Jungtier ins Meer gelangte. Wenn der Zeitraum dieser intensiven Ausbeutung die Fortpflanzungsspanne der Weibchen übersteigt, verschwindet die Population irgendwann, da die alternden Weibchen von ihren Nachkommen nicht ersetzt werden können.

Ein Paradebeispiel bietet eine Inselpopulation der Galapagos-Riesenschildkröte (*Geochelone elephantopus*), insbesondere die Unterart *G.e. abingdoni*. Diese Population besteht heute aus einem einzigen Männchen, das man im Jahre 1971 auf der Insel Pinta fand und seit 1972 auf der Charles-Darwin-Forschungsstation hält. Auf Pinta wurden die Landschildkröten von Walfängern und Fischern intensiv bejagt, und die Vegetation fiel in starkem Umfang weidenden Ziegen zum Opfer, die man 1958 dort einführte. Zweifellos leisteten zufällige Ereignisse einen wesentlichen Beitrag dazu, diese stark belastete Population auf ein einziges Männchen zu reduzieren. Obwohl dieser Vorgang keine normale Art, sondern nur eine Unterart

▼ Goldkröten (*Bufo periglenes*) bewohnen die hochgelegenen Nebelwälder Mittelamerikas. Hier versammeln sie sich zur Brutzeit, um sich an kleinen Bächen und Teichen zu paaren. Während der achtziger Jahre nahmen die Individuenzahlen dieser und vieler anderer Froscharten, die auf der Welt in Hochlandwäldern leben, auf mysteriöse Weise drastisch ab, und in vielen Fällen sind sie offenbar völlig ausgestorben.

Michael and Patricia Fogden

▶ Diese Breitkopfschlange (*Hoplocephalus bungaroides*) ernährt sich vorzugsweise von Echsen und Fröschen. Diese Art kommt nur in den Wäldern vor, die sich etwa 100 Meilen um Sidney (Australien) herum ausdehnen. Hier ist sie durch die immer weiter wachsende Stadtfläche und ähnliche Erschließungsmaßnahmen bedroht.

J.C. Wombey/AUSCAPE International

betrifft, bietet er doch ein brauchbares Modell dafür, was mit ausgestorbenen Arten geschah.

DAS AUSMASS DES PROBLEMS

Man kann unmöglich sagen, wieviele Arten weltweit bedroht sind. Wir können uns nur über solche Arten äußern, deren Situation wir wirklich kennen und nur solche aufzählen, die offiziell als bedroht bezeichnet und in einer organisierten Form aufgezeichnet wurden. Die umfassendste Zusammenstellung solcher Arten ist die Rote Liste der IUCN. Die Zahlen der Amphibien und Reptilien der Ausgabe von 1990 finden Sie unten auf der Seite, ebenso wie die Zahl derer, die als »gefährdet« eingestuft wurden. In der Tabelle werden nur ganze Arten aufgeführt. Es fehlen also die wenigen geographischen Unterarten, die ebenfalls in der Roten Liste der IUCN stehen.

DER VERLUST DER LEBENSRÄUME

Der Verlust der Lebensräume ist die häufigste und einschneidendste Ursache für den Rückgang und die Aufsplitterung von Populationen. Dabei handelt es sich meist nicht um einen einzigen Faktor, sondern um einen Komplex mehrerer Ursachen, die einander bedingen. Die unmittelbaren Ursachen sind häufig Folgen aus der Ferne wirkender sozialer oder wirtschaftlicher Faktoren, die sich auf nationaler oder globaler Ebene auswirken.

Manchmal sind die Dinge einfach. Vor wenigen Jahrzehnten wurde der Schwarzbäuchige Scheibenzüngler (*Discoglossus nigriventer*) aufgrund von Exemplaren beschrieben, die man am Lake Huleh an der israelisch-syrischen Grenze gesammelt hatte. Bald darauf wurde der See zum Zwecke der landwirtschaftlichen Erschließung trockengelegt, und man hat die

	Zahl der bedrohten Arten auf der Roten Liste	Bedrohte Arten, die als gefährdet gelten
Reptilien		
Land- und Wasserschildkröten	79	11
Krokodile und Alligatoren	15	11
Brückenechsen	1	—
Echsen	42	8
Schlangen	32	6
Summe	**169**	**36**

	Zahl der bedrohten Arten auf der Roten Liste	Bedrohte Arten, die als gefährdet gelten
Amphibien		
Frösche und Kröten	32	5
Molche und Salamander	25	2
Summe	57	7

Art trotz intensiver Suche niemals wieder gesehen. Sie ist vermutlich ausgestorben.

Bei Arten, deren Verbreitung größer ist als es bei dem Schwarzbäuchigen Scheibenzüngler wahrscheinlich der Fall war, führt ein Auseinanderreißen des Lebensraumes im Regelfall zum Verlust oder Rückgang lokaler Populationen. Dies trifft auf zahlreiche Amphibienarten zu. So wurden zum Beispiel in Europa zahllose kleine Teiche und Sümpfe trockengelegt, um den Anforderungen intensiver Landwirtschaft zu entsprechen. Zusammen mit diesen sind ungezählte lokale Amphibienpopulationen verschwunden, nur weil sie den Lebensraum verloren, der für ihre Fortpflanzung unverzichtbar war.

Weniger häufig kommt es vor, daß durch menschliche Aktivität neue Lebenräume für wilde Tiere entstehen, in denen sich vermutlich größere Populationen halten können als es unter natürlichen Bedingungen der Fall wäre. Die seltenen, in den Bergen Südeuropas lokal begrenzten Populationen der Viperiden *Vipera ursinii* bevorzugen zum Beispiel kurzes Gras mit einer reichlichen Bedeckung von Wacholderbüschen – ein solcher Lebensraum wird zum Teil von weidenden Schafen geschaffen, die unter dem althergebrachten extensiven System der Viehzucht durch Familien gehalten werden. Heute geht die Zahl der Schafe zurück, und der Lebensraum verändert sich zum Nachteil der Schlangenpopulationen.

Typischer ist, daß die Landschaft durch menschlichen Einfluß nach und nach in relativ einheitliche Lebensräume verwandelt wird. Bessere Straßen gewähren leichteren Zugang, was noch mehr Menschen heranführt. Die Jagd wird intensiviert, Störungen nehmen zu, es werden mehr Wälder gerodet, die landwirtschaftliche Erschließung schreitet fort, und so weiter. Spezialisierte Arten mit engem Verbreitungsgebiet werden mit hoher Wahrscheinlichkeit ausgelöscht, wogegen die weiter verbreiteten Generalisten-Arten übrigbleiben. Häufig jedoch werden deren Populationen auseinandergerissen, so daß sie unter zufälligen Ereignissen stärker zu leiden haben und die Populationen langsam weiter zurückgehen.

AUSBEUTUNG UND STÖRUNGEN

Eine direkte Ausbeutung durch den Menschen ist für den Rückgang vergleichsweise weniger Tierarten verantwortlich. Wo es jedoch dazu kommt, können die Folgen schneller und drastischer eintreten als bei einer Veränderung der Lebensräume. So gehörten zur traditionellen Nahrung vieler Eingeborener häufig verschiedene Reptilienarten mit deren Eiern und manchmal auch größere Froscharten. Obwohl diese Nutzung vermutlich nur sporadisch und zurückhaltend erfolgte, läßt sich schwer sagen, wie stark wilde Tierarten in prähistorischer Zeit darunter zu leiden hatten. Heute ist es beinahe ebenso schwer, zwischen einer Nutzung zu »persönlichen« und zu »wirtschaftlichen« Zwecken zu unterscheiden. Letztere, und hier besonders der internationale Handel, hat bei verschiedenen Arten zu bedenklichen Einbußen geführt.

Am Ende des neunzehnten Jahrhunderts sammelte man in den Vereinigten Staaten Frösche aus wirtschaftlichen Gründen. In Teilen Südamerikas und Europas ist dies noch immer der Fall, und der Handel

▼ Junge südamerikanische Indianer haben in Brasilien eine Anakonda (Gattung *Eunectes*) gefangen. Diese Schlange wird von den ansässigen Bewohnern stark verfolgt und muß heute als gefährdet angesehen werden. Zwar werden einige *Python*-Arten möglicherweise länger, doch ist die Anakonda die größte und schwerste Schlange. Sie wird manchmal über zehn Meter lang und 250 Kilogramm schwer.

Australian Picture Library/ZEFA

Michael and Patricia Fogden

▲ Das Spitzkrokodil (*Crocodylus acutus*), hier ein Jungtier, hat sich in weiten Bereichen seines früheren Verbreitungsgebietes behaupten können, doch wurden die Bestände durch die Jagd stark dezimiert.

▼ Eine pazifische Bastardschildkröte an einem Niststrand im Santa Rosa Nationalpark (Costa Rica). Die vielen zerbrochenen Eischalen belegen, daß diese und ihre atlantischen Verwandten zu den am stärksten gefährdeten Meeresschildkröten zählen.

Mills Tandy/Oxford Scientific Films

mit Froschschenkeln, die von Südostasien aus nach Europa und andere Kontinente gelangen, hat heute ein hohes Ausmaß erreicht. Die Haut von Kröten wird in kleinem Rahmen zu Leder verarbeitet.

Die meisten Krokodilarten hatten unter einer übermäßigen Bejagung für den Lederhandel zu leiden, wenn dies auch die ganz kleinwüchsigen Arten und diejenigen, deren Haut zuviele Knochenplatten aufweist, weniger bedrängte. Am schlimmsten ging es in den Kolonialzeiten zu, in der ersten Hälfte des 20. Jahrhunderts, besonders als während des Zweiten Weltkriegs und danach Schußwaffen leicht zu haben waren. Jäger konnten an den Wasserstraßen entlangfahren, die Tiere mit Taschenlampen ausmachen (das von den Augen reflektierte Licht erzeugt nämlich ein gut erkennbares Leuchten) und mußten sie dann nur noch mit wohlgezielten Schüssen töten. Diejenigen Arten, die sich zwischen dicht wachsenden Wasserpflanzen aufhielten, waren weniger betroffen, dagegen wurden ganze Brutpopulationen weniger versteckt lebender Arten einfach ausgelöscht. Zu den wesentlichen Objekten gehörten der Mohrenkaiman (*Melanosuchus niger*) in Südamerika, das Nilkrokodil (*Crocodylus niloticus*) in Afrika und in Asien das Leistenkrokodil (*C. porosus*). Etliche Krokodile gingen auch auf das Konto einfacher Verfolgung oder Zielschuß-Übungen. Kommerzielle Jagd, böswillige Verfolgung und Habitatverlust aufgrund von Trockenlegungen oder Staudammanlagen bilden zusammen eine tödliche Bedrohung. Offenbar ist der bedenkliche Zustand des China-Alligators (*Alligator sinensis*) die Folge einer solchen Kombination.

Auch die Meeresschildkröten wurden Opfer eines schweren wirtschaftlichen Drucks. Sie lieferten im wesentlichen wahlweise Eier, Fleisch, Schildpatt oder Leder. Nistende Populationen sind gegen übermäßige Ausbeutung besonders empfindlich. Erfahrenen Jägern ist es theoretisch möglich, jede weibliche Schildkröte zu fangen, die zur Nistzeit aus dem Wasser kommt. In der Praxis wird dies durch schlechtes Wetter, den Zustand des Meeres oder einfach durch logistische Fehler verhindert. Lediglich diesem Umstand verdanken einige Populationen, die sonst sicher verschwunden wären, ihr Überleben. Dennoch sind viele Nistpopulationen der Bastardschildkröte (*Lepidochelys olivacea*), der Suppenschildkröte (*Chelonia mydas*) und der Echten Karettschildkröte (*Eretmochelys imbricata*) für immer verloren. Da die Weibchen in der Regel an dem Strand nisten, auf dem sie die erste Eiablage ihres Lebens vorgenommen haben, ist es nahezu unmöglich, nistende Populationen durch Vertreter einer anderen Population zu ersetzen.

Größere Echsen, darunter die Warane (Gattung *Varanus*) Afrikas und Asiens, die südamerikanischen Tejus (Gattung *Tupinambis*) und zahlreiche Schlangen, wie Boas, Pythons, Kobras und Vipern, werden in großem Umfang für den Lederhandel genutzt. Zudem sind viele Amphibien und Reptilien begehrte Objekte des Handels mit lebenden Tieren. Es ist nicht leicht, die Auswirkungen auf wilde Tierarten zu ermessen, doch dürften lokale Populationen zweifellos ernsthaft beeinträchtigt werden.

Immer schon kam es zu Problemen, wenn Arten unwissentlich oder absichtlich in Lebensräume eingeführt wurden, in denen es sie zuvor nicht gegeben hatte. Dies gilt besonders für kleine Inseln. Die Manguste auf den Westindischen Inseln; Ziegen und Kaninchen auf den Maskarenen; Katzen, Hunde und Schweine an beinahe allen anderen Orten hatten verheerende Auswirkungen auf die einheimische Tierwelt. Anfangs dürfte die Schädigung direkt durch die neuen natürlichen Feinde auftreten, wie bei der Manguste, die auf den Westindischen Inseln von den Leguanen der Gattung *Cyclura* und den Schlangen der Gattung *Alsophis* lebt. Anderenfalls wirkt sich die primäre Schädigung auf die Lebensräume aus, wie bei den Ziegen und Kaninchen auf Round Island, nördlich von Mauritius, wo bereits ein großer Teil der ursprünglichen Flora zerstört wurde und wenigstens eine der einheimischen Reptilienarten verschwunden ist.

Patrick Fagot/NHPA

◀ Komodo-Warane bei der Paarung. Sie sind die größten Echsen der Welt und leben nur auf wenigen kleinen Inseln Indonesiens. Als potentielle Menschenfresser bilden sie eine Touristenattraktion ersten Ranges. Obwohl sie bedroht sind, besteht daher einige Hoffnung, daß sich ihre Populationen durch sorgfältige Überwachung erhalten lassen.

NATURSCHUTZMASSNAHMEN

Die Nutzung von Tierarten ist ein direktes Problem, wenn auch eines mit komplizierten sozio-politischen Ursachen. Es ist daher theoretisch möglich, zu direkten Lösungen zu kommen. Eine Möglichkeit besteht im Erlaß von Gesetzen, die eine Nutzung verbieten. Auch die Schaffung nationaler Gesetze, die den Anforderungen internationaler Verträge entgegenkommen, kann nützlich sein. Die größte Tragweite derartiger Verträge besitzt das Übereinkommen zum internationalen Handel mit gefährdeten wilden Tieren und Pflanzen (CITES). Es konnte bereits erfolgreich den internationalen Handel mit den in seinem Anhang aufgeführten, bedrohten Arten einschränken oder gar verhindern. Ganz oben auf diesen Listen stehen die Krokodile, Meeresschildkröten, sowie viele andere Reptilien und Amphibien.

Bei einigen Arten, besonders gewissen Krokodilen, ist der Handel mit Tieren erlaubt, die in Gefangenschaft aus Eiern oder Jungtieren großgezogen wurden, die man in der Wildnis gesammelt hatte. Dies bietet den Einheimischen eine Möglichkeit, an finanzielle Erträge heranzukommen und einen Grund, den Lebensraum wilder Populationen zu schützen, der erforderlich ist, um die gehaltenen Bestände aufzufrischen. Dieses Verfahren ist allerdings bei Arten, die minderwertige Produkte liefern oder deren Aufzucht schwieriger ist, nicht durchführbar.

Der Schutz von Lebensräumen ist ein komplizierteres Problem. Aber in immer mehr Ländern dürfen Entwicklungsprojekte, wie der Bau von Straßen und Staudämmen, auf gesetzlichem Wege nicht begonnen werden, ehe nicht die möglichen Auswirkungen auf die dortige Tierwelt und die Lebensräume untersucht wurden. Häufig haben örtliche Behörden die Macht, kleine Lebensräume, etwa Teiche auf Farmen, zu schützen. Im allgemeinen bildet das Verfahren, eine Region zum »Schutzgebiet« zu erklären, ein wirkungsvolles Mittel zum Naturschutz, besonders dann, wenn ein Land die Mittel besitzt, innerhalb dieser geschützten Gebiete Regelungen zur Landnutzung zu verfügen. Dies bleibt noch immer der beste Anfang, um große Gebiete zu schützen, in denen Lebensräume und die dazugehörigen Arten einen schützenden Eingriff erfordern.

▼ Der Kammleguan (*Brachylophus vitiensis*) von den Fiji-Inseln. Wegen ihrer niedrigen Populationsgrößen und der damit verbundenen Unfähigkeit, Ausfälle in der Population rasch wieder zu ersetzen, haben die Reptilienarten ozeanischer Inseln einen wesentlich weniger gesichterten Status als die kontinentalen Formen.

Cliff and Dawn Frith/Bruce Coleman Limited

ZWEITER TEIL

DIE ARTEN DER AMPHIBIEN

Ordnung Gymnophiona
Sechs Familien, 34 Gattungen, 154 Arten

Größe
Kleinste Art *Grandisonia brevis* vom Seychellen-Archipel, Maximallänge 112 Millimeter.
Längste Art *Caecilia thomsoni* aus Südamerika, Maximallänge, soweit bekannt, 152 Millimeter.

Artenschutz
Viele Arten kennt man nur von einem oder wenigen Exemplaren. Das bedeutet aber nicht, daß sie selten oder gefährdet sind. Blindwühlen sind schwer aufzuspüren, und nur wenige Wissenschaftler haben bisher nach ihnen gesucht. Man weiß daher nur wenig über ihre Verbreitung.

BLINDWÜHLEN

RONALD A. NUSSBAUM

Die Blindwühlen sind wurmförmige, überwiegend verborgen lebende, grabende Amphibien, die nur in den tropischen und subtropischen Gebieten der Welt vorkommen. Trotz ihres Namens besitzen die meisten Blindwühlen kleine Augen, die bei einigen Arten unter den Schädelknochen verborgen liegen. Unter den drei Ordnungen der Amphibien ist die der Gymnophiona am wenigsten vielgestaltig und zudem am wenigsten erforscht.

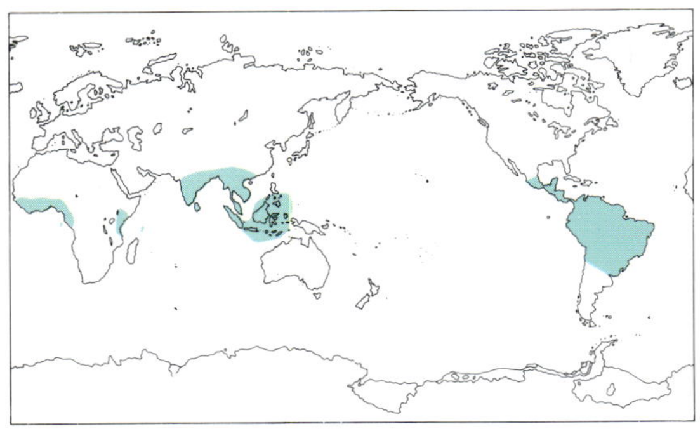

ZUM GRABEN GEBAUT

Die Blindwühlen sind die einzigen vollständig beinlosen lebenden Amphibien. Wenn sie keine andere Wahl haben, können sie sich wie Schlangen über die Oberflächen bewegen. Normalerweise leben sie jedoch unterirdisch, schlängeln sich durch vorgefertigte Röhren oder schaffen neue, indem sie ihren Kopf durch losen Schlamm oder feuchte Erde schieben. Sie besitzen zahlreiche Anpassungen an die grabende Lebensweise. Der Schädel ist kräftig gebaut, trägt eine spitze Schnauze, und der Unterkiefer ist mit dem Maul nach hinten versetzt. Mit diesen Merkmalen läßt sich der Kopf als Rammbock einsetzen. Die Augen haben an Größe und Bedeutung verloren, da in ihre unterirdische Welt kein Licht mehr vordringt.

Die Blindwühlen verfügen über ein einzigartiges Paar von Sinnesorganen, die als Tentakel bezeichnet werden. Sie treten aus einer Rinne oder Höhlung beiderseits der Schnauze zwischen dem Auge und dem Nasenloch hervor. Diese Tentakel, es sind vermutlich geschmacks- und/oder geruchsempfindliche Organe, sind in erstaunlicher Weise daran angepaßt, die Umgebung der Gänge zu erkunden. Ein weiteres besonderes Merkmal dieser Tiere ist die Art, in der sie ihre Kiefer schließen: Anstelle einer einzigen Muskelgruppe zum Verschluß des Kiefers, wie bei allen anderen landlebenden Wirbeltieren, besitzen die Blindwühlen einen doppelten Mechanismus, der aus zwei Gruppen von Kiefermuskeln besteht. Selbst dies läßt sich als eine Anpassung an das Graben werten. Als weiteres Merkmal besitzen die Blindwühlen zahlreiche Hautfalten oder Ringe, die man Annuli nennt und die den Körper teilweise oder vollständig umgeben. Man weiß allerdings nicht, ob die Annuli direkt bei der Fortbewegung eingesetzt werden. Viele Arten ha-

▼ Die meisten Blindwühlen sind so unbekannt, daß sie nicht einmal Trivialnamen besitzen. Dies ist eine *Dermophis mexicanus* aus Mittelamerika.

J. Campbell

Pavel German

▲ Die meisten Blindwühlen bringen lebende Junge zur Welt. Einige jedoch, so auch diese südostasiatische Ceylonwühle (*Ichthyophis glutinosus*), legen ihre Eier in unterirdischen Kammern ab. Bei dieser Art bleibt die Mutter in der Nähe ihrer Eier, bis diese geschlüpft sind.

ben außerdem kleine, fischähnliche Schuppen, die unter den Hautfalten verborgen liegen.

Die Rumpfmuskulatur der Blindwühlen ist so angeordnet, daß der Körper wie eine Pleuelstange arbeiten kann, die sich in einem Zylinder befindet. Der »Zylinder« ist die Haut und die äußere Schicht der Körpermuskeln. Die »Pleuelstange« setzt sich aus dem Kopf, der Wirbelsäule und den tieferen Körpermuskeln zusammen, die mit der Wirbelsäule verbunden sind. Wird der Zylinder in einem Gang fixiert, läßt sich die Pleuelstange leicht nach vorn durch den Boden schieben, um den Tunnel zu erweitern. Sobald die Spitze der Pleuelstange (der Kopf) seinen größten Ausschlag nach vorn erreicht hat, wird der Zylinder wellenförmig nach vorn gezogen und wiederum fixiert, so daß die Pleuelstange wieder durch die Erde geschoben werden kann. In sehr lockerer Erde bewegen sich die Blindwühlen allerdings anders fort, indem sie einfach wie Aale durch das wässerige Medium schwimmen.

FORTPFLANZUNG

Im Gegensatz zu den meisten anderen Amphibien kommt es bei den Blindwühlen zu einer inneren Befruchtung. Die Männchen verfügen über ein besonderes, vorstülpbares Kopulationsorgan, das als Phallodeum bezeichnet wird und dazu beiträgt, die Weibchen zu befruchten. Wie alle Amphibien besitzen auch die Blindwühlen Eier und Embryonen, die denen der Fische ähnlich, denen der Reptilien, Vögel und Säuger dagegen unähnlich sind. Bei den letztgenannten drei Gruppen findet man ein Paar besonderer Embryonalhüllen (Amnion und Chorion), die den Embryo umgeben. Den Fischen, Blindwühlen und anderen Amphibien fehlen diese Membrane, und die Embryonen entwickeln sich typischerweise in einer gelatinösen Eihülle. Einige Arten der Blindwühlen legen Eier, aus denen Larven schlüpfen, die sich wiederum später in einer Metamorphose zu erwachsenen Tieren umwandeln. Andere Arten sind dagegen vivipar (lebendgebärend): Hier kommen lebende Junge zur Welt, und das Larvenstadium entfällt.

Bei den eierlegenden Arten bleiben die Weibchen bei den Eiern, bis diese schlüpfen. Die Funktion dieser Brutfürsorge ist unbekannt. Vermutlich schützt das Weibchen jedoch seine Jungen gegen Räuber sowie vielleicht andere Ursachen der Sterblichkeit von Embryonen, wie etwa faulende Erde oder Austrocknung.

Die lebendgebärenden Arten weisen eine Reihe ungewöhnlicher Anpassungen auf. So haben die Embryonen, die in den mütterlichen Eileitern heranwachsen, bald allen Dotter aufgezehrt, der in dem Ei mitgeliefert wurde, und dann beginnen sie, sich von einer Substanz zu ernähren, die von den Eileitern ausgeschieden und als »Uterusmilch« bezeichnet wird. Die Embryonen verfügen über zahlreiche winzige Zähne von besonderer Form. Diese werden kurz nach der Geburt gehäutet. Zwar kennt man die Funktion dieser embryonalen Zähne noch nicht, doch dürften sie

▶ *Ichthyophis kohtaoensis* aus Südostasien. Die meisten Blindwühlen halten sich nahezu lebenslänglich unter der Erde auf und kommen nur unter ungewöhnlichen Umständen an die Oberfläche. Alle Arten sind offenbar Fleischfresser. Sie leben zumeist von Insektenlarven und anderen Wirbellosen, etwa Regenwürmern.

mit dieser intrauterinen Ernährungsweise zu tun haben. Bei einigen Arten nehmen die Kiemen der Embryonen, die sich in den Eileitern entwickeln, enorme Ausmaße an. Sie dienen vermutlich dem Gasaustausch zwischen dem mütterlichen und dem embryonalen Gewebe. Dies wurde jedoch noch nicht belegt, und andere Funktionen sind natürlich ebenfalls denkbar.

NAHRUNG UND NATÜRLICHE FEINDE

Weder die Nahrung noch die Ernährungsweise der Blindwühlen wurden bisher eingehend untersucht. Jedoch hatten larvale Blindwühlen, die von Wissenschaftlern seziert wurden, eine Vielfalt nicht erwachsener Insekten, Regenwürmer und anderer Wirbelloser gefressen. Es scheint, daß sich die auf dem Land lebenden Blindwühlen überwiegend von Regenwürmern ernähren. Außerdem fand man in ihrem Verdauungsapparat auch Käfer und andere Insekten, sowie gelegentlich kleine Frösche und Echsen.

Offenbar sind Schlangen, insbesondere Korallenschlangen, ihre wichtigsten natürlichen Feinde. Auf den Seychellen nehmen Hühner, Schweine und die (aus Madagaskar eingeschleppten) spitzmausähnlichen Tanreks wenigstens manchmal Blindwühlen zu sich. Keiner dieser Räuber war ursprünglich auf den Seychellen heimisch.

Wie bei allen Amphibien enthält auch die Haut der Blindwühlen zahlreiche Giftdrüsen, die vermutlich die Aufgabe haben, Feinde abzuschrecken (Anmerkung: Die ursprüngliche Funktion liegt vermutlich in der Abwehr pathologischer Mikroben auf der Haut.) Viele Frösche und Salamander mit hochtoxischen Hautsekreten sind leuchtend gefärbt. Experimentelle Befunde sprechen dafür, daß die leuchtenden Farben die natürlichen Feinde vor diesem Gift warnen und dem Amphib dadurch helfen, einer Verletzung durch einen Angriff zu entgehen. Die meisten Blindwühlen tragen gedämpfte Farben, zumeist in unterschiedlichen Grautönen. Andere (zum Beispiel die Vertreter der Familien der Rhinatrematidae und Ichthyophiidae) besitzen an der Seite leuchtend gelbe Streifen. Obwohl die Funktion der Leuchtfarben bei diesen Blindwühlen noch nicht erforscht wurde, dürfte es sich auch hier um Warnfarben handeln.

PRIMITIVE BLINDWÜHLEN

Zwei Familien werden als vergleichsweise primitiv angesehen. Sie ähneln also dem gemeinsamen Vorfahren aller Blindwühlen mehr als die übrigen heute lebenden Familien. Es handelt sich um die Rhinatrematidae des nördlichen Südamerika und die Ichthyophiidae, die Indien und Südostasien bewohnen.

Die in Südamerika lebenden Rhinatrematiden (mit zwei Gattungen und neun Arten) haben die höchste Zahl ursprünglicher Merkmale erhalten: Sie besitzen ein endständiges Maul (die Maulöffnung ist also nicht auf die Unterseite der Schnauze gerückt). Ihre Tentakel stehen mit den relativ großen Augen in Kontakt. Schließlich besitzen sie zahlreiche Schädelknochen und einen Schwanz. Zudem sind bei diesen primitiven Blindwühlen die Annuli (Hautfalten oder -ringe) in sekundäre und tertiäre Annuli unterteilt, die den Körper vollständig umgeben, und über die gesamte Körperlänge findet man zahlreiche Schuppen. Die Bedeutung dieser sekundären und tertiären Annuli ist noch immer ungeklärt, zumal die Wissenschaftler nur durch Untersuchung der Embryonal- und Larvalentwicklung einiger Arten von deren Vorhandensein wissen. Bei den Vertretern dieser Familie ist der doppelte Kieferverschlußmechanismus der Blindwühlen am wenigsten entwickelt.

Die Lebensweise und Ökologie dieser nur selten beobachteten Blindwühlen ist noch kaum bekannt. Man weiß allerdings, daß sie ihre Eier in feuchten Erdhöhlen ablegen und daß aus den Eiern Jungtiere schlüpfen, die über winzige äußere Kiemen und Kiemenspalten verfügen. Die Larven leben zunächst in Rinnsalen und Strömen, bis sie sich zu erwachsenen Tieren entwickelt haben. Diese leben dann in feuchter Erde, zwischen abgefallenem Laub und faulenden Baumstämmen.

Die Ichthyophiiden (zwei Gattungen, 36 Arten), die man im tropischen Asien findet, sehen den Rhinatrematiden recht ähnlich und wurden bis vor kurzem noch zu derselben Familie gerechnet. Auch bei ihnen findet man ein endständiges Maul, viele Schädelknochen, einen kurzen Schwanz, zahlreiche Schuppen sowie zweifach unterteilte, primäre Annuli. Zu den vergleichsweise fortschrittlichen Merkmalen der Ichthyophiidae gehört die Lage der Tentakel, die sich jeweils vor dem Auge befinden und ein gut entwickelter doppelter Kieferverschlußmechanismus. Die Lebensweise der Ichthyophiiden ist derjenigen der Rhinatrematiden ähnlich. Man fand bisher zwar nur wenige Eigelege, doch wurden alle von der Mutter bewacht.

Ronald A. Nussbaum

▲ ▼ Primitive Blindwühlen: Eine *Epicrionops*-Art (oben) und *Ichthyophis kohtaoensis* (unten). Bei diesen Formen sind die winzigen, unauffälligen Sinnestentakel vor dem Auge kaum zu sehen. Das ist für Blindwühlen ungewöhnlich.

HÖHER ENTWICKELTE BLINDWÜHLEN

Eine kleine Gruppe von Blindwühlen, die nur in Indien vorkommt, wird in die Familie Uraeotyphlidae (eine Gattung, vier Arten) gestellt. In einiger Hinsicht

Ronald A Nussbaum

stehen die Uraeotyphliden zwischen den ursprünglichen und weiter entwickelten Blindwühlen. Zu den primitiven Merkmalen gehören zahlreiche Schädelknochen, ein kurzer Schwanz und viele Schuppen. Als fortschrittliche Merkmale findet man bei ihnen eine unter die Schnauze eingezogene Mundöffnung, weit vor den Augen stehende Tentakel und den Zustand rein primärer Annuli – diese Hautringe sind also nur einmal (und nicht zweimal, wie bei den primitiven Familien) geteilt. Dazu kommt, daß einige der Annuli am Vorderende den Körper nicht vollständig umschließen. Der doppelte Kieferverschlußmechanismus ist gut entwickelt. Man weiß zwar nur sehr wenig über die Lebensweise der Uraeotyphliden, doch lassen die wenigen vorliegenden Beobachtungen vermuten, daß ihre Lebensweise der der Ichthyophiiden und Rhinatrematiden ähnelt, abgesehen davon, daß ihre Larvalzeit kürzer ist.

DIE HOCHENTWICKELTEN BLINDWÜHLEN

Die verbleibenden drei Familien von Blindwühlen – die Scolecomorphidae, die Caeciliidae und die Typhlonectidae - lassen sich als relativ fortschrittliche Gruppen ansprechen, deren Gestalt, Körperbau und Lebensweise in hohem Maße spezialisiert sind. Die Scolecomorphiden und Caeciliiden leben auf dem Land und sind darauf eingerichtet, in feuchter Erde zu graben. Dagegen leben die Typhlonectiden aquatisch oder semiaquatisch. In allen drei Familien findet man gemeinsame, fortschrittliche Merkmale, so etwa eine Reduktion der Zahl der Schädelknochen, eine nach hinten gerückte Mundöffnung und das Fehlen tertiärer Annuli. Ferner besitzen sie weniger Körperschuppen und überhaupt keinen Schwanz. Allerdings sind die entwicklungsgeschichtlichen Beziehungen dieser fortschrittlichen Familien zueinander und zu den ursprünglicheren Familien noch nicht vollständig geklärt.

Die Scolecomorphiden (zwei Gattungen, fünf Arten) kommen im äquatorialen Ost- und Westafrika vor. Sie gehören zu den merkwürdigsten Blindwühlen überhaupt. Ihre großen Tentakel befinden sich weit vorn auf den Unterseite der Schnauze vor dem Maul. Die Augen sind zurückgebildet und sitzen an der Basis der Tentakel. Daher liegen die Augen in Ruheposition unter den Schädelknochen, bei ausgestreckten Tentakeln befinden sie sich jedoch wie diese außerhalb des Schädels. Die Scolecomorphiden sind die einzigen Blindwühlen ohne Stapes (Columella), jene winzigen Knochen, die Schallvibrationen von der Umgebung zum Innenohr leiten. Zu den anderen fortschrittlichen Merkmalen dieser Familie gehört der Verlust sekundärer Hautfalten (man findet nur noch primäre Annuli, die den Körper unvollständig umgeben). Und schließlich haben die Scolecomorphiden, wie es bei Blindwühlen normalerweise der Fall ist, die ihre sekundären und tertiären Annuli verloren haben, keine Schuppen mehr. Der Körper endet in einem kleinen, stumpfen »Endschild«, auf dem sich keine ringförmigen Rillen befinden. Die ostafrikanischen Arten der Gattung *Scolecomorphus* sind lebendgebärend. Die Eier werden im Körper befruchtet und in den Eileitern des Weibchens zurückbehalten, wo die Embryonalentwicklung stattfindet. Das aquatische Larvenstadium ist verlorengegangen, und die Jungen können nach ihrer Geburt bereits ausschließlich auf dem Land leben. In Westafrika leben die Arten der Gattung *Crotaphatrema*, über deren Lebensweise allerdings nichts bekannt ist.

▶ *Siphonops annulatus* aus Südamerika. Die Blindwühlen sind auf die tropischen und subtropischen Bereiche der Welt beschränkt. Ihre winzigen Augen und das unterständig zurückgesetzte Maul machen es häufig schwer, mit einem Blick zu sagen, wo vorne ist. Die Blindwühlen unterscheiden sich von allen anderen Amphibien durch ihre ringförmigen Hautfalten oder Segmente, die als Annuli bezeichnet werden.

Chris Mattison

▲ Vivipare Blindwühlen, wie *Schistometopum thomense*, bringen kleine, aber vollständig entwickelte Kopien ihrer selbst zur Welt. Die meisten Arten verfügen über leuchtende Farben oder kräftige Musterungen, vielleicht um Räuber auf ihre giftigen Hautsekrete hinzuweisen.

Die Caeciliidae (23 Gattungen, 88 Arten) bilden die verschiedenartigste Familie der Blindwühlen. Sie weisen auch die größte geographische Verbreitung auf. Man findet Arten aus dieser Familie im tropischen Mittel- und Südamerika , dem äquatorialen Afrika, auf dem Seychellen-Archipel im Indischen Ozean und in Indien. Man erkennt die Caeciliiden in erster Linie am Schädel, dessen Knochen in einer typischen Zahl und Anordnung vorliegen. Die vergleichsweise wenigen Schädelknochen sind fest miteinander verbunden, um den Schädel zu einem soliden Rammbock zu machen, der beim Graben eingesetzt wird. Bei allen Caeciliiden ist das Maul nach hinten verlagert. Eine Ausnahme bildet nur *Praslinia cooperi* von den Seychellen, deren Maul endständig ist. Die Lage der Tentakelöffnung variiert unter den Caeciliiden ganz erheblich: Bei einigen Arten liegt sie dicht am Auge, bei anderen näher am Nasenloch. Lediglich bei der rätselhaften *P. cooperi* befindet sich der Tentakel in der ursprünglichen Position direkt im Kontakt mit dem Auge.

Bei den Caeciliiden ist eine unterschiedliche Zahl ihrer primären Annuli in sekundäre Annuli unterteilt (letztere findet man stets am Schwanzende), oder sie haben ausschließlich primäre Annuli. Auch die Zahl der Schuppen auf den Hautfalten variiert, und Arten ohne sekundäre Annuli besitzen grundsätzlich auch keine Schuppen. Kein Caeciliide hat einen Schwanz. Bei einigen Arten endet der Körper in einem stumpfen Endschild.

Die Caeciliiden zeigen sehr unterschiedliche Lebensweisen. Wenige Arten, etwa *Praslinia cooperi*, legen ihre Eier an Land ab. Daraus schlüpfen Larven, die im Wasser leben und deren Larvalzeit zudem besonders lang ist. Bei anderen, so etwa bei *Grandisonia larvata* von den Seychellen, ist das Larvenstadium dagegen kurz. Wieder andere, zum Beispiel *Afrocaecilia taitana* aus Ostafrika, legen Eier auf dem Land ab, aus denen – ohne ein aquatisches Larvenstadium – unmittelbar landlebende Jungtiere schlüpfen. Schließlich gibt es auch lebendgebärende Arten, wie etwa *Schistometopum thomense*. Die Larven der Caeciliiden findet man in Rinnsalen und Strömen. Nach ihrer Metamorphose führen die Jungtiere und Erwachsenen eine grabende Lebensweise an Land. Eine Art, den auf den Seychellen lebende *Hypogeophis rostratus*, trifft man, besonders in der Nacht, sowohl in Flüssen als auch auf dem Land an.

Die Vertreter der Familie Typhlonectidae (vier Gattungen, 12 Arten) bewohnen einen großen Bereich des tropischen und subtropischen Südamerika. Dabei leben die relativ primitiven Typhlonectiden semiaquatisch und die fortschrittlicheren rein aquatisch. Der Schädel der Typhlonectiden entspricht in seinem Bau prinzipiell dem grabender Blindwühlen, denn er besteht aus vergleichsweise wenigen, fest zusammenhängenden Schädelknochen und trägt eine zurückgesetzte Mundöffnung. Selbst diejenigen Typhlonectiden-Arten, die ihre Lebensweise extrem an das Wasser gebunden haben, können hervorragend in Kies und Schlamm graben, den sie am Grund und am Rand ihres aquatischen Lebensraumes finden. Typhlonectiden

Ronald A. Nussbaum

▲ Der *Typhlonectes natans* in Südamerika. Die Vertreter der Familie Typhlonectidae sind nicht, wie andere Blindwühlen, unterirdische Graber, sondern führen eine aquatische oder halbaquatische Lebensweise. Sie besitzen weder einen Schwanz noch Schuppen. Stattdessen verläuft eine deutlich sichtbare Rückenflosse über die gesamte Länge ihres seitlich zusammengedrückten Körpers, um die Fortbewegung im Wasser zu erleichtern.

besitzen lediglich primäre Hautfalten, die wegen ihrer schrumpeligen Erscheinung den Eindruck erwecken, noch in sekundäre Annuli unterteilt zu sein. Sie haben keine Schuppen, und anstelle eines Schwanzes befindet sich am Ende ihres Körpers nur eine Endschuppe ohne Ringe. Bei den aquatischen Arten verläuft eine Hautfalte oder »Flosse« vom Körperende zum Kopf. Zudem ist der Körper seitlich zusammengedrückt, wodurch die Tiere besonders gut schwimmen können. Die Tentakelöffnung ist bei den Typhlonectiden sehr klein und befindet sich, je nach Art, an verschiedenen Stellen zwischen Auge und Nasenöffnung, doch berührt sie niemals das gut entwickelte Auge. Es scheint, daß die Typhlonetciden, im Gegensatz zu anderen Blindwühlen, ihre Tentakel nicht vorstrecken. In letzter Zeit entdeckte man eine Art, die sich durch fehlende Lungen auszeichnet (alle anderen Blindwühlen besitzen Lungen). Außerdem sind die Verbindungsgänge zwischen den Nasenöffnungen und der Mundhöhle zugewachsen. Die Typhlonectiden sind lebendgebärend; ihre Jungen sind zum Zeitpunkt der Geburt bereits voll entwickelt.

ZUR ENTWICKLUNGSGESCHICHTLICHEN HERKUNFT

Der Ursprung der Blindwühlen ist unbekannt. Nach Ansicht einiger Wissenschaftler leiten sie sich von den Microsauriern ab, einer Gruppe salamanderähnlicher Amphibien, die während des Perm, vor etwa 250 Millionen Jahren, ausgestorben ist. Die Blindwühlen sind fossil nur sehr spärlich belegt: Es wurden tatsächlich nur zwei Entdeckungen beschrieben, und von diesen Exemplaren irgendwelche Schlüsse zu ziehen, ist außerordentlich schwierig. Der erste Fund besteht aus einem einzigen Wirbelknochen aus den paläozänen Ablagerungen Brasiliens. Dieses 60 Millionen Jahre alte Fossil wurde der Familie Caeciliidae zugeordnet. Vermutlich hat sich diese Familie über lange Zeiträume nur sehr wenig verändert.

Bei der zweiten Entdeckung, die noch nicht vollständig beschrieben ist, handelt es sich um diverse Fossilen aus den unteren Jura-Ablagerungen im Nordosten Arizonas. Bemerkenswerterweise lassen diese mindestens 170 Millionen Jahre alten Versteinerungen kleine, aber wohlentwickelte Beine erkennen.

OPTIMALE VORAUSSETZUNGEN ZUM GRABEN

Ein typisches Wirbeltier verfügt über ein einziges Paar von Kiefermuskeln (einen an jeder Seite), die den Unterkiefer von einem Punkt aus emporziehen, der sich vor dem Kiefergelenk befindet. Auch Blindwühlen besitzen diese Muskeln – in den Zeichnungen sind sie als »adductor mandibulae« bezeichnet. Allerdings haben sie einzigartigerweise noch ein zweites Paar von Kiefermuskeln (in den Zeichnungen »interhyoideus posterior« genannt), die dazu beitragen, die Kiefer zu schließen. Dazu ziehen sie auf einem besonderen Fortsatz, der sich hinter dem Gelenk des Unterkiefers befindet, nach hinten und unten, etwa wie bei einer Wippe, deren eines Ende hochgeht, wenn das andere abwärts zieht. Dieser Muskel existiert auch bei anderen Wirbeltieren, doch ist er nicht am Kieferverschlußmechanismus beteiligt.

Warum wurden nun diese Muskeln in den Dienst des Kieferverschlusses gestellt? Die Antwort liegt offenbar darin, wie die Tiere im Laufe ihrer Entwicklungsgeschichte zu immer wirkungsvolleren Grabern wurden. Die relativ ursprünglichen Blindwühlen, wie der Rhinatrematide *Epicrionops petersi*, sind noch relativ effiziente Graber, was sich sowohl in ihrem Verhalten als auch in der Anatomie zeigt. Ihr Maul befindet sich ganz vorn am Kopf, und der Schädel ist noch recht schwach gebaut, was man bei einem gut angepaßten Graber nicht erwarten würde. Bei *E. petersi* ist der M. adductor mandibulae groß und bildet den entscheidenden Teil des Verschlußapparates. Er zieht an den Seiten des Schädels durch Öffnungen, die sogenannten Schläfenfenster, nach oben, um sich oben und an der Seite des Schädels festzuheften. Dagegen sind die neuen Kiefermuskeln – der »interhoyideus posterior« – zwar vorhanden und funktionsfähig, aber vergleichsweise klein.

Bei etwas spezialisierteren Grabern, wie *Ichthyophis glutinosus*, sind die Schläfenfenster geschlossen, was dem Schädel eine größere Starrheit verleiht. Durch das Zuwachsen der Schläfenfenster haben die ursprünglichen Kiefermuskeln nur noch wenig Platz und werden unter das Schädeldach verlegt. Bei *I. glutiniosus* sind die neuen Kiefermuskeln zum dominierenden Teil geworden.

Diese entwicklungsgeschichtliche Tendenz setzt sich bei Formen wie *Microcaecilia unicolor* und *Crotaphatrema lamottei* noch fort, bei denen die neue Komponente des Verschlußapparates einen noch größeren Teil einnimmt. Diese beiden Arten sind einer besonders effizient grabenden Lebensweise angepaßt. Man erkennt dies an der reduzierten Zahl ihrer Schädelknochen, der Starrheit des Schädels und dem nach hinten versetzten, subterminalen Maul.

FAMILIE RHINATREMATIDAE
Epicrionops petersi

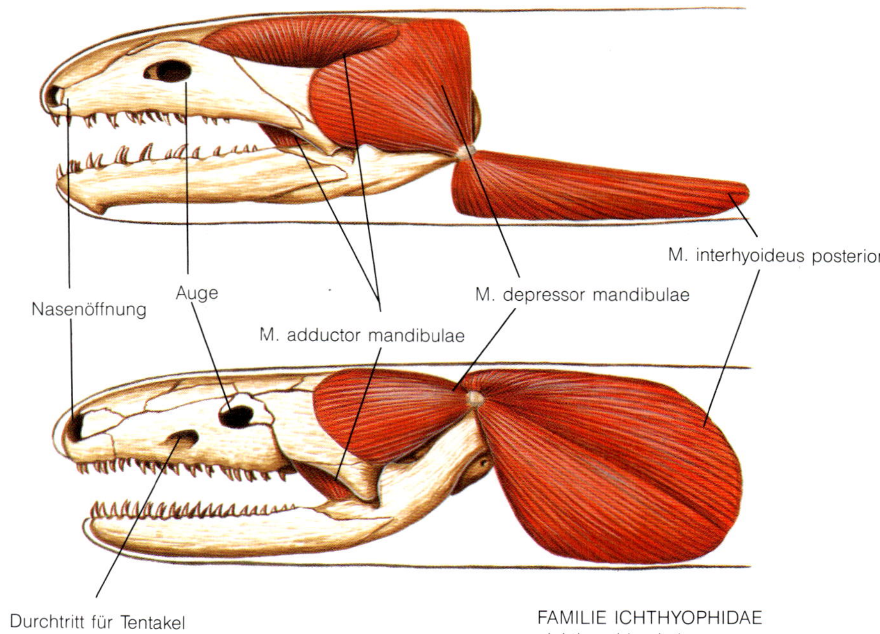

FAMILIE ICHTHYOPHIDAE
Ichthyophis glutinosus

▲ ▼ Die Blindwühlen besitzen eine ungewöhnliche Kiefermuskulatur mit einem Merkmal, das bei keinem anderen Wirbeltier vorkommt. Bei den meisten Wirbeltieren – und auch einigen ursprünglichen Blindwühlen, wie *Epicrionops petersi* und *Ichthyophis glutinosus* (oben) – wird der Kieferschluß in erster Linie von dem Paar eines Muskels herbeigeführt, das als M. adductor mandibulae bekannt ist. Bei anderen Blindwühlen jedoch, etwa *Microcaecilia rabei* und *Crotaphatrema lamottei* (unten links), obliegt die Hauptfunktion des Kieferschlusses einem ganz anderen Muskelpaar, dem M. interhyoideus posterior. Die Muskeln des Depressor mandibulae dienen hier der Öffnung des Kiefers.

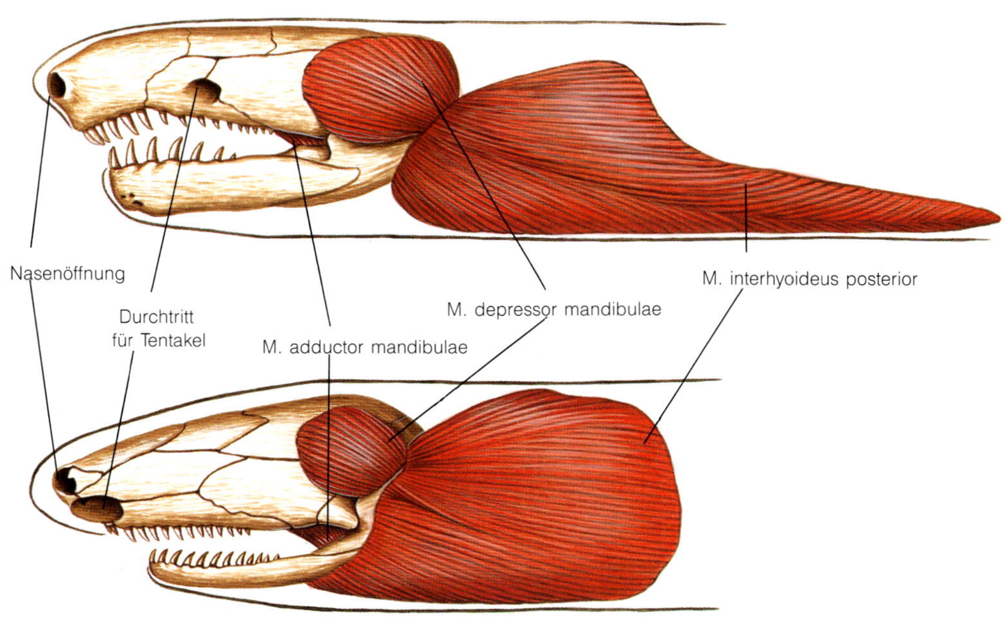

FAMILIE CAECILIIDAE
Microcaecilia rabei

FAMILIE SCOLECOMORPHIDAE
Crotaphatrema lamottei

Ordnung Caudata, neun Familien, 62 Gattungen, 380 Arten

Größe
Kleinste Arten Lungenlose Salamander der südmexikanischen Gattung *Thorius* erreichen mit einer Länge von nur 27 Millimeter die Geschlechtsreife. Kopf-Körper-Länge: 14 Millimeter.
Größte Art Chinesischer Riesensalamander (*Andrias davidianus*), Gesamtlänge 1,8 Meter; Gewicht 65 Kilogramm.

Artenschutz
Folgende Arten und Unterarten, sämtlich aus Nordamerika, werden in der Roten Liste des IUCN als bedroht aufgeführt: Langzehen-Querzahnmolch (*Ambystoma macrodactylum croceum*), Steppen-Wurmsalamander (*Batrachoseps aridus*) und Rathbunscher Brunnenmolch (*Typhlomolge rathbuni*).

SALAMANDER UND MOLCHE

B. LANZA, S. VANNI UND A. NISTRI

Salamander waren seit jeher Gegenstand zahlloser Mythen und Legenden. Das Wort »Salamander« stammt ursprünglich aus dem arabisch-persischen Raum und bedeutet »der im Feuer lebt«. Tatsächlich glaubte man noch vor wenigen Jahrhunderten, daß der europäische Feuersalamander (*Salamandra salamandra*) imstande sei, unversehrt durch Flammen zu gehen, und diesen Glauben findet man in einigen Gebieten auch heute noch. Seine modernen Namen, etwa auf Englisch »Fire salamander«, stammen von dieser alten Legende. In letzter Zeit sind Salamander bei Aquarien- und Terrarienliebhabern auf der ganzen Welt sehr begehrt, da sie sich in Gefangenschaft leicht aufziehen lassen.

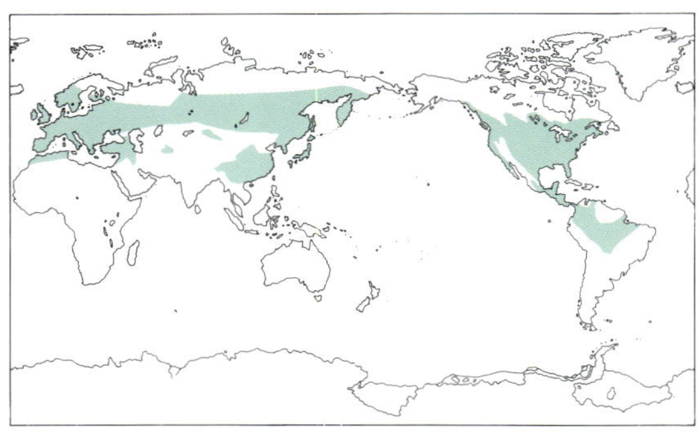

WAS SAGEN DIE NAMEN AUS?

Die Salamander gehören zur Ordnung Caudata (von dem lateinischen Wort *caudatus*, das etwa »einen Schwanz tragend« bedeutet) und werden auch als Caudaten angesprochen. Wie schon der wissenschaftliche Name sagt, behalten sie ihren Schwanz auch nach der Metamorphose aus dem Larvenstadium. Darin unterscheiden sie sich von den anderen Amphibien: Bei den Blindwühlen ist der Schwanz nur rudimentär oder gar nicht mehr vorhanden, und Frösche und Kröten besitzen einen solchen nur im Larvenstadium.

Der Begriff »Salamander« wird vielseitig verwendet und läßt sich auf alle Vetreter der Caudata anwenden, während der Begriff »Molch« bereits enger gefaßt ist. So werden die Vertreter der zehn Gattungen *Cynops, Euproctus, Neurergus, Notophthalmus, Pachytriton, Paramesotriton, Pleurodeles, Taricha, Triturus* und *Tylototriton*, die wenigstens zur Paarungszeit überwiegend im Wasser leben, allgemein als Molche bezeichnet. Die übrigen, ob amphibisch, rein aquatisch oder rein terrestrisch, heißen Salamander.

Man findet Salamander und Molche beinahe ausschließlich auf der Nordhalbkugel, in Europa, Zentral- und Nordasien, im Nordwesten Afrikas, in Nordamerika und Mexiko. Auf der Südhalbkugel leben dagegen nur wenige Vertreter der Familien Hynobiidae und Salamandridae in Südostasien. Dies gilt auch für den Chinesischen Riesensalamander. Lungenlose Salamander-Arten trifft man noch so weit südlich wie in Zentral-Bolivien und Süd-Brasilien an. Caudaten sind vom Meeresniveau bis zu einer Höhe von etwa 4500 Meter zu finden, jedenfalls stets an Stellen, wo die Feuchtigkeit wenigstens über einen Teil des Jahres ausreicht. Einige spezialisierte Arten bewohnen ausschließlich unterirdische Gewässer, andere leben auf Bäumen und/oder Felsen.

Nur sehr wenige Versteinerungen belegen den Ursprung dieser Ordnung. Bei den ältesten bekannten, echten Salamandern handelt es sich um drei Exemplare, die sich auf das späte Jura vor etwa 150 Millionen Jahren zurückdatieren lassen. Im Jahre 1726 wurden die versteinerten Überreste eines Riesensalamanders kurioserweise von J.I. Scheuchzer einem Menschen zugesprochen, der ein »Zeuge der Sintflut« gewesen sein soll, und sie erhielten den Namen *Homo diluvii testis*. Erst ein Jahrhundert später wurden die Fossilien richtig identifiziert und *Andrias scheuchzeri* genannt.

WIE ECHSEN OHNE SCHUPPEN

Oberflächlich sehen die Salamander wie Echsen aus, sind jedoch an ihrer vollständigen Schuppenlosigkeit sofort zu erkennen. Selbst Linnaeus, der Vater der modernen Taxonomie, ordnete irrtümlich einige Salamander-Arten der Echsengattung *Lacerta* zu. Auch darin, daß sie normalerweise vier Beine besitzen, sind die Salamander den Echsen ähnlich. Doch haben bestimmte Salamander-Arten wiederum, wie einige Echsen, lediglich Vorderextremitäten.

Der Körper ist echsenähnlich gebaut, der Kopf

▼ Molche, wie dieser Kammolch (*Triturus cristatus*), sind in den verschiedensten Süßwasserbächen und -sümpfen anzutreffen. Allerdings ist ihr Vorkommen mehr oder weniger auf die nördliche Hemisphäre beschränkt. Dieses Männchen frißt gerade seine abgestreifte Haut.

Jane Burton/Bruce Coleman Limited

Stephen Dalton/NHPA

mehr oder weniger vom Rumpf abgesetzt. Eine Ausnahme bilden die permanent aquatischen Arten, deren Köpfe in aalähnlicher Form verlängert sind. Bei diesen Tieren sind die Gliedmaßen entweder kurz, wie beim europäischen Olm, *Proteus anguinus,* und den amerikanischen *Amphiuma*-Arten, die von einigen als »Kongo-Aale« bezeichnet werden. Oder aber die Hinterbeine fehlen ganz, wie bei den amerikanischen Sireniden.

Der Schwanz ist bei aquatischen Arten häufig seitlich zusammengedrückt und trägt einen Kamm. Bei den terrestrischen ist er dagegen rundlich oder nur leicht zusammengedrückt. Einige Arten, namentlich die baumbewohnenden, besitzen einen in gewissem Umfang greiffähigen Schwanz. Einige lungenlose Salamander können, wenn sie von einem Räuber bedroht werden, wie zahlreiche Echsen willentlich ihren Schwanz abwerfen (dieser Vorgang ist als »Autotomie« bekannt). Dieser wirkt wie ein Köder auf den Räuber und regeneriert nach einiger Zeit. Bei den meisten Arten beträgt die Gesamtlänge erwachsener Tiere zwischen zehn und zwanzig Zentimeter.

DIE HAUT

Salamander und Molche setzen auch nach Erreichen der Geschlechtsreife ihr Wachstum fort. Dies ist einer der Gründe, warum die oberflächliche Hornschicht der Haut in regelmäßigen Abständen abgestreift wird. Je nach Art schält sich die alte Haut (in einigen Fällen bis zu einmal in der Woche) in mehreren Teilen oder in einem Stück herunter. Diese Exuvie wird dann in der Regel vom Salamander gefressen.

Im Gegensatz zur Reptilienhaut enthält diejenige der Salamander drei verschiedene Drüsentypen, die sich recht uneinheitlich über die gesamte Körperoberfläche verteilen: Es sind Schleim-, Körner- und Misch-

▲ Vielleicht wegen ihrer natürlichen Neigung, aus den Spalten abgestorbener Baumstämme hervorzuklettern, wenn diese in einem Lagerfeuer landeten, werden Salamander in volkstümlichen Erzählungen immer wieder mit dem Feuer assoziiert. Es herrschte die weithin verbreitete Meinung, diese Tiere könnten durch Feuer nicht verletzt werden. Der in weiten Gebieten Südeuropas vorkommende Feuersalamander (*Salamandra salamandra*) lieferte vermutlich den Ursprung für solche Mythen.

Peter Ward/Bruce Coleman Limited

▶ Ein Salamander der Gattung *Bolitoglossa* ist nachts in einem Regenwald Costa Ricas unterwegs. Viele Molche und Salamander sind nachtaktiv, doch können sie trotz ihrer Unbekanntheit und unscheinbaren Lebensweise durchaus häufig vorkommen. In einigen Wäldern übertrifft die Biomasse dieser Tiere unter Umständen diejenige aller Vögel und Säugetiere zusammengenommen.

drüsen. Das Sekret der Schleimdrüsen und der schleimige Anteil der Mischdrüsen ist homogen und schaumig, neutral oder alkalisch und zudem klebrig. An Land besteht seine primäre Aufgabe darin, die Haut vor dem Austrocknen zu schützen, und es ermöglicht darüber hinaus einen Atmungsaustausch, der über eine trockene Oberfläche nicht möglich wäre. Im Wasser trägt das Sekret dazu bei, den inneren osmotischen Druck (das Gleichgewicht zwischen Salz und Wasser in den Körperflüssigkeiten) zu erhalten und dient außerdem dazu, den Körper beim Schwimmen schlüpfrig zu machen. Die Körnerdrüsen und der körnige Anteil der Mischdrüsen produzieren ein granuläres Sekret, das verschiedene Typen von Gift enthält und häufig einen spezifischen Geruch ausströmt. Sie befinden sich besonders am oberen Teil des Kopfes hinter den Augen (Paratoiddrüsen), auf dem Schwanz und seitlich auf dem Rücken. Die Mischdrüsen produzieren, wie der Name schon sagt, sowohl einen schleimigen als auch einen körnigen Anteil und befinden sich beinahe überall auf dem Körper. Bei einigen Vertretern der Familien Plethodontidae, Ambystomatidae und Salamandridae findet man noch einen vierten Typ, die sogenannten hedonischen Drüsen, die in verschiedenen Körperzonen angesiedelt sind. Ihre Sekrete enthalten Pheromone und spielen bei Balz und Paarung eine wichtige Rolle. Besonders bemerkenswert ist die Kinndrüse, die bei den Männchen der meisten Plethodontiden vorkommt. Ihr Sekret dient bei der Paarung dazu, die Partnerin zu stimulieren.

Bei einigen Arten ist die Haut weich, bei anderen dagegen höckerig oder an den Austrittsöffnungen der Giftdrüsen sogar warzig. Die Haut amphibischer Arten ist glatt, solange sich die Tiere im Wasser aufhalten, wird jedoch rauh, sobald sie an Land gehen. Sie ist nicht nur reich an Drüsen-, sondern enthält auch zahlreiche Pigmentzellen. Viele Arten haben eine bräunliche, gelbliche oder gräuliche Körperfarbe, zuweilen mit einem kaum kontrastierenden Muster. Bei einigen Arten sind beide Geschlechter ganzjährig an Rücken oder Bauch lebhaft gefärbt (so etwa der Feuersalamander und verschiedene lungenlose Salamander), bei anderen wieder nur die Männchen, insbesondere zur Paarungszeit. In dieser Phase wachsen auch vielen männlichen Molchen Hautfalten an Körper, Schwanz, Fingern und Zehen. Arten, die ständig unterirdisch leben, haben keine Pigmente und sind daher weiß oder rosa. Und die Larven sind normalerweise anders gefärbt als die Erwachsenen.

Salamander und Molche besitzen keine Krallen. Eine Ausnahme bilden lediglich die beiden Arten der asiatischen Gattung *Onychodactylus*, deren Zehen eine hornige Scheide tragen, die sich wenigstens zur Paarungszeit in eine kleine, schwärzliche Kralle verwandelt.

DAS SKELETT

Einige Teile des Schädels sind knorpelig angelegt und verwandeln sich während des Wachstums zu Knochen. Andere Bereiche, die nicht von knorpeligen Elementen abstammen, sind als Hautknochen bekannt. Form, Zahl und Anordnung dieser beiden Knochentypen sind wichtige Bestimmungsmerkmale.

Die Wirbelsäule untergliedert sich grundsätzlich in fünf Abschnitte: Hals, Rücken, Sacralregion (Beckenregion), Sacrocaudalregion (Becken-Schwanzabschnitt) und Schwanz. Die Halsregion besteht aus einem einzigen Wirbel, der an vier Punkten (und nicht an zwei, wie bei allen übrigen Amphibien) mit dem Schädel verbunden ist. Die Rückenregion umfaßt normalerweise 13 bis 20 Wirbel. Die geringste Zahl findet man mit elf Wirbeln beim Maulwurf-Querzahnmolch (*Ambystoma talpoideum*), die größte mit 63 Wirbeln bei den *Siren*-Arten. Die Beckenregion wird wiederum von einem einzigen Wirbel gebildet, die sacrocaudale umfaßt zwei bis vier. In der Schwanzregion variiert die Zahl der Wirbel von 20 bis über 100 (bei einigen mittel- und südamerikanischen *Oedipina*-Arten).

Bei Arten mit einem aalförmigen Körper, wie *Siren*, *Proteus* und *Amphiuma*, hängen die Rippen nur mit den dicht am Kopf gelegenen Rückenwirbeln zusammen. Bei anderen Arten begleiten die Rippen dagegen wenigstens den größten Teil der Rückenwirbel und kommen manchmal sogar noch in der sacrocaudalen Region vor. Zwei Molcharten, der Spanische Rippenmolch (*Pleurodeles waltl*) und der Krokodilmolch (*Tylototriton andersoni*), besitzen Rippen, deren Spitzen die Haut durchdringen und dadurch die Wahrscheinlichkeit erhöhen, daß das Gift des Molches zum Beispiel in den Körper eines Räubers eindringt.

Die Gliedmaßen besitzen die grundlegende Struktur aller Wirbeltiere. Die Vorderbeine sind mit einem Schultergürtel verbunden, der nicht mit der Wirbelsäule gelenkig zusammenhängt. Dagegen sind die Hinterbeine mit dem Beckengürtel verbunden und dieser wiederum mit dem einzigen Beckenwirbel. Die meisten Arten tragen an jeder Vorderextremität vier Finger beziehungsweise fünf Zehen an jedem Hinterbein.

DAS VERDAUUNGSSYSTEM

Salamander besitzen keine Speicheldrüsen. Bei den ständig im Wasser lebenden Arten findet man den sogenannten »primären« Zungentyp, eine fleischige Falte am Mundboden, die sich kaum bewegen läßt, da sie keine Muskeln enthält. Sie wird auch für den Beutefang nicht eingesetzt. Alle übrigen Salamander verfügen über eine recht bewegliche, gut entwickelte Zunge, die bei der Jagd an Land dem Nahrungserwerb dient. Bei einigen lungenlosen Salamandern ist sie wie ein Pilz geformt und kann, wie bei den Chamäleons, auf die Beute geschnellt werden. Die zumeist kleinen Zähne befinden sich jeweils an den Rändern des Ober- und Unterkiefers sowie am Munddach. Die Sireniden tragen ihre Zähne nur an letzterem. Bei den Männchen einiger lungenloser Salamander üben die Zähne (wie später erläutert wird) eine sexuelle Funktion aus. Anders als bei Fröschen und Kröten, die lediglich hornige Strukturen aufweisen, verfügen die Larven der Salamander sogar über echte Zähne.

Der recht kurze Schlund (Ösophagus) mündet in einen Magen, der keine regionalen Differenzierungen zeigt und anschließend in einen nahezu gerade verlaufenden Darm, der zwischen Dick- und Dünndarm kaum Unterschiede erkennen läßt. Der endständige Teil des Enddarms vergrößert sich zu einer Kloake, die auch die Ausführgänge der Urogenitaltrakte aufnimmt. Ihre Öffnung befindet sich unterhalb der Schwanzbasis.

ATMUNG UND BLUTKREISLAUF

Sofern Salamander Lungen besitzen, sind diese sackförmig gebaut. Obwohl bei einigen Arten die rechte Lunge geringfügig kürzer und bei den Amphiumiden die linke Lunge verkümmert ist, sind die Lungenflügel in den meisten Fällen gleich groß. Winzige Lungen

▼ Die Haut der Amphibien, etwa bei Kröten und Salamandern, enthält Drüsen, die zur Verteidigung gegen Räuber giftige Substanzen ausscheiden. Darüber hinaus weist dieser ostasiatische Rippenmolch (*Pleurodeles waltl*) eine Besonderheit auf. Seine Rippen sind lang und spitz. Wird er von einem Räuber gepackt, dringen die Enden der Rippen durch die Haut mitsamt den entsprechenden Giftdrüsen. Dadurch injizieren sie das Gift in die weichen Gewebe im Maul des Angreifers.

R. Konig/Jacana AUSCAPE International

Stephen Dalton/NHPA

▲ Der mexikanische Axolotl (*Ambystoma mexicanus*) wird häufig als Haustier gehalten. Von allen neotenen Molchen und Salamandern ist er am besten untersucht. Unter Umständen behält er Kiemen und andere larvale Merkmale sein Leben lang, selbst als geschlechtsreifes, erwachsenes Tier. Obwohl der Axolotl normalerweise nur im Wasser lebt, kann er in Trockenzeiten seine Kiemen verlieren und lebt dann auf dem Land.

findet man beim Brillensalamander (*Salamandrina terdigitata*) und wenigen anderen Gattungen, etwa bei *Euproctus*. Alle Plethodontiden und einige Hynobiden sind lungenlos. Sie atmen lediglich über die Haut und die Schleimhäute von Mund und Kehle. Aber selbst bei den Arten, die Lungen besitzen, spielt die Hautatmung eine wichtige, ja manchmal lebenswichtige Rolle, etwa dann, wenn sie unter Wasser überwintern. Der Grottenolm und andere Arten, die ihre Kiemen ihr Leben lang behalten (sie werden Perennibranchiaten genannt), sowie Larven und neotene Formen (diejenigen Arten, die auch als Erwachsene manchmal larvale Merkmale behalten, siehe Seite 65) atmen entweder über die Haut oder über äußere Kiemen, die als leuchtend rote Büschel seitlich aus dem Kopf hervorstehen. Nur die Amphiumen besitzen innere Kiemen. Die Färbung der Kiemen hängt mit ihrer reichen Blutversorgung zusammen, und die Hautatmung wird durch eine deutliche Vaskularisierung der Haut (Durchsetzung mit kleinen Blutgefäßen) noch verstärkt.

Das Herz besteht aus einem einzigen Ventrikel, in dem sich allerdings venöses und arterielles Blut nur zum Teil vermischen. Die linken und rechten Aurikel sind bei den Lungen tragenden Formen ganz, bei den perennibranchiaten und lungenlosen Formen dagegen nicht vollständig getrennt. Den letzteren fehlen natürlich die Lungenvenen, und ihr linker Aurikel ist verkleinert. Die roten Blutkörperchen sind groß (die aalähnlichen Amphiumas aus dem Südosten der Vereinigten Staaten besitzen die größten Erythrozyten unter allen Wirbeltieren), zumeist elliptisch und tragen einen Zellkern. Je nach Art liegt ihre Zahl zwischen 30 000 und 100 000 pro Kubikmillimeter Blut. Wie man allerdings neulich bei *Triturus*-Molchen entdeckte, nimmt die Zahl der zirkulierenden roten Blutkörperchen wahrscheinlich auch bei anderen Salamandern zu, wenn die Umweltbedingungen eine einwandfreie Sauerstoffversorgung des Blutes verhindern.

Das Lymphsystem ist recht gut entwickelt. Salamander besitzen zahlreiche Lymphherzen unter den Schulterblättern, an der Schwanzwurzel und an den Körperseiten unmittelbar unter der Haut. Es handelt sich dabei um herzähnliche Strukturen, die das Zirkulieren der Lymphe verbessern.

NERVENSYSTEM UND SINNESORGANE

Die Salamander besitzen ein relativ einfaches Nervensystem. Das Gehirn ist recht klein, doch sind seine Vorderlappen, entsprechend der besonderen Ausprägung der olfaktorischen (Geruchs-) Organe, gut entwickelt. Bei den meisten Arten findet man große Augen mit runden Pupillen. Bei permanent unterirdisch lebenden Formen sind diese jedoch in ihrer Größe reduziert und manchmal unter der Haut verborgen. Sofern gut entwickelte Augen vorliegen, besitzen die Tiere meist ein oberes und ein unteres Augenlid sowie eine Nickhaut, die man als das dritte Augenlid bezeichnet.

Ein äußeres Ohr fehlt. Es existieren lediglich Spuren eines Mittelohres, das jedoch nicht einmal eine eigene Höhlung besitzt. Die Schallwellen werden vermutlich über die Kieferknochen oder andere Knochen, die mit dem Schädel zusammenhängen, zum Innenohr weitergeleitet, oder auch über die Arme und den Schultergürtel. Im Wasser werden zudem tieffrequente Schallwellen durch Seitenlinienorgane registriert. Diese Organe nehmen auch Veränderungen von Druck und Strömungen im Wasser wahr. Man findet sie bei allen Larven sowie den erwachsenen Tieren vieler überwiegend aquatischer Arten am Kopf und an der Seite des Rumpfes. Allerdings entwickeln weibliche Brillensalamander, die zur Eiablage das Wasser aufsuchen, Seitenlinienorgane, die ausschließlich während dieses kurzen Zeitraumes funktionsfähig sind.

Jack Dermid/Bruce Coleman Limited

▲ Aalmolche, wie dieser Zweizehen-Aalmolch (*Amphiuma means*), leben ausschließlich im Wasser und kommen nur bei starken Regenfällen gelegentlich an Land. Mit Hilfe seines Seitenlinienorgans, das hier als eine Reihe grubenartiger Vertiefungen sichtbar ist, nimmt das Tier tieffrequente Vibrationen und Veränderungen des Wasserdrucks wahr.

FORTPFLANZUNG

Einige Salamander- und Molcharten leben ausschließlich im Wasser, andere nur auf dem Land. Wieder andere führen eine deutlich amphibische Lebensweise, und deren Weibchen, oder auch beide Geschlechter, kehren in regelmäßigen Abständen (zumeist während des Frühlings) zur Fortpflanzung ins Wasser zurück. Dabei können sie lange Wanderungen unternehmen.

Bei den ursprünglichsten Familien, den Cryptobranchidae und Hynobiidae, befruchten die Männchen die Eier außerhalb des weiblichen Körpers. Bei den anderen Salamandern erfolgt die Befruchtung innerlich (obwohl entsprechende Beobachtungen bei Sireniden noch bestätigt werden müssen). Sofern eine innere Befruchtung stattfindet, legt das Männchen bei der Paarung eine gelatinöse Spermatophore (eine Kapsel, die Sperma enthält) ab, deren Form jeweils für eine Art oder Gattung typisch ist und an deren Spitze eine weißliche Spermamasse befestigt ist. Dann saugt das Weibchen mit den Lippen ihrer Kloake die Spermatophore oder auch nur die Spermakappe ein.

Ovulation und Befruchtung folgen der Einschleusung des Samens unmittelbar oder können sich für einige Monate verzögern. In einigen Fällen, etwa beim

NEOTENIE: EINE JUGENDLICHE ALTERNATIVE

In vielen verschiedenen Tiergruppen, auch bei Amphibien und Reptilien, erreichen einige Arten ihre Geschlechtsreife, während sie noch viele juvenile oder larvale Merkmale zeigen. Dieses als Neotenie bekannte Phänomen ist unter Amphibien, insbesondere den Salamandern, weit verbreitet, und es kommt hier zur Ausprägung verschiedener Formen. Eine grundsätzliche, allerdings nicht allgemein akzeptierte Unterscheidung dieser Möglichkeiten wurde von DuBois (1979) vorgenommen:

Totale Neotenie: Einige Individuen bleiben ständig im Larvalstadium und werden niemals geschlechtsreif. Dies kommt bei einigen Populationen des Grottenolms vor.

Zeitweilige Neotenie: Verzögerte Metamorphose, häufig im Zusammenhang mit großwüchsigen Larven. Bei einigen Frosch- und Salamander-Arten zu finden.

Partielle Neotenie oder Pädogenese: Hier tritt die Geschlechtsreife und Fortpflanzung bei Tieren ein, die sich noch immer im Larvenstadium ihrer Entwicklung befinden. Sie kommt (unter den Amphibien) nur bei Salamandern vor und läßt sich in drei Typen untergliedern:

Obligate Pädogenese: Die Metamorphose läßt sich nicht einmal hormonell einleiten;

Quasi-obligate Pädogenese: Die Metamorphose läßt sich unter bestimmten Bedingungen herbeiführen, etwa durch Hormonbehandlung. So metamorphosiert zum Beispiel der Axolotl, eine bekannte pädogenetische Form des Maulwurf-Querzahnmolchs, wenn man ihn mit Thyroxin behandelt;

Fakultative Pädogenese: Die Fähigkeit, lange vor Eintritt der Metamorphose geschlechtsreif zu werden und sich fortzupflanzen, wie bei einigen Populationen der Molchgattung *Triturus*.

J.M. Davenne/Jacana/AUSCAPE International

▲ Der Bergmolch (*Triturus alpestris*) legt seine Eier im Wasser ab. Von einer gallertigen, durchsichtigen Kapsel geschützt, entwickeln sich die Embryonen etwa so, wie man es von typischen Fröschen kennt.

Feuersalamander, bis zu zweieinhalb Jahren. Wenn die Befruchtung verschoben wird, speichert das Weibchen das Sperma in besonderen Divertikeln ihres Genitaltraktes, und nach der Ovulation werden die Eier befruchtet.

Die Balz erfolgt bei den ausschließlich terrestrischen Arten an Land. Dies gilt auch für solche Arten, wie den Feuer- und den Brillensalamander, deren Weibchen nur das Wasser aufsuchen, um ihre Larven oder Eier darin abzulegen. Die mit der Paarung verbundenen Rituale, etwa Hochzeitstänze, sind recht kompliziert und variieren von Art zu Art. Bei den Molchen der Gattung *Euproctus* kommt es zu einer Art Umarmung, während derer die Partner offenbar nicht kopulieren, da Salamander weder über einen Penis noch über irgendeine andere Form eines Einführungsorgans verfügen.

Den Eiern fehlt die schützende Schale. Stattdessen sind sie normalerweise von einer gelatinösen Schicht umgeben, dessen Entwicklung und Konsistenz unter den Arten uneinheitlich ist. An Land werden die Eier durchaus an verschiedenen Orten abgelegt, solange sie dort genügend Feuchtigkeit und Schutz haben. Im Wasser werden sie dagegen an Steine, untergetauchte Baumstämme oder Wurzeln geheftet. Einige lungenlose Salamanderarten, die auf Bäumen leben, legen ihre Eier in den Wasserrückstand, der sich in den Blattachseln von Bromelien gesammelt hat. Es gibt Arten, die Brutfürsorge betreiben (dies gilt zum Beispiel für den Grottenolm). Zwar ist dies in den meisten Fällen dem Weibchen überlassen, doch beteiligt sich bei den Riesensalamandern, dem Schlammsalamander (*Pseudotriton montanus*) und dem Nebel-Winkelzahnmolch (*Hynobius nebulosus*) auch das Männchen daran. Die Zahl der Eier hängt von der Artzugehörigkeit und Größe des Individuums ab. Sie variiert von fünf bis sechs bei einigen terrestrischen Salamandern bis zu etwa 5000 bei einigen *Ambystoma*-Arten, die ihre Eier im Wasser ablegen.

Verschiedene Salamander sind ovovivipar. Das bedeutet: Anstatt Eier zu legen, bringt das Weibchen gut entwickelte Larven oder gar Junge zur Welt, die ein nahezu perfektes Ebenbild der Erwachsenen sind. Der Feuersalamander bringt zumeist gut entwickelte Larven zur Welt, doch werden in einigen Gebieten auch bereits metamorphosierte Junge geboren. Bei einigen ovoviviparen Arten kommt es innerhalb des mütterlichen Genitaltraktes zur Adelphophagie. Dies bedeutet, daß die weiter entwickelten Jungtiere Eier und kleinere Embryonen absorbieren und sich so von ihren Geschwistern oder »Brüdern« ernähren (*Adelphós* ist das altgriechische Wort für Bruder). Aus den Eiern zahlreicher lungenloser Salamanderarten, die terrestrisch leben, schlüpfen bereits voll metamorphosierte Junge.

G.I. Bernard/Oxford Scientific Films

▶ Bergmolche bei der Balz. Obwohl die Schwanzlurche weder über einen Penis noch ein vergleichbares Organ verfügen, findet in der Regel eine innere Befruchtung statt. Dazu deponiert das Männchen sein Sperma in einem kleinen Behälter, der als Spermatophore bezeichnet wird. Anschließend manövriert es seine Partnerin in einem komplizierten Paarungsritual in eine Position, die ihr erlaubt, das Spermapaket mit den Lippen ihrer Kloake aufzunehmen.

Schon die Larven tragen in der Regel Hautkämme auf Rücken und Schwanz. Bei einigen Arten, die sich im Wasser fortpflanzen, verfügen die Larven vor dem Erscheinen der Gliedmaßen über ein stabförmiges, stabilisierendes Organ oder über Haftorgane, die seitlich am Kopf vor den Kiemen liegen und mit denen sich die Larven am Substrat festheften. Nach einer gewissen Zeit, die je nach Art wenige Tage, aber auch einige Jahre dauern kann, unterziehen sich die mehr oder weniger herangewachsenen Larven einer Metamorphose. Dabei verlieren sie ihre äußeren Kiemen und verändern auch andere innere oder äußere Teile des Körpers. Es kommt jedoch vor, daß einige oder alle Vertreter einer Art aus genetischen oder umweltbedingten Ursachen die Geschlechtsreife erreichen und sich fortpflanzen können, obwohl sie noch larvale oder juvenile Merkmale, wie etwa äußere Kiemen, aufweisen. Die sogenannten perennibranchiaten Formen, wie *Proteus* und *Necturus,* metamorphosieren niemals, selbst dann nicht, wenn man sie mit Wachstumsstimulantia, wie Jod oder Schilddrüsenextrakt, behandelt. Andere wiederum metamorphosieren spontan nach kurzer Zeit oder wenn man sie im Experiment unter Hormonbehandlung dazu gebracht hat. Dies gilt zum Beispiel für verschiedene *Triturus*-Arten und den Axolotl (*Ambystoma mexicanum*).

NAHRUNG UND NATÜRLICHE FEINDE

Die meisten Salamander sind in der Dämmerung und nachts aktiv. Bei zu großer Kälte oder Trockenheit nehmen viele Arten Zuflucht unter faulender Vegetation, in Felsspalten oder tief im Boden und werden erst dann wieder aktiv, wenn die äußere Umgebung es zuläßt. Sie alle sind carnivor (Fleischfresser) und ernähren sich zumeist von kleinen Wirbellosen wie Insekten, Spinnen, Krebstieren, Mollusken und Würmern. Die größeren Arten erbeuten außerdem kleine Wirbeltiere. Nicht selten kommt es zu Kannibalismus, sowohl unter Larven als auch unter Erwachsenen.

Hans Reinhard/Bruce Coleman Limited

▲ Die Fortpflanzung des Feuersalamanders ist in mehrfacher Hinsicht ungewöhnlich. Das Weibchen hält die befruchteten Eier im Körper bis zum Schlüpfen zurück, und bei den Jungen handelt es sich entweder um Larven (wie in diesem Fall) oder voll entwickelte Individuen.

LEBENSZYKLUS EINES AMPHIBISCHEN SALAMANDERS

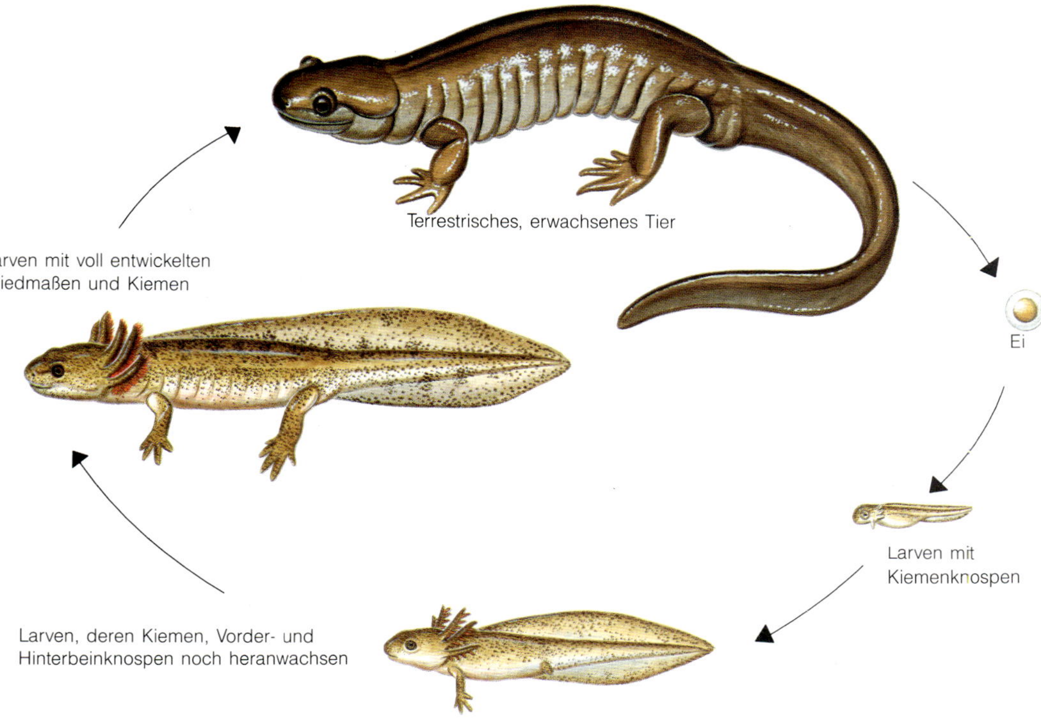

◀ Die Larvalentwicklung der Salamander ist unter den Arten keineswegs einheitlich. Hier ist der grundsätzliche Lebenszyklus der Amphien abgebildet, bei dem ein großer Teil der Entwicklung außerhalb des Eies erfolgt. Bei vielen terrestrischen Salamandern jedoch verlassen die Jungen ihre Eier ohne Larvenstadium als Miniaturausgaben der Erwachsenen.

Im Gegensatz zu Fröschen und Kröten besitzen die Salamander lediglich einen reduzierten Larynx, oder er ist gar nicht vorhanden. Dazu fehlen ihnen auch die Stimmbänder. Daher sind sie in der Regel stumm. Allerdings können einige Arten (so der Feuersalamander, *Aneides*, *Dicamptodon* und einige Molcharten) ein schwaches Quieken hervorbringen, wenn sie gestört werden oder erregt sind. Die Sireniden äußern ein verebbendes Jaulen und die Molche der Gattung *Pleurodeles* einen winzigen Schrei.

Die Salamander werden ihrerseits zur Beute anderer Amphibien, Wasserschildkröten, Schlangen, Echsen, Fische, Vögel, Säuger und großer Wirbelloser. Bei Gefahr verteidigen sie sich dadurch, daß sie giftige oder klebrige Substanzen ausscheiden, oder (wie es einige lungenlose Salamander tun), als letzten Ausweg ihren Schwanz autotomieren. Andere nehmen eine Reflexstellung ein, die je nach Art variiert. Dies sieht etwa so aus, daß sie bei gekrümmtem Rücken den Schwanz senkrecht zum Körper stellen (oder manchmal aufrollen), um dem Räuber die leuchtende Farbe am Bauch zu präsentieren und ihn damit vor Giftsubstanzen in der Haut zu warnen. Diese besondere Stellung ist als der Unken-Reflex bekannt.

Für Menschen sind die Salamander wirtschaftlich praktisch unwichtig, und ihre Bedeutung beschränkt sich auf Arten von besonderer Schönheit oder Seltenheit, die als Haustiere sehr begehrt sind. Einige Arten werden auch in der biologischen Forschung eingesetzt. Die Riesensalamander Japans und Chinas sowie der Axolotl (die neotene Form des Maulwurf-Querzahnmolches) werden als Nahrungsmittel geschätzt, und letzterer steht zudem in dem Ruf eines Aphrodisiakums. Andere werden von Fischern als Lebendköder eingesetzt. Dadurch wurden zahlreiche Populationen des Robben-Bachsalamanders (*Desmognathus monticola*) im ganzen Südosten der Vereinigten Staaten in ihrer Zahl reduziert, und an einigen Orten sind sie unmittelbar von der Ausrottung bedroht. Der Hynobide *Batrachuperus pinchonii* wird im Osten Chinas unter dem Namen »Weißer Drachen« als Gottheit verehrt, und der Teich auf dem Mount Omei, wo diese Art zu Hause ist, wird von Wallfahrern in einem Maße heimgesucht, daß man in der Nähe bereits ein Heiligtum errichtet hat. Dies schließt jedoch keineswegs aus, daß die Tiere getrocknet und zu einem Pulver zermahlen werden, das als Heilmittel für Magenkrankheiten gilt. Ein ähnliches Schicksal teilt der Japanische Krallenfingermolch (*Onychodactylus japonicus*), eine eng verwandte Art, der in der traditionellen japanischen Medizin die Aufgabe zukommt, den Körper der Patienten von Würmern zu befreien.

Durch den Fang gewisser Arten für Handel oder Forschung hat der Mensch einige Populationen unmittelbar beeinträchtigt. Und durch das Auseinanderreißen und die Zerstörung ihrer Lebensräume war der indirekt schädigende Einfluß sogar noch größer. Auch Fische, die man für Sportangler in Teichen hielt und die insbesondere die Larven fraßen, hatten vernichtende Auswirkungen. Doch dürfte eine noch schlimmere Bedrohung vom sauren Regen ausgehen.

DIE URSPRÜNGLICHSTEN FAMILIEN

Die primitivsten lebenden Salamander und zudem die einzigen mit äußerer Befruchtung gehören zur Unterordnung Cryptobranchoidea. Ihre Eier werden stets in zwei Haufen abgelegt und befinden sich jeweils in einem gelatinösen Sack. Bei den erwachsenen Tieren sind zwei Unterkieferknochen (das Angulare und das Präarticulare) deutlich voneinander getrennt. In anderer Hinsicht unterscheiden sich jedoch die beiden Familien dieser Unterordnung, die Cryptobranchidae und Hynobiidae, in ihrem Erscheinungsbild ganz erheblich.

Hellbender und Riesensalamander

Die Cryptobranchiden (Familie Cryptobranchidae) leben stets im Fließwasser. Sie sind korpulent gebaut und tragen an den Seiten große Hautfalten, die die Körperoberfläche vergrößern und so die Sauerstoffaufnahme aus dem Wasser intensivieren. Da ihre Metamorphose nicht vollständig abläuft, besitzen die Erwachsenen noch immer Kiemenschlitze oder -spalten

R.J. Erwin/NHPA

▶ Der Hellbender (*Cryptobranchus alleganiensis*), eine vollständig aquatische Art, bewohnt die Gebirgsbäche im Osten der Vereinigten Staaten. Zwar ist er mit 70 Zentimeter Länge bei weitem der größte Salamander Nordamerikas, doch erreicht er gerade die Hälfte der Ausmaße seines Verwandten, des Chinesischen Riesensalamanders, des größten Schwanzlurchs. Die bauschigen Hautfalten an den Seiten vergrößern die Gesamtoberfläche der Haut und steigern so die Sauerstoffübertragung aus dem Wasser. Allerdings verfügen Hellbenders außerdem über Lungen und kommen in regelmäßigen Abständen an die Oberfläche, um Luft zu schlucken.

Jack Dermid/Oxford Scientific Films

▲ Der schlanke Körper des beinahe einen Meter langen Großen Armmolchs (*Siren lacertina*) erinnert an den eines Aals. Vorderbeine sind vorhanden, die hinteren jedoch reduziert. Zudem besitzt das Tier sowohl Lungen als auch Kiemen. Armmolche leben nur in Nordamerika.

und keine Augenlider. Alle Arten tragen an den Armen vier und an den Beinen fünf Finger.

Der Hellbender (*Cryptobranchus alleganiensis*), der eine Gesamtlänge von 75 Zentimeter erreichen kann, bewohnt den Bereich vom Zentrum bis zum Nordosten der Vereinigten Staaten. Die Gattung *Andrias* wird heute vom Chinesischen Riesensalamander (*A. davidianus*) vertreten, der 180 Zentimeter lang wird. Dagegen übersteigt die Länge des Japanischen Riesensalamanders (*A. japonicus*) niemals 150 Zentimeter. Beide ernähren sich von verschiedenen Wirbellosen, etwa Krebstieren, fressen jedoch auch manchmal kleine aquatische Wirbeltiere. Jedes Weibchen legt bis zu 450 Eier in paarigen, rosenkranzförmigen Schnüren. Das Männchen entläßt sein Sperma darüber und bewacht das Gelege offenbar, bis die Jungen nach zehn oder zwölf Wochen geschlüpft sind.

Hynobiden

In der Familie Hynobiidae wird keine der 35 Arten größer als 25 Zentimeter. Diese Tiere leben in Asien. Lediglich der Sibirische Salamander (*Salamandrella keyserlingi*) hat sich nach Westen bis zum europäischen Teil Rußlands ausgebreitet. Die Familie besteht aus neun Gattungen: *Batrachuperus, Hynobius, Liuia, Onychodactylus, Pachyhynobius, Pachypalaminus, Ranodon, Salamandrella* und *Sinobius*. Sie alle pflanzen sich im Wasser fort (etwa in Bächen, Teichen und Bergseen), leben jedoch außerhalb der Brutzeit auf dem Land. Die Weibchen legen zwei spindelförmige Kapseln ab, von denen jede je nach Art zwischen 35 und 70 Eier enthält. Es wurden häufig Beispiele von Brutfürsorge beobachtet.

Einige *Hynobius*- und *Salamandrella*-Arten besitzen vierzehige Füße. Bei anderen Arten befinden sich an jedem Bein fünf Zehen.

DIE SIEBEN HÖHER ENTWICKELTEN FAMILIEN

Die Unterordnung Salamandroidea, die die fortschrittlichsten Salamander einschließt, unterscheidet sich von den ursprünglichen Familien dadurch, daß im Unterkiefer das Angulare mit dem Präarticulare verschmolzen ist. Dies gilt wenigstens für die lebenden Arten. Zur Befruchtung der Eier nehmen die Weibchen (eine Ausnahme bilden vermutlich die Sireniden) das Sperma in ihren Körper auf.

Man kennt sieben Familien, 50 Gattungen und insgesamt etwa 350 Arten. Die Vertreter dieser Unterordnung kommen überall vor, wo es Salamander gibt, mit Ausnahme der Antarktis, Australiens, Ozeaniens und Afrikas südlich der Sahara.

Sireniden

Die Familie Sirenidae zeigt so viele Besonderheiten, daß einige Autoren sie in eine eigene Unterordnung, die Sirenoidea, oder gar in eine ganz andere Ordnung, die Trachystomata, stellen. Als neotene Amphibien (siehe Seite 65) besitzen die Sireniden ihr Leben lang Kiemen, und es fehlen ihnen die Augenlider. Die Augen sind klein, und dem aalförmigen Körper fehlen die Hinterbeine.

Die Sireniden bewohnen den Südosten der Vereinigten Staaten und die angrenzenden Gebiete Mexikos. Sie verbringen ihr Leben in Teichen und Sümpfen mit reicher aquatischer Vegetation und einem schlammigen Grund. Wie die Aale können sie nachts in regenreichen Zeiten kurze Distanzen an Land zurücklegen. Der Große Armmolch (*Siren lacertina*), der eine Gesamtlänge von 95 Zentimeter erreicht, und der Kleine Armmolch (*S. intermedia*), der etwa 68 Zentimeter lang wird, besitzen drei Paare von Kiemenschlitzen und vier Finger an jeder Hand. Der 25 Zentimeter lange Gestreifte Zwergarmmolch (*Pseudobranchus striatus*) besitzt nur ein Paar Kiemenspalten und dreifingerige Hände.

Über ihre Fortpflanzungsbiologie ist nur wenig bekannt, doch läßt sich aufgrund der Bauweise ihres Urogenitalapparates vermuten, daß die Befruchtung äußerlich erfolgt. Man fand ihre Eier einzeln oder in kleinen Klumpen an Wasserpflanzen. Wenn ihr Lebensraum austrocknet, können sie wie Lungenfische

▲ Zwei Vertreter der Familie Proteidae. Der Gefleckte Furchenmolch (*Necturus maculosus*, oben) und der Gestreifte Zwergarmmolch (*Pseudobranchus striatus*, oben).

▼ Der Axolotl ist normalerweise schmutzig grau gefärbt. Man findet jedoch häufig albinistische Tiere, wie dieses rosafarbene Individuum.

wochen- oder monatelang im Schlamm vergraben überleben. Sie hüllen sich in einen Schleimkokon ein, aus dem nur die Spitze der Schnauze herausragt.

Stephen Dalton/NHPA

»Waterdogs«, der Gefleckte Furchenmolch und der Grottenolm

Proteus, der Meeresgott, der die Macht besaß, jede beliebige Gestalt annehmen zu können, inspirierte im Jahre 1768 den Wiener Naturforscher Laurenti, für ein merkwürdiges Amphib, das 24 Jahre zuvor bei Ljubljana (im heutigen Slowenien) entdeckt worden war, den Namen *Proteus anguineus* einzusetzen. Sein Entdecker, Baron J.W. Valvasor, hatte das Tier zu der Jugendform eines Geschöpfes erklärt, dem es bestimmt war, sich in einen Drachen zu verwandeln. Damit lag der Edelmann tatsächlich nicht ganz falsch, denn das kleine Tier, das zufällig von einem unterirdischen Fluß an die Oberfläche geschwemmt worden war, sah mit seinen großen, roten Kiemenbüscheln wirklich wie eine Larve aus. Damit war nicht nur der erste echte Bewohner von Höhlen und unterirdischen Gängen entdeckt, sondern auch der erste Vertreter der kleinen, aber äußerst interessanten Salamander-Familie der Proteidae.

Proteus, der auch als Grottenolm bekannt ist, kann eine Gesamtlänge von 33 Zentimeter erreichen. Man findet ihn ausschließlich in den unterirdischen Gewässern der westlichen Balkan-Halbinsel und im Nordosten Italiens. Sein aalförmiger Körper ist zumeist blaßrosa gefärbt, da seine Haut nahezu pigmentlos ist. Die kleinen Augen liegen unter der Haut verborgen. Die Vorder- und Hinterextremitäten tragen drei beziehungsweise zwei Finger. Die Larven und Jungtiere sind dunkler und besitzen größere Augen. Sie sind insofern bemerkenswert, als sie sich von Bakterien, Protozoen und organischen Abfällen ernähren, die im Schlamm enthalten sind.

Zu dieser Familie gehören noch fünf weitere Arten, die alle der Gattung *Necturus* zugeordnet werden. Sie bewohnen die mittleren und östlichen Vereinigten Staaten. Aufgrund des verbreiteten Irrglaubens, daß sie angeblich bellen können, heißen vier von ihnen auf Englisch »Waterdogs«. Sie übertreffen niemals eine Gesamtlänge von 28 Zentimeter. Die fünfte Art ist der Gefleckte Furchenmolch (*N. maculosus*), der manchmal etwas länger als 40 Zentimeter wird.

Alle Vertreter der Familie der Proteiden sind neoten und verlieren daher zeitlebens ihre Kiemen nicht. Sie haben zwei Kiemenschlitze. Zudem fehlen ihnen Augenlider und Oberkiefer. Die Eier werden an untergetauchten Steinen oder Baumstämmen befestigt und von den Eltern bewacht.

Die beiden Familien der Maulwurf-Querzahnmolche

Die Maulwurf-Querzahnmolche leben beinahe ausschließlich unterirdisch und kommen aus ihrer dunklen Welt nur dann hervor, um in die Teiche oder Bäche zu gelangen, in denen sie sich fortpflanzen. Die Fortpflanzungszeit ist bei den meisten Arten das Frühjahr, bei wenigstens einer Art, dem Marmor-Querzahnmolch (*Ambystoma opacum*), jedoch der Herbst. Häufig geht der Kopulation ein Hochzeitstanz voraus. Unmittelbar darauf werden bis zu 200 Eier abgelegt, zumeist im Wasser, manchmal jedoch auch am Boden, wo das steigende Wasser das Nest überflutet.

Die Familie Ambystomatidae umfaßt etwa 30 Arten der Gattung *Ambystoma* und vier der Gattung *Rhyacosiredon*. Man findet sie vom Süden Alaskas und Kanadas überall in den Vereinigten Staaten und im größten Teil Mexikos. Die Riesen-Querzahnmolche gehören zur Familie Dicamptodontidae, die drei Arten aus der Gattung *Dicamptodon* und eine aus der Gattung *Rhyacotriton* einschließt. Sie alle kommen nur im Nordwesten der Vereinigten Staaten vor.

Die beiden Familien unterscheiden sich dadurch, daß die Dicamptodontidae ein Lacrimale (Tränenbein) besitzen, das den Ambystomatidae fehlt. Zudem bevorzugen beide zur Paarungszeit unterschiedliche Lebensräume: Während die Dicamptodontidae gern Gebirgsbäche aufsuchen, bevorzugen die Ambystomatidae Stillwasser, wie etwa Seen. Einige Arten, so der Axolotl, sind neoten.

Zwei der *Ambystoma*-Arten bestehen ausschließlich aus Weibchen. Im Gegensatz zu anderen Arten, die sich geschlechtlich fortpflanzen und bei denen die Chromosomen jeweils zur Hälfte vom Weibchen und vom Männchen stammen, verfügen diese Arten über Zellen mit 42 Chromosomen. Dies entspricht der dreifachen Menge der normalen Chromosomenzahl (man bezeichnet dies auch als triploiden Chromosomensatz), und alle stammen von der Mutter. Zudem entwickeln sich ihre Eier durch Gynogenese, also ohne daß männliche Chromosomen das neue Individuum genetisch ergänzen. Zwar kommt es vor, daß die Entwicklung der Eier durch Spermien von Männchen einer verwandten *Ambystoma*-Art (einer, in der es offenbar Männchen gibt) ausgelöst wird, doch resultieren aus dieser Form der Fortpflanzung ausschließlich Weibchen.

Alle Maulwurf-Querzahnmolche besitzen einen ziemlich untersetzten Körper, dessen Gesamtlänge 35

▼ Der Pazifische Riesen-Querzahnmolch (*Dicamptodon ensatus*, oben) kommt nur im Westen Nordamerikas vor. Im Gegensatz zu den meisten übrigen Salamandern, die stumm sind, stößt diese Art bei Gefahr häufig tiefe Töne aus. Mit einer Maximallänge von 40 Zentimeter gehört der Tiger-Querzahnmolch (*Ambystoma tigrinum mavoritum*, unten) zu den größten terrestrischen Salamandern. Erwachsene Tiere ernähren sich häufig von kleinen Wirbeltieren. Seine Farben und Muster variieren stark. Man findet sowohl gefleckte als auch gestreifte Formen.

▶ Wie bei diesem europäischen Kammolch (gegenüber) trägt die Haut vieler Molche und Salamander kräftige Muster in leuchtenden Farben. Damit warnen sie potentielle Räuber vor den Giftdrüsen ihrer Haut. Manchmal befinden sich dieser Musterungen an Kehle oder Bauch, und häufig werden sie von den Tieren in einer besonderen, starren Körperhaltung demonstriert, dem Unken-Reflex. Dabei wirft das Tier den Kopf zurück, krümmt die Wirbelsäule und hält den Schwanz steil nach oben.

Zentimeter nicht übersteigt. Einige tragen leuchtend gefärbte Muster, die sich gegen den dunklen Hintergrund absetzen.

Aalmolche

Ohne ihre vier winzigen Gliedmaßen würde man die Aalmolche aus dem Südosten der Vereinigten Staaten leicht mit Aalen verwechseln. Dazu kommt, daß sie neoten sind, daher überwiegend im Wasser leben und wie Aale im Schlamm graben und feuchten Boden an Land überqueren. Die Erwachsenen besitzen ein Paar Kiemenschlitze und innere Kiemen, und diese Merkmale machen sie den Aalen äußerlich nur noch ähnlicher. Sie haben weder Augenlider noch eine Zunge. Ihre Eier deponieren sie an verschiedenen geschützten Stellen oder auf feuchtem Schlamm in langen Schnüren, die 150 oder noch mehr Eier umfassen. Das Weibchen bleibt um die Eier gewunden liegen, bis sie nach etwa fünf Monaten geschlüpft sind. Gleich darauf müssen die Larven Wasseransammlungen aufsuchen. Sie tun dies zumeist bei Regen.

Die Familie Amphiumidae umfaßt drei Arten: den 30 Zentimeter langen Einzehen-Aalmolch (*Amphiuma pholeter*), den Zweizehen-Aalmolch (*A. means*), der 116 Zentimeter lang wird, und den Dreizehen-Aalmolch, der etwa 106 Zentimeter Länge erreicht.

Salamandriden

Die Familie Salamandridae schließt 60 Arten in 14 Gattungen ein. Zehn dieser Gattungen enthalten Vertreter, die in ihrer Lebensweise mehr oder weniger an das Wasser gebunden sind und allgemein als »Molche« bezeichnet werden (die wissenschaftlichen Namen befinden sich am Anfang dieses Kapitels). Die übrigen vier überwiegend oder ausschließlich terrestrischen Gattungen tragen den populären Namen »Salamander«. Man findet sie in Europa, Nordwestafrika und Südwestasien. Der Goldstreifen-Salamander (*Chioglossa lusitanica*) ist für Spanien und Portugal endemisch, wogegen der Brillensalamander auf der italienischen Halbinsel heimisch ist. Die Gattung *Mertensiella* ist mit zwei Arten in der Türkei, auf einigen griechischen Inseln und im Kaukasus vertreten. Die Männchen tragen an der Schwanzbasis einen Sporn. In der Gattung *Salamandra* gibt es zwei auf Bergen lebende Arten, die vollständig metamorphosierte Junge zur Welt bringen. Es handelt sich um den Alpensalamander (*S. atra*), der vom Norden Albaniens bis zu den westlichen Alpen verbreitet ist und um den stets schwarz gefärbten Lanza-Salamander (*S. lanzai*), der in den südwestlichen Alpen endemisch ist. Dazu kommt der größte Vertreter dieser Familie, der Feuersalamander (*S. salamandra*). Von diesem wunderschön schwarzgelb gefärbten Tier, das manchmal größer als 30 Zentimeter wird, leben im größten Teil Europas, bis zum Iran und in Nordwestafrika verschiedene Unterarten.

Unter den Molchen leben nur drei *Nothophthalmus*- und drei *Taricha*-Arten in Nordamerika. Der Schwarzflecken-Molch (*Notophthalmus meridionalis*), der Streifenmolch (*N. perstriatus*) und der Grünliche Wassermolch (*N. viridescens*) bewohnen das östliche Nordamerika. Dagegen findet man die größeren, bis zu 22 Zentimeter langen Arten nur am Westrand der USA. Es handelt sich um den Rauhhäutigen Molch (*Taricha granulosa*), den Rotbauchmolch (*T. rivularis*) und den Kalifornischen Molch (*T. torosa*). Zwei *Pleurodeles*-Arten kommen in Nordwestafrika vor, *P. waltl* auch in Spanien. Alle übrigen 45 Molcharten leben in Europa oder Asien. Dabei ist die Verbreitung der Gattung *Euproctus*, deren Vertreter als Europäische Gebirgsmolche bezeichnet werden, biogeographisch interessant: Während *E. asper* in den Pyrenäen zwischen Frankreich und Spanien vorkommt, ist *E. montanus* auf Korsika und *E. platycephalus* auf Sardinien endemisch. Beide Inseln sind

◀ Die drei Arten der Familie Amphiumidae erkennt man, neben anderen Merkmalen, an der Zahl ihrer Zehen an den winzigen Beinen. Daher werden sie treffend als Ein-, Zwei- und Dreizehen-Aalmolche bezeichnet. Ihr Verbreitungsgebiet ist auf den Südosten der Vereinigten Staaten beschränkt, wo sie weithin als »Kongo-Aale« bekannt sind – ein mißverständlicher Name, denn sie sind keine Fische, sondern Amphibien. Abgebildet ist der Zweizehen-Aalmolch (*Amphiuma means*).

▲ ▶ In ihrer terrestrischen Phase nehmen Molche, wie dieser Marmormolch (*Triturus marmoratus*), das Aussehen typischer Salamander an. In der aquatischen Phase findet man typischerweise flossenähnliche Erweiterungen am Schwanz. Dabei zeigen paarungsbereite Männchen, wie dieser Bergmolch (*Triturus alpestris*), manchmal übertrieben grelle Farben an Rücken und Zehen (rechts).

kontinentalen Ursprungs und haben sich vor 20 Millionen Jahren vom Süden Frankreichs abgetrennt.

Nur wenige Arten weisen eine dunkle Färbung auf. Normalerweise tragen diese Salamander und Molche lebhafte, kontrastreiche Farben, von denen einige in grellen Mustern angeordnet sind. Besonders die 12 *Triturus*-Molche sind für die leuchtenden Hochzeitskleider der Männchen bekannt, an erster Stelle der Marmormolch (*T. marmoratus*), der Bergmolch (*T. alpestris*) und der ungewöhnliche Bandmolch (*T. vittatus*). Bei letzterem entwickelt das Männchen einen senkrechten, unglaublich hohen Rückenkamm. Abgesehen von den wenigen Arten, die ihre Jungen lebend zur Welt bringen, legen die Salamandridae ihre Eier im Wasser ab. Bei den *Triturus*- und *Cynops*-Molchen verstaut das Weibchen jedes Ei in der Höhlung eines Blattes und vergewissert sich dabei, daß das Ei geschützt ist und dennoch Sauerstoff erhält. Auch bei Molchen gibt es Neotenie.

Die Salamandridae unterscheiden sich von den übrigen Salamander-Familien durch verschiedene Merkmale des Skeletts, die jedoch zu detailliert sind, um sie hier zu behandeln. Stets besitzen sie jedoch vier gut entwickelte Gliedmaßen mit vier Fingern und grundsätzlich fünf Zehen. Lediglich beim Brillensalamander und einigen Individuen des Molches *Tylototriton andersoni* findet man vierzehige Füße. Ihre Gesamtlänge variiert von sieben bis 30 Zentimeter.

Lungenlose Salamander

Die Plethodontidae bilden die größte Familie der Ordnung Caudata. Dazu gehören etwa 60 Prozent aller bekannten lebenden Arten (240 in 30 Gattungen), die in Amerika von Neuschottland und dem äußersten Südosten Alaskas bis nach Zentral-Bolivien und Ost-Brasilien verbreitet sind. Die nur wenigen europäischen Arten bewohnen Sardinien, den Südosten Frankreichs und Italien, von den Küstenregionen der Alpen zum Zentrum der Apenninen.

Nach ihrer Metamorphose sind sie von allen anderen Salamandern und Molchen durch ein besonderes Merkmal, die Nasolabialrinne, zu unterscheiden, die senkrecht vom Nasenloch zur Oberlippe verläuft und die Chemorezeption (die Sinneswahrnehmung chemischer Reize) verbessert. Stets besitzen sie vier Gliedmaßen, vier Finger und fünf (seltener vier) Zehen. Die Färbung ist, je nach Art, unterschiedlich. Einige Höhlenformen besitzen einen langgestreckten, fleischfarbenen Körper, scharlachrote Kiemenbüschel und sehen dadurch dem Grottenolm ähnlich. Die kleinsten Arten, die zum Teil nur 2,7 Zentimeter lang werden, gehören zur Gattung *Thorius*. Mit einer Länge von 32,5 Zentimeter ist *Pseudoeurycea bellii* die größte Art.

Wie ihr Trivialname schon besagt, sind diese Salamander stets lungenlos. Sie atmen durch die Schleimhäute im Maul und Kehle und über die Haut. Beide sind mit zahlreichen Blutgefäßen gut versorgt. Um Sauerstoff absorbieren zu können, müssen die Tiere ihre Haut feucht halten und sind daher noch stärker an feuchte Lebensräume gebunden als die Arten, die mit Lungen ausgestattet sind. Sie verbergen sich in Höhlen, Felsspalten, in Lücken zwischen Wurzeln und Steinen oder unter liegenden Baumstämmen und kommen erst bei milden Temperaturen und ausreichender Luftfeuchtigkeit hervor. Wie die meisten anderen Salamander vertragen auch sie Hitze nicht sehr gut.

Einige Arten, etwa die Höhlensalamander der Gattungen *Hydromantoides* und *Speleomantes* (diese europäische Gattung war früher als *Geotriton* oder *Hydromantes* bekannt), leben meistens auf Felsen. Andere, wie *Bolitoglossa*, sind Baumbewohner. Einige Baumsalamander der Gattung *Aneides* und Bachsalamander (Gattung *Desmognathus*) klettern gern auf Bäume oder Felsen. Dagegen leben der Marmorierte Bachsalamander (*Leurognathus marmoratus*) sowie die neotenen, höhlenbewohnenden *Typhlomolge*- und *Haideotriton*-Arten ausschließlich im Wasser. Der Streifensalamander (*Stereochilus marginatus*) und einige Arten der Gattungen *Eurycea, Desmognathus* und *Gyrinophilus* sind überwiegend aquatisch.

Unter den lungenlosen Salamandern hat jede Art einen eigenen Hochzeitstanz. Bei vielen Arten, deren Männchen eine Kinndrüse besitzen, findet man auch vergrößerte Zähne. Damit ritzen sie die Haut ihrer Partnerinnen, um sie mit dem Sekret ihrer Kinndrüsen zu »impfen«, das eine aphrodisierende Wirkung hat.

Lungenlose Salamander sind nahezu ausschließlich in Amerika, wo sie vermutlich ihren Ursprung haben, weit verbreitet. Sie kommen jedoch auch in Europa vor. Die europäischen Arten gehören allesamt zur Gattung *Speleomantes*, die wiederum mit der kalifornischen Gattung *Hydromantoides* eng verwandt ist. Nach Ansicht einiger Wissenschaftler gelangten ihre Vorfahren über die Bering-Landbrücke nach Westeuropa und starben dann überall in Asien und in den meisten Gebieten Europas aus. Andere Wissenschaftler, darunter die Verfasser dieses Kapitels, vermuten, daß die Vorfahren der heutigen europäischen Arten Westeuropa bereits besiedelt hatten, noch ehe sich der Kontinent vor etwa 50 Millionen Jahren von Nordamerika ablöste.

◀ ▼ Die Vertreter der größten Salamander-Familie, der Plethodontidae, besitzen keine Lungen und sind daher als Lungenlose Salamander bekannt. Da sie über ihre Haut und die Oberfläche des Mauls atmen, sind sie auf feuchte Lebensräume angewiesen. So findet man sowohl den Zweistreifigen Gelbsalamander (*Eurycea bislineata cirrigera*) als auch den Roten Wiesensalamander (*Pseudotriton ruber*) im mittleren und östlichen Teil Nordamerikas in der Nähe von Bächen und Quellen.

FRÖSCHE UND KRÖTEN

R.G. ZWEIFEL

In Europa, wo es vergleichsweise wenige Arten aus der Ordnung Anura gibt, sind die weichhäutigen, langbeinigen Frösche der Gattung *Rana* und die kurzbeinigen, warzigen Kröten der Gattung *Bufo* am auffälligsten. Daher ist es nur natürlich, daß jede europäische Sprache für beide Gruppen eigene Wörter kennt. Dort allerdings, wo die Artenvielfalt größer ist, hält diese Unterscheidung nicht mehr stand. Und es ist weder möglich noch zweckmäßig, die Tiere der einen oder anderen Gruppe zuzuordnen. Die Bezeichnung »Frosch« läßt sich zu Recht auf jeden Vertreter der Anura anwenden, während die »Kröte« grob mit den Vertretern der Gattung *Bufo* oder Fröschen ähnlicher Körperform in Verbindung gebracht wird.

Ordnung Anura
24 Familien, 320 Gattungen
3800 Arten

Größe
Kleinste Art Ein brachycephalider Frosch Brasiliens mit einer Körperlänge von zehn Millimeter.
Größte Art Goliathfrosch (*Conraua goliath*), Körperlänge 30 Zentimeter, Gewicht 3,3 Kilogramm.

Artenschutz
Es stehen 29 Arten auf der Roten Liste des IUCN für bedrohte Tiere. Unter anderen: Houston-Kröte (*Bufo houstonensis*), Goldkröte (*B. periglenes*), Grüne Kröte (*B. retiformis*), Westliche lebendgebärende Kröte (*Nectophrynoides occidentalis*), Conondale-Magenbrüter (*Rheobatrachus silus*), Insubrische Knoblauchkröte (*Pelobates fuscus insubricus*), Südafrikanischer Krallenfrosch (*Xenopus gilli*), Goliathfrosch (*Conraua goliath*) und der Italienische Springfrosch (*Rana latastei*). Der Vegas-Pantherfrosch (*Rana onca*) und der Schwarzbäuchige Scheibenzüngler (*Discoglossus nigriventer*) sind vermutlich ausgestorben.

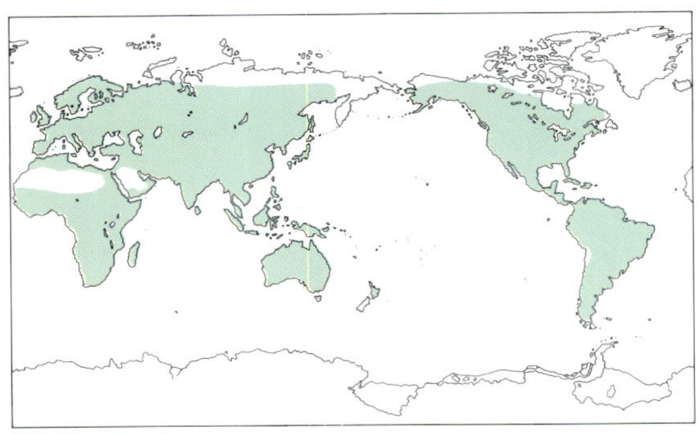

TIERE, DIE LEICHT ZU ERKENNEN SIND

Ein Frosch läßt sich nicht mit anderen Tieren verwechseln. Schon früh in ihrer Entwicklungsgeschichte nahmen die Frösche eine Gestalt an, die der hüpfenden Fortbewegung gut angepaßt ist: Ihre Knöchel sind verlängert, so daß sie, zusammen mit dem Femur (Oberschenkel), der Tibia und Fibula (Unterschenkel), einen dritten großen Abschnitt bilden, der dem Hinterbein beim Sprung einen zusätzlichen mechanischen Vorteil verleiht. Eine weitere Anpassung an diese Art der Fortbewegung ist die kurze, recht starre Wirbelsäule, die aus nicht mehr als zehn freien Wirbeln besteht und der sich ein knöcherner Stab anschließt (das Coccygium, das aus den verschmolzenen Schwanzwirbeln besteht). Angesichts solch enger Vorgaben im Körperbau ist ein Frosch – ob er nun im Wüstensand gräbt oder in einem hochgelegenen Anden-See schwimmt – sofort zu erkennen.

Sofern bei Fröschen Unterschiede in der Gestalt deutlich werden, sind sie Ausdruck von Anpassungen an besondere Lebensweisen. Immer wieder haben sich für Anpassungsprobleme in unterschiedlichen Entwicklungslinien nahezu identische Lösungen entwickelt. Dennoch kann jede Gruppe miteinander verwandter Arten eine weite Spanne adaptiver Typen einschließen. So umfaßt die Gruppe der sogenannten »Baumfrösche«, der Hylidae, überwiegend Arten, deren Finger- und Zehenspitzen sich zu Haftkissen (als Kletterhilfe) erweitern und deren Augen so angeordnet sind, daß sie nach vorn ein beidäugiges Gesichts-

Steve M. Alden/Bruce Coleman Limited

▶ Der größte Frosch Nordamerikas, der Ochsenfrosch (*Rana catesbeiana*), ist durch sein tiefes, brüllendes »Jag-o-rum« vertraut und weithin bekannt. Diese häufige Art hält sich gern in allen möglichen Marschen und Feuchtgebieten auf, besonders in Rohrkolben-Sümpfen.

Stephen Dalton/Oxford Scientific Films

feld bieten und auch nach oben und unten sehen können. Einige hylide Frösche, die in semi-ariden Gebieten leben, sind dem Leben auf dem Boden angepaßt. Ihre Augen liegen höher am Kopf, sie haben nur schmale Polster an den Zehen und einen Fortsatz auf jedem Hinterfuß, der das Graben erleichtert. Andere Hyliden, denen möglicherweise jede Spur von Zehenpolstern fehlt, leben in Feldern und Gräben. Entsprechungen für diese Unterschiede an Gestalt und Körperbau findet man auch bei anderen Froschfamilien. Tatsächlich hätte auch ein Fachmann Probleme mit der Identifizierung eines unbekannten Frosches. Er müßte zunächst dessen Anatomie untersuchen, um die Familienzugehörigkeit zu ermitteln, ehe er Gattung und Art bestimmen kann.

WIE MAN DIE ARTEN UNTERSCHEIDET

Die Zahl der bekannten Froscharten (es sind etwa 3800) ist beinahe so groß wie die der Säugetiere (etwa 4250). Eine genaue Zahl anzugeben ist allerdings deswegen unmöglich, weil immer neue Froscharten entdeckt und wissenschaftlich benannt werden. Dies liegt einerseits an den Entdeckungen in wenig bekannten Gebieten, besonders in den tropischen Regenwäldern. Zum anderen werden in den letzten Jahren neben der Morphologie (der Untersuchung von Form und Körperbau) auch andere Methoden eingesetzt, um Unterschiede zwischen den Arten herauszufinden. Es hat sich gezeigt, daß viele Froscharten in ihrem äußeren Erscheinen zwar identisch sind, sich jedoch aufgrund ihrer Rufe unterscheiden lassen (wie sie selbst einander auch in der Wildnis erkennen). Und mit Hilfe moderner elektronischer Verfahren zur Aufnahme und Analyse von Tönen wird es den Wissenschaftlern möglich, diese sogenannten »Geschwisterarten« auszugliedern. Auch biochemische Techniken leisten einen wichtigen Beitrag, indem sie genetische Unterschiede bei Arten aufzeigen, die äußerlich praktisch gleich aussehen.

GESICHT, GERUCH UND TÖNE

Frösche sind primär visuell orientiert. Die Augen sind zumeist groß und ragen aus ihren Höhlen hervor. Dadurch bieten sie ein weites Gesichtsfeld und gleichen die Unfähigkeit aus, Drehbewegungen auszuführen. Allerdings lassen sich die Augen in ihre Höhlen zurückziehen, wodurch sie sich gegen das Munddach

▲ Ein weiterer Bewohner Nordamerikas, der Leopardfrosch (*Rana pipiens*), ist besonders den kalten Klimaten gut angepaßt. Sein Verbreitungsgebiet erstreckt sich nach Norden bis zur Hudson Bay und anderen Bereichen im Norden Kanadas.

▶ Der Rotäugige Baumfrosch (*Litoria chloris*) ist an den Küsten und im Hinterland Ost-Australiens häufig. Seine Verbreitung reicht etwa von Bundaberg bis Sydney. Wie viele andere Baumfrösche besitzt er einen schlanken Körper und trägt an Fingern und Zehen auffällige, scheibenförmige Haftpolster.

Hans and Judy Beste/AUSCAPE International

drücken und beim Schlucken helfen. Im Gegensatz zum oberen Augenlid kann das untere selbständig bewegt werden. Zudem besitzt es einen oberen, durchsichtigen Bereich, die Nickhaut. Die Pupille steht bei den meisten Fröschen waagerecht oval, bei anderen wieder senkrecht oval oder kann sogar dreieckig oder diamantenförmig sein. Die Iris ähnelt gewöhnlich in der Farbe der Kopfseite und ist in gewissem Rahmen Bestandteil der Gesichtsmusterung. Vermutlich trägt dies dazu bei, das Auge optisch zu tarnen, obwohl bei einigen Fröschen durchaus leuchtend gefärbte Augen vorkommen. Es gibt keine Hinweise darauf, daß Frösche Farben sehen können.

Bei einigen Arten läßt sich ein Pinealorgan (es ist dem »dritten Auge« der Reptilien gleichzusetzen) oben auf dem Kopf als ein blasser Fleck entdecken. Es reagiert auf Licht, und Experimenten zufolge spielt es bei der Orientierung nach der Sonne und bei anderen Verhaltensweisen eine Rolle.

Frösche verfügen sowohl über das normale Geruchsorgan in der Nase als auch über ein getrenntes Vomeronasalorgan, das in ähnlicher Weise funktioniert. Beide Organe erleichtern das Aufsuchen ihrer Brutstätten (vermutlich indem sie chemische Reize erkennen) und dienen wahrscheinlich auch der Identifizierung der Beute.

Das Gehör ist für Frösche beim Territorialverhalten von Bedeutung und um Geschlechtspartner zu finden. Der wichtigste Rezeptor ist eine Membran, das Tympanum (Trommelfell), die sich über einem ovalen oder runden knorpeligen Ring hinter dem Auge ausspannt. Ein Knochenstab, die Columella, überträgt die Schallwellen vom Tympanum auf das Innenohr, wo sie von schallempfindlichen Zellen registriert und sortiert werden. Anschließend wird die Information an das Gehirn weitergeleitet. Am wirkungsvollsten arbeitet dieses System, wenn es darum geht, höherfrequente Schwingungen aus der Luft aufzufangen. Dagegen gelangen die tiefen Frequenzen vom Boden oder jedem anderen Subtrat aus, auf dem der Frosch sitzt, in den

Körper hinein. Das Trommelfell weist manchmal einen Sexualdimorphismus auf, denn es ist bei den Männchen oft viel größer. Bei einigen Froscharten liegt das Trommelfell unter der Haut verborgen, und anderen fehlt es vollständig.

AKTIVITÄT

Ob Frösche aktiv sind – also fressen oder sich fortpflanzen –, hängt zum großen Teil von der Luftfeuchtigkeit, der Temperatur und der Tageszeit ab. Einige Arten sind grundsätzlich nachtaktiv, andere überwiegend diurnal (tagaktiv) und wieder andere sowohl am Tage als auch in der Nacht auf den Beinen. Bei unzureichender Feuchtigkeit wird die Aktivität auf Zeiträume begrenzt, in denen die Temperatur einen für die Art jeweils kritischen Wert übersteigt. So erwacht zum Beispiel in Nordamerika der Waldfrosch (*Rana sylvatica*) aus der Winterruhe und brütet dann in Gewässern, deren Temperatur kaum den Gefrierpunkt übersteigt. Dagegen warten andere *Rana*-Arten in genau derselben Gegend noch einige Wochen mit der Fortpflanzung, da ihre Eier die niedrige Temperatur nicht ertragen. In tropischen und subtropischen Regionen, wo niedrige Temperaturen weniger von Bedeutung sind, werden die Aktivitätsperioden dennoch von jahreszeitlichen Veränderungen der Feuchtigkeit gesteu-

DIE RUFE DER FRÖSCHE

Bei einem Assoziationstest denken die meisten Menschen bei dem Wort »Frosch« an »springen« oder »quaken«. Wie und warum rufen Frösche eigentlich? Die Weibchen bleiben überwiegend stumm. Die Rufe, die wir hören, stammen von den Männchen. Beim Rufen preßt ein Frosch Luft aus den Lungen durch den Larynx, versetzt dadurch die Stimmbänder in Schwingungen und erzeugt so den Ton. Durch eine oder mehrere Schallblasen wird der Ton verstärkt und erhält dadurch sein typisches Klangbild. (Froscharten ohne Schallblase besitzen nur zarte Stimmen oder rufen überhaupt nicht.) Bei diesen Schallblasen handelt es sich um Hauttaschen, die sich unter dem Mundboden oder an den Mundwinkeln befinden und Öffnungen zur Mundhöhle besitzen. Beim Rufen hält der Frosch Maul und Nasenlöcher geschlossen, und mit Hilfe von Muskeln aus Körperwand und Kehle leitet er Luft zwischen der Mundsackhöhle und den Lungen hin und her. Die Tonhöhe wird im wesentlichen von der Körpergröße des Tieres bestimmt, ist aber in gewissen Grenzen variabel. Andere Merkmale des Rufes hängen zum Beispiel vom Strömungsmuster der Luft ab. So wird etwa ein langgezogener Ton oder eine Reihe kurzer oder gar klickender Töne produziert. In den meisten Fällen rufen die Frösche bei der Balz: Sie locken paarungsbereite Weibchen an und vertreiben andere Männchen aus ihrem Revier. Einige Arten haben offenbar einen Ruf hervorgebracht, der beiden Zwecken dient, während man bei anderen einen zweigeteilten Ruf findet: einen, der von anderen Männchen erkannt wird, und einen anderen, der die Weibchen anspricht. Bei wieder anderen ist das Repertoire noch vielfältiger. Sie besitzen sogar eine eskalierende Folge territorialer Rufe. Bisher nur unzureichend untersucht ist der sogenannte »Angstschrei«, den ein Frosch bei geöffnetem Maul ausstößt, wenn er gepackt worden ist.

Die Rufe der Frösche sind in hohem Maße artspezifisch, wie man von einer Verhaltensweise erwarten sollte, die die Wahl eines geeigneten Paarungspartners erleichtern soll. Lauscht man einem Chor verschiedener, gleichzeitig rufender Arten, wird man ohne Probleme die unterschiedlichen Rufe unterscheiden können. Die Frösche hören jedoch von den Nebengeräuschen um sie herum weit weniger, denn ihre Ohren haben sich im allgemeinen auf die Frequenz des arteigenen Rufes eingestellt – ihr Höreindruck wird also durch Nebengeräusche nicht »zugedeckt«.

C.A. Henley/AUSCAPE International

▲ Der Ruf des Blökenden Baumfroschs (*Litoria dentata*) besteht aus einem penetranten, schwankenden, blökenden Ton. Er kommt im Osten Australiens vor, besonders in Sumpfgebieten.

FRÖSCHE MIT EINER ALTERNATIVEN LEBENSGESCHICHTE

Die übliche Lebensgeschichte eines Frosches besteht darin, daß das Elterntier Eier im Wasser ablegt, aus denen Kaulquappen schlüpfen. Diese wachsen heran und metamorphosieren. Bei einer erstaunlichen Zahl von Froscharten – es sind möglicherweise über 30 Prozent – sieht das ganz anders aus. Viele Arten überspringen nämlich das Stadium der selbständigen Kaulquappen und deponieren nur relativ wenige, aber große Eier an einer feuchten Stelle außerhalb des Wassers. Diese Eier werden von einem Elternteil, häufig dem Männchen, bewacht. Die Entwicklung erfolgt innerhalb der Eihülle, und es schlüpft ein Jungfrosch.

Zwei chilenische Arten, der Darwin-Nasenfrosch (*Rhinoderma darwini*) und der ähnliche *R. rufum*, legen ihre Eier an Land. Nach dem Schlüpfen nimmt das Männchen die Kaulquappen mit dem Maul auf, und sie wandern in seine Schallblase. Bei der ersten Art entwickeln sich die Jungen noch einschließlich der Metamorphose in der Blase, bei der zweiten trägt der Vater seine Nachkommen jedoch an ein Gewässer, wo er sie sich selbst überläßt.

Bei Veränderungen der Lebensgeschichte einer Art kommt es unter Umständen auch zu Anpassungen der Morphologie und Verhaltenweise der Eltern. So besitzen die Weibchen der Beutelfrösche (als Beispiel sei die Gattung *Gastrotheca* aus dem tropischen Südamerika genannt) eine Bruttasche auf dem Rücken. Wenn das Weibchen während der Paarung die Eier hervorstößt, praktiziert das Männchen diese mit seinen Füßen in ihre Tasche hinein. Je nach Art unterliegen die Eier entweder einer direkten Entwicklung, wie oben beschrieben wurde, oder es entwickeln sich darin Kaulquappen, die später ins Wasser entlassen werden.

Lebendgebärende Froscharten gibt es in Puerto Rico (*Eleutherodactylus jaspari*) und Westafrika (*Nectophrynoides*-Arten). Die Eier bleiben in den Eileitern der Mutter, entwickeln sich dort bis zur Metamorphose. Unter den vielen Abweichungen von der normalen Lebensgeschichte sind die Fälle der beiden australischen Magenbrüterfrösche (Gattung *Rheobatrachus*) am seltsamsten. Bei diesen vollständig aquatischen Arten verschluckt das Weibchen die befruchteten Eier, die sich anschließend in seinem Magen entwickeln. Nach einiger Zeit klettern die metamorphosierten Jungfrösche aus dem Maul der Mutter heraus.

Michael and Patricia Fogden

▲ Der südamerikanische Darwin-Nasenfrosch ist wegen seiner ungewöhnlichen Brutfürsorge bemerkenswert. Die Männchen versammeln sich um die schlüpfenden Eihaufen und schnappen die Kaulquappen auf, sobald sie herauskommen. Sie werden in der Schallblase des Männchens untergebracht und bleiben dort, bis sie als fertige Jungfrösche herausklettern können.

Philip Sharpe/Oxford Scientific Films

◀ Ein weiterer Bewohner Südamerikas, der Riesen-Beutelfrosch (*Gastrotheca ovifera*), verfolgt eine andere Strategie der Brutfürsorge. Hier »erbrütet« das Weibchen die Eier in einer Tasche auf seinem Rücken.

ert. Dies gilt besonders für jene Arten, die außerhalb permanenter Wasserstellen leben und sowohl zur Ernährung als auch zur Fortpflanzung auf die Regenzeit angewiesen sind.

FORTPFLANZUNG

Mit Ausnahme einiger spezialisierter Formen befruchten die Frösche ihre Eier äußerlich. Dabei nähert sich das Männchen seiner Partnerin von hinten und ergreift ihren Körper mit den Armen. Dieser Haltegriff kann an der Taille (was als die ursprünglichste Art angesehen wird) erfolgen. Er wird jedoch bei den meisten Arten direkt hinter den Armen des Weibchens oder (seltener) am Kopf angesetzt. Bei vielen Arten tragen die Männchen hornige Bereiche an den Händen, mit denen sich die schlüpfrige Partnerin leichter ergreifen läßt. Während die Eier ausgetrieben und befruchtet werden, behalten die Frösche diese Stellung bei. Sobald die Eier mit Wasser in Berührung kommen, schwellen die gelatinösen Hüllmembrane an und umschließen jedes einzelne mit einer durchsichtigen Kugel.

Die Eier werden im Wasser zumeist in Klumpen abgelegt, die wenige oder bis zu Hunderten von Eiern enthalten. Arten, die in stillen, warmen Gewässern brüten, die leicht an mangelnder Sauerstoffversorgung leiden, breiten ihre Eier in einer einzigen Schicht an der Oberfläche aus, wogegen andere, die in schnell fließenden Bächen brüten, ihre Eier einzeln an untergetauchte Steine heften. Außerhalb des Wassers findet man Froscheier schließlich an den unterschiedlichsten feuchten Stellen, etwa in Baumhöhlen, in Pflanzen, die auf Bäumen wachsen (Epiphyten), unterhalb feuchten Laubes oder in Löchern am Boden. Dies sind nur wenige Beispiele dafür, in welch vielfältiger Weise Frösche ihre Eier ablegen.

DAS LEBEN DER LARVEN

Wie bei den meisten anderen Amphibien und im Gegensatz zu den Reptilien liegt bei den meisten Fröschen (75 bis 80 Prozent der Arten) ein Larvenstadium zwischen dem Ei und der geschlechtsreifen Form. Dieser Zeitraum kann bei Arten, die sich in vorübergehenden Regenpfützen in der Wüste fortpflanzen, nur eine Woche oder bis zu zwei Jahren oder mehr dauern. Im Durchschnitt sind es jedoch nur wenige Wochen. Eine typische Froschlarve, die Kaulquappe, lebt im Wasser. Sie besitzt einen relativ oval geformten Körper mit einem kräftigen, flossengesäumten Schwanz. Allerdings gehen Kopf und Körper fließend ineinander über. Das Maul trägt einen Schnabel mit »Zahnreihen«, die aus einer chitinösen Substanz bestehen. Das Wasser, das über die Mundöffnung eindringt, wird über Kiemen geleitet, die sich

Michael Fogden/Oxford Scientific Films

▲ *Centrolenella valerioi* ist ein typischer Vertreter der baumbewohnenden Glasfrösche Mittel- und Südamerikas. Ein Weibchen legt seine Eier auf Blättern ab, die über Fließgewässern hängen. Anschließend werden diese vom Männchen bewacht, bis die Kaulquappen schlüpfen und in das Wasser hinabfallen.

Patrick Clement/Bruce Coleman Limited

◀ Bei nahezu allen Fröschen erfolgt die Befruchtung äußerlich, und das Männchen umfaßt seine Partnerin mit festem Klammergriff, der als Amplexus bekannt ist. Die Umarmung wird unter Umständen über mehrere Tage beibehalten. Vielleicht ist dies der einfachste Weg sicherzustellen, daß das Männchen zur Stelle ist, wenn das Weibchen seine Eier ablegen möchte. Hier sieht man europäische Grasfrösche (*Rana temporaria*), die ihre Eier in gallertigen Massen ausscheiden.

Bach/ZEFA

▲ Ein Goldfröschchen (*Mantella aurantiaca*) zielt auf auf eine arglose Fliege. Bei Fröschen und Kröten ist die Zunge vorn befestigt und hinten lose. Sie läßt sich mit erheblicher Geschwindigkeit über einige Entfernung vorschleudern . . .

▶ Mehrere Kaulquappen des mittelamerikanischen Wiesenfrosches (*Hyla pseudopuma*) fressen einander auf. Grundsätzlich sind erwachsene Frösche Fleischfresser und ihre Larven Vegetarier. Dennoch gibt es räuberische Kaulquappen, und Kannibalismus ist keineswegs ungewöhnlich.

Michael and Patricia Fogden

in einer Kammer hinter dem Maul befinden. Schließlich wird es über das Spiraculum wieder ausgestoßen, eine Öffnung, die zumeist links am Körper liegt. Die Kiemen dienen nicht nur der Atmung, sondern filtern zudem winzige Nahrungspartikel aus dem Wasser, leiten sie zum Magen weiter und ergänzen so die Nahrung aus Algen und Pflanzenresten, die sich die Larven abbeißen und -schaben. Außer den Kiemen sind in der Kiemenkammer die heranwachsenden Vorderbeine verborgen. Dagegen entwickeln sich die Hinterbeine außen an der Schwanzwurzel. Wenn sich das Larvenstadium dem Ende zuneigt, metamorphosiert die Kaulquappe zur Adultform. Diese Umwandlung umfaßt wesentlich mehr als nur das Wachstum der Gliedmaßen und die Einschmelzung des Schwanzes. Es kommt zu grundlegenden physiologischen und morphologischen Veränderungen. So verkürzt sich zum Beispiel der Verdauungstrakt und paßt sich von der vegetarischen der carnivoren Lebensweise an. Die

Boch/ZEFA

Kiemen verschwinden, und die Atmung wird von den Lungen übernommen (es gibt allerdings Kaulquappen, die schon lange vor Vollendung der Metamorphose über Lungen atmen). Das Skelett wird stark modifiziert, und im Oberkiefer entwickeln sich echte Zähne.

NAHRUNG UND NATÜRLICHE FEINDE

Alle Frösche sind – häufig wenig wählerische - Fleischfresser, die jedes kleine Tier – ob Wirbeltier oder Wirbelloser – fressen, das in ihre geräumigen Mäuler paßt. Nur wenige Frösche sind groß genug, um andere Wirbeltiere zu fressen. Daher ernähren sich die meisten von Insekten, anderen Arthropoden (Gliederfüßern) und Regenwürmern. Große Arten, etwa der nordamerikanische Ochsenfrosch (*Rana catesbeiana*) kann jedoch auch Vögel und Mäuse, kleine Schildkröten und Fische verspeisen, und bei Überbevölkerung vergreifen sie sich auch an kleineren Exemplaren der eigenen und anderer Arten. Die Kaulquappen sind zumeist Pflanzenfresser. Sie filtern Organismen aus dem Wasser, schaben Algen von Steinen und fressen organische Abfälle vom Boden. Allerdings gibt es auch räuberische Arten, die wirbellose Tiere oder andere Kaulquappen fangen.

Frösche haben eine Fülle natürlicher Feinde, von Taranteln bis zum Menschen. Viele Schlangen leben überwiegend oder ausschließlich von Fröschen. Reiher spießen sie im seichten Wasser auf, Fledermäuse schnappen sie von Zweigen über tropischen Teichen, Wasserschildkröten lauern ihnen unter Wasser auf. Große Frösche fressen die kleineren, parasitische Fliegen legen ihre Eier auf ihnen ab, und Blutegel greifen sie von außen an oder dringen sogar in ihren Körper ein. Auch das Larvenstadium ist eine Zeit voller Gefahren. Nahezu jeder Fleischfresser findet in einer Kaulquappe einen saftigen Bissen.

. . . und dann schnappt sie die Beute mit Hilfe klebriger Sekrete, die von Drüsen in der Zunge ausgeschieden werden. Der Gesichtssinn scheint bei der Jagd eine wichtige Rolle zu spielen. Es gibt jedoch keinerlei Hinweise darauf, daß Frösche Farben sehen können.

▶ Der Archey-Frosch (*Leiopelma archeyi*) ist ein Bewohner der rauhen Gebirge. Er gehört zu einer kleinen Gruppe primitiver Frösche, die nur auf Neuseeland vorkommen. Die Eier werden an feuchten Stellen unter Baumstämmen oder Felsen abgelegt, und das Männchen trägt seine Jungen auf dem Rücken umher, bis sie selbständig sind.

Frances Furlong/Bruce Coleman Limited

WO FRÖSCHE LEBEN

Frösche sind, mit Ausnahme der Antarktis, auf allen Kontinenten zu Hause, fehlen jedoch auf beinahe allen abgelegenen ozeanischen Inseln, auf Grönland und anderen Inseln der Arktis. Trotz ihrer weltweiten Verbreitung ist ihre Artenzahl und -fülle in den feuchten Tropengebieten, besonders in den tropischen Regenwäldern, bei weitem größer als weiter nördlich oder südlich. Die näher an den Polen gelegenen Gebiete sind häufig extremen Wetterschwankungen unterworfen, und Trockenheit und Kälte sind dem Leben der Frösche besonders abträglich.

Das beinahe vollständige Fehlen eingeborener Frösche auf ozeanischen Inseln ist in deren geologischer Geschichte begründet, denn es handelt sich in den meisten Fällen um Vulkane oder Korallenriffe, die auf vulkanischen Sockeln heranwuchsen. Für austrocknungs- und hitzeempfindliche Tiere gab es einfach keine Möglichkeit, sie zu erreichen (dazu kommt, daß Frösche nicht im Salzwasser leben können). Auf vielen dieser Inseln gibt es dennoch brauchbare Lebensräume. So wurden zum Beispiel mehrere Froscharten auf die Inseln von Hawaii eingeführt, und sie gedeihen dort gut. Einige Inseln – etwa die Fiji-Gruppe im Pazifik und die Seychellen im Indischen Ozean – sind insofern ungewöhnlich, als dort endemische Frösche leben (Arten, die sonst nirgendwo vorkommen). Dies liegt vermutlich daran, daß diese Landmassen einstmals Teile des Festlandes waren oder in dessen unmittelbarer Nachbarschaft lagen, anschließend durch geologische Vorgänge verschoben wurden und dabei die Vorfahren der heutigen Froscharten mit sich trugen.

VORFAHREN UND VERWANDTE FORMEN

Alle lebenden Amphibien – Frösche (Ordnung Anura), Salamander und Molche (Ordnung Caudata) und Blindwühlen (Ordnung Gymnophiona) – sind untereinander (in der Unterklasse Lissamphibia) vermutlich enger verwandt als mit anderen Amphibiengruppen, die heute ausgestorben, aber fossil bekannt sind. Zwar sind die Verwandtschaftsverhältnisse der Lissamphibia noch nicht vollständig geklärt, doch dürften ihre gemeinsamen Vorfahren unter den Dissorophoidea zu suchen sein, paläozoischen Amphibien, die vor mehr als 245 Millionen Jahren lebten. Unabhängig davon, wo ihr Ursprung genau liegen mag, befinden sich die heutigen Amphibien an einem altertümlichen Zweig des Stammbaums und nicht auf der Entwicklungslinie, die zu den Reptilien und irgendwann zu den Säugern führte.

Das älteste froschähnliche Fossil ist *Triadobatrachus*, den man in den über 200 Millionen Jahre alten triassischen Ablagerungen auf Madagaskar entdeckte. Andere fossile Frösche fand man auch in Argentinien in Ablagerungen des frühen Jura, die beinahe 200 Millionen Jahre alt sind. Zu Beginn des Tertiärs, vor etwa 65 Millionen Jahren, existierten bereits Frösche, die sich heute lebenden Gattungen zuordnen lassen. So kommt es, daß Frösche, die sich von den heutigen nicht wesentlich unterschieden, Zeitgenossen der Dinosaurier waren, das große Aussterben am Ende des Mesozoikums überlebten. Während sie nahezu unverändert blieben, erfuhren die Säugetiere ihre große entwicklungsgeschichtliche Auffächerung.

DIE ARCHAEOBATRACHIA

Es gibt vier Unterordnungen moderner Frösche. Einige davon werden als »primitiver« (im evolutionsbiologischen Sinne) angesehen als andere.

Die Unterordnung Archaeobatrachia umfaßt zwei Familien, die Leiopelmatidae und Discoglossidae, deren Arten als die ursprünglichsten lebenden Frösche gelten. Eines ihrer gemeinsamen, primitiven Merkmale ist das Vorhandensein freier Rippen (bei allen anderen Fröschen sind die Rippen mit den Wirbeln verwachsen).

Die leiopelmatiden Frösche

Heute sind nur noch vier Arten der Leiopelmatidae am Leben. Der Schwanzfrosch (*Ascaphus truei*) lebt in kalten, schnellfließenden Bergbächen im Nordwesten der Vereinigten Staaten und im Südwesten Kanadas. Der sogenannte »Schwanz« ist nur bei den Männchen vorhanden. Es handelt sich um ein Einführungsorgan, mit dem die Eier im Weibchen innerlich befruchtet werden, ehe sie den Körper der Mutter verlassen und unter Wasser an die Unterseite von Steinen geheftet werden (offenbar ist eine äußere Befruchtung in einem solchen Lebensraum unzweckmäßig). Die Kaulquappen sind mit einem Saugorgan am Maul ausgestattet und dadurch gut dem Leben im schnellen Fließwasser angepaßt. Ihre Entwicklung dauert drei Jahre.

Die übrigen drei Arten sind in ihrer Verbreitung auf Neuseeland beschränkt, und sie sind zudem die einzigen ursprünglich dort lebenden Frösche. Einer davon, der Hamilton-Frosch (*Leiopelma hamiltoni*), kommt nur auf zwei kleinen Inseln vor. Wegen seines winzigen Verbreitungsgebietes ist sein Bestand stark bedroht. Sie alle sind kleine Frösche, die 50 Millimeter Körperlänge nicht überschreiten. *L. hamiltoni* und der Archey-Frosch (*L. archeyi*) legen ihre Eier auf feuchtem Boden unter Felsen, Baumstämmen oder Vegetation ab. Die Jungtiere schlüpfen in einem relativ späten Stadium ihrer Larvalentwicklung und setzen sich dann auf den Rücken des erwachsenen Männchens, das sie dann bewacht. Hochstetters Frosch (*L. hochstetteri*) legt seine Eier in seichte Höhlungen mit Sickerwasser. Dessen Kaulquappen können besser schwimmen und bleiben bis zur Metamorphose im Wasser in der Nähe der Stelle, an der sie geschlüpft sind, fressen dabei allerdings nichts.

Aus subfossilen Überresten, die in eine Zeit zurückdatieren, ehe Neuseeland von Menschen besiedelt wurde, geht hervor, daß es noch weitere *Leiopelma*-Arten gab, die zudem doppelt so groß waren wie die heutigen. Auch Fossilien aus dem frühen und späten Jura (vor bis zu 200 Millionen Jahren), die man im Süden Argentiniens entdeckte, gehören vermutlich zu der Familie Leiopelmatidae.

Die Discoglossiden

Die discoglossiden Frösche (Familie Discoglossidae) sind nur geringfügig zahlreicher, dafür jedoch geographisch weniger eingeschränkt als die leiopelmatiden Frösche. Von zwei Arten abgesehen leben alle 15 Arten (die in vier Gattungen gestellt werden) auf der Nordhalbkugel nördlich der Tropen. Bei den Arten der Gattung *Discoglossus* handelt es sich um semiaquatische Frösche, die man in Europa, Nordafrika und im Mittleren Osten findet. Zu den verschiedenen Arten der Unken (Gattung *Bombina*) gehören kleine bis mittelgroße Frösche (eine große asiatische Art erreicht eine Körperlänge bis zu etwa 70 Millimeter), die den Fernen Osten und Europa bewohnen. Hier haben die überwiegend aquatischen Tiere Flachwasser-Lebensräume besiedelt. Werden sie bedroht, krümmen sie den Rücken, werfen ihre Arme und Beine hoch und zeigen dabei die leuchtend roten oder gelben Farben auf der Unterseite. Da die Hautsekrete dieses Frosches Übelkeit hervorrufen, handelt es sich wahrscheinlich um ein Warnverhalten. Die Geburtshelferkröten der Gattung *Alytes* sind überwiegend terrestrisch lebende Frösche Europas und Nordafri-

▼ Der Schwanzfrosch (*Ascaphus truei*, unten links) gehört zur Familie Leiopelmatidae, deren Vertreter nur auf Neuseeland und im Westen Nordamerikas vorkommen. Obwohl sie noch die ursprünglichen Muskeln zum Bewegen des Schwanzes besitzen, hat doch keiner von ihnen einen echten Schwanz. Der Gemalte Scheibenzüngler (*Discoglossus pictus*, unten links) gehört zur Familie Discoglossidae. Er weist eine Reihe primitiver Merkmale auf, etwa eine nicht ausfahrbare, scheibenförmige Zunge und runde Pupillen. Eine weitere Vertreterin dieser Familie, die Chinesische Rotbauchunke (*Bombina orientalis*, unten rechts), zeigt ihre leuchtend gefärbte Unterseite. Damit warnt sie vor ihrem mäßig giftigen, übelschmeckenden Hautsekret.

Jane Burton/Bruce Coleman Limited

▲ Die stumme, zungenlose Wabenkröte (*Pipa pipa*) sieht wie ein rechtwinklig zugeschnittener Pfannkuchen aus, der an jeder Ecke ein Bein trägt. Sie gehört zu den ungewöhnlicheren Vertretern der Froschfauna des tropischen Südamerika. Sie lebt beinahe ausschließlich im Wasser.

kas. Diese Art ist dafür bekannt, daß die Männchen sich um die Eier kümmern: Sie heften diese auf Rücken und Oberschenkel und tragen sie zu Wasser und zu Land bei sich, bis die Zeit zum Schlüpfen gekommen ist. Dann geht das Männchen ins Wasser, und die Jungen schwimmen davon. Die beiden *Barbourula*-Arten sind nicht nur hinsichtlich ihrer Verbreitung unter den Discoglossiden ungewöhnlich (eine Art lebt auf den südlichen Philippinen, die andere südlich des Äquators auf Borneo), denn sie leben außerdem vollständig aquatisch. Als Anpassungen zum Leben in Bächen tragen sie an Fingern und Zehen umfangreiche Schwimmhäute. Den fossilen Belegen zufolge existierten die Discoglossiden bereits im Jura, vor etwa 150 Millionen Jahren, und in Nordamerika gab es die Familie schon in der späten Kreide, vor über 65 Millionen Jahren.

PIPOIDE FRÖSCHE

Die Vertreter der Unterordnung Pipoidea gehören mit ihren beiden Familien, den Pipidae und Rhinophrynidae, zu den seltsamsten Fröschen überhaupt. Die Pipiden (mit 27 Arten in vier Gattungen) besitzen flache Körper und haben (im Gegensatz zu allen übrigen Fröschen) keine Zunge. Mit Ausnahme der Frösche der Gattung *Pipa* tragen sie an drei ihrer Zehen krallenähnliche Strukturen. Alle Arten leben in hohem Maße aquatisch, daher tragen ihre großen Füße voll ausgebildete Schwimmhäute. Unter Wasser produzieren sie klickende Geräusche. Da ihnen dazu die Stimmbänder fehlen, tun sie dies mit Hilfe knöcherner Stäbe im Larynx. Die Körperlänge variiert von etwa 40 bis 170 Millimeter. Die Frösche der Gattung *Pipa* bewohnen Südamerika östlich der Anden und den Osten Panamas. Die beinahe 180 Millimeter lange Wabenkröte (*Pipa pipa*) ist vom Erscheinungsbild und in ihrem Verhalten recht ungewöhnlich. So werden die Eier in Hauttaschen auf dem Rücken der Mutter eingebettet, wo sie sich entwickeln, bis winzige Jungfrösche ausschlüpfen. Bei anderen *Pipa*-Arten kommen Kaulquappen aus den Hautkammern heraus und vollenden ihre Entwicklung selbständig.

In Afrika findet man südlich der Sahara drei Gattungen. Von diesen waren die Afrikanischen Krallenfrösche (Gattung *Xenopus*) für einige Zeit für die Medizin von Bedeutung, da man mit ihnen Schwangerschaftstests durchführte: Wenn man einem weiblichen Frosch den Urin einer schwangeren Frau injizierte, stieß es Eier aus. Erst die Entwicklung chemischer Tests ersparte den Platannas (wie man sie in Südafrika nennt) diese unwürdige Behandlung. In der Laborforschung spielen sie jedoch weiterhin eine wichtige Rolle, da sie sich in Gefangenschaft leicht halten und züchten lassen.

Fossilien pipider Frösche wurden in den frühen, etwa 145 Millionen Jahre alten Kreideschichten Is-

raels sowie in den späten (65 Millionen Jahre alten) Kreideformationen Afrikas und Südamerikas entdeckt. Ganz eindeutig stammt diese Verbreitung noch aus einer Zeit, in der die Südkontinente zu Gondwana gehörten und Afrika und Südamerika noch keine separaten Landmassen bildeten.

Einige Wissenschaftler stellen die Mexikanische Nasenkröte (*Rhinophrynus dorsalis*) zu den pipiden Fröschen, andere in eine eigene Unterordnung (Rhinophrynoidea). Er ist der einzige lebende Vertreter der Familie Rhinophrynidae. Dieser recht kugelförmige, kleinköpfige Grabfrosch trägt an jedem Hinterfuß einen spatenförmigen Grabfortsatz. Er wird etwa 75 Millimeter lang und ist von Südtexas bis nach Costa Rica verbreitet. Nach heftigen Regenfällen kommt er an die Oberfläche, um in den temporären Teichen zu rufen und sich fortzupfanzen. Fossilfunde zeigen, daß verwandte Arten im späten Paläozän und frühen Oligozän (vor etwa 37 Millionen Jahren) nördlich bis Südkanada verbreitet waren.

DIE PELOBATOIDEN FRÖSCHE

Die Unterordnung Pelobatoidea umfaßt zwei Familien, die Pelobatidae und Pelodytidae, die von einigen Fachleuten allerdings als eine einzige Familie angesehen werden. Obwohl die Tiere als recht ursprünglich gelten, bilden sie in einiger Hinsicht Übergangsformen zu den fortschrittlicheren Fröschen. Gemeinsam ist ihnen das als primitiv geltende Verhalten der Männchen, die Weibchen an der Taille oder Leistengegend zu packen, anstatt höher am Rücken unmittelbar hinter den Armen. Bei allen Arten stehen die Pupillen der Augen senkrecht, und stets findet man freilebende, aquatische Kaulquappen.

▲ Die Mexikanische Nasenkröte (*Rhinophrynus dorsalis*, links) ist keine echte Kröte, sondern hat nur eine Reihe krötenähnlicher Merkmale entwickelt. An der Oberfläche ist sie gewöhnlich nur nach heftigen Niederschlägen zu sehen, wenn sie zur Fortpflanzung emporkommt. Der Südafrikanische Krallenfrosch (*Xenopus gilli*, rechts) ist der seltenste afrikanische Krallenfrosch. Er gehört zu einer alten Familie aquatischer Frösche, der Pipidae. Drei der Zehen werden von Hornkappen bedeckt.

Chris Mattison

◀ Das Brutverhalten der Wabenkröte ist beinahe so merkwürdig wie ihre Gestalt. In einem komplizierten Unterwasser-Ritual befruchtet das Männchen die Eier seiner Partnerin bei der Ablage und zwängt sie dann einzeln in kleine Taschen, die über ihren Rücken verteilt sind. Innerhalb dieser Taschen schlüpfen die Kaulquappen und setzen ihre Entwicklung fort, bis sie eines Tages als kleine Frösche ihre Brutkammern verlassen.

▲ Schaufelfüße, wie dieser Südliche Schaufelfuß (*Scaphiopus couchii, links*) tragen an der Unterseite ihrer Hinterfüße jeweils einen spatenförmigen Tuberkel. Damit graben sie sich rasch rückwärts ein und drehen sich dabei. Obwohl er derselben Familie angehört wie die Schaufelfüße, ist der Asiatische Zipfelfrosch (*Megophrys montana nasuta*, rechts) dem Leben auf dem Boden des Regenwaldes angepaßt. Hier machen ihn seine Körperform und die Farbe abgestorbener Blätter im Laub nahezu unsichtbar.

Pelobatiden und Pelodytiden

Die Familie Pelobatidae umfaßt weniger als 90 Arten, die neun Gattungen zuerkannt werden. Sieben Gattungen sind in Asien, von Pakistan und West-China bis zu den Philippinen und über Indonesien bis zu den Großen Sunda-Inseln und dem Malayischen Archipel verbreitet. Ihre Lebensräume reichen vom bewaldeten tropischen Flach- und Hochland bis zu den Gipfeln des Himalaya. Die *Megophrys*-Arten bewohnen den Waldboden. Ihre Trichtermaul-Kaulquappen entwickeln sich in stehenden Gewässern. *Megophrys montana* ist wegen seiner kryptischen Färbung und Gestalt bemerkenswert. Er ahmt nicht nur die Form und Farbe abgestorbener Blätter nach; bei einer Unterart ragen aus Augenlidern und Nase spitze Fortsätze heraus, die den typischen froschähnlichen Umriß entstellen. Auch die *Leptobrachium*-Arten bewohnen den Waldboden. Diese Frösche brüten in kleinen Bächen, und ihre Kaulquappen leben zwischen Steinen und Schotter. Bis zu 5200 Meter hohe Berge sind die Heimat der *Scutiger*-Arten, die zwar überwiegend an Land leben, jedoch in den kalten Gebirgsbächen brüten. Ein besonderes Merkmal der *Scutiger*-Männchen besteht in zwei dornigen Stellen an der Brust, mit denen sie sich zusätzlich zu den weiter verbreiteten Stacheln an den ersten beiden Fingern, besonders gut an den Weibchen festhalten können.

»Schaufelfuß-Kröten« ist der verbreitete Name für die beiden anderen Gattungen der Familie Pelobatidae: *Pelobates*, die man in Europa, einigen Gebieten im Mittelmeerraum, Nordwestafrika und Westasien findet, sowie *Scaphiopus*, die den nordamerikanischen Kontinent von Süd-Kanada bis zum Süden Mexikos bewohnt. Es handelt sich um krötenähnliche, mittelgroße grabende Formen, die eine Körperlänge von bis zu 100 Millimeter erreichen. Ihren Trivialnamen tragen sie wegen der vorstehenden Grabwarzen, die sich auf jedem Hinterfuß befinden. Die vier *Pelobates*-Arten leben zum Teil auf sandigem Boden, wo sie graben und sich auch fortpflanzen, in (häufig nur temporären) Teichen und Gräben. Auch die *Scaphiopus*-Arten verbringen ihre inaktive Zeit in selbstgegrabenen Gängen. Eine der sechs Arten bewohnt die Feuchtgebiete im Osten der Vereinigten Staaten, die übrigen leben in trockenen Gebieten, sogar in Wüsten. Zwar mögen es in feuchten Regionen die Umweltbedingungen in der warmen Jahreszeit zulassen, daß die Tiere an der Oberfläche aktiv sind; dagegen müssen sie in Gebieten, wo es selten regnet, den größten Teil des Jahres unter der Erde verbringen. Wenn die Bodentemperatur hoch genug ist, genügt schon das Geräusch des Regens, um sie an die Oberfläche zu locken. Sogleich suchen sie temporäre Teiche auf, um sich dort fortzupflanzen. Die Embryonal- und Larvalentwicklung verläuft sehr schnell – mitunter liegen nur zwei Wochen zwischen Eiablage und Metamorphose. Allerdings ist selbst dieses Entwicklungstempo vergebens, wenn nicht weitere Niederschläge folgen, um die Verdunstung in der unbarmherzigen Wüstenglut zu kompensieren. Unter den Schaufelfüßen entwickeln sich einige Kaulquappen anders als ihre Artgenossen, nämlich mit vergrößerten Kiefermuskeln und einem größeren Schnabel. So ausgestattet, fallen sie über ihre Artgenossen im Teich her und nutzen so das Protein in ihrer Umgebung optimal. Zudem fördert der Regen nicht nur die Schaufelfüße, sondern auch Horden von Termiten und anderen Insekten zu Tage, so daß die Frösche in wenigen Nächten genügend Nahrung erhalten, um wieder viele Monate unter der Erde überleben zu können.

Pelobatide Fossilien kommen bereits in der späten Kreide Nordamerikas und Asiens vor (sie sind also mehr als 65 Millionen Jahre alt). Und die modernen Gattungen *Scaphiopus* und *Pelobates* haben ein Alter von 35 beziehungsweise 47 Millionen Jahren und tauchen im Tertiär Nordamerikas und Europas auf.

Die Familie Pelodytidae umfaßt zwei lebende Arten in der einzigen Gattung *Pelodytes*: eine in Europa, die andere weiter östlich in der Kaukasus-Region (zwischen dem Schwarzen und dem Kaspischen Meer). Diese etwa 50 Millimeter kleinen, terrestrischen Amphibien sehen typischen Fröschen durch ihre langen Beine und das Fehlen des »Grabspatens« wesentlich ähnlicher. Die frühesten Fossilien stammen aus dem mittleren Eozän Europas, das 47 Millionen Jahre zurückliegt. In Nordamerika, wo die Familie heute ausgestorben ist, fand man ein 15 Millionen Jahre altes Fossil aus dem mittleren Miozän.

DIE LETZTE UNTERORDNUNG: NEOBATRACHIA

Die Unterordnung Neobatrachia, die die weiter entwickelten Frösche repräsentiert, umfaßt mehr als 3600 oder 96 Prozent aller lebenden Froscharten. Man kennt 18 Familien.

Die leptodactyliden Frösche Amerikas

Die größte Familie dieser Unterordnung bilden die Leptodactylidae, eine vielgestaltige Gruppe von nahezu 800 Arten, die 52 Gattungen zugeordnet werden. Sie bewohnen Südamerika, die Karibischen Inseln, Mittelamerika und Mexiko, und nur fünf Arten dringen noch in die Vereinigten Staaten vor. Der am weitesten südlich vorkommende Frosch überhaupt ist auch ein Leptodactylide, *Pleurodema bufonina*. Sein Verbreitungsgebiet berührt an seinem südlichsten Punkt die Magellanstraße.

In der gewaltigen Fülle leptodactylider Frösche findet man praktisch alle Lebensweisen, die Fröschen überhaupt offenstehen. In der Gattung *Eleutherodactylus*, zu der mehr als 450 Arten zählen, verbringen viele Vertreter ihre aktive Zeit auf Bäumen oder Büschen, während andere im Laub auf dem Waldboden nach Nahrung suchen. Von einer lebendgebärenden Ausnahme abgesehen legen alle *Eleutherodactylus*-Arten Eier, aus denen unmittelbar Jungfrösche schlüpfen. Verschiedene andere Gattungen enthalten Arten, die auf oder zwischen dem Fallaub des Waldes ein recht verborgenes Dasein führen. Andere, hauptsächlich Bewohner arider Gebiete, verbergen sich in der Erde in einem schützenden »Kokon«, bis Regenfälle ihnen erlauben, kurz an die Oberfläche zu kommen, um zu fressen und sich fortzupflanzen. Viele andere Arten führen wiederum an Bächen und Teichen ein »normales Froschleben«. Vollständig aquatische Arten findet man schließlich in den Andenseen.

Da Körperbau und Lebensweise miteinander zusammenhängen, spiegeln die Variationen ihrer Körperformen nur ihre ökologische Vielfalt wider. So sind zum Beispiel die baumbewohnenden *Eleutherodactylus*-Arten relativ kleine, schlanke Frösche mit den typischen Merkmalen von Baumfröschen, etwa vergrößerten Haftscheiben an Fingern und Zehen sowie großen, nach vorn weisenden Augen. Dagegen besitzen die grabenden Arten anderer Gattungen kurze Beine und tragen an jedem Hinterfuß einen vorstehenden »Spaten« zum Graben.

In verschiedenen Gattungen legen die leptodactyliden Frösche ihre Eier in »Schaumnestern« ab. Je nach der betreffenden Art schwimmt solch ein Nest auf dem offenen Wasser, liegt in einer Höhlung in Wassernähe oder in einem Loch oder einer anderen geschützten Stelle an Land. Das Nest wird von den Fröschen während der Paarung angelegt. Dabei rührt das Männchen mit den Füßen Eier und Samenflüssigkeit (und Wasser, sofern vorhanden) zu Schaum. Das Nest schützt zunächst die befruchteten Eier und dann die Kaulquappen vor Feinden, Überhitzung (wenn es der

Michael and Patricia Fogden

▲ *Eleutherodactylus* ist eine sehr umfangreiche südamerikanische Froschgattung. Mit einer einzigen Ausnahme läuft die Metamorphose bei allen 450 Arten vollständig im Ei ab, und die Jungen schlüpfen schließlich als fertig ausgeformte Jungfrösche.

▼ Der Westliche Höhlenfrosch (*Hylactophryne augusti cactorum*, links) bewohnt die Kalkhöhlen und Spalten im Südwesten Nordamerikas und dem angrenzenden Mexiko. Der Schmuck-Hornfrosch oder Escuerzo (*Ceratophrys ornata*, unten links) ist ein stämmiger, aggressiver Räuber des Regenwaldbodens. Der Südamerikanische Ochsenfrosch (*Leptodactylus pentadactylus*, unten rechts) ist einer der größten Vertreter der Familie Leptodactylidae. Er wird häufig von Menschen gegessen.

▲ Drei Vertreter der australasiatischen Familie Myobatrachidae: Der Tasmanische Sumpffrosch (*Limnodynastes tasmaniensis*, oben) bewohnt die semiaquatischen Bereiche. Die Corroboree-Scheinkröte (*Pseudophryne corroboree*, Mitte) lebt in den Australischen Alpen. Sie verdankt ihren Namen der lebhaften Färbung, die dem streifenförmigen Körperschmuck der Aborigines ähnelt, die diese bei ihren zeremoniellen Tänzen, oder Corroborees, anlegen. Der Katholikenfrosch (*Notaden bennetti*, unten) hat sich auf eine Nahrung aus Ameisen und Termiten spezialisiert.

Sonne ausgesetzt ist) und Austrocknung. Wenn das Nest (wie bei einigen *Leptodactylus*-Arten) in einer Höhlung liegt, kann es die Kaulquappen schützen, bis es vom Regen überflutet wird. Dann entweichen die Larven, um ihre Entwicklung anderenorts zu vollenden. Die Kaulquappen der *Andenomera*-Arten, die ihre Nester an Land in feuchten Höhlungen anlegen, bleiben bis zur Metamorphose im Nest, ohne zu fressen. Sofern Junge aus Nestern schlüpfen, die sich an der Wasseroberfläche befinden, schwimmen sie unter Umständen einfach davon, doch kennt man einige erstaunliche Ausnahmen. So bleibt zum Beispiel das Weibchen von *Leptodactylus ocellatus* beim Nest zurück. Nach dem Schlüpfen bleiben die Kaulquappen in einer Schule zusammen, und die Mutter verteidigt sie gegen Beutegreifer.

In Südamerika sind die Leptodactyliden über das gesamte Känozän (das vor 65 Millionen Jahren begann) fossil dokumentiert. Ein höchst bemerkenswertes Fossil von der Karibik-Insel Hispaniola (Dominikanische Republik) ist ein 37 Millionen Jahre alter *Eleutherodactylus*, der vollständig in Bernstein eingeschlossen ist.

Die myobatrachiden Frösche Australasiens

Die myobatrachiden Frösche Australiens und Neuguineas, der etwa 100 Arten und 20 Gattungen zugerechnet werden, bilden auf der östlichen Halbkugel die Gegenstücke zu den nord- und südamerikanischen Leptodactyliden. Tatsächlich werden sie von einigen Leuten sogar zu den Leptodactyliden gezählt. In Australien bestehen große Bereiche aus trockenem Land, in dem der Regen nur spärlich und zu gewissen Jahreszeiten niedergeht. Es verwundert daher nicht, daß viele der Myobatrachiden grabende Formen sind, die man nur selten zu sehen oder zu hören bekommt, da sie nur an die Oberfläche kommen, um sich zu paaren und ihre Eier in temporären Wasserstellen abzulegen. Bei den konventionelleren Grabern, etwa den Vertretern der Gattungen *Heleiporus, Notaden* und *Neobatrachus* handelt es sich um untersetzte, kurzbeinige Frösche mit einem »Grabspaten« an jedem Hinterfuß. Der Schildkrötenfrosch (*Myobatrachus gouldii*) und der Australische Sandfrosch (*Arenophryne rotunda*), die beide aus dem Südwesten Australiens stammen, sind insofern ungewöhnlich, als sie ihre Eier bis zu einem Meter tief in feuchtem Sand deponieren. Dort entwickeln sich die Jungen ohne ein freilebendes Kaulquappenstadium. Zudem graben sie sich nicht (wie bei den meisten grabenden Arten) mit dem Rumpf, sondern mit dem Kopf voran in die Erde oder in den Sand.

Im Gegensatz zu den Leptodactylidae gehören zu den Myobatrachidae keine Baumfrösche (diese Nische ist in Australien und auf Neu-Guinea den Hylidae und Microhylidae vorbehalten). Dennoch findet man bei ihnen über die grabenden Formen hinaus eine große Vielfalt, besonders in den tropischen und gemäßigten Regenwäldern im Osten Australiens. Als Beispiele seien die kleinen Frösche der Gattung *Taudactylus*, die in den sintflutartigen Bächen der nordöstlichen Regenwälder zu Hause sind, und die winzigen, nur 25 Millimeter langen *Ranidella*-Arten erwähnt, die in den meisten Feuchtlebensräumen Australiens häufig sind. Letztere stellen die Herpetologen wegen ihrer morphologischen Ähnlichkeit vor Probleme: Einige Arten lassen sich nur aufgrund ihrer unterschiedlichen Rufe auseinanderhalten.

Zwei Arten der Gattung *Rheobatrachus*, die Magenbrüter, sind hoch aquatische Bachbewohner. Kaum waren sie der Wissenschaft bekannt, waren sie ohne eine erkennbare Ursache auch schon verschwunden. Sie sind vermutlich ausgestorben. Eine weitere Art, deren Brutfürsorge zwar weniger fremdartig, aber nicht weniger merkwürdig erscheint, ist Darlingtons Beutelfrosch (*Assa darlingtoni*), der den Waldboden an der Grenze zwischen Queensland und Neusüdwales (Australien) bewohnt. Die Männchen dieser verborgen lebenden Frösche tragen beiderseits am Körper eine Bruttasche. Sobald die Eier (die an Land abgelegt werden) geschlüpft sind, setzt sich das Männchen auf die Masse, und die Kaulquappen wandern in die Taschen hinein. Dort schreitet die Entwicklung bis zur Metamorphose fort, und die Jungfrösche kommen bis zehn Wochen später ins Freie.

In verschiedenen australischen Gattungen gibt es Frösche, die für ihre Eier ein Schaumnest anfertigen. Im Gegensatz zu den amerikanischen Leptodactyliden, deren Männchen den Schaum mit den Füßen schlagen, fällt diese Aufgabe in Australien den sich paarenden Weibchen zu. Diese schlagen den Schaum überdies mit den Händen, an deren Fingern sich zu diesem Zweck häutige Erweiterungen befinden. Einige bauen ihre Schaumnester auf dem offenen Wasser, andere in wassergefüllten Gängen und wieder andere an Land. Mindestens vier Gattungen myobatrachider Frösche (*Lechriodus, Limnodynastes, Crinia* und *Kyarranus*) lebten in Australien zur Mitte des Tertiärs, vor 25 Millionen Jahren.

Kröten

Kröten (Familie Bufonidae) sind in den gemäßigten und tropischen Zonen zu Hause. Sie leben dort in Wüsten und Regenwäldern, auf Gebirgen und in Prärien, nur nicht in der australischen Region, auf Madagaskar und ozeanischen Inseln. Von den etwa 360 Arten der Familie gehören mehr als die Hälfte zur Gattung *Bufo*, neben der noch weitere 30 Gattungen existieren. Bei einigen afrikanischen Arten dieser Gattung beträgt die Körperlänge nur 25 Millimeter. Dagegen werden die Kolumbianische Riesenkröte (*Bufo blombergi*) und *Bufo marinus* bis zu 25 Zentimeter groß. Diese Bewohner der Feuchtwälder Südamerikas sind groß genug, um einen Eßteller auszufüllen.

H. Ehmann

◀ Eben geschlüpft, sind die Larven des ostaustralischen Darlington-Beutelfrosches (*Assa darlingtoni*) dabei, in die Taschen den Männchens einzudringen. Dieses unterstützt seine Jungen mit leicht schaufelnden Bewegungen seiner Arme und Beine. Am Ende befinden sich in jeder Tasche gewöhnlich vier oder fünf Larven. Jedes übriggebliebene Jungtier stirbt innerhalb weniger Stunden.

Unabhängig von ihrer Größe bieten jedoch alle *Bufo*-Arten ein genormtes Erscheinungsbild: untersetzt, kurzbeinig, mit zahlreichen warzenähnlichen Drüsen auf Körper und Beinen und einer vorstehenden, rundlichen oder länglichen Ohrspeicheldrüse hinter dem Auge. Sie sind zudem zahnlos, was man jedoch nur aus der Nähe sehen kann. Auch die Lebensräume sind einander unter den Arten recht ähnlich. Sie leben am Boden, verbergen sich normalerweise tagsüber in Höhlen und kommen erst in der Nacht hervor. Dann hüpfen sie herum und suchen nach wirbellosen Tieren, die sie mit Hilfe ihrer langen, klebrigen Zunge aufschnappen.

◀ ▼ Die auffällig gemusterte, südafrikanische Pantherkröte (*Bufo pardalis*, links) ist eine echte Kröte mit kurzen Beinen, einer trockenen, warzigen Haut und großen Ohrspeicheldrüsen. Die asiatische Baumkröte (*Pedostibes hosii*, unten links) zeigt Merkmale eines Baumbewohners, etwa lange, schlanke Gliedmaßen und breite Haftkissen an den Fingern. Der Bunte Stummelfuß (*Atelopus varius*, unten) sieht seinen Verwandten, den Kröten, weniger ähnlich als den Giftfröschen. Diese südamerikanische Art weist mit ihren leuchtenden Farben darauf hin, daß sie giftig ist.

Michael and Patricia Fogden

▲ Die Goldkröte (*Bufo periglenes*) ist nur aus den Regenwäldern Costa Ricas bekannt. Hier lebt sie im Monteverde Cloud Forest Reservat. Von den wenigen Tagen im Jahr abgesehen, an denen sie hervorkommen und sich zur Paarung versammeln, leben die Goldkröten in Hohlräumen zwischen den Wurzelsystemen der Waldbäume. Im Jahre 1987 zeigten sie sich zum letzten Mal, und trotz anschließender Suche gelang es nicht mehr, Goldkröten aufzuspüren. Möglicherweise ist diese Art heute ausgestorben.

Hinsichtlich ihrer Fortpflanzung ist nur die immense Zahl von Eiern bemerkenswert, die von vielen Arten produziert werden. Sie werden zumeist in paarigen (jeweils aus einem Ovar stammenden) Strängen abgelegt, und bei einem nur 70 oder 80 Millimeter großen Tier können sie mehr als 20 000 Stück enthalten. Alle Frösche verfügen über eine Fülle von Hautdrüsen. Bei vielen Arten produzieren sie übel schmeckende oder gar tödlich giftige Verteidigungssekrete. Zu den wirkungsvollsten Giften gehören die der Kröten, die besonders in den Ohrspeicheldrüsen konzentriert sind. So kann ein Hund, der eine Colorado-Kröte (*Bufo alvarius*) ins Maul nimmt, durchaus tödliche Vergiftungen erleiden. Das bedeutet zwar nicht, daß ein Mensch sich vergiftet, wenn er eine Kröte in die Hand nimmt (oder deswegen gar Warzen bekommt!). Es empfiehlt sich allerdings, wenn man einen Frosch in der Hand hatte, die Augen erst dann wieder mit den Händen zu berühren, wenn man sie sich gewaschen hat.

Atelopus ist eine mittel- und südamerikanische Gattung mit mehr als 40 Arten kleiner, häufig leuchtend gefärbter, langsamer Kröten, deren Kaulquappen über Saugvorrichtungen am Maul verfügen und in schnell fließenden Gewässern leben. Da diese tagaktiven Kröten wirkungsvolle Gifte produzieren, dienen ihre auffälligen Farbmuster wohl dazu, potentielle Räuber zu warnen. Unter den anderen Gattungen, von denen jede weniger als zehn Arten umfaßt, erinnern die meisten in Körperbau und Verhaltensweisen an *Bufo*. Andere weisen Unterschiede auf. So ist etwa die afrikanische Gattung *Nectophrynoides* dafür bekannt, voll metamorphosierte Jungfrösche zur Welt zu bringen. Die südostasiatischen *Pedostibes*-Arten leben auf Bäumen, und die Vertreter der gleichfalls südostasiatischen Gattung *Ansonia* leben auf dem Boden, brüten jedoch in Wasserkaskaden. Ihre Kaulquappen sind den dort herrschenden Strömungen angepaßt.

Bufonide Fossilien fand man im oberen Paläozän Südamerikas sowie im späteren Tertiär Nordamerikas, Europas, Asiens und Afrikas. Damit ist die Familie über 57 Millionen Jahre alt.

Hylide Baumfrösche

Die Familie der Baumfrösche, der Hylidae, umfaßt mehr als 680 Arten in 40 Gattungen. Über 500 davon leben auf den amerikanischen Kontinenten, besonders in den Tropen. Im Gebiet um Australien und Neuguinea kommen mehr als 140 Arten vor, und nur zwölf eng miteinander verwandte Arten der Gattung *Hyla* sind über die gemäßigten Bereiche Eurasiens, von Spanien bis nach Japan, verstreut. Eine davon findet man auch in Nordwestafrika.

Bei den meisten Arten dieser Familie handelt es sich um arboreale oder wenigstens kletternde Formen. Sie zeigen auch die typischen Anpassungen an diese Lebensweise: Ihre Finger und Zehen sind an den Spitzen zu Haftorganen erweitert, und die Augen sind leicht seitlich und nach vorn orientiert, so daß sie eine gute Sicht nach unten und ein beidäugiges Sehen ermöglichen. (Bei terrestrischen und aquatischen Fröschen liegen die Augen grundsätzlich mehr oben am Kopf. Sie zielen weniger nach vorn und vergrößern so das horizontale Gesichtsfeld. Zudem können aquatische Arten mit dieser Anordnung leicht an der Wasseroberfläche ruhen, wobei nur die Augen aus dem Wasser schauen.) Bei den Baumfröschen der Gattung *Phyllomedusa*, die das tropische Amerika bewohnen, läßt sich der erste Finger den übrigen drei wie ein Daumen gegenüberstellen, so daß sie damit Zweige und Sprosse ergreifen können. Wie die anderen großen Familien haben auch die Hyliden eine Anpassung an verschiedene ökologische Nischen erfahren. Zwar gibt es unter ihnen keine vollständig aquatischen Formen, doch haben sich etliche terrestrische Arten an Teiche und Feuchtgebiete gebunden, und an feuchten Tagen durchstreifen sie größere Gebiete als sonst. Sie sind langbeinige, kräftige Springer mit Schwimmhäuten zwischen den Zehen. Die Enden ihrer Finger und Zehen laufen spitz zu oder dehnen sich, anders als bei ihren kletternden Verwandten, nur geringfügig aus. Man findet einige dieser Formen in derselben Gattung wie baumbewohnende Arten – zum Beispiel die große australasiatische Gattung *Litoria*. Sie schließt auch Frösche ein, die sich nicht ausschließlich den arborealen oder aquatischen Lebensräumen angepaßt haben. Es gibt auch grabende »Baumfrösche«. Die Vertreter der australischen Gattung *Cyclorana* verbringen einen großen Teil ihres Lebens unter der Erde. Und einer davon ist dafür bekannt, daß er große Mengen an Wasser speichern kann, um sich über Trockenzeiten zu retten. Diese Arten und die der nordamerikanischen Gattung *Pternohyla* bauen einen »Kokon«, während sie unter der Erde sind, um sich gegen Austrocknung zu schützen.

Das Brutverhalten der Hyliden ist, von einigen bemerkenswerten Ausnahmen abgesehen, recht normal, und bei den meisten Arten gibt es aquatische Kaulquappen. Sofern die Tiere in reißenden Bächen leben,

◀ Der bemerkenswert gefärbte Rotaugen-Laubfrosch (*Agalychnis callidryas*, oben). Diese mittelamerikanische Art ist, von den senkrechten Pupillen abgesehen, ein typischer baumbewohnender Hylide. Der Grablaubfrosch (*Pternohyla fodiens*, Mitte) hat die baumbewohnende Lebensweise seiner Verwandten aufgegeben und zum Graben einen spatenförmigen Kopf entwickelt. Dagegen führt der australische Gold-Laubfrosch (*Litoria aurea*, unten) ein semiaquatisches Leben.

▼ Der Wasserreservoir-Frosch (*Cyclorana platycephala*) aus den südlichen Trockenregionen Australiens lebt als erwachsenes Tier zumeist tief im Boden vergraben und kommt nur nach Regenfällen an die Oberfläche, um sich fortzupflanzen. Solange er sich unter der Erde aufhält, kleiden schleimige Sekrete seiner Haut die Wohnkammer aus und trccknen (unten links). Dadurch entsteht eine undurchlässige äußere »Haut«, die das Tier aufreißt, wenn es nach dem Regen emporkommt (unten rechts).

D. Parer and E. Parer-Cook/AUSCAPE International

D. Parer and E. Parer-Cook/AUSCAPE International

▲ Bei vielen Giftfröschen besitzen die Erwachsenen auffällige Warnfarben. Unter den Kaulquappen ist dieses Phänomen weniger verbreitet. Es gibt jedoch Ausnahmen, wozu vermutlich auch diese farbenprächtige Kaulquappe des Mittelamerikanischen Baumfrosches *Hyla ebraccata* zählt.

werden die Eier an Steinen befestigt. Die Eier der Stillwasserarten werden dagegen an Wasserpflanzen festgeheftet oder in einer dünnen Lage an der Wasseroberfläche ausgebreitet. Auf diese Weise ist auch in warmen Gewässern, die oft unter Sauerstoffmangel leiden, eine angemessene Versorgung mit Sauerstoff gewährleistet. In Gebieten mit hoher Luftfeuchtigkeit legen die Frösche ihre Eier häufig auf Pflanzen ab, die aus dem Wasser ragen, oder gar auf Blättern hoch in den Bäumen, die über dem Wasser hängen, so daß die Kaulquappen nach dem Schlüpfen ins Wasser fallen. Einige waldbewohnende Arten deponieren ihre Eier in wassergefüllte Baumhöhlen, andere in Epiphyten, etwa Bromeliengewächse, in denen sich Wasser gefangen hat.

Bei den Kaulquappen zahlreicher Hyliden-Arten handelt es sich um Teichbewohner. Ihre Augen sind seitlich angeordnet (so können sie nach unten und oben besser sehen), und der mit einer breiten Flosse gesäumte Schwanz verjüngt sich zu einer fadenförmigen Spitze. Man beobachtet diese Kaulquappen manchmal, wie sie, in einem bestimmten Winkel mit vibrierendem Schwanz im Wasser schwebend, mikroskopisch kleine Nahrungspartikel aus dem Wasser filtern. Die Larven der Arten, die in Bächen und Wildbächen leben, etwa die der Gattung *Nyctimystes* auf Neuguinea, sehen ganz anders aus: Ihr Körper ist zusammengedrückt. Zudem besitzen sie einen niedrigen Flossensaum, oben angeordnete Augen, und ihre Maulpartie ist zu einer ovalen Saugvorrichtung umgeformt.

Verschiedene Gattungen aus dem tropischen Amerika (sie gehören alle zur Unterfamilie Hemiphractinae) haben die besondere Eigenart, die Eier auf dem Rücken der Mutter auszubrüten: Bei der Gattung *Hemiphractus* liegen sie frei auf dem Rücken, bei *Gastrotheca* werden sie vollständig von einer Tasche umschlossen, und dazwischen gibt es eine ganze Spanne von körperlichen und verhaltensphysiologischen Anpassungen. Eine Art dieser Unterfamilie verdient auch über ihr Brutverhalten hinaus noch besondere Beachtung: *Amphignathodon guentheri* ist die einzige lebende Froschart, die im Unterkiefer Zähne trägt. Andere Frösche sind unter Umständen zahnlos, haben Zähne im Oberkiefer oder darüber hinaus auch am Munddach, während andere am Vorderende des Unterkiefers über reißzahnähnliche Fortsätze verfügen. Diese Art besitzt jedoch als einzige echte Zähne.

Fossile Hyliden kennt man aus dem Paläozän Südamerikas (diese Epoche liegt mehr als 57 Millionen Jahre zurück) sowie dem mittleren und späteren Tertiär Nordamerikas, Europas und Australiens.

Glasfrösche

Die Glasfrösche der Familie Centrolenidae bilden eine Gruppe von etwa 75 Arten, von denen die meisten auf Bäumen leben. Sie bewohnen die Feuchtwälder vom Süden Mexikos bis nach Bolivien sowie im Bereich Südostbrasiliens und Nordostargentiniens. Den Namen »Glasfrösche« haben die Tiere aufgrund einer Pigmentarmut in der Haut des Hinterleibes, wodurch die inneren Organe sichtbar sind. Die meisten Arten sind klein (ihre Körperlänge erreicht maximal etwa 30 Millimeter), grün und werden zur Gattung *Centrolenella* gerechnet. Die Gattung *Centrolene* umfaßt zwei größere Arten, die 75 Millimeter lang werden.

Die Männchen von *Centrolenella* rufen von Blättern aus, die über Bächen herabhängen und bleiben

◀ Glasfrösche, wie *Centrolenella fleischmanni*, sind kleine Baumbewohner, die die Feuchtwälder vom Süden Mexikos bis nach Bolivien bewohnen. Sie kommen auch im Südosten Brasiliens und in Argentinien vor.

später in der Nähe der Eier, die auf anderen Blättern in der Nähe abgelegt wurden. An diesen Stellen sind die Eimassen vor vielen Räubern geschützt. Andererseits werden sie von Fliegen parasitiert, die ihre Eier auf der Masse ablegen, so daß die Maden die Froscheier auffressen. Sofern einige Froschlarven den Parasitenbefall überlebt haben, fallen sie in den Bach, wo sie dann zwischen Geröll oder pflanzlichen Resten leben. Diese Kaulquappen sind langgestreckt und besitzen einen muskulösen Schwanz mit sehr niedrigen Flossensäumen (breite Flossen nützen nur solchen Larven, die im offenen Wasser schwimmen). *Centrolene* ist nicht nur viel größer als *Centrolenella*, sondern unterscheidet sich von letzterer auch dadurch, daß sie in felsigen Wasserfällen lebt. Hier pflanzen sich die Tiere auch fort, indem sie ihre Eier an die Oberfläche von Steinen kleben. Die Centroleniden sind fossil nicht bekannt.

Dendrobatiden

Zur Familie Dendrobatidae gehören einige der farbenprächtigsten und interessantesten Frösche. Die meisten sind recht klein. Die kleinste Art erreicht nur eine Körperlänge von 15 Millimeter, obwohl eine andere bis zu 62 Millimeter groß wird. Man kennt mehr als 130 Arten in sechs Gattungen. Sie bewohnen die tropischen Regionen Mittel- und Südamerikas, von Nicaragua bis zum Südosten Brasiliens und nach Bolivien. Im Gegensatz zu den meisten anderen Fröschen sind beinahe alle Dendrobatiden tagaktiv. An feuch-

Michael and Patricia Fogden

◀ Der Nacktbauch-Glasfrosch (*Centrolenella colymbiphyllum*) und seine Verwandten verdanken ihren Namen der durchsichtigen Haut ihrer Unterseite, durch die man das Herz und andere innere Organe mühelos erkennen kann.

▲ Viele mittel- und südamerikanische Giftfrösche der Gattung *Dendrobates* zeigen leuchtende Farben und kräftige Muster, die man normalerweise nur bei Schmetterlingen, Kolibris und Korallenfischen erwarten würde. Die Hautsekrete dieser kleinen Frösche gehören zu den giftigsten Substanzen überhaupt und werden von den amerikanischen Waldindianern eingesetzt, um ihre Blaspfeile zu vergiften. Hier sieht man *Dendrobates tinctorius*.

ten, geschützten Stellen legen sie nur wenige Eier ab, und diese werden von einem Elternteil (zumeist vom Vater) bewacht. Gleich nach dem Schlüpfen schlängeln sich die Kaulquappen auf den Rücken des erwachsenen Tieres und lassen sich von diesem zum Wasser tragen, um dort ihre Entwicklung zu vollenden. Bei einigen Arten findet man besondere Variationen dieses Verhaltens: Das Weibchen entläßt die Larven in eine Bromelie, in der sich Wasser gesammelt hat. Von Zeit zu Zeit kehrt es zurück und legt ein unbefruchtetes Ei als Nahrung für die Larven in die Pflanze.

Die Dendrobatiden zerfallen in zwei Hauptgruppen. Eine davon umfaßt zahlreiche, überwiegend düster gefärbte Arten der Gattung *Colostethus*, die an den Rändern von Waldbächen leben und, mit einer Ausnahme, nicht giftig sind. Die zweite besteht aus den Giftfröschen (Gattungen *Dendrobates, Phyllobates, Epipedobates* und *Minyobates*). Diese sehr farbenprächtige Gruppe verfügt über Hautdrüsen, deren ausgeschiedene Alkaloide auf das Nervensystem wirken. Außerdem gibt es noch die Gattung *Aromobates*, deren einzige Art, *A. nocturnus*, in mancherlei Hinsicht ungewöhnlich ist: Dieser größte unter den Dendrobatiden ist ein nachtaktiver Bachbewohner, der einen fauligen, vermutlich dem Schutz dienenden Geruch abgibt, und er ist nicht giftig.

Bei den giftigen Dendrobatiden variiert die Toxizität unter den Arten ganz erheblich. Vermutlich bilden die Gifte ein Verteidigungsmittel gegen Räuber, und die leuchtenden Farbmuster dienen der Warnung. Besondere Beachtung verdient *Phyllobates terribilis*, dessen Giftigkeit es sogar zum Risiko macht, das Tier nur in die Hand zu nehmen. Das Gift aus einer einzi-

Jany Sauvanet/AUSCAPE International

gen Froschhaut würde ausreichen, um mehr als 20 000 Labormäuse zu töten, und ein Mensch kann bereits sterben, wenn weniger als 200 Mikrogramm davon in seinen Blutkreislauf gelangen. Die Giftigkeit dieser und anderer, weniger toxischer Arten ist gewissen Indianergruppen Westkolumbiens seit langem bekannt. Sie benutzen die Frösche, um damit ihre Blaspfeile (und nicht etwa große Pfeile, wie in der Literatur häufig zu lesen ist) zu behandeln. Das Toxin von *P. terribilis* ist so reichlich vorhanden und zudem so wirksam, daß man mit einer Pfeilspitze nur über den Rücken eines lebenden Frosches streichen muß, um ihn zu einer absolut tödlichen Waffe zu machen.

Es sind keine fossilen Dendrobatiden bekannt.

Raniden oder »echte« Frösche

Die »echten« Frösche der Familie Ranidae besitzen von allen Fröschen die größte Verbreitung. Sie leben in Nordamerika (selbst in Alaska), Mittelamerika und im Norden Südamerikas, und in Europa. Über ganz Asien sind sie südlich des Polarkreises verbreitet, über die Ostindischen Inseln bis nach Neuguinea, dem extremen Norden Australiens und den Fidji-Inseln. Schließlich sind sie auch im größten Teil Afrikas und auf Madagaskar zu Hause. Die nördlichste Verbreitung besitzt der europäische Grasfrosch (*Rana temporaria*). Beinahe ebenso weit dringt der Moorfrosch (*R. arvalis*) vor. Diese beiden Arten und der nordamerikanische Waldfrosch (*R. sylvatica*) sind

▼ Die Giftfrösche der Familie Dendrobatidae sind Meister der aposematischen oder warnenden Farbtracht. Abgebildet sind der Schwarzgelbe Baumsteiger (*Dendrobates leucomelas*, unten rechts), der Zwerg-Panamabaumsteiger (*D. pumilo*, unten links) und der Trauer-Blattsteiger (*Phyllobates lugubris*, unten).

▶ Der Salomonen-Runzelfrosch (*Platymantis guppyi*) entwickelt sich - ohne ein aquatisches Larvenstadium - direkt vom Ei zum Jungfrosch. Es handelt sich um eine Anpassung zum Leben auf den Bäumen.

▲ ▶ Der Nordamerikanische Sumpffrosch (*Rana palustris*, oben) ist dem Gemeinen Pantherfrosch Nordamerikas äußerlich sehr ähnlich, unterscheidet sich jedoch dadurch, daß er aus seiner Haut ein Reizmittel ausscheidet. Der südafrikanische Pracht-Grabfrosch (*Hildebrandia ornata*, rechts) lebt wie eine Kröte und kommt in der Regel nur nach heftigen Regenfällen aus seinem Gang hervor.

▼ Der Wallace-Baumfrosch (*Rhacophorus nigropalmatus*, unten), ein Vertreter der Familie Rhacophoridae, hat große Füße entwickelt, deren Zehen durch Häute verbunden sind. Damit kann der Frosch von einem Baum zum anderen gleiten.

nördlich des Polarkreises verbreitet. Zwar ist der größte Frosch, der westafrikanische Goliathfrosch (*Conraua goliath*), ein Ranide, doch durchläuft die Familie beinahe die ganze Skala der Körpergrößen. Mit 18 endemischen Arten (und drei weiteren auf Madagaskar) haben die Raniden ihre größte Artenvielfalt in Afrika, während in Asien nur zwölf Gattungen zu Hause sind. In Europa und den amerikanischen Kontinenten gibt es nur *Rana*-Arten, und keine davon ist auf den Kontinenten identisch.

Mehr als zwei Drittel der dieser Familie zugerechneten 650 Arten gehören zur Gattung *Rana*. Dies sind, im Gegensatz zu den »Kröten«, die klassischen »Frösche«: Kräftige, langbeinige Springer mit umfangreichen Schwimmhäuten und relativ glatter Haut, die zumeist im Wasser oder am Ufer leben. Fast immer werden die Eier im Wasser abgelegt, und es folgt ein mehrwöchiges Kaulquappenstadium. Man findet unter den Raniden zahlreiche Beispiele adaptiver Radiation. So findet man bei den Vertretern der asiatischen Gattung *Amolops* an Fingern und Zehen vergrößerte Haftscheiben (wie bei den Baumfröschen), die den Fröschen erlauben, sich an den Felsen am Rande der schnellfließenden Bäche festzuhalten, wo ihre Kaulquappen leben. Diese schützen sich wiederum davor, fortgespült zu werden, indem sie sich mit einem ventralen (bauchständigen) Saugnapf festhalten (bei den anderen Kaulquappen schnellfließender Gewässer findet man stattdessen ein Saugmaul).

Die Nische der Grabfrösche wird von den Arten der Gattung *Tomopterna* besetzt, die in Südafrika Sandfrösche heißen. Wie die Formen anderer Familien mit ähnlicher Lebensweise, sind auch sie untersetzte, kurzbeinige, irgendwie eingeschrumpfte Tiere, an deren Hinterfüßen sich jeweils ein vorstehender GrabTuberkel oder »Spaten« befindet. Ein anderer Bewohner Südafrikas ist der Hogsback-Frosch (*Anhydrophryne rattrayi*), der nach dem Gebiet seiner Erstentdeckung benannt wurde. Diese kleinen Tiere leben in der Laubschicht des Waldes, wo die Männchen mit der Nase eine Nistkammer in die feuchte Erde graben. Aus den Eiern schlüpfen unmittelbar kleine Frösche, so daß die Eltern weder Bäche noch Teiche aufsuchen müssen. Ganz an das Wasser gebunden sind die kleinen Frösche der Gattung *Occidozyga*, die in den Sümpfen und Teichen der asiatischen Regenwälder leben. Mit ihren großen, Schwimmhäute tragenden Füßen können sie besser schwimmen als springen.

Ozeanische Inseln sind für eingeborene Froscharten

Jane Burton/Bruce Coleman Limited

normalerweise unproduktiv. Unter diesem Aspekt ist das Vorkommen zweier Raniden der Gattung *Platymantis* (eine Art lebt auf Bäumen, die andere auf dem Boden) auf den Fiji-Inseln bemerkenswert. Alle Vertreter dieser Gattung leben auf Inseln, von den südlichen Philippinen bis nach Neuguinea und nach Osten auf den Solomonen, ehe sie die große Kluft bis zu den Fiji-Inseln überwinden. Auf den Solomonen sind vier weitere eng verwandte, aber morphologisch abweichende Gattungen ebenfalls zu Hause. Sie haben mit *Platymantis* die direkte Embryonalentwicklung gemeinsam. Es dürfte niemals eindeutig geklärt werden, wie die heutige Verbreitung dieser Frösche zustande kam. Zweifellos ist daran jedoch eine passive Verbreitung auf Inseln beteiligt, die sich über Jahrmillionen langsamer tektonischer Aktivität allmählich fortbewegten. Zahlreiche Fossilien aus Nordamerika und Europa, davon keines älter als aus dem Oligozän (37 Millionen Jahre), werden der Gattung *Rana* zugesprochen.

Die rhacophoriden Baumfrösche

Die Rhacophoriden sind überwiegend Baumbewohner und zudem Verwandte der in großem Umfang aquatischen und terrestrischen Raniden. Sie bewohnen die gemäßigten und tropischen Bereiche Afrikas und Asiens, einschließlich Madagaskars und Japans. Diese mit beinahe 200 Arten in zehn Gattungen mäßig umfangreiche Gruppe umfaßt Formen mit einer Körperlänge zwischen 15 und 120 Millimeter. Auch der südostasiatische Flugfrosch (*Rhacophorus nigromaculatus*) gehört zu dieser Familie.

Einige interessante Anpassungen findet man bei der afrikanischen Gattung *Chiromantis*. Bei diesen Fröschen sind nämlich, zusätzlich zu den Haftscheiben an den Fingern, wie sie alle Baumfrösche besitzen, die inneren beiden Finger den äußeren beiden opponierbar (gegenüberstellbar), so daß sie Zweige richtig ergreifen können. Zudem sind sie gegen Austrocknung ungewöhnlich widerstandsfähig und können Trockenzeiten überstehen, ohne sich einzugraben. Ihre Eier le-

▲ Wie es viele Frösche der gemäßigten Breiten tun, versammeln sich auch die europäischen Grasfrösche (*Rana temporaria*) im frühen Frühjahr an Teichen, um gemeinsam große Eimassen abzulegen. Vermutlich liegt ein Vorteil dieses Verhaltens darin, daß sich bei kaltem Wetter die Verluste in Grenzen halten: Die schwarzen Embryonen absorbieren leicht Wärme, während die gallertigen Hüllen gut isolieren.

Michael and Patricia Fogden

▲ Der Graue Baumfrosch (*Chiromantis xerampelina*) aus den Trockengebieten Südafrikas. Hier paaren sich die Tiere in Gruppen von bis zu 30 Individuen. Mit den Füßen schlagen sie die Eier und die Samenflüssigkeit zu einem Schaumnest.

▼ Zwei Vertreter der Familie Hyperoliidae: Der Marmorierte Riedfrosch (*Hyperolius marmoratus*, links) und die Senegal-Kassina (*Kassina senegalensis*, rechts). Letzterer bewegt sich nicht hüpfend, sondern laufend vorwärts.

gen sie auf einem Baum über dem Wasser. Während die Eier aus dem Weibchen hervorkommen, schlagen die sich paarenden Frösche mit den Füßen aus den Eiern und einer Flüssigkeit einen Schaum, der bald trocknet und die Eier während ihrer Entwicklung schützt. Dabei kommt es vor, daß mehrere Froschpärchen ein gemeinschaftliches Schaumnest errichten. Für eine gewisse Zeit bleiben die Larven noch im Nest, ehe sie sich ins Wasser hinunterfallen lassen, um dort ihre Entwicklung zu vollenden. Schaumnester findet man bei den meisten rhacophoriden Fröschen.

Kleine Tiere, die auf Bäumen leben, sind nur selten Kandidaten für Versteinerungen. Daher gibt es für die Rhacophoridae keine paläontologischen Funde - was übrigens für viele andere Familien ebenfalls gilt.

Riedfrösche

Die Hyperoliiden (Hyperoliidae) bilden eine weitere mittelgroße Familie (knapp über 200 Arten und 16 Gattungen), die mit den Randien verwandt ist. Diese überwiegend kleinen Arten (ihre Körperlänge variiert zwischen 15 und 80 Millimeter) bewohnen Afrika und Madagaskar, und eine endemische Art lebt auf den Seychellen im Indischen Ozean. Eine bescheidene adaptive Radiation brachte überwiegend baum- und bodenbewohnende Frösche hervor, die zwar auch klettern, sich jedoch zumeist im niedrigen Pflanzenwuchs am Wasser aufhalten.

Allein zur Gattung *Hyperolius* gehört die Hälfte aller Arten dieser Familie. Diese kleinen Frösche leben größtenteils in Feuchtwiesen oder Sumpfgebieten und schlafen auf Riedgräsern und Seggen, auf denen viele Arten auch ihre Eimassen ablegen. Häufig weisen sie kräftige Farben und Muster auf und zeigen dabei eine erhebliche individuelle Variabilität. Diese und eine allgemeine Ähnlichkeit im Körperbau machen es schwer, die Arten auseinanderzuhalten. Allerdings ist es den Biologen möglich, die Arten aufgrund ihrer Paarungsrufe zu unterscheiden.

Die Gattung *Leptopelis* umfaßt sowohl einige recht große baumbewohnende als auch grabende Frösche, die nur selten klettern. Die Arten der Gattung *Afrixalus* legen ihre Eier auf ein Blatt, falten dessen Ränder zusammen und kleben sie mit Sekreten aus dem Eileiter über der Eimasse zusammen. Erstaunlicherweise geschieht dies sowohl innerhalb als auch außerhalb des Wassers, so daß die schlüpfenden Kaulquappen letztlich ins Wasser fallen müssen, um überleben zu können.

Hyperoliiden sind fossil nicht bekannt.

Langfingerfrösche

Die kleine Familie der Arthroleptidae (sie umfaßt 70 Arten in acht Gattungen) ist über Afrika südlich der Sahara verbreitet und wird von einigen Autoren zu den Ranidae gestellt. Der Ruf der *Arthroleptis*-Arten ist die Ursache dafür, daß diese Tiere auf Englisch »Squeakers« genannt werden. Es sind kleine Frösche, die auf und zwischen der Laubschicht des Waldbodens leben. Die Eier werden in der feuchten Erde in Höhlungen oder Gängen abgelegt und entwickeln sich direkt. Bei einigen Arten sind die Jungfrösche zum Zeitpunkt ihres Schlüpfens bereits voll metamorphosiert, bei anderen muß lediglich noch der Schwanz absorbiert werden.

Ein Arthroleptide hat unter allen Fröschen nicht seinesgleichen: der »Haarfrosch« (*Trichobatrachus robustus*) aus Kamerun und Äquatorial-Guinea. Zur Fortpflanzungszeit entwickeln die Männchen an den Seiten und Oberschenkeln vaskularisierte, haarähnliche Strukturen. Wie man berichtet, sitzen sie in den Bächen unter Wasser auf den Eimassen. Wahrscheinlich verstärken die »Haare« die Hautatmung, so daß die Frösche länger untergetaucht bleiben können.

Es sind keine fossilen Arthroleptiden bekannt.

Ferkelfrösche

Bei den Ferkelfröschen (Familie Hemiotidae), die Afrika südlich der Sahara bewohnen, handelt es sich um acht Arten von mittlerer Größe (Körperlänge bis zu 80 Millimeter), die in einer einzigen Gattung, *Hemisus*, stehen. Es sind merkwürdige Tiere mit rundlichem Körperbau und kurzen Beinen. Ihr kleiner Kopf verengt sich zu einer verhärteten Spitze. Die Ferkelfrösche sind grabende Formen, die zumeist auf offenem Gelände in der Nähe von Teichen leben, jedoch selten an der Oberfläche zu sehen sind. Die Eier werden in einer unterirdischen Höhlung abgelegt, und

▼ Der im küstennahen Flachland häufige südafrikanische Seerosen-Riedfrosch (*Hyperolius pusillus*) versteckt seine Eier in den Hohlräumen zwischen überlappenden Seerosen.

Michael and Patricia Fogden

Michael Fogden/Oxford Scientific Films

▲ Zu den Mikrohyliden gehört eine kleine Gattung von Fröschen, die nur in Afrika vorkommen. Sie haben die merkwürdige Eigenart, ihre Eier in unterirdsiche Kammern zu legen. Der Embryo verweilt dann im Ei, bis die Metamorphose abgeschlossen ist. Da diese Frösche in Trockengebieten leben, kommen sie nur nach einem Regen an die Oberfläche. Dies ist der Gemeine Regenfrosch (*Breviceps mossambicus*).

das Weibchen bleibt in der Nähe, bis die Jungen schlüpfen. Mit Hilfe ihrer Schnauze gräbt die Mutter einen Gang zum nahegelegenen Wasser, worauf die Larven hinausschwimmen und ein völlig normales Kaulquappendasein beginnen. Trotz ihres ungewöhnlichen Erscheinungsbildes sind diese Frösche wahrscheinlich mit den Raniden verwandt und werden von einigen Autoren sogar als eine Unterfamilie der Ranidae angesehen.

Microhylide Frösche

Die Familie Microhylidae ist auf beiden amerikanischen Kontinenten vom Süden der Vereinigten Staaten bis nach Argentinien verbreitet. Zudem kommt sie in Äquatorial- und Südafrika, Ostindien und Sri Lanka und in ganz Südostasien bis nach Neuguinea und Nordaustralien vor. Man kennt mehr als 300 Arten, die 65 Gattungen zugeordnet werden. Damit sind die Microhylidae die gattungsreichste Froschfamilie. Sie stellen beinahe die Hälfte aller Frösche Neuguineas, und auch auf Madagaskar bilden sie einen bemerkenswerten Anteil. Dagegen sind sie anderenorts weniger häufig. Sie sind zumeist kleinwüchsige Arten (einige bleiben unterhalb einer Körperlänge von 15 Millimeter), einige erreichen allerdings 80 bis 90 Millimeter Größe. Ihre Morphologie variiert ganz erheblich, von rundlichen Grabformen bis zu typischen Baumfröschen. Zwar lebt die Mehrzahl der Arten in den feuchten tropischen Regionen, doch brachte die entwicklungsgeschichtliche Auffächerung auch Gruppen hervor, die trockene Lebensräume bewohnen. Dazu besetzen sie eine Fülle von Nischen am Boden und auf Bäumen. Einige leben auch am Rande von Bächen, doch gibt es vermutlich keine primär aquatischen Microhyliden.

Die am Boden lebenden Microhyliden findet man sowohl in trockenen als auch in feuchten tropischen Lebensräumen. Zu den ungewöhnlichsten Bewohnern arider Gebiete gehören die Kurzkopffrösche der afrikanischen Gattung *Breviceps*. (In den Trockengebieten gibt es nur bei Regen eine Chance, sie zu sehen.) Diese Frösche besitzen kleine Köpfe, kurze Gliedmaßen und einen rundlichen Körperbau. Ihr eigentümlicher Umriß kommt besonders dann zur Geltung, wenn sich die Tiere bei Belästigung mit Luft vollpumpen. Ihre Arme sind so kurz, daß die Männchen ihre Partnerinnen bei der Paarung nicht festhalten können (wie paarende Frösche normalerweise den Kontakt zueinander halten). Stattdessen kleben die Partner mit Hilfe eines Sekrets aneinander, das sich aus den Hautdrüsen am Bauch des Männchens absondert. Damit wirken die kopulierenden Frösche wie zwei zusammengeklebte Golfbälle. Die Eier werden in einer unterirdischen Kammer abgelegt, die von dem Weibchen

▼ ▶ Der Indische Ochsenfrosch (*Kaloula pulchra*, unten) ist ein großer Mikrohylide, der heute nahezu ausschließlich in der Nähe menschlicher Siedlungen angetroffen wird. Der südafrikanische Wendehalsfrosch (*Phrynomerus bifasciatus*, rechts oben) lebt auf Felsen. Seine gummiartige Haut verleiht dem Frosch seinen englischen Trivialnamen »Rubber frog«. Der Carolina-Engmaulfrosch (*Gastrophryne carolinensis*, rechts unten) ist eine wesentlich kleinere Art aus dem Südosten der Vereinigten Staaten.

zuvor gegraben oder vergrößert wurde. Die Kaulquappen ernähren sich nur von einer Dottermasse, die sich im Ei befindet, und die Mutter bleibt am Nest, bis die Larven metamorphosieren und das Nest verlassen.

Für viele Microhyliden ist die feuchte Laubschicht am Boden der Tropenwälder der bevorzugte Lebensraum. Einige vergraben sich tief in Laub oder Boden und kommen nur selten an die Oberfläche. Andere kriechen in der Nacht hervor, um auf Beute zu warten oder aktiv nach ihr zu suchen. Die Laubschicht dient überdies jenen kleinen, kletternden Arten als Tagesunterschlupf, die nachts in die niedrigen Vegetationsbereiche aufsteigen, um nach Nahrung und Geschlechtspartnern zu suchen. Diejenigen Microhyliden mit breitem Körper, aber schmalem, spitz zulaufendem Kopf ernähren sich gewöhnlich von Termiten und Ameisen. Andere Arten mit normaleren Proportionen haben einen ausgeprägten Appetit auf andere Frösche. Viele Microhyliden, besonders auf Madagaskar und Neuguinea, sind Baumbewohner.

Sämtliche der etwa 100 Microhyliden-Arten, die man auf Neuguinea und in Australien findet, entwickeln sich unmittelbar, das heißt, sie überspringen das Kaulquappenstadium. Daher müssen die Baumbewohner ihre Bäume nicht verlassen, um Teiche oder Bäche zum Brüten aufzusuchen. Stattdessen finden sie geeignete Ablageplätze auf den Bäumen, etwa einen Epiphyten mit dem Namen Ameisenpflanze, die in einer Kammer Feuchtigkeit zurückbehält.

Die Kaulquappen der Microhyliden unterscheiden sich in einigen Merkmalen des Körperbaus von denen anderer Familien. Von wenigen Ausnahmen abgesehen fehlen ihnen der Hornschnabel und die Dentikel (»Zähne«) anderer Froschlarven. Bei einigen Arten ist das Maul wie ein Trichter geformt und wird dazu eingesetzt, Nahrung unterhalb der Wasseroberfläche aufzunehmen. (Man findet diese Anpassung aber auch bei Kaulquappen anderer Familien.)

Die einzigen präpleistozänen Fossilien dieser Familie stammen aus dem frühen Miozän Floridas und sind somit etwa 24 Millionen Jahre alt. Sie werden der lebenden Gattung *Gastrophryne* zugerechnet, die das Gebiet etwa in den heutigen Verbreitungsgrenzen der Microhyliden bewohnt.

Vier südamerikanische Familien

Einige kleine Froschfamilien (ohne fossile Belege) verdanken ihre systematische Eigenständigkeit weniger eindeutig abweichenden Merkmalen als vielmehr der Tatsache, daß sich die Arten nicht widerspruchslos in irgendeine größere Gruppe einordnen lassen. Beispiele dafür sind vier südamerikanische Familien: die Allophrynidae, Brachycephalidae, Rhinodermatidae und Pseudidae. *Allophryne ruthveni*, der einzige Vertreter seiner Familie (Allophrynidae), ist ein kleiner Baumfrosch aus dem Norden Südamerikas. Er wird von den Fachleuten wahlweise den Bufoniden, Leptodactyliden oder Hyliden als eng verwandte Form zugesprochen.

Die drei Arten brachycephalider Frösche leben in den atlantischen Wäldern im Südosten Brasiliens. Sie sind besonders klein: Die Körperlänge von *Psyllophryne didactyla* erreicht nicht einmal 10 Millimeter. Damit ist diese Art nicht nur der kleinste Frosch, sondern auch das kleinste vierbeinige Tier. Nur wenig größer sind die beiden Arten der Gattung *Brachycephalus*. Zwergfrösche haben im allgemeinen weniger Finger als üblich. So besitzen etwa die Brachycephaliden an jedem Fuß nur drei funktionsfähige Zehen. Bei mindestens einer, möglicherweise jedoch allen drei Arten der Brachycephaliden, erfolgt eine direkte Entwicklung der Embryonen, die also als fertige Frösche schlüpfen. In der Familie Rhinodermatidae gibt es zwei Arten der Gattung *Rhinoderma*, die für das Phänomen des Maulbrütens bekannt sind. Es handelt sich um nur 30 Millimeter kleine, am Boden lebende Formen, die im Süden Chiles sowie im benachbarten Argentinien die kühlen Wälder der gemäßigten Zonen bewohnen.

Der Harlekinfrosch (*Pseudis paradoxa*) verdankt seinen Artnamen der Tatsache, daß die Kaulquappen

▲ Drei merkwürdige Bewohner Südamerikas: Der Darwin-Nasenfrosch (*Rhinoderma darwinii*, oben) ist für die ungewöhnliche Aufzucht seiner Jungen bekannt (siehe Seite 80). Die Sattelkröte (*Brachycephalus ephippium*, Mitte) ist eine kleine, grabende Form, die zahlreiche Spezialisierungen für das Graben unter der Erde erfahren hat. Der Harlekinfrosch (*Pseudis paradoxa*, unten) hat seinen Namen daher, daß seine Kaulquappen bis zu viermal so lang sind wie die Erwachsenen.

▶ Die Sooglossiden leben nur auf den Seychellen im Indischen Ozean. Sie bilden eine kleine Familie, deren Verwandtschaft zu den anderen Fröschen noch unklar ist. Die Eier dieser Arten werden an Land abgelegt und entwickeln sich direkt in kleine Jungfrösche. In einigen Fällen schlüpfen jedoch auch Kaulquappen, die auf dem Rücken der Eltern umherreisen. Da sie keinen Mund besitzen, können diese Larven keine Nahrung zu sich nehmen.

Jany Sauvanet/NHPA

eine bemerkenswerte Größe (bis zu 250 Millimeter) erreichen, die größten Frösche nach der Metamorphose jedoch etwa 70 Millimeter nicht überschreiten. Die drei Arten der Familie Pseudidae (zwei gehören zur Gattung *Pseudis* und eine zu *Limellus*) leben beinahe vollständig aquatisch. Allerdings wird wenigstens vom Harlekinfrosch berichtet, daß er Trockenzeiten tief im Schlamm vergraben überlebe. Die Familie ist in weiten Bereichen des nördlichen und östlichen Südamerika, von Kolumbien bis nach Argentinien, in sämtlichen tropischen Tieflandbereichen verbreitet.

▼ Purcels Gespenstfrosch (*Heleophryne purcelli*) gehört zu einer wenig bekannten, auf das südliche Afrika beschränkten Familie. Er ist dem Leben in und um Gebirgsbächen angepaßt. Hier helfen ihm die Haftkissen seiner Zehen, die schlüpfrigen Steine im schnellfließenden Wasser zu erklimmen.

Gespenst- und Seychellenfrösche

Es gibt einige weitere kleine Familien, deren entwicklungsgeschichtliche Verbindungen umstritten waren. Die sogenannten »Gespenstfrösche« der Familie Heleophrynidae umfassen die Gattung *Heleophryne* mit vier Arten, deren Verbreitung auf den äußersten Süden Afrikas (Kap- und Transvaal-Region) beschränkt ist. Vermutlich wurde ihr Trivialname durch die Tatsache geprägt, daß eine Art an einer Stelle mit dem Namen »Skelettschlucht« vorkommt. Natürlich sind die Frösche weder aus Luft noch in anderer Hinsicht geisterhaft.

Die Heleophryniden werden bis zu 60 Millimeter lang. Sie sind flach gebaut, und die Spitzen ihrer Finger und Zehen sind stark vergrößert. Sie können sich daher gut in den Spalten und an den Oberflächen der Felsen festhalten, die an den kühlen, schattigen Gebirgsbächen stehen. Hier leben nicht nur sie, sondern auch ihre Larven. Wie andere Kaulquappen, die dem Leben in schnellfließenden Gewässern angepaßt sind, sind auch die Mundpartien der Gespenstfrösche zu einer großen Saugscheibe umgewandelt, mit Hilfe derer sie sich beim Fressen an schlüpfrigen Felsen festheften.

Es wurde schon angeregt, die Heleophryniden in die australische Familie der Myobatrachidae zu stellen. Dies deutet auf eine Verwandtschaft hin, die viele Jahrmillionen in eine Zeit zurückreicht, als Afrika und Australien noch Teile des Superkontinents Gondwana waren.

Nach Befunden aus Chromosomen- und Verhaltensuntersuchungen dürfte auch die auf den Seychellen lebende Familie Sooglossidae mit den Myobatrachidae Australiens verwandt sein. Man kennt drei Arten, zwei in der Gattung *Sooglossus* und eine in der Gattung *Nesomantis*. Es sind kleine, terrestrische Formen, die eine Körperlänge von 40 Millimeter erreichen und hinsichtlich ihrer Brutmethode von dem Verhalten typischer Frösche abweichen. Die Eier werden nämlich nicht im Wasser, sondern auf dem Boden abgelegt und gehen anschließend zwei verschiedene Möglichkeiten der Entwicklung: Bei einer *Sooglossus*-Art schlüpfen unmittelbar kleine Jungfrösche, während die Kaulquappen der anderen Arten von den Erwachsenen auf dem Rücken getragen werden, bis sie metamorphosiert sind. Bei *S. seychellensis* wird diese Brutpflege nicht, wie üblich, vom Männchen, sondern vom Weibchen übernommen.

NATURSCHUTZ

Zwar werden einige wenige Arten von der einen oder anderen Naturschutzorganisation als gefährdet aufgeführt, doch sind es weniger einzelne Arten als die gefährdeten Lebensräume, die des Schutzes bedürfen. Zweifellos hat die Zerstörung der Regenwälder in den Tropengebieten der Welt viele Froscharten ausgerottet, ehe sie überhaupt der Wissenschaft bekannt wurden. Besondere Aufmerksamkeit verdienen auch die Feuchtgebiete der gemäßigten Regionen und vereinzelte Wasserquellen in Trockengebieten. Nicht zuletzt sind auch Inselfaunen anfällig für die Zerstörung ihrer Lebensräume. Selbst in solchen Fällen, in denen man keine eindeutige Ursache feststellen konnte, gibt es zahlreiche Beispiele für Arten, die offenbar ganz oder nahezu vollständig verschwunden sind. Beispiele dafür sind die Magenbrüter Australiens und einige Frösche der Familie Ranidae, die ursprünglich im Süden Kaliforniens lebten.

VERBREITUNG MIT KATASTROPHALEN FOLGEN

Der Mensch besitzt die unselige Neigung, Tiere von ihren Ursprungsgebieten in fremde Länder zu verschleppen. Zwar dürften die meisten Ansiedlungsversuche fehlschlagen, doch kann ein Erfolg zu einer ökologischen Katastrophe führen oder wenigstens umfangreiche Störungen hervorrufen.

Nur relativ wenige Froscharten konnten an Stellen heimisch werden, die ihnen ursprünglich fremd waren, und die meisten dieser Ansiedlungen dürften gutartiger Natur gewesen sein. So leben heute zum Beispiel auf der ehemals froschlosen Insel Hawaii Giftfrösche und andere Arten, die aus Mittelamerika einwanderten. Einige australische Frösche haben sich auf Neuseeland niedergelassen, wo ursprünglich nur drei Arten zu Hause waren. Und schließlich verbreitet sich ein afrikanischer Krallenfrosch, *Xenopus laevis*, über Südkalifornien. Bei zwei weithin verschleppten amerikanischen Fröschen verhält es sich jedoch ganz anders. Gemeint sind der Ochsenfrosch (*Rana catesbeiana*) und die Aga-Kröte (*Bufo marinus*).

Der Ochsenfrosch, eine große, semiaquatische Art, stammt ursprünglich aus dem östlichen Nordamerika. Er ist anpassungfähig, fruchtbar, gefräßig und schmackhaft. Aufgrund seiner letzten Eigenschaft wurde er weit über den Westen Nordamerikas verstreut, wo er mit den einheimischen Froscharten konkurriert und vermutlich daran mitschuldig ist, daß sie stellenweise schon ausgerottet wurden. Heute findet man ihn auch in Puerto Rico, Italien (wo er 1930 eingeführt wurde) und Japan, sowie vermutlich auch in anderen Ländern.

Das Ursprungsgebiet der Aga-Kröte erstreckt sich vom äußersten Süden von Texas bis zum nördlichen Südamerika. Wie der Ochsenfrosch ist sie groß, fruchtbar und anpassungsfähig, doch weil sie giftig ist (und nur relativ kleine Hinterbeine besitzt), wird sie von Menschen nicht gegessen. Ihre weite Verbreitung wird damit gerechtfertigt, daß sie Insekten, die die Ernten bedrohen, in Schach halten soll.

Diese Rolle der Aga-Kröte ist jedoch nicht unumstritten, da eine Kröte schädliche und nützliche Insekten ohne Unterschied vertilgt. Sie hat keine natürlichen Feinde und pflanzt sich ganzjährig fort. Dazu werden einheimische Frösche nicht nur von den Kröten erbeutet, sondern unter Umständen auch ökologisch verdrängt.

Jean-Paul Ferrero/AUSCAPE International

▲ Eine der Ursachen für den Erfolg der Aga-Kröte ist, daß sie nahezu alles verschlingt, was sich bewegt. Sie wird noch mit erstaunlich großen Beutetieren fertig und hat einen enormen Appetit.

DRITTER TEIL

DIE ARTEN

DER REPTILIEN

Ordnung Testudines, zwei Unterordnungen, 12 Familien, 87 Gattungen, 245 Arten

Größe
Kleinste Art Gesägte Flachschildkröte (*Homopus signatus*), Panzerlänge 95 Millimeter, Gewicht 140 Gramm.
Größte Art Lederschildkröte (*Dermochelys coriacea*), Panzerlänge bis zu 2,4 Meter, Gewicht bis zu 860 Kilogramm.

Artenschutz
85 Arten von Land- und Wasserschildkröten stehen auf der Roten Liste des IUCN für bedrohte Tiere. Davon sind am stärksten bedroht: Falsche Spitzkopfschildkröte (*Pseudemydura umbrina*), Suppenschildkröte (*Chelonia mydas*), Echte Karettschildkröte (*Eretmochelys imbricata*), Atlantische Bastardschildkröte (*Lepidochelys kempii*), Bastardschildkröte (*Lepidochelys olivacea*), Lederschildkröte (*Dermochelys coriacea*), Batagur-Schildkröte (*Batagur baska*), Callagur-Schildkröte (*Callagur borneoensis*), Arrau-Schildkröte (*Podocnemis expansa*), Angonoka (*Geochelone yniphora*) und die Gelbrand-Gopherschildkröte (*Gopherus flavomarginatus*).

WASSER- UND LANDSCHILDKRÖTEN

F.J. OBST

Etwa 245 Arten von Wasser-, Land- und Sumpfschildkröten sind in den tropischen und gemäßigten Zonen der ganzen Welt verbreitet. Sie sind die einzigen Reptilien, in deren Skelett ein Panzer eingebaut ist, so daß sie sich mehr oder weniger vollständig in diesen zurückziehen können. Von allen heute lebenden Reptilien sind die Schildkröten nicht nur die ältesten Formen. Sie haben sich während ihrer 200 Millionen Jahre dauernden Geschichte auch nur wenig verändert.

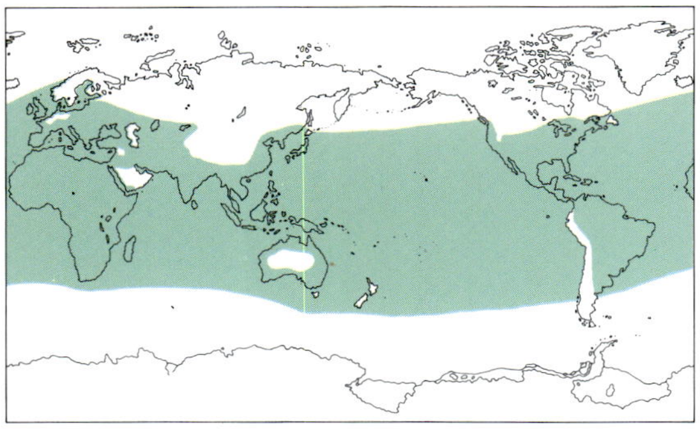

DIE BEIDEN ENTWICKLUNGSLINIEN

Die älteste Gruppe fossiler Schildkröten stammt aus der Trias vor etwa 230 Millionen Jahren. Bald teilten sie sich in zwei Hauptlinien auf, die bis heute überlebt haben: die Cryptodiren oder Halsberger (Unterordnung Cryptodira) und die Pleurodiren oder Halswender (Unterordnung Pleurodira).

Die Cryptodiren sind imstande, den Kopf direkt in den Panzer zurückzuziehen, indem sie die Halswirbelsäule wie eine Kobra senkrecht beugen. (Allerdings können einige moderne Arten den Kopf lediglich teilweise einziehen.) Im Gegensatz dazu klappen die Pleurodiren Kopf und Hals einfach seitlich unter die Vorderkante des oberen Panzers, entweder nach links oder nach rechts. Abgesehen von diesen äußeren Merkmalen bestehen auch wichtige Unterschiede im Bau des Schädels und des Skeletts.

Zu den Cryptodiren gehören die Meeresschildkröten, die alle tropischen und gemäßigten Ozeane bewohnen, sowie die Mehrzahl der Arten, die an Land, in Flüssen oder Seen leben. Sie kommen auf allen Kontinenten vor, obwohl nur eine einzige Art den Norden Australiens erreicht hat. Dagegen leben die Pleurodiren nur in Australien, Südamerika, sowie Zentral- und Südafrika.

Ökologisch betrachtet haben sich die Schildkröten einer weiten Spanne von Lebensräumen angepaßt. Sie besiedelten erfolgreich trockene Landschaften (Wüsten, Savannen und Steppen) ebenso wie Grasebenen, Wälder und Berge. Verschiedene Arten von Süßwasserschildkröten findet man in Stillgewässern, wie Teichen und Fließgewässern, sowie tropischen Flüssen. Einige wenige Arten von Süßwasserschildkröten – und ebenso die echten Meeresschildkröten – verlassen das Wasser nur zur Eiablage, wogegen andere Arten amphibisch leben und sich regelmäßig an Land aufhalten. Einige Arten von Landschildkröten bewohnen so trockene Gebiete, daß sie mit hoher Wahrscheinlichkeit ihr ganzes Leben lang niemals eine offene Wasserstelle erreichen.

▶ Eine Suppenschildkröte (*Chelonia mydas*) auf offener See am Galapagos-Archipel. Meeresschildkröten verbringen ihr ganzes Leben im Meer, und nur die Weibchen kommen zur Eiablage an den Strand. Die meisten Arten sind gefährdet, denn sie wurden vom Menschen in großem Umfang als Nahrungsmittel genutzt.

G.M. Wellington

DIE GEMEINSAMEN MERKMALE

Der Panzer einer Schildkröte besteht aus zwei Teilen: einem oberen, dem sogenannten Carapax, und einem unteren, der als Plastron bezeichnet wird. Jeder dieser Teile setzt sich typischerweise aus einer inneren Knochenschicht und einer äußeren Lage von Hornplatten zusammen. Die äußerlich sichtbare Schicht besteht aus großen Hornplatten, doch bedecken diese lediglich eine stärkere Schicht knöcherner Segmente, die den eigentlich schützenden Teil des Panzers bilden. An der Verbindungsstelle zwischen Carapax und Plastron befinden sich Öffnungen für Kopf, Beine und Schwanz. Da die Zahl und Anordnung der Hornschilder im allgemeinen von einer Art zur anderen differieren, sind sie häufig nützliche Hilfen für die Bestimmung von Arten. Allerdings findet man innerhalb einer Art auch individuelle Unterschiede.

Nur drei Familien besitzen keine Hornplatten auf dem Panzer: die Weichschildkröten, die Neuguinea-Weichschildkröte und die Lederschildkröte. Bei ihnen werden die Platten von einer dicken lederigen Schicht ersetzt, die bei den Weichschildkröten wenigstens am Rand beweglich ist.

Ein allgemeines Merkmal moderner Schildkröten ist das Fehlen von Zähnen im Kiefer. Zwar besaßen die ältesten Fossilien aus der Trias durchaus kleine Zähne, doch befanden sich diese am Gaumen, und die Kiefer selber waren zahnlos. Als Zahnersatz tragen moderne Wasser- und Landschildkröten hornige Leisten, die jeweils den Ober- und Unterkiefer bedecken. Bei fleischfressenden Wasserschildkröten sind diese Leisten messerscharf und funktionieren wie Scherenklingen. Bei den pflanzenfressenden Arten dagegen ist die äußere Kante einer jeden Kieferleiste gezähnt, wodurch die Tiere Teile harter, holziger Pflanzen leichter abbeißen können. Zudem befindet sich am Kiefer häufig ein gezähnter äußerer Rand, der den Biß erleichtert.

Alle Schildkröten besitzen kräftige Gliedmaßen. Selbst die schwerste Landschildkröte kann ihren Körper beim Gehen hoch vom Boden abstützen. Bei den Landschildkröten sind die Finger und Zehen mehr oder weniger zu soliden »Klumpfüßen« zusammengewachsen. Bei den Wasserschildkröten bleiben sie dagegen deutlich erkennbar getrennt, und viele Arten tragen Schwimmhäute zwischen den Fingern und Zehen. Eine Ausnahme bilden die Meeresschildkröten, deren Finger im Laufe der Evolution zu paddelförmigen Gliedmaßen wurden, mit denen sie sich durch das Wasser fortbewegen. Zudem sind die Vordergliedmaßen, anders als bei den anderen Wasserschildkröten, stärker entwickelt als die hinteren. Die Meeresschildkröten sind auch die einzige Gruppe, die ihren Körper über den Boden schleifen muß, wenn die Tiere an die sandigen Strände kommen, um ihre Eier abzulegen.

FORTPFLANZUNG

Alle Schildkröten legen ihre Eier in eine Nistkammer, und die Jungen entwickeln sich in den Eiern bei Temperaturen, die denen des umgebenden Bodens ent-

▲ Die Riesenschildkröte (*Geochelone elephantopus*) der Galapagos-Inseln gehört zu den größten Landschildkröten und wird in dieser Hinsicht nur noch von der Seychellen-Riesenschildkröte übertroffen. Einige Individuen werden über einen Meter lang und erreichen ein Gewicht von annähernd 200 Kilogramm. Trotz ihrer Größe sind diese Schildkröten recht anfällig, denn ihre Eier und Jungtiere fallen Ratten zur Beute, und wilde Ziegen machen ihnen die spärliche Nahrung streitig.

▶ Sporenschildkröten (*Geochelone sulcata*) bei der Paarung. Bei den meisten Schildkröten geht der Paarung ein Abschnüffeln des Partners voraus, und die Tiere schlagen mit dem Panzer zusammen. Der Geruchssinn scheint das entscheidende Hilfsmittel zu sein, um Alter, Geschlecht und Paarungsbereitschaft des Partners in Erfahrung zu bringen, und immer wieder schlägt das Männchen seinen Panzer gegen den der Partnerin, bis diese reagiert und ruhig wird, so daß es aufreiten kann.

Ashod Papazian/NHPA

▼ Meeresschildkröten, wie diese Unechte Karettschildkröte (*Caretta caretta*), kommen nachts an den Strand, um ihre Eier abzulegen, häufig in großen Zahlen. Das Weibchen gräbt oberhalb des Tidenbereichs ein Loch in den Sand und legt dort 100 oder noch mehr Eier hinein. Dann gräbt es das Nest zu und kehrt ins Meer zurück. Wenn die Zeit gekommen ist, schlüpfen die Jungen aus den Eiern und suchen ohne Hilfe des Weibchens die See auf.

Jean-Paul Ferrero/AUSCAPE International

sprechen. Eine Brutfürsorge gibt es nicht, und die Eier werden einfach mit Sand oder Erde zugedeckt. Vom Tage ihres Schlüpfens an müssen sich die jungen Schildkröten selber versorgen. Dabei wird ihr Leben im wesentlichen vom angeborenen Instinktverhalten ihrer Art bestimmt.

Die Brutdauer variiert in gewissem Umfang mit dem Mikroklima, das in der Eikammer herrscht, ist jedoch auch genetisch festgelegt. So währt die kürzeste Brutzeit etwa einen Monat (bei einer Weichschildkröte), durchschnittlich sind es zwei bis drei Monate. Die längste Brutdauer wurde bei einigen Landschildkröten ermittelt. Sie währt etwa eineinhalb Jahre. Derartige Angaben sind jedoch nur dann verläßlich, wenn sie auf einer unmittelbaren Beobachtung der Eier beruhen oder, was weniger zuverlässig ist, auf Aussagen über in Gefangenschaft erfolgte Zuchten. Bei zahlreichen Arten verbringen die Jungen den Winter noch in der Eikammer und tauchen zum ersten Mal im folgenden Frühjahr auf. Dadurch entsteht häufig zu Unrecht der Eindruck einer besonders langen Brutdauer. Sieht man von den wenigen größeren

Arten der Meeres- und Süßwasserarten ab, weisen die Wasser- und Landschildkröten eine niedrige Reproduktionsrate auf. Bei den kleineren Arten umfassen die Gelege nur wenige (ein bis sechs) Eier, bei den größeren können es jedoch 150 oder mehr sein.

HALSWENDER

Die in Südamerika, Australien und Neuguinea lebenden Halswender (Familie Chelidae) sind dem Leben im Süßwasser gut angepaßt. Den meisten Arten erlaubt der lange Hals, an der Wasseroberfläche zu atmen, ohne den übrigen Körper potentiellen Räubern zu zeigen. Zudem können sie bei der Suche nach Nahrung (insbesondere Insekten und deren Larven, Krebse, Kaulquappen, aber auch kleine Frösche und Fische) lange Zeit unter Wasser bleiben. Einige Arten ernähren sich auch von Wasserpflanzen sowie Früchten, die von den umstehenden Bäumen ins Wasser fallen.

Die acht Arten der Gattung *Chelodina*, die als australische Halswenderschildkröten bekannt sind, leben in Australien und auf Neu-Guinea. Am größten wird die südostaustralische Riesen-Schlangenhalsschildkröte (*C. expansa*), deren Panzerlänge 42 Zentimeter erreicht. Dazu kommen weitere 31 Zentimeter für Kopf und Hals.

In Gebieten, die zu gewissen Jahreszeiten austrocknen, vergraben sich einige Arten tief im Bodenschlamm von Lagunen und Sümpfen, um dort die Trockenzeit in einem Ruhestadium zu verbringen, bis der nächste Regen einsetzt. Sind sie gezwungen, Trockengebiete zwischen den Lagunen zu überqueren, wandern sie grundsätzlich nachts. Dabei hilft ihnen ihre Fähigkeit, Wasser in ihrem Analsack zu speichern, eine Struktur, die man auch bei vielen Landschildkröten findet, die Wüstengebiete bewohnen.

Die fünf Arten der Spitzkopfschildkröten (Gattung *Emydura*) und drei Arten der Elseya-Schildkröten (Gattung *Elseya*) besitzen kürzere Hälse von mehr oder weniger normaler Länge. Sie bewohnen Australien und Neuguinea überwiegend im Fließwasser und können ausgezeichnet schwimmen. Wie viele andere Bachbewohner sieht man auch die Spitzkopfschildkröten am frühen Morgen häufig beim Sonnenbaden. Sie liegen dann in bevorzugten Stellungen neben- und übereinander am Ufer und stürzen sich bei der geringsten Störung sofort ins Wasser.

Erst 1980 entdeckte man im Osten Australiens eine neue Gattung und Art, die Weißgesichts-Schildkröte (*Rheodytes leukops*), die man nur am Ablauf des Fitzroy River in Queensland antrifft. Wegen der bemerkenswert weißen Iris am Auge erhielt sie den Artnamen »*leukops*«.

Im Südwesten Australiens, in der Nähe der Stadt Perth, lebt die seltenste und am stärksten bedrohte Schildkrötenart überhaupt, die Falsche Spitzkopfschildkröte (*Pseudemydura umbrina*). Vermutlich sind in der Wildnis (einem kleinen Reservat) nicht einmal mehr 20 dieser kleinen Tiere am Leben, doch brachte ein Zuchtprogramm im Zoo von Perth in letzter Zeit bemerkenswerte Erfolge. Sollte es gelingen, den ursprünglichen Lebensraum vor Räubern und menschlichen Übergriffen zu schützen, ließe sich die Wildpopulation aus dem Bestand der Zucht ergänzen.

In der südamerikanischen Familie Chelidae findet man sowohl Gruppen mit einem schlangenähnlichen als auch mit kurzem Hals, und die beiden Arten der Südamerikanischen Schlangenhalsschildkröten (Gattung *Hydromedusa*) sehen der australischen *Chelodina* äußerlich recht ähnlich. Unter den Bachbewohnern gehören mindestens acht Arten zu den Krötenkopf-Schildkröten der Gattung *Phrynops*, von denen die Dunkle Krötenkopf-Schildkröte (*P. geoffroyanus*) aus Brasilien und Paraguay am bekanntesten ist. Am größten wird die Gefleckte Krötenkopf-Schildkröte (*P. hillarii*), denn sie erreicht eine Panzerlänge von bis zu 44 Zentimeter und ein Gewicht bis zu 1,2 Kilogramm. Sie lebt am Rio Paraná, Rio Paraguay und deren Nebenflüssen im Osten Südamerikas. In den letzten Jahren wurden unbekannte *Phrynops*-Arten entdeckt, und vermutlich wird man noch weitere finden.

In den Bächen der Chaco-Region im südlichen Zentrum Südamerikas, die zeitweilig über Monate trockenfallen können, leben kleinere Formen der Gattung *Acanthochelys*. Ihre Ökologie entspricht etwa derjenigen der Sumpfschildkröten (Familie Emydidae), die später beschrieben werden. Die Sporen-Plattschildkröte (*A. pallidipectoris*) trägt bemerkenswerterweise lange, hornige Sporne an den Oberschenkeln. Ihre Panzerlänge erreicht nur 18 Zentimeter. Wenn die Bäche austrocknen, gräbt sie sich tief in den Schlamm ein, bis die Regenzeit einsetzt. Die übrigen zwei oder drei Arten dieser Gattung leben im Osten Südamerikas.

Weiter nördlich jedoch, in den Flußsystemen des Amazonas und Orinoko, findet man zwei Cheliden mit einer Reihe ungewöhnlicher Merkmale. Die Rotkopf-Plattschildkröte (*Platemys platycephala*) wird am Panzer nur 18 Zentimeter lang und bewohnt die seichten, langsam fließenden Gewässer der Regenwälder. Ihre gelb/orange/braun leuchtende Färbung erin-

▼ Die Glattrückige Schlangenhalsschildkröte (*Chelodina longicollis*) ist ein häufiger Bewohner der Sümpfe und Feuchtgebiete Südostaustraliens. Sie gehört zur Familie Chelidae, einer Gruppe aquatischer und semiaquatischer Schildkröten mit weiteren Vertretern in Australasien und Südamerika. Der Kopf wird nicht vertikal in den Panzer zurückgezogen, sondern in einer oder mehreren Falten des Halses unter den Panzer gelegt.

Jean-Paul Ferrero/AUSCAPE International

Trotz ihrer geringen Artenzahl sind sie in Südamerika so zahlreich, daß sie zur typischen Fauna dieses Kontinents gerechnet werden. Die riesige Arrau-Schildkröte (*Podocnemis expansa*) und die Terekay-Schildkröte (*P. unifilis*) fallen nicht nur wegen ihrer Größe ins Auge, – die Panzerlängen gehen über 100 beziehungsweise 70 Zentimeter hinaus – sondern auch wegen der enormen Individuenzahlen, die sich auf den Sandbänken des Amazonas und Orinoko Nistplätze suchen.

Im Gegensatz zu vielen anderen Süßwasserarten ernähren sich die *Podocnemis*-Arten vorwiegend vegetarisch.

▲ ▶ Dies sind Vertreter der beiden Familien von Halswenderschildkröten: Die südamerikanische Rotkopf-Plattschildkröte (*Platemys platycephala platycephala*, oben) gehört zur Familie Chelidae. Sie kann nicht gut schwimmen, sondern läuft am Boden der Bäche entlang, wo sie dank ihres auflösenden Farbmusters zwischen den Blättern und Pflanzenresten gut getarnt ist. Die Terekay-Schildkröte (*Podocnemis unifilis*) gehört zur Familie Pelomedusidae. Diese primär pflanzenfressende Art ist dafür bekannt, daß sie feine Partikel von der Wasseroberfläche abfiltert.

nert an die Schildkröten aus den Wäldern Südostasiens und dient vermutlich auch einem ähnlichen Zweck: Sie löst die Umrisse auf und tarnt so die Schildkröte auf dem laubbedeckten Waldboden oder Flußbett.

Eine ähnlich wirkungsvolle Tarnung erreicht auch die Fransenschildkröte (*Chelus fimbriatus*), allerdings auf anderem Wege. Ihr bis zu 45 Zentimeter langer Panzer ist flach und mit zahlreichen Erhöhungen versehen, so daß er wie ein Stück Baumrinde aussieht. Zudem wirken Kopf und Hals mit ihren seitlichen Hautlappen wie ein abgefallenes Blatt. So getarnt liegt die Fransenschildkröte regungslos in seichten Waldteichen oder langsam fließenden Bächen und hebt nur gelegentlich ihre Nase an die Oberfläche, um Luft zu holen. Da Fische sie nicht als einen Beutegreifer erkennen, schwimmen sie arglos bis dicht an ihr Maul heran.

Pelomedusen-Schildkröten

Die Halswender der Familie Pelomedusidae gibt es nur in Südamerika, Afrika und auf Madagaskar.

Die Madagassische Schienenschildkröte (*Erymnochelys madagascariensis*) unterscheidet sich nur wenig von ihren südamerikanischen Verwandten. Daß sie auf dieser Insel vor der Südostküste Afrikas vorkommt, ist ein Hinweis darauf, daß diese Insel ursprünglich Teil des großen Südkontinents Gondwana war, zu dem auch Südamerika, Afrika, Australien und die Antarktis gehörten. In Afrika wird die Familie durch die Arten der Gattung *Pelusios* weithin vertreten, die sich alle durch einen beweglichen vorderen Teil des Bauchpanzers auszeichnen. Diese rundlich gebauten, 12 bis 45 Zentimeter langen Schildkröten besitzen stark duftende Moschusdrüsen, deren Sekrete potentielle Räuber abschrecken. Sie bewohnen sowohl fließende als auch stehende Gewässer und verbergen sich gern im Schlamm, wo sie ihre Nahrung finden – Mollusken, Würmer und Insekten. Wenn das Wasser wegtrocknet, vergraben sie sich im Schlamm und legen bis zur Regenzeit eine Sommerruhe ein.

Ähnlich weit über Ost- und Südafrika verbreitet ist die Starrbrust-Pelomeduse (*Pelomedusa subrufa*). Man findet sie zudem an der äußersten Südwestspitze

Asiens, im Yemen, auf der Arabischen Halbinsel. Somit ist sie die einzige Halswenderschildkröte Asiens. In ihrer Lebensweise und Gestalt unterscheidet sie sich von den *Pelusios*-Formen nur wenig.

HALSBERGER-SCHILDKRÖTEN

Schnappschildkröten

Heute umfaßt die Familie Chelydridae nur zwei Arten, die in Nord- und Mittelamerika zu Hause sind. Bemerkenswert ist an ihnen der lange Schwanz, der mit seinen großen, schildähnlichen Schuppen wie der eines Krokodils aussieht. Auch der Kopf ist ungewöhnlich groß und läßt sich nicht vollständig in den Panzer zurückziehen. Wenn eine Schnappschildkröte auf dem Rücken liegt, sieht man, daß das Plastron (der Bauchpanzer) kreuzförmig ausgebildet und verkleinert ist. Die Gliedmaßen werden nicht in den Panzer gezogen, sondern von außen eng dagegen gedrückt.

Die Amerikanische Schnappschildkröte (*Chelydra serpentina*) ist vom Süden Kanadas bis nach Südecuador verbreitet. Mit einer Panzerlänge von bis zu 47 Zentimeter ist sie die kleinere der beiden Arten. Sie ernährt sich vorwiegend von Tieren, etwa Salamandern, Fischen, Fröschen sowie kleineren Vögeln und Säugern. Obwohl diese Schildkröten am Morgen gern die Ufer ihrer Bäche und Sümpfe zum Sonnenbad aufsuchen, halten sie sich doch zumeist im Wasser auf.

Die Geierschildkröte (*Macroclemys temmincki*) ist im Südosten der Vereinigten Staaten, vom Mississippi-Tal südlich bis nach Texas und Florida, verbreitet. Sie ist die größte Süßwasserschildkröte Nordamerikas. Die Rekordmaße liegen bei einer Panzerlänge von 66 Zentimeter und einem Gewicht von 114 Kilogramm. Der Kopf dieses einen Individuums war 24 Zentimeter lang und etwa ebenso breit.

Zusätzlich zu ihrem großen, kräftigen Kopf besitzt diese Art einen Hakenschnabel und einen Ring großer, gekielter Schuppen um jedes Auge herum, wodurch dieses größer erscheint. Auch am Hals befindet sich eine Reihe langer, weicher Schuppen, wodurch dieser ein stacheliges Aussehen erhält. Die Schilder des Carapax überlappen einander wie Dachziegel, während die Seiten eine zusätzliche Reihe von Hornschildern aufweisen, vermutlich ein ursprüngliches Merkmal.

Die Geierschildkröte ist noch mehr an das Wasser gebunden als ihre kleinere Verwandte, die Schnappschildkröte. Große, ältere Tiere verlassen das Wasser nur selten, und dann sind es höchstens die Weibchen, die ihre Eier ablegen wollen. Sie fressen praktisch alles, was sie bewältigen können – selbst große Schnecken und Muscheln können ihren starken Kiefern nicht widerstehen. Für den Fischfang verwenden sie einen Mechanismus, den man bei keiner anderen Schildkröte findet: Die Zunge trägt einen roten, wurmförmigen Fortsatz, der sich, während das Tier sein Maul unter Wasser aufsperrt, in lebendiger Weise windet. Jeder Fisch, der versucht, den Köder zu fressen, wird seinerseits zum Opfer der blitzartig schließenden Kiefer.

Eigentliche Meeresschildkröten

Die sieben Arten der Meeresschildkröten (Familie

Anthony Bannister/NHPA

◀ Die Starrbrust-Pelomeduse (*Pelomedusa subrufa*) ist über den Osten und Süden Afrikas weit verbreitet. Sie kommt auch auf Madagaskar und selbst im äußersten Südwesten der Arabischen Halbinsel vor. Sie bevorzugt Gewässer mit zeitweilig hohem Wasserstand, aber auch Teiche und Bäche. Wenn ihre seichten Tümpel austrocknen, zieht sie häufig in eine andere Gegend oder unterzieht sich im Schlamm einer Sommerruhe, bis die Niederschläge wieder einsetzen.

▶ Die Geierschildkröte (*Macroclemys temmincki*) aus dem Osten der Vereinigten Staaten verdankt ihren englischen Namen, »Alligator snapping turtle«, den vorstehenden Knochengräten ihres Rückenpanzers ebenso wie ihrem raschen und wilden Biß. Sie besitzt eine leuchtend rosagefärbte, hochbewegliche Zunge, die sie bei weit aufgesperrtem Maul hin und her bewegt, um Fische und andere arglose Beutetiere in die Reichweite ihrer tödlichen Kiefer zu locken.

J.A.L. Cooke/Oxford Scientific Films

▼ Weibliche Bastardschildkröten (*Lepidochelys olivacea*) kommen bei Nancite Beach (Costa Rica) in Massen an Land, um ihre Eier abzulegen.

David Hughes/Bruce Coleman Limited

Cheloniidae) sind die letzten Überlebenden einer wesentlich umfangreicheren Gruppe, die ihre größte Vielfalt vor 200 bis 65 Millionen Jahren, vom Jura bis zur Kreide, entwickelt hatte.

Alle rezenten Meeresschildkröten der Familie Cheloniidae sind in bezug auf Körperbau, Gestalt und Lebensweise recht einheitlich. Eine weitere Art, die Lederschildkröte, unterscheidet sich jedoch so stark, daß sie einer getrennten Familie zugeordnet wird. Sie ist die einzige Überlebende einer sonst ausgestorbenen Familie und wird später behandelt.

Alle Cheloniidae besitzen einen recht flachen Panzer, der vollständig von großen Hornplatten bedeckt ist. Stets sind die Vordergliedmaßen stärker entwickelt als die hinteren, was sie von den Süßwasserformen unterscheidet. Der Knochenpanzer ist weniger kräftig gebaut als bei letzteren, denn sowohl im Carapax als auch im Plastron klaffen größere Lücken zwischen den Knochenplatten, die von einer bindegewebigen Haut ausgefüllt und wiederum von starken Hornplatten bedeckt werden. Auf diese Weise wurde der sehr schwere Panzer der Landschildkröten, den eine überwiegend im Meer lebende Form gar nicht braucht, stark reduziert, ohne indes seine Stützkraft und Stabilität einzubüßen.

Die Meeresschildkröten verlassen das Wasser nur zur Eiablage. Also bleiben die Männchen, nachdem sie den Strand nach dem Schlüpfen verlassen haben, ihr Leben lang im Meer. Häufig nehmen sie an der Wasseroberfläche Sonnenbäder, ruhen auf treibenden Algenfeldern oder in dem seichten Wasser, das bei Ebbe in den Korallenriffen zurückbleibt. Es gibt Hinweise, die dafür sprechen, daß die Weibchen zur Eiablage dieselben Strände aufsuchen, an denen sie selber einmal geschlüpft waren. Natürlich kommen die Weibchen Jahr für Jahr zum Nisten an dieselben Strände.

Unglücklicherweise ermöglichte diese Instinkthandlung, an den Geburtsort zurückzukehren, den

Menschen, sich auf ihre Ankunft zum Brüten einzustellen. Dies führte dazu, daß die Meeresschildkröten an vielen Brutgebieten bereits ausgerottet sind und ihr Fortbestand auf der ganzen Welt bedroht ist.

Die Suppenschildkröten (Gattung *Chelonia*), von denen *C. midas* im Atlantischen, Indischen und westlichen Pazifischen Ozean und *C. agassizii* im Ostpazifik leben, werden ebenso wie die Flachrücken-Schildkröte (*Chelonia depressa*) überwiegend wegen ihres Fleisches verfolgt. Allerdings stellt man den Suppenschildkröten in gewissem Grade auch wegen der Hornplatten ihres Panzers nach.

Auch die Bastardschildkröten werden wegen ihres Fleisches gejagt. Die Bastardschildkröte (*Lepidochelys olivacea*) findet man im größten Teil des Atlantiks und des Pazifiks, während Kemps Bastardschildkröte (*L. kempi*) nur im Golf von Mexiko und in den warmen Gewässern des Atlantiks vorkommt. Letztere verwendet offenbar nur einen einzigen Niststrand an der Ostküste Mexikos. Dadurch ist sie gegen übermäßige Ausbeutung und vor Ausrottung besonders schlecht geschützt. Während die Suppenschildkröten durchaus Panzerlängen von bis zu 150 Zentimeter erreichen, gehen die der Bastardschildkröten selten über 70 Zentimeter hinaus.

Etwas größer (bis zu 90 Zentimeter Panzerlänge) wird die Echte Karettschildkröte (*Eretmochelys imbricata*), deren Verbreitung wohl auf die warmen, tropischen Meere beschränkt ist. Die Hornschilder des Rückenpanzers weisen wunderschöne Marmor- oder Flammenmuster auf, die für Schmuckstücke besonders begehrt sind. Auch diese Tiere stehen dadurch in Gefahr auszusterben.

Der größte Vertreter der Familie ist die Unechte Karettschildkröte (*Caretta caretta*). Sie erreicht eine Panzerlänge von 213 Zentimeter, doch liegt der Durchschnitt bei 150 Zentimeter. Ihr Gewicht beträgt normalerweise etwa 150, ausnahmsweise jedoch bis zu 450 oder 500 Kilogramm. Ihre weltweite Verbreitung erstreckt sich auch auf die kühleren Gewässer der höheren Breiten, und sie ist die einzige Meeresschildkröte, die heute noch im Mittelmeer brütet. Glücklicherweise wird weder ihr Fleisch gegessen, noch besitzt ihr Panzer einen kommerziellen Wert. Allerdings geht eine große Bedrohung vom Tourismus aus, da Menschen und Boote an den Stränden Störungen verursachen und die Tiere von der Eiablage abhalten. Zudem ertrinken zahlreiche Tiere in Fischernetzen. Es verwundert daher kaum, daß Unechte Karettschildkröten trotz ihrer großen Gelege (die Weibchen deponieren in einem Gelege mehr als hundert Eier und dies manchmal mehrfach in einer Saison) ebenso gefährdet sind wie die anderen Meeresschildkröten.

▼ Suppenschildkröten (*Chelonia myoas*) bei der Paarung. Manchmal wandern diese Meeresschildkröten über Tausende von Meilen, um sich fortzupflanzen. In der Nähe der Niststrände treffen die Geschlechter aufeinander, um sich im Meer zu paaren. Allerdings gehen die Tiere keine festen Bindungen ein, sondern Männchen und Weibchen paaren sich während der kurzen Fortpflanzungszeit mehrfach mit jeweils anderen Individuen.

Alby Ziebell/AUSCAPE International

▲ Unter den Cheloniern zeigen die Meeresschildkröten einige der weitesten Spezialisierungen an das Leben im Wasser. Dazu gehören ein gewichtsreduzierter, hydrodynamisch geformter Panzer und große, ruderförmige Vorderbeine mit reduzierten Krallen. Die ansprechend gemusterte pazifische Form der Echten Karettschildkröte (*Eretmochelys imbricata bissa*) war die Quelle des kommerziell vermarkteten »Schildpatts«. Man stellte daraus mancherlei Gegenstände her, vom Brillengestell bis zum Kamm. Dies hatte für die wilden Populationen vernichtende Folgen.

Die Lederschildkröte

Die größte heute lebende Schildkröte ist die Lederschildkröte (*Dermochelys coriacea*), der einzige überlebende Vertreter der Familie Dermochelyidae. Ein ungewöhnliches Individuum besaß eine Panzerlänge von 2,5 Meter und ein Gewicht von etwa 860 Kilogramm. Allerdings sind Exemplare mit Panzerlängen von über 1,5 Meter schon selten. Die kräftigen Vorderbeine stehen wie Paddel vorn heraus, und ihre Spannweite übertrifft noch die Länge des Panzers. Daher ist der Anblick einer schnell dahinschwimmenden Lederschildkröte auf hoher See sehr eindrucksvoll. Der umfangreiche Kopf zeichnet sich durch große Augen und einen auffälligen Hakenschnabel aus. Anders als bei den übrigen Meeresschildkröten, deren Panzer durch Hornplatten bedeckt sind, wird der Panzer dieser Art nur von einer Lederhaut überzogen. Auf dem Carapax (Rückenpanzer) ziehen sich mehrere Längsrinnen hin.

SICHER IN DER MENGE

Der gefährlichste Moment im Leben einer Meeresschildkröte ist der, in dem sie das Nest verläßt und sich über den offenen Strand aufs Meer zubewegt. Damit beginnt ihr Spießrutenlauf zwischen räuberischen Vögeln und Krabben. In größerer Zahl sind die Jungen sicherer – je mehr kleine Schildkröten herumlaufen, desto größer ist die Chance, daß sie nicht einzeln aufgesammelt werden. Beim Schlüpfen graben sie sich simultan an die Oberfläche und rücken in ihrer Nistkammer aufwärts, wenn der Sand unter ihnen wegrutscht. Schließlich, vorzugsweise nachts, brechen sie hervor und huschen um ihr Leben auf die Wellen zu. Hier sind sie vor den landbewohnenden Feinden sicher, nicht jedoch vor den Räubern des Ozeans.

Jean-Paul Ferrero/AUSCAPE International

▶ Soeben geschlüpfte Flachrücken-Schildkröten (*Chelonia depressa*).

Die Lederschildkröte ernährt sich überwiegend von Quallen, doch verzehrt sie außerdem Mollusken, Echinodermen (Stachelhäuter) und Krebse. Offenbar werden Fische nur selten genommen. Die Art ist auf der ganzen Welt verbreitet. Sie lebt in sämtlichen tropischen und gemäßigten Meeren und dringt auch in die kälteren Gewässer der höheren Breiten vor. Allerdings kehren, wie bei allen anderen Meeresschildkröten, auch die Weibchen der Lederschildkröte immer wieder zu denselben Nistständen zurück, an denen sie selber geschlüpft sind. Obwohl immer wieder erschöpfte Tiere an die kühlen Küsten Europas und Nordamerikas gespült werden und dort sterben, dürfte feststehen, daß die Lederschildkröte entweder imstande ist, ihre Körpertemperatur über längere Zeit höher zu halten als die der Umgebung oder die Kälte einfach besser ertragen kann. (Anmerkung: Man fand bei Lederschildkröten – wie übrigens auch bei Alligatoren, die bekanntlich auch im Eiswasser überleben können – Wärmeaustausch-Systeme an den vorderen Flossen. Es handelt sich dabei um modifizierte Blutgefäß-Systeme, die den äußeren Gewebsschichten noch Wärme entziehen und nach innen leiten.)

Weichschildkröten

Die Weichschildkröten der Familie Trionychidae umfassen Arten, die eine vielgestaltige Anpassung an das Leben in Flüssen und Seen aufweisen. Allerdings sind sie in Gestalt und Lebensweise recht einheitlich.

Weichschildkröten zeichnen sich dadurch aus, daß sie anstelle der üblichen Hornschilder der Epidermis eine Lederhaut tragen. Während der zentrale Teil des Carapax durchaus noch eine Knochenschicht besitzt, ist der äußere Ring aus soliden Knochen im Laufe der Entwicklungsgeschichte verlorengegangen. Bei vielen Arten kam es dann zu einer nachträglichen Verstärkung des Plastrons (Bauchpanzers), indem sie Hautknochen entwickelten, die nicht am Knochenpanzer festsitzen und im Plastron als grobe, harte Stellen sichtbar sind. Die lederige Haut besitzt eine weiche Oberfläche, einen biegsamen Rand, und das hintere Drittel des Panzers ist stark elastisch. Damit sind die Tiere dem schnellen, energiesparenden Schwimmen im offenen Wasser und der Fortbewegung auf dem schlammigen Boden von Bächen und Seen hervorragend angepaßt.

Weichschildkröten lassen sich mit wellenförmigen Bewegungen am Boden nieder und liegen dort versteckt, vor Räubern gut geschützt. Sie sind allerdings sehr wohl imstande, sich mit Hilfe ihrer messerscharfen hornigen Kiefer zu verteidigen, die meist unter geschwollenen »Lippen« verborgen liegen. Ihre Kehle ist stark von Blutgefäßen durchsetzt und kann Sauerstoff aus dem Wasser aufnehmen. Daher können sie lange Zeit unter Wasser bleiben und müssen nicht unbedingt an der Oberfläche Luft holen. Da auch ihre Lederhaut imstande ist, mit dem umgebenden Wasser Sauerstoff auszutauschen, bleiben Weichschildkröten länger unter Wasser als andere Wasserschildkröten. Die meisten sind ausschließlich carnivor und fressen Mollusken, Krebse, aquatische Insekten, Würmer, Frösche und Fische. Selbst die glatten Plattfische können sie erfolgreich packen und festhalten, ehe sie sie verspeisen. Einige wenige Arten ernähren sich zusätzlich von Früchten und Wasserpflanzen. Trotz ihrer zahlreichen Anpassungen an das Leben im Wasser kommen die Weichschildkröten der nördlichen Breiten regelmäßig an Land, um ein Sonnenbad zu nehmen.

Heute teilt man die Weichschildkröten in 15 Gattungen ein, deren Vertreter in Nordamerika, Afrika und Asien, jedoch nicht in Südamerika oder Australien vorkommen, obwohl in Australien Fossilien entdeckt wurden. Die nordamerikanische Gattung *Apalone* umfaßt drei Arten, von denen die Dornrand-Weichschildkröte (*A. spinifera*) vom Süden Kanadas bis nach Nordmexiko verbreitet ist.

Die meisten Weichschildkröten findet man in Asien. In Kleinasien lebt die Euphrat-Weichschildkröte (*Rafetus euphraticus*), deren Verbreitungsgebiet

Jane Burton/Bruce Coleman Limited

▲ Die Weichschildkröten der Gattung *Trionyx* haben die typische Angewohnheit, teilweise vergraben im schlammigen Bett der Flüsse und Teiche zu liegen. Dabei nutzen sie ihre Fähigkeit, Sauerstoff über die Haut aufzunehmen, und müssen so weniger häufig an die Oberfläche kommen, um Luft zu holen.

▼ Wie die Meeresschildkröten haben auch die Weichschildkröten zahlreiche Anpassungen an das Leben im Wasser entwickelt. Dazu gehören etwa ein reduzierter Rückenpanzer, große, mit Schwimmhäuten besetzte Füße mit wenigen Krallen und eine schnorchelförmige Schnauze. Dadurch atmen sie, während der Körper unter der Wasseroberfläche bleibt. Die Dornrand-Weichschildkröte (*Apalone spinifera spinifera*) ist eine farbenprächtige Art aus dem südöstlichen Nordamerika.

▲ Die Kleine Moschusschildkröte (*Sternotherus minor minor*) ist eine Süßwasserschildkröte aus dem südlichen Nordamerika. Jungtiere leben von Insekten. Wenn die Schildkröten größer werden, wechseln sie schrittweise auf Mollusken über. Als Anpassung an diese Nahrung werden Kopf und Kiefer übermäßig groß. Das »Moschus« in ihrem Namen bezieht sich auf eine intensiv duftende Flüssigkeit, die diese Tiere bei Gefahr absondern.

sich mit dem der Afrikanischen Weichschildkröte (*Trionyx triunguis*), einer großen Art mit bis zu 95 Zentimeter Panzerlänge, überlappt. Man findet sie vom Süden der Türkei und an der Mittelmeerküste bis nach Ägypten und Somalia sowie in Westafrika von Mauretanien bis nach Nordnamibia. In einigen Gegenden bewohnt sie die Brackwasser-Ästuare großer Flüsse.

Die Knorpel-Weichschildkröte (*Amyda cartilaginea*) kommt in großen Teilen der Ostindischen Inseln vor, darunter Java, Sumatra und Borneo. Mit einer Panzerlänge von 70 Zentimeter ist sie schon recht groß, wird jedoch von zwei anderen Arten dieser Region noch übertroffen: von der Kurzkopf-Weichschildkröte (*Chitra indica*), die eine Panzerlänge von 115 Zentimeter erreicht und der Riesen-Weichschildkröte (*Pelochelys bibroni*), deren Panzer 129 Zentimeter lang wird.

In Afrika und Indien leben verschiedene Arten von Weichschildkröten, deren Plastra große Hautklappen tragen, unter denen sich die Füße verbergen lassen. Zwei afrikanische Arten der Gattungen *Cyclanorbis* und *Cycloderma* bewohnen die Flüsse und einige Seen im tropischen und zentralen Bereich Afrikas. Dagegen findet man die Gattung *Lissemys* in Indien und zwei Arten auf Ceylon und in Indochina. Wie viele anderen Wasserschildkröten kann offenbar auch die Indische Klappen-Weichschildkröte (*L. punctata*) Trockenzeiten überleben, indem sie sich tief im Bett oder im Ufer eines austrocknenden Baches oder Sumpfes eingräbt.

Die Neuguinea-Weichschildkröte

Die Neuguinea-Weichschildkröte (Familie Carettochelyidae) ist den übrigen Weichschildkröten äußerlich ähnlich und eng verwandt, denn anstelle horniger Platten bedeckt eine Lederschicht ihren Panzer. Anders als bei den Weichschildkröten der Familie Trionychidae ist der Panzer der Neuguinea-Weichschildkröte jedoch nicht flach und tellerförmig, sondern gewölbt. Zudem trägt er an seiner Mittellinie einen kammartigen Kiel. Diese Gestalt ist auch unter Sumpfschildkröten weit verbreitet. Das Skelett des Panzers wird vollständig gestützt und besitzt dafür einen kräftigen knöchernen Rand, der zudem in einer Brücke in das Plastron übergeht. Zwar sind die normalen knöchernen Bestandteile kleiner als bei den meisten Formen mit »hartem Panzer«, doch sind alle vorhanden.

Heute wird die Familie Carettochelyidae von einer einzigen Art, *Carettochelys insculpta*, vertreten, die lediglich auf Neuguinea und im tropischen Norden Australiens vorkommt. Sie besitzt eine lange, rüsselförmige Schnauze mit röhrenförmigen Nasenöffnungen, durch die die Schildkröte atmen kann, ohne den übrigen Kopf aus dem Wasser strecken zu müssen. Sie lebt überwiegend vegetarisch und bevorzugt die Früchte von Sumpfpflanzen und -bäumen, die am Rande ihrer aquatischen Lebensräume wachsen, etwa *Pandanus* und Feigen. Sie frißt allerdings auch tierische Nahrung wie Mollusken, Krebse und Würmer. Ähnlich den Meeresschildkröten bewegen sie sich weniger mit den hinteren als mit den vorderen Beinen durchs Wasser.

Klapp- und Moschusschildkröten

Zu der Familie Kinosternidae gehören kleine, kryptisch lebende Wasserschildkröten, deren Vorkommen auf Nord- und Südamerika beschränkt ist. Die durchschnittliche Panzerlänge beträgt zwischen 15 und 20 Zentimeter. Alle Arten besitzen einen soliden Carapax, der häufig drei Längskiele aufweist und von kräftigen, zuweilen überlappenden Hornschildern bedeckt ist. Das Plastron ist bei den meisten Arten groß. Mit Hilfe zweier verschiedener Scharniergelenke läßt sich der vordere und hintere Bereich so hochbiegen, daß die Schildkröte ihren Panzer vorn und hinten vollständig schließen kann. Bei einigen Arten weist nur das Vorderteil des Plastrons ein solches Gelenk auf, so daß der Panzer nur zum Teil geschlossen werden kann. Bei wenigen anderen ist das Plastron wiederum zu einem unbeweglichen Kreuz reduziert, das den Gliedmaßen und übrigen Weichteilen des Körpers nur wenig Schutz bietet.

Vermutlich am besten bekannt ist die Gattung der Klappschildkröten (*Kinosternon*), deren 15 Arten von Nord- über Mittelamerika bis zum Norden Südamerikas verbreitet sind. In den meisten Fällen handelt es sich um unauffällige, braune Formen, die den größten Teil des Tages am Boden von Bächen und Seen verbringen und dort nach Mollusken suchen. An jedem Morgen verlassen sie das Wasser, um in der Sonne zu liegen und ihre bevorzugte Körpertemperatur zu erreichen. Insbesondere kleine Arten erklimmen dazu auch Büsche und sogar Bäume, die am Wasser wachsen.

Die Moschusschildkröten (*Sternotherus*) bilden eine zweite Gattung, die nur vier Arten umfaßt und deren Verbreitung auf die mittleren und südlichen Vereinigten Staaten beschränkt ist. Bei allen ist das Plastron reduziert. Wegen des strengen, moschusartigen Geruchs, den gefangene Exemplare verbreiten, werden sie häufig als »Stinkschildkröten« bezeichnet. Allerdings ist dieser Duft nicht auf die Gattung *Sternotherus* beschränkt, sondern kommt bei allen Vertretern der Familie und bei vielen anderen Wasserschildkröten ebenfalls vor. *Sternotherus* führt eine ähnliche Lebensweise wie die anderen Kinosterniden. Entsprechend ihrer geringen Körpergröße legen sie auch weniger Eier; ein normales Gelege umfaßt ein bis fünf Stück.

In Mittelamerika findet man Vertreter zweier weiterer Gattungen, die aufgrund ihrer abweichenden Anatomie und Zellstruktur manchmal in eine eigene Familie gestellt werden, die Staurotypidae. Zunächst sind da die Kreuzbrust-Schildkröten (Gattung *Staurotypus*): die Große Kreuzbrust-Schildkröte (*S. triporcatus*), die eine Panzerlänge von beinahe 40 Zentimeter erreicht, und die Salvin-Kreuzbrust-Schildkröte (*S. salvinii*), deren Panzer 25 Zentimeter lang wird. Wie ihr deutscher Name schon vermuten läßt, ist ihr Plaston zu einem kräftigen knöchernen Kreuz reduziert. Dennoch können sie sich mit dem scharfen Hornschnabel an ihrem großen Kopf wirkungsvoll verteidigen. Beide Arten sind von Mexiko bis nach Honduras oder El Salvador verbreitet.

In Mexiko und Guatemala lebt ein weiteres Mitglied dieser Gruppe, die Großkopf-Schlammschildkröte (*Claudius angustatus*), deren Panzer nur 15 Zentimeter mißt. Ihr auffällig großer Kopf trägt einen eindrucksvollen Schnabel, der nicht in den Panzer zurückgezogen werden kann. Wenn sie zuschnappt, beißt sich diese Schildkröte in vehementer Weise fest und kann schmerzhafte Wunden verursachen. Zugleich stößt sie große Mengen eines übelriechenden Sekrets aus der Kloake aus.

Die Tabasco-Schildkröte

Der einzige lebende Vertreter der Familie Dermatemydidae ist die Tabasco-Schildkröte (*Dermatemys mawi*) aus Mexiko und dem nördlichen Mittelamerika. Sie wirkt wie eine typische, große Süßwasserschildkröte. Allerdings trägt ihr besonders kräftiger und flacher Panzer an der Brücke, wo der Carapax in das Plastron übergeht, eine auffällige Reihe zusätzlicher Schilder. Diese mit einer Panzerlänge von 65 Zentimeter recht eindrucksvolle Schildkröte bewohnt die Süß- und Brackwasserbereiche von Flüssen, Lagunen und Ästuaren. Gern hält sie sich in den warmen oberen Bereichen des tieferen Wassers auf und läßt sich dort treiben, während ihre Körpertemperatur auf diese Weise zunimmt. Bei Störungen taucht sie rasch ab.

Ihre Nahrung besteht überwiegend aus Wasserpflanzen. Um die harten, holzigen Pflanzen gut durchbeißen zu können, sind die Hornkanten ihrer Kiefer gezähnt. Sie verschmäht aber auch tierische Nahrung nicht, wenn sie zur Verfügung steht. Die Tiere verlassen das Wasser nur zur Eiablage. Zweimal im Jahr werden bis zu 20 Eier zumeist in der Nähe des Wassers vergraben.

Die neuweltlichen Sumpfschildkröten

Als die Schildkröten die Lebensräume des Süßwassers eroberten, entwickelten sich offenbar parallel zwei Gruppen zueinander. Die Sumpfschildkröten der Neuen (Familie Emydidae) und der Alten Welt (Familie Bataguridae) haben wahrscheinlich einen gemeinsamen Vorfahren, den die meisten Wissenschaftler heute zugleich für den Vorfahren der Landschildkröten (Familie Testudinidae) halten.

Die Emydidae umfassen acht Gattungen und weisen ihre größte Artenvielfalt in südlichen Nordamerika auf. Einige Arten sind nördlich bis nach Kanada, andere in der Karibik und über Mittel- und Südamerika verbreitet. Nur eine Art dringt bis nach Südamerika vor. Und auch in Europa, Nordafrika und dem Mittleren Osten lebt nur ein einziger Vertreter dieser Familie, die Europäische Sumpfschildkröte (*Emys orbicularis*).

Sumpfschildkröten unterscheiden sich von vielen anderen Wasserschildkröten durch einen vollständigen Knochenpanzer, der mit hornigen Platten bedeckt ist und, wenigstens bei einigen Gattungen, Scharniere am Plastron besitzt, durch die der Panzer vollständig geschlossen werden kann. Ihre wohlentwickelten Gliedmaßen tragen Schwimmhäute. Die meisten leben semiaquatisch in Sümpfen, Flüssen, ja sogar in Küstenlagunen. Andere sind mehr an das Land gebunden und wohnen in Wäldern, fernab vom Wasser. Tatsächlich kann keine andere Schildkrötenfamilie eine vergleichbare Vielfalt an besetzten Lebensräumen vorweisen.

Am bekanntesten sind die drei Gattungen derjenigen Formen, die wegen ihrer leuchtend gefärbten Panzer, Köpfe und Gliedmaßen Schmuckschildkröten genannt werden: die Zierschildkröten (*Chrysemys*) und die Schmuckschildkröten der Gattungen *Trachemys* und *Pseudemys*. Zu den schönsten gehört die Zierschildkröte (*Chrysemys picta*), die in mehreren Unterarten vom südlichen Kanada bis zum extremen Süden der Vereinigten Staaten vorkommt. Auf dem braunen Carapax und auf dem Kopf trägt sie eine leuchtend rote oder gelbe Zeichnung. Ihre Panzerlänge beträgt etwa 25 Zentimeter.

Kaum weniger auffällig sind die verschiedenen geographischen Formen der Buchstaben-Schmuckschildkröten (*Trachemys scripta*). Das gilt besonders für diejenigen, die an den Seiten des Carapax große Augenmuster tragen und daher auch Pfauenaugen-Schmuckschildkröten heißen. Die Art ist vom Norden der Vereinigten Staaten über Mittel- bis nach Südamerika verbreitet. Andere *Trachemys*-Arten leben auf den Westindischen Inseln, und die Vertreter der verwandten Gattung *Pseudemys* bewohnen den gesamten Osten der USA. Bei den Schmuckschildkröten sind die Männchen grundsätzlich kleiner als die Weibchen. Außerdem sind die Vorderkrallen der Männchen auffällig verlängert und spielen bei der Paarung in einer Art Hochzeitstanz eine wichtige Rolle: Dabei nähert sich Männchen seiner Partnerin von vorn und berührt mit seinen langen Krallen beide Seiten ihres Kopfes, so daß sie zur Kopulation stimuliert wird.

Eng mit den Schmuckschildkröten verwandt und zudem in denselben Gebieten der östlichen und südlichen Vereinigten Staaten zu Hause sind die zehn Arten der Landkartenschildkröten (Gattung *Graptemys*).

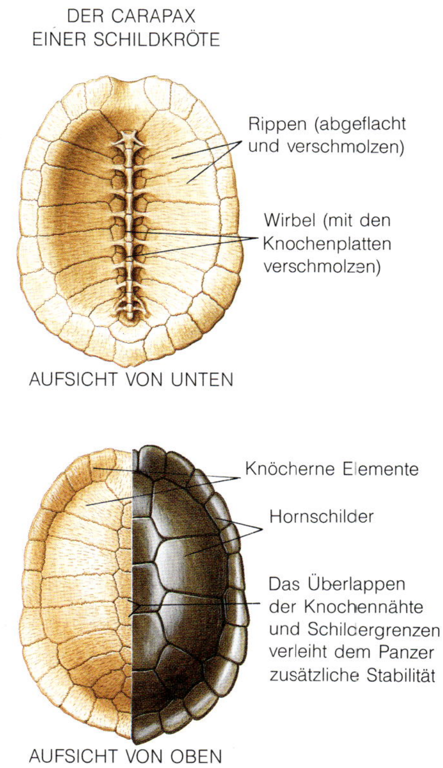

▲ Der Panzer der Chelonier besteht aus zwei Teilen: dem Rückenpanzer oder Carapax und dem Bauchpanzer oder Plastron. Er besteht aus untereinander verbundenen Knochenplatten, die beim Carapax (wie oben dargestellt), auch die erweiterten und verschmolzenen Rippen einschließen, und auch das Rückgrat ist fest mit ihm verwachsen. Sowohl Carapax als auch Plastron sind von einer zweiten Schicht großer Hornplatten bedeckt. Die Grenzen dieser Schilder decken sich nicht mit den Nähten zwischen den Knochenplatten. Dadurch wird der Panzer zusätzlich stabilisiert.

▼ Die nordamerikanische Zierschildkröte (*Chrysemys picta belli*, Familie Emydidae).

▶ Die Carolina-Dosenschildkröte (*Terrapene carolina carolina*) ist ein terrestrischer Vertreter der Familie Emydidae, der das Aussehen einer Landschildkröte angenommen hat. Bei dieser Art besitzt das Plastron ein Scharnier, wodurch der Panzer bei eingezogenem Kopf, Gliedmaßen und Schwanz vollständig geschlossen werden kann, was der Schildkröte das Erscheinungsbild einer Dose verleiht. Dieses Individuum ist ein Männchen, wie man an seinen roten Augen erkennen kann.

▼ Die Falsche Landkartenschildkröte (*Graptemys pseudogeographica*) aus Nordamerika. Bei dieser und den verwandten Gattungen unterscheiden sich die Geschlechter an Größe so sehr, daß man bei den Tieren unterschiedliche Lebensräume und Ernährungsweisen zugrunde legen muß. Dabei leben die strikt vegetarischen Weibchen eher im tieferen Wasser, während sich die wesentlich kleineren Männchen ihre tierische Beute lieber im seichten Wasser suchen.

Ihre Panzerlänge reicht von 15 bis 30 Zentimeter, und wiederum sind die Männchen viel kleiner als die Weibchen. Typisch für diese Gattung sind die Höcker an den Mittelschildern des Carapax. Die Landkartenschildkröten sind nicht so farbenprächtig wie Schmuckschildkröten, aber ihre Köpfe sind hübsch gezeichnet, und bei vielen Arten tragen auch die äußeren Carapaxschilder wunderschöne Augenmuster. Alle diese Schildkröten sonnen sich gern, besonders am frühen Morgen. Dann sammeln sie sich an den Ufern von Teichen, Gräben und Flüssen und versuchen, ihre Körpertemperatur anzuheben. Sie sind dabei stets auf der Hut und stürzen sich schon bei der geringsten Störung in tieferes Wasser. Während erwachsene Tiere nahezu Vegetarier sind, ernähren sich die Jungen überwiegend von tierischer Nahrung. Allerdings weist die Ernährung zwischen den Arten und selbst zwischen den Geschlechtern und Individuen einer Art beträchtliche Variationen auf.

Joe E. Blossom/NHPA

Ebenfalls mit den Schmuckschildkröten verwandt ist die auffallend langhalsige Langhals-Schmuckschildkröte (*Deirochelys reticularia*). Wie die Diamantschildkröte (*Malaclemmys terrapin*) ist sie wegen ihres Fleisches sehr begehrt. Letztere lebt an der Ost- und Südküste der Vereinigten Staaten, vorzugsweise im Brackwasser von Sümpfen, Lagunen und Ästuaren. Hier findet sie ein breites Nahrungsspektrum, darunter Krebse, Mollusken und Wasserpflanzen. In vielen Gebieten ist sie bereits ausgerottet, da man sie als Nahrungsmittel weggefangen hat.

Die Dosenschildkröten (Gattung *Terrapene*) bewohnen die östlichen und südlichen Vereinigten Staaten und Mexiko. Sie besitzen ein Plastron-Gelenk, mit Hilfe dessen sie ihren Panzer vollständig verschließen können. Die meisten Arten leben an Land, so etwa die Carolina-Dosenschildkröte (*T. carolina*) in feuchten Laubwäldern und Graslandschaften, während die Schmuck-Dosenschildkröte (*T. ornata*) die trockeneren, sandigen Prärien bevorzugt. Nur die Coahuila-Dosenschildkröte (*T. coahuila*) lebt ganz aquatisch. Man findet sie nur im Cuatro Ciénegas Becken im Norden Mexikos). Die Amerikanische Sumpfschildkröte (*Emydoidea blandingi*) ähnelt den Dosenschildkröten darin, daß auch sie ein Plastrongelenk besitzt. Mit ihrem langen Hals sieht sie zugleich den *Deirochelys*-Arten ähnlich. Sie bewohnt die mittleren Regionen der USA. Wie die echten Sumpfschildkröten bevorzugt sie größere stehende Gewässer, und viele Jahre lang wurde sie irrtümlich der Gattung *Emys* zugeordnet.

Die Europäische Sumpfschildkröte (*Emys orbicularis*) weicht in geographischer und entwicklungsgeschichtlicher Hinsicht von den anderen Gattungen ab.

Diese (mit 28 Zentimeter Panzerlänge) mittelgroße Sumpfschildkröte lebt semiaquatisch in Nordafrika und im größten Teil Europas. Nach Osten reicht ihre Verbreitung bis zum Aral-See. Obwohl sie Pflanzen und Tiere frißt, besteht ihre Nahrung überwiegend aus Fleisch.

Die letzte Gattung der Neuweltlichen Sumpfschildkröten, *Clemmys*, enthält vier Arten. Am besten bekannt und dazu eine der kleinsten Süßwasserschildkröten ist die Tropfenschildkröte (*C. guttata*), die in kleinen Teichen und Gräben zu Hause ist. Am größten unter den vier Arten wird die Waldbach-Schildkröte (*C. insculpta*), die eine Panzerlänge von 23 Zentimeter erreicht. Sie bewohnt die Laubwälder des östlichen Nordamerika und hat sich vom Wasser weitgehend unabhängig gemacht.

Stan Osolinski/Oxford Scientific Films

▲ Schmuck-Dosenschildkröten (*Terrapene ornata*) bei der Paarung. Die Kopulation stellt Landschildkröten mit ihrem hohen, stark gewölbten Rückenpanzer vor besondere Probleme. Verschiedene Landschildkröten haben Sporne entwickelt, die dem Männchen helfen, seine Position zu halten. Die nordamerikanischen Dosenschildkröten besitzen bewegliche Bauchpanzer. Häufig klemmt das Weibchen damit die Hinterbeine seines Partners fest. Anschließend läßt sich dieser zur Paarung hintenüber fallen.

Landschildkröten

Eng genommen bezieht sich der Begriff »Landschildkröten« nur auf die Vertreter der Familie Testudinidae. Man findet diese Formen in Europa, Asien und beiden amerikanischen Kontinenten. Am bekanntesten sind die europäischen Arten der Gattung *Testudo*, besonders die Griechische (*T. hermanni*) und die Maurische Landschildkröte (*T. graeca*), die beinahe überall in den Anliegerländern des Mittelmeeres vorkommen. Zwei weitere Arten sind weniger weit verbreitet: Die Breitrand-Schildkröte (*T. marginata*) lebt nur in Griechenland und auf Sardinien, während die Ägyptische Landschildkröte (*T. kleinmanni*, mit bis zu 15 Zentimeter Panzerlänge die kleinste Art) im Gebiet um Libyen und Israel wohnt. Je nach Breitengrad, an dem sie leben, haben diese Schildkröten eine mehr oder weniger lange Überwinterungszeit, während derer sie sich im Boden vergraben. Sie fressen in hohem Maße die krautigen Pflanzen, die zu der jeweiligen Jahreszeit frisch wachsen, denn alle Landschildkröten sind überwiegend Vegetarier. Allerdings verschmähen sie auch Insekten, Würmer und Mollusken nicht, ja nicht einmal Aas und den Kot von Huftieren.

Über viele Jahre galten die Griechischen und Maurischen Landschildkröten als begehrte Haustiere. Dann allerdings bedrohte dieser Tierhandel den Fortbestand zahlreicher südeuropäischer und nordafrikanischer Populationen.

Afrika ist der Kontinent mit den meisten Landschildkröten. Dabei herrscht die Gattung *Geochelone* vor. Die in der Sahara-Region lebende Spornschildkröte (*G. sulcata*) erreicht eine Panzerlänge von 75 Zentimeter und 80 Kilogramm Gewicht. Wie die

Hellio & Van Ingen/NHPA

◀ Eine Europäische Sumpfschildkröte (*Emys orbicularis*) frißt einen toten Fisch. Diese fleischfressende Schildkröte ist stark an das Wasser gebunden. Sie ernährt sich von Fröschen, Würmern, Mollusken, Fischen, ja selbst von Nagetieren und kleinen Vögeln. In den nördlichen Bereichen ihres Verbreitungsgebiets vergräbt sie sich im Schlamm, um den größten Teil des Winters dort ruhend zu verbringen.

amerikanischen Gopher-Schildkröten überdauert diese Art Trockenzeiten dadurch, daß sie sich tief in den Boden eingräbt. In heißen, trockenen Gebieten sind alle Landschildkröten nur morgens und am späten Nachmittag aktiv. Der Hitze des Tages entziehen sie sich im Schatten von Büschen und Bäumen oder in Erdgängen. Bei einer Schildkröte, die sich der Mittagshitze aussetzt, würde sich der mit Hornplatten und dem massiven Knochenpanzer bedeckte, stämmige Körper rasch überhitzen, und das Tier würde sterben.

Die Pantherschildkröte (*G. pardalis*) ist weithin über den Südosten des Kontinents verbreitet. Sie gehört zu den typischen Tieren der Savanne. Ihre Eier benötigen bis zum Schlüpfen 460 Tage; dies ist die längste Brutzeit unter den Schildkröten. Alle Landschildkröten legen Eier mit einer verkalkten Schale, die einen gewissen Schutz gegen mechanische Beschädigung und rasches Austrocknen bietet. Da die Weibchen oft Probleme haben, in dem harten Boden eine Nistkammer zu graben, lassen sie manchmal Urin und Wasser (letzteres ist in ihrer Analblase gespeichert) ab. Dadurch wird der Boden durchtränkt und das Graben erleichtert.

Ebenfalls weit über die trockenen Regionen Afrikas verbreitet ist die Glattrand-Gelenkschildkröte (*Kinixys belliana*). Diese und zwei weitere Arten der Gattung verfügen über ein Scharnier, das quer über den hinteren Teil des Carapax verläuft. Dadurch können sie den hinteren Teil der Panzeröffnung vollständig schließen und sich so vor vielen Feinden schützen - nicht jedoch vor der Hyäne, deren Biß den Panzer vollständig durchdringt. Die beiden anderen Arten bewohnen die Regenwälder Zentral- und Westafrikas und fressen dort Würmer, Schnecken und Insekten, die auf dem feuchten Waldboden leben.

In Südafrika leben mindestens zwei Gattungen von Landschildkröten mit eingeschränktem Verbreitungsgebiet. Die südafrikanischen Formen der Gattung *Psammobates* erreichen Panzerlängen zwischen 14 und 24 Zentimeter und haben sich auf bestimmte Nahrungspflanzen spezialisiert. Die kleinsten Landschildkröten sind die fünf *Homopus*-Arten (Panzerlänge nur neun bis 15 Zentimeter) aus den Trockenregionen des äußersten südlichen Afrika. Eine davon, *H. bergeri*, galt schon als ausgestorben, bis man sie vor kurzem in einem sehr kleinen Gebiet wiederentdeckte.

Eine andere Art, die nach beinahe 90 Jahren wiederentdeckt wurde, ist die erstaunlichste Landschildkröte Ostafrikas, die Spaltenschildkröte (*Malacochersus tornieri*). Ganz junge Tiere haben einen geschlossenen, gewölbten Panzer. Beim erwachsenen Tier ist er nicht nur sehr flach, sondern auch weich. Zwischen den Knochenplatten im Panzer befinden sich Hohlräume, deren Anteil mit fortschreitendem Wachstum der Schildkröte auch zunimmt (der Panzer erreicht eine Länge von 17 Zentimeter). Dabei entwickeln sich die Hornplatten, die den Panzer bedecken, völlig normal und lassen kaum etwas von der Reduktion der darunterliegenden Knochenschicht ahnen. Die Schildkröte lebt in den Bergen Ostafrikas und kann hervorragend klettern. Dank ihres biegsamen Panzers kann sie sich in Felsspalten verkeilen, indem sie den Körper mit Luft aufbläst, so daß Räuber sie nicht herausziehen können. Die Weibchen legen mehrmals pro Jahr jeweils ein bis zwei Eier. Wegen dieser geringen Fortpflanzungsrate ist die Spaltenschildkröte, die für den Terrarienhandel gesammelt wird, besonders bedroht.

▼ Zu den am schönsten gezeichneten Landschildkröten gehört die Madagassische Strahlenschildkröte (*Asterochelys radiata*, unten). Sie gehört zu einer Gattung mit nur zwei Arten, die beide auf Madagaskar beschränkt und auch beide gefährdet sind. Bei der ostafrikanischen Spaltenschildkröte (*Malacochersus tornieri*, unten rechts) handelt es sich um eine ungewöhnliche Art, die ihrem felsigen Lebensraum gut angepaßt ist. Ihr Panzer ist nicht nur bemerkenswert flach, sondern auch biegsam. So kann sich die Schildkröte in enge Spalten hineinzwängen. Wenn sie sich mit Luft aufbläst, dehnt sich der Panzer aus, und das Tier ist zwischen dem Gestein fest verkeilt.

Auf Madagaskar leben vier endemische Arten. Die bekannteste davon ist die Madagassische Strahlenschildkröte (*Asterochelys radiata*), die in den Trockengebieten im Südwesten der Insel zu Hause ist. Leider gilt sie bei den Eingeborenen als Delikatesse. Im mittleren Westen Madagaskars lebt die Angonoka oder Madagassische Spornschildkröte (*A. yniphora*), deren Männchen vorn am Plastron einen langen Sporn tragen. Dieser ist in seiner Funktion mit dem Geweih vieler Säugetiere vergleichbar und dient ebenfalls dazu, andere Männchen während der Paarungszeit zu vertreiben. Ähnliche Sporne findet man bei den Männchen der Schnabelbrust-Schildkröte (*Chersina angulata*) und den amerikanischen Gopherschildkröten (Gattung *Gopherus*).

Zwei kleine Arten bewohnen den Süden Madagaskars: die Spinnenschildkröte (*Pyxis arachnoides*), die ihren Namen einem spinnennetzähnlichen Muster auf dem gelben Carapax verdankt, und die Madagassische Flachrücken-Schildkröte (*P. planicauda*), die eine Panzerlänge von etwa 12 Zentimeter erreicht. Über den größten Teil des Jahres liegen sie inaktiv in unterirdischen Gängen. Und wenn die Regenzeit einsetzt, bleiben ihnen nur wenige Wochen für die Nahrungsaufnahme, Paarung und Eiablage.

Auf den Seychellen, den Maskarenen (Mauritius und Réunion) und Aldabra leben die größten Landschildkröten der Welt. Die Seychellen-Riesenschildkröte (*Aldabrachelys elephantina*) ist mit einer Panzerlänge bis zu 130 Zentimeter noch größer als ihre entfernte Verwandte, die Galapagos-Riesenschildkröte (*Chelonoidis elephantopus nigrita*) von den Galapagos-Inseln. Obwohl die beiden Riesenarten unterschiedlichen Entwicklungslinien angehören, weisen sie einen ähnlichen Panzerbau auf: Die Knochen des Panzers besitzen nämlich eine Wabenstruktur, in die zahlreiche kleine Luftkammern eingeschlossen sind. Ein massiver Knochenpanzer wäre so schwer, daß die Riesenschildkröten Probleme hätten, ihn mit sich herumzutragen.

Die nächsten Verwandten der Galapagos-Riesenschildkröte leben auf dem südamerikanischen Festland. Die Köhlerschildkröte (*Chelonoidis carbonaria*) und die Waldschildkröte (*C. denticulata*) bewohnen die Wälder der Tropengebiete. Mit einer Panzerlänge bis zu 80 Zentimeter sind sie nicht wesentlich kleiner als die kleineren Rassen der Galapagos-Schildkröten. Da ihr Panzer jedoch schlank und langgstreckt ist, erreichen sie niemals das Körpergewicht von Galapagos-Schildkröten gleicher Panzerlänge. Eine dritte Art, die Argentinische Landschildkröte (*C. chilensis*), lebt auf den Grasebenen Argentiniens und Paraguays. Anders als ihr wissenschaftlicher Name vermuten läßt, kommt sie in Chile nicht vor.

Nordamerika ist die Heimat der Gopher-Schildkröten (Gattung *Gopherus*), deren Verbreitung von Florida bis nach Kalifornien und südwärts zum Norden Mexikos reicht. Die fünfte Art, *G. lepidocephalus*, wurde erst kürzlich im Süden der Baja California entdeckt, dürfte jedoch bald ausgestorben sein. Dagegen sind die übrigen vier – ebenfalls gefährdeten – Arten glücklicherweise gesetzlich geschützt. Alle Gopher-Schildkröten leben in der Wüste oder in semiariden Gebieten. Es sind grabende Formen, die der Hitze des Tages dadurch entgehen, daß sie sich in ihren unterirdischen Gängen aufhalten. Besonders aktiv werden sie am frühen Morgen und am Abend. Dann suchen sie nach verschiedenen Pflanzen, die sie, wie alle Landschildkröten, in erster Linie durch Kombination von Geruchs- und Gesichtssinn aufspüren..

Mit einer Panzerlänge von 60 Zentimeter ist die Braune Landschildkröte (*Manouria emys*) der Riese unter den Landschildkröten Südostasiens. Diese flache, ebenmäßig braune Schildkröte lebt in den Regenwäldern, insbesondere dort, wo es offene Wasserstellen gibt. Hier nehmen sie gern ein Bad und fressen die aquatischen Pflanzen und Tiere. Während andere Landschildkröten ihre Eier im Boden vergraben, schichtet diese Art einen Haufen aus Erde und Laub auf, in dem die Eier verborgen werden. In einem solchen Nest können sich bis zu 50 Eier befinden, und wegen seiner erhöhten Lage sind diese vor Überflutung geschützt. Ein farbenprächtiger Verwandter ist *M. impressa* aus dem nördlichen Indochina. Ihr Panzer ist wesentlich flacher und trägt auf braunem oder schwarzem Hintergrund eine leuchtend gelbe oder orangefarbene Musterung. Dadurch ist die Schildkröte auf dem laubübersäten tropischen Waldboden gut getarnt. In Indien findet man drei Arten von *Indotestudo* sowie verschiedene *Geochelone*-Arten. Mit dem dunklen Streifenmuster, das jedes ihrer Carapaxschilder ziert, gehört die Indische Sternschildkröte (*G. elegans*) zu den schönsten Landschildkröten überhaupt. Sie lebt auf den Savannen und Dünen des indischen Festlandes und Sri Lankas.

Die Altweltlichen Sumpfschildkröten

Die Sumpfschildkröten der Alten Welt (Familie Bataguridae) bilden mit 21 Gattungen die größte Familie der Wasserschildkröten. Abgesehen von der einen Gattung *Rhinoclemmys* aus Mittel- und Südamerika leben alle in Europa, Nordafrika oder Asien. Es überrascht kaum, daß sie hinsichtlich der Gestalt, des Körperbaus und ihrer Biologie viele Parallelen zur Familie

Tui de Roy/Oxford Scientific Films

▲ Darwin-Finken (Gattung *Geospiza*) picken Zecken von einer Galapagos-Riesenschildkröte. Obwohl der enorme Rückenpanzer massiv wirkt, ist das Innere des Panzers dieser großen Tiere zu einem Wabenmuster reduziert, vermutlich um Gewicht zu sparen, daher überraschend zerbrechlich und verletzungsanfällig.

▲ Zwei farbenprächtige Bewohner Südostasiens (Familie Bataguridae): Die Stachel-Erdschildkröte (*Heosemys spinosa*, ganz oben) trägt merkwürdige Stacheln, die besonders bei Jungtieren deutlich in Erscheinung treten. Zuätzlich zu ihrer physischen Abschreckung helfen diese Stacheln – gemeinsam mit der Färbung der Schildkröte – dem Tier, sich im Laub zu tarnen. Die Malayen-Sumpfschildkröte (*Malayemys subtrijuga*, oben) ist eine aquatische Bewohnerin langsam fließender oder stehender Gewässer. Sie ernährt sich vorwiegend von Mollusken.

der Emydidae (siehe oben) aufweisen. Tatsächlich können einige Arten beider Familien einander so ähnlich sein, daß sie sich nur aufgrund feiner anatomischer Abweichungen unterscheiden lassen. So ist es ein wahres Glück, daß beide Familien (von den oben erwähnten Ausnahmen abgesehen) getrennte Verbreitungsgebiete haben.

Die Flußschildkröten besitzen einen soliden Panzer und kräftige, vollkommen mit Schwimmhäuten besetzte Füße. Im allgemeinen sind sie die größten Wasserschildkröten. Die Borneo-Flußschildkröte (*Orlitia borneoensis*) erreicht zum Beispiel eine Panzerlänge von 80 Zentimeter. Diese Formen gehören zur typischen Fauna der größeren Flüsse Indiens, Indochinas und Indomalaysias, einschließlich der Insel Borneo. Einige von ihnen, darunter *Callagur*, *Hieremys* und einige *Batagur*-Arten, findet man auch im Brackwasser. Als Jungtiere sind sie zumeist omnivor, und nur die Erwachsenen leben streng vegetarisch.

Die Callagur-Schildkröte (*Callagur borneoensis*) aus dem südlichen Indochina, Sumatra und Borneo legt ihre Eier häufig an denselben Stränden ab wie die Meeresschildkröten. Nach dem Schlüpfen suchen die Jungen zunächst das Meer auf und leben dort kurze Zeit, bis sie in die Ästuare und Flüsse weiterziehen. Die Männchen der Callagur-Schildkröte nehmen zur Paarungszeit ein eigentümliches Farbmuster an: Auf dem grau-olivfarbenen Kopf befindet sich eine rote Krone, der Nacken ist beinahe silbrig-weiß, und die Farben auf dem Carapax nehmen an Leuchtkraft zu. Solch ein jahreszeitlich bedingter Farbwechsel ist zwar bei Echsen verbreitet, unter Schildkröten jedoch selten.

Außer den großen Flußschildkröten umfaßt die Familie Bataguridae auch eine Reihe kleiner, ebenfalls zumeist aquatischer Arten, die das Wasser nur zum Sonnenbad oder zur Eiablage verlassen. Dazu gehören die Pfauenaugen-Sumpfschildkröten der Gattung *Morenia* mit zwei Arten in Bangladesch und Burma, drei Arten der Dachschildkröten (Gattung *Kachuga*), sowie die Chinesische Streifenschildkröte (*Ocadia sinensis*), die Strahlen-Dreikielschildkröte (*Geoclemys hamiltoni*), die über den gesamten Norden Indiens, von Pakistan bis Bangladesch, verbreitet ist, und schließlich die Schwarze Dickkopfschildkröte (*Siebenrockiella crassicollis*) aus Indochina und den Großen Sunda-Inseln. Die meisten dieser Wasserschildkröten leben überwiegend vegetarisch, doch gibt es einige bemerkenswerte Ausnahmen – etwa die Malayen-Sumpfschildkröte (*Malayemys subtrijuga*).

Im Gegensatz dazu führen die vier Arten der Gattung *Mauremys* eine eindeutig amphibische Lebensweise. Die Kaspischen Wasserschildkröten (*M. caspica* und *M. leprosa*) sind Allesfresser. Man findet sie in den Bächen der trockenen, gebirgigen Regionen rund um das Mittelmeer. Im Sommer trocknen diese Bäche vollständig aus, so daß die Schildkröten häufig lange Strecken über Land zurücklegen müssen, um neue Wasserquellen zu finden. In extremen Fällen sind sie gezwungen, sich einzugraben, um nicht auszutrocknen, und sie warten dann auf den nächsten Regen. Ein ähnliches Verhalten zeigt die Japanische Wasserschildkröte (*M. japonica*) aus den südlichen Hochebenen Japans.

Eine weitere amphibische Gruppe bilden die Scharnierschildkröten, die über Indien und südwärts über den indomalayischen Archipel bis zu den Großen Sunda-Inseln verbreitet sind. Einige Spezialisten teilen sie zwei verschiedenen Gattungen zu, *Cuora* und *Cistoclemmys*. Andere stellen sie in die einzige Gattung *Cuora*. Allen Arten gemeinsam ist ein Plastrongelenk, das dem Tier erlaubt, Kopf und Gliedmaßen in einen vollständig verschlossenen Panzer zurückzuziehen. Einige Formen sind wirklich amphibisch und verbringen einen großen Teil des Tages im Wasser. Andere wiederum, wie die Hinterindische Scharnierschildkröte (*Cuora galbinifrons*) aus den Bergwäldern Südchinas und Vietnams, leben im wesentlichen terrestrisch und kommen über lange Zeit ohne Wasser aus. Zudem ist der Panzer dieser Art mit einem Muster aus warmen Gelb-, Orange- und Brauntönen gefärbt, was ihr auf dem laubbesetzten Waldboden eine gute Tarnung verleiht.

Andere Schildkröten dieser Familie sind noch stärker an das Land gebunden. So findet man in Südchina und Indomalaysien (in demselben Lebensraum wie *C. galbinifrons*) die Indische Wasser-Dosenschildkröte (*Pyxidea mohouti*) und die Schwarzbrust-Erdschildkröte (*Geoemyda spengleri*). Letztere dringt noch nach Sumatra, Borneo und zu den japanischen Inseln vor. Bei beiden Arten findet man gezähnte Kiele, die sich nach hinten über den Carapax erstrecken und einer stillsitzenden Schildkröte eine gewisse Ähnlichkeit mit einem Blatt verleihen.

Aber diese unterschiedlichen Waldbewohner, die ökologisch gesehen durchaus »Landschildkröten« sind, haben noch weitere Vertreter. Vermutlich am besten bekannt ist die merkwürdige Stachel-Erdschildkröte (*Heosemys spinosa*), die als Jungtier einen kreisförmigen Panzer mit randständigen, regelmäßig angeordneten Stacheln besitzt. Bei den erwachsenen Tieren fallen diese nur noch am hinteren Panzer ins Auge.

Die einzige amerikanische Gattung dieser Familie ist *Rhinoclemmys*, von der sieben Arten in Mittel- und neun in Südamerika leben. Es gibt unter ihnen amphibische und terrestrische Formen. Sie alle sind mehr oder weniger leuchtend gefärbt, besonders am Kopf und manchmal auch am Panzer. Hier kommen wunderschöne, augenförmige Muster vor, wie bei der Pracht-Erdschildkröte (*R. pulcherrima*), oder Flecken, wie bei der Gefleckten Erdschildkröte (*R. rubida*). Alle diese landbewohnenden Formen, ob asiatisch oder amerikanisch, sind Allesfresser, obgleich sie sich vorwiegend vegetarisch ernähren. Sie fressen heruntergefallene Früchte, meiden jedoch meist Pilze.

Die Großkopfschildkröte

Die ostasiatische Großkopfschildkröte (*Platysternon megacephalum*) dürfte den Landschildkröten (Familie Testudinidae) oder den Altweltlichen Sumpfschildkröten (Bataguridae) eng verwandt sein. Manchmal wird sie jedoch in eine eigene Familie, Platysternidae, einsortiert.

Sie bewohnt den Süden Chinas sowie den nördlichen und zentralen Bereich Indochinas. Selten übertrifft die Länge ihres Panzers 20 Zentimeter. Ihr auffällig großer, kräftiger Kopf läßt sich nicht vollständig unter den Panzer zurückziehen, was auch für ihren langen Schwanz gilt, der mit großen Hornschuppen bedeckt ist. Obgleich der abgeflachte Panzer normal entwickelt ist und die üblichen Proportionen aufweist, ist er nicht groß genug, um die fleischigen Teile der Schildkröte vollständig zu umgeben. Jederseits der Brücke, die Carapax und Plastron verbindet, befindet sich eine zusätzliche Reihe großer Schilder, ein primitives Merkmal, das man auch bei den nord- und mittelamerikanischen Schnappschildkröten und der mittelamerikanischen Flußschildkröte findet.

Die Großkopfschildkröte lebt in den kühlen, schnellfließenden Gebirgsbächen. Sie ist kein guter Schwimmer, jedoch hervorragend daran angepaßt, die großen Felsblöcke am Boden der Gewässer zu packen und dazwischen umherzuklettern. In Gefangenschaft sind schon Tiere ertrunken, wenn das Wasser in ihrem Aquarium zu tief war. Anderen gelang es, aus ihren Becken auszubrechen. Man fand sie später jedoch nicht auf dem Fußboden, sondern beinahe an der Zimmerdecke, nachdem sie an den Gardinen hochgeklettert waren!

Tagsüber verbirgt sich die Großkopfschildkröte zwischen den Steinen. In der Nacht kommt sie zur Jagd auf Schnecken, Krebse und Fische hervor. Mit ihren schnabelähnlichen Kiefern kann sie ihre Beute sicher halten, und ihre außerordentlich kräftigen Kiefermuskeln erlauben ihr sogar, die dicken Schalen ihrer Beute zu durchbeißen.

Diese Art besitzt eine niedrige Fortpflanzungsrate, denn man findet in einem Gelege nur ein bis zwei Eier. Allerdings hat die Großkopfschildkröte in ihrem natürlichen Lebensraum kaum Feinde, was ihre niedrige Reproduktionsrate wieder ausgleicht. Die größte Gefahr für diese Art geht vom Tierhandel aus.

◀ Die Großkopfschildkröte, hier von der nordvietnamesischen Rasse *Platysternon megacephalum shiui* repräsentiert, ist eine einzigartige Wasserschildkröte Asiens. Man findet diese primäraquatische Art in kühlen Gebirgsbächen. Da sie nicht gut schwimmen kann, läuft sie lieber am Boden des Gewässers entlang. Sie klettert allerdings hervorragend und wird manchmal dabei beobachtet, wie sie auf den tieferen Ästen der am Fluß wachsenden Büsche und Bäume ein Sonnenbad nimmt. Der riesige Kopf läßt sich nicht in den Panzer zurückziehen und ist daher selber, ebenso wie der lange Schwanz, stark gepanzert.

ECHSEN

AARON M. BAUER

Die Echsen besetzen heute nahezu sämtliche Landmassen mit Ausnahme der Antarktis und einiger arktischer Gebiete Nordamerikas, Europas und Asiens. Als am Ende der Kreidezeit, vor 65 Millionen Jahren, viele Tierarten ausstarben, traf es auch die Dinosaurier und andere große Reptilien. Die Echsen dagegen überlebten. Die übrigen Reptilien – Schildkröten, Krokodilier und Brückenechsen – haben bei weitem keine vergleichbare Formenfülle hervorgebracht. Da sich die andere große lebende Reptiliengruppe, die Schlangen, aus den Echsen entwickelt hat, kann man sogar behaupten, daß mehr als 90 Prozent aller lebenden Reptilien Nachkommen der frühen Echsen sind. Während der 140 Millionen Jahre, in denen die Dinosaurier auf der Erde lebten, gab es vermutlich weniger als 800 Arten. Dagegen stehen – die fossilen Echsen nicht mitgerechnet – mehr als 3800 heute lebende Echsenarten.

Ordnung Squamata, Unterordnung Sauria, 17 Familien, 407 Gattungen, 3865 Arten

Größe
Kleinste Art Monito-Kugelfingergecko (*Sphaerodactylus parthenopion*) von der Insel Virgin Gorda. Kopf-Körper-Länge 17 Millimeter, Gesamtlänge 34 Millimeter, Gewicht 0,12 Gramm.
Größte Art Komodo-Waran (*Varanus komodoensis*), KopfKörper-Länge 75 bis 150 Zentimeter, Gesamtlänge 170 bis 310 Zentimeter, Gewicht 35 bis 165 Kilogramm.

Artenschutz
43 Echsenarten stehen auf der Roten Liste der IUCN für bedrohte Tiere. Unter anderem sind es: Kapverdischer Riesenskink (*Macroscincus coctaei*), Günthers Taggecko (*Phelsuma guentheri*), Roosevelts Anolis (*Anolis roosevelti*), Anegada-Wirtelschwanzleguan (*Cyclura pinguis*), San Joaquin-Leopardleguan (*Gambelia silus*), Hierro-Echse (*Gallotia simonyi*) und die St. Croix-Ameive (*Ameiva polops*). Der Rodriguez-Taggecko (*Phelsuma edwardnewtonii*) ist vermutlich ausgestorben.

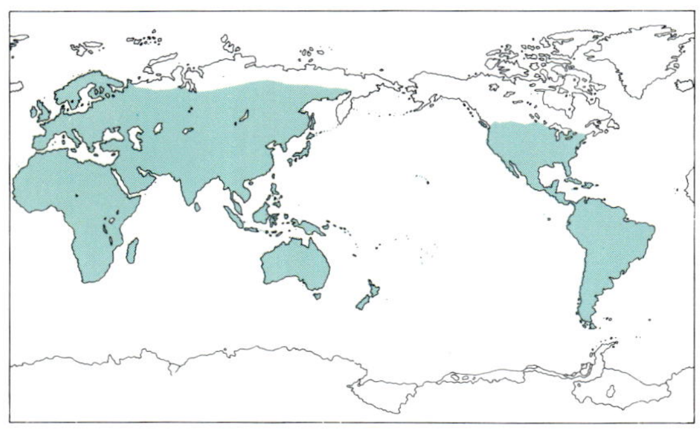

KLEIN UND ERFOLGREICH

Unter anderem ist die gewaltige Vielfalt bei den Echsen auf deren geringe Körpergröße zurückzuführen. Nur wenige Echsen werden länger als 30 Zentimeter, und nur eine Handvoll wächst über einen Meter hinaus. In einem bestimmten geographischen Gebiet ist bei kleineren Tieren grundsätzlich eine größere Artenfülle überlebensfähig als bei großen. Dies hängt einerseits mit dem geringeren Nahrungsbedarf pro Individuum und anderseits mit der Vielfalt der Mikrohabitate zusammen, die kleinen Tieren zur Verfügung stehen. In einem Wald zum Beispiel können sich einer typischen Echse mehrere Lebensräume anbieten (etwa der Boden, die Laubschicht, Baumhöhlen und die Baumwipfel), und jeder davon wird unter Umständen von einer unterschiedlichen Echsenart besetzt. Dagegen dürfte der Wald, an einem großen Dinosaurier gemessen, insgesamt gesehen nur einen einzigen Lebensraum repräsentieren. Artenreiche Echsengruppen zeigen recht deutlich, wie sie einen Lebensraum und dessen Ressourcen untereinander aufteilen.

Ein weiterer Punkt, der (wenigstens zum Teil) mit ihrer geringen Körpergröße zusammenhängt, ist, daß sich die meisten Echsen nur beschränkt geographisch ausbreiten können. So bilden Gebirge und umfangreiche Gewässer, etwa Flüsse, Seen und Meere, für die Echsen deutliche Grenzen und fördern zugleich die Speziation (Bildung neuer Arten). Daher kennt man zahlreiche Formen, die nur in einem eng umrissenen geographischen Gebiet vorkommen.

HERKUNFT UND FRÜHE ENTWICKLUNGSGESCHICHTE

Die Echsen bilden zusammen mit ihren entwicklungsgeschichtlichen Abkömmlingen – den Schlangen und Amphisbaeniden – eine Gruppe diapsider Reptilien,

die als Squamata oder »Schuppenkriechtiere« bekannt ist. Die Entwicklungslinie, die zu den Echsen (den Lepidosauromorpha) führt, teilte sich von der übrigen Hauptlinie der Diapsiden (der Archosauromorpha mit den Krokodiliern, Dinosauriern und Vögeln) während des Perm vor 285 bis 245 Millionen Jahren ab. Vermutlich tauchten die ersten Echsen in der Trias (vor 245 bis 200 Millionen Jahren) auf, allerdings kennt man Fossilien, die sich eindeutig heute lebenden Echsenfamilien zuordnen lassen, erst seit der Mitte der späten Kreide, also seit 120 bis 100 Millionen Jahren. Andererseits sind fossile Echsen aus dem Jura (vor 200 bis 145 Millionen Jahren) bekannt, die große Ähnlichkeiten mit lebenden Gruppen aufweisen. Daher dürften die Baupläne, wie sie für die heutigen Echsenfamilien typisch sind, bereits vor etwa 200 Millionen Jahren vorgelegen haben.

Die Echsen sind insgesamt mit den Schnabelköpfen oder Rhynchocephaliern eng verwandt, die heute nur noch von zwei Arten der Brückenechsen auf Neuseeland vertreten werden. Beiden Ordnungen sind Merkmale gemeinsam wie das Vorhandensein eines hakenförmigen fünften Metatarsalknochens (dies ist ein Teil des Fußes, der bei der Fortbewegung als Ferse dient). Allerdings weichen die Echsen im Schädelbau ab. Ihr Schädel ist häufig in sich sehr beweglich: Wenn sich das Quadratum (der Knochen, an dem der Unterkiefer sitzt) nach vorn dreht, schiebt es gegen den Gaumen, der wiederum das Maul der Echse anhebt. Dieser Veränderung des Freßapparates verdanken die

▼ Ein männlicher Stirnlappen-Basilisk (*Basiliscus plumifrons*) sonnt sich in einem Regenwald Costa Ricas. Im Vergleich zu dem Heliconia-Blatt, auf dem sie sitzt, wirkt die Echse regelrecht winzig. Die gewaltige Vielfalt der unterschiedlichen Echsenarten ist überwiegend auf ihre geringe Körpergröße zurückzuführen: Je kleiner das Tier, desto größer die Bandbreite der Mikrohabitate, die ihm potentiell offensteht.

Michael and Patricia Fogden

Michael and Patricia Fogden

◀ Tagaktive, wüstenbewohnende Reptilien sind darauf angewiesen, Verhaltensweisen zu entwickeln, um sowohl Hitze abzugeben, aber auch zu absorbieren. In den Sanddünen der afrikanischen Namib-Wüste hebt diese Sandechse (*Meroles anchietae*) abwechselnd zwei Füße in die Höhe, während sie auf den beiden anderen das Gleichgewicht hält. Damit reduziert sie die Wärmeübertragung vom heißen Sandboden – ein Verhalten, das sich gut als »Thermischer Tanz« bezeichnen ließe.

Echsen als Entwicklungslinie ihren Erfolg. Ein weiterer Unterschied zu den Brückenechsen sind die Hemipenes der Echsen (die man auch bei den unten zu besprechenden Schlangen vorfindet). Die meisten Echsen besitzen Augenlider und äußere Ohröffnungen (bei Schlangen ist dies nicht der Fall). Diese Merkmale sind allerdings nicht echsenspezifisch, sondern zeigen nur, daß ursprüngliche Charakteristika erhalten sind. Insgesamt lassen sich die Echsen also als diejenigen Squamaten definieren, denen die abgeleiteten, häufig hoch spezialisierten Merkmale der Schlangen und Amphisbaeniden fehlen.

THERMOREGULATION

Wie anderen Reptilien fehlt auch den Echsen die Fähigkeit, ihre Körpertemperatur auf physiologischem Wege zu regulieren. Die geringen Mengen an Stoffwechselwärme, die sie hervorbringen, entweichen rasch über die Haut in die Umgebung. Unter normalen Bedingungen gleicht sich die Körpertemperatur einer Echse im Freien rasch derjenigen der Umgebung an.

Bei niedrigen Temperaturen stehen die Echsen vor einer Zwickmühle. Einerseits müssen sie ihren Köper unbedingt der Sonne aussetzen, um warm zu werden. Andererseits können sich Echsen, solange sie kalt sind, nur langsam fortbewegen und fallen dadurch möglicherweise Säugern und Vögeln zum Opfer, die derartige physiologische Einschränkungen nicht kennen. Da sie nun bei niedrigen Temperaturen nicht gut laufen können, zeigen einige Echsen ein bestimmtes Kompensationsverhalten. So sind die Tiere bei ganz niedrigen Temperaturen unfähig, auf die meisten Reize zu reagieren. Sobald sie etwa wärmer geworden sind, werden die Echsen – obwohl von ihrer Idealtemperatur noch weit entfernt – häufig sehr aggressiv. Dabei laufen sie nicht weg, sondern bluffen oder beißen, was weniger Energie kostet. Echsen, die ihren Schwanz abwerfen können (ein Phänomen, das als Autotomie bezeichnet wird), neigen besonders bei niedrigen Temperaturen dazu. Damit lenken sie Beutegreifer ab, und es bleibt ihnen noch mehr Zeit zur Flucht.

Üblicherweise beginnt eine Echse ihr morgendliches Sonnenbad damit, daß sie lediglich den Kopf hervorstreckt oder sich im Schutze einer Spalte der Sonne aussetzt. Vermutlich nehmen die Tiere durch die Verdunkelung ihrer Haut besonders viel Wärme über die Sonnenstrahlung auf. Diese Verfärbung wird durch eine hormonell gesteuerte Verteilung von Melanin (derselbe Hautfarbstoff kommt auch in der menschlichen Haut vor) in den Hautzellen verursacht. Hat sich das Tier erst einmal auf ein annehmbares Maß erwärmt, kommt es hervor, um Nahrung zu suchen oder anderen Tätigkeiten nachzugehen. Nachtaktive Echsen sonnen sich ebenfalls (normalerweise an geschützten Stellen) oder erhalten ihre Wärme durch Thigmothermie, die Wärmeübertragung durch Kontakt mit einer warmen Oberfläche. Viele nächtlich lebende Geckos verbringen den Tag unter Baumrinde oder flachen Steinen und leiten die Wärme aus ihrer Umgebung auf den eigenen Körper über.

Echsen müssen auch mit dem physiologischen Stress fertigwerden, der durch hohe Temperaturen entsteht. Obwohl die Vorzugstemperatur vieler Echsen recht hoch liegt (bis zu 42 Grad Celsius über längere Zeit), kann ein nur geringfügig weiterer Temperaturanstieg bereits den Tod zur Folge haben. Daher begrenzen die meisten Echsen ihre Aktivitäten auf bestimmte Tageszeiten. So sind die Bewohner offener Tropen- oder Wüstengebiete nur am Morgen und nachmittags aktiv, um der Mittagshitze zu entgehen.

◀ (Gegenüber) Trotz der tropischen Lage der Galapagos-Inseln sind die umgebenden Meere kühl. Was die Thermoregulation betrifft, besitzen die Meerechsen das Beste aus beiden Welten – an der Küste können sie sich auf Felsen in der tropischen Sonne wärmen, und wenn es ihnen zu heiß wird, tauchen sie zum Abkühlen schnell ins Meer.

Gunther Deichmann/AUSCAPE International

▲ Eine Reihe wüstenbewohnender Echsen entgeht der brütenden Oberflächenhitze dadurch, daß sich die Tiere im Sand eingraben, wie dieser Grabskink (*Lerista labialis*) in der australischen Simpson-Wüste.

▼ Unter den Echsen haben sich zwei Strategien entwickelt, um mit Sand umzugehen. Einige Arten, wie die Sandschwimmer, graben im losen Sand und neigen zur Reduktion ihrer Gliedmaßen. Im Gegensatz dazu höhlen die Bewohner der festeren, dem Wind zugewandten Seite der Sanddünen ihre Gänge mit großen Füßen aus, die Schwimmhäute tragen. Zu dieser Gruppe gehört auch der dieser Wüstengecko (*Palmatogecko rangei*), der in der Namib-Wüste eine Grille zerquetscht.

Andere bleiben den ganzen Tag über aktiv, wechseln jedoch zwischen Sonne und Schatten hin und her und regulieren so ihre Körpertemperatur auf einen Wert, der bis auf einen oder zwei Grad Celsius ihrer Vorzugstemperatur entspricht. Viele Wüstenechsen weichen übermäßiger Hitze dadurch aus, daß sie sich vergraben, denn in einer Tiefe von wenigen Zentimetern liegt die Temperatur bereits wesentlich niedriger als an der Oberfläche, und in 30 Zentimeter Tiefe kann der Unterschied 35 Grad Celsius betragen. Andere Echsen, etwa Geckos, halten sich über den Tag in Gängen oder anderen geschützten Orten auf und kommen erst zur Nacht hervor, wenn die Temperaturen in der Wüste etwas ausgeglichener sind. Einige Echsen stellen den breitesten Teil ihres Körpers in den Wind, um Wärme über Konvektion zu verlieren. Wieder andere halten ihren Körper vom Boden ab, um nicht die Hitze aufzunehmen, die von der Oberfläche abgestrahlt wird. In dieser Hinsicht besonders bemerkenswert ist *Meroles anchietae*, ein Lacertide, der die Sandmeere der afrikanischen Namib-Wüste bewohnt: Er hebt gleichzeitig ein Vorderbein mit dem diagonal entsprechenden Hinterbein an und balanciert auf den übrigen beiden Beinen mehrere Sekunden lang, damit die Haut an den Füßen abkühlen kann. Dann hebt und senkt die Echse abwechselnd die diagonalen Beinpaare solange, wie sie sich auf dem unangenehm heißen Sand aufhalten muß.

Viele Echsen müssen extremer Hitze und Kälte zu jeweils verschiedenen Jahreszeiten begegnen. In den gemäßigten Regionen bleiben sie über den Winter grundsätzlich inaktiv. Ihre Stoffwechselrate sinkt auf minimale, noch vertretbare Werte, denn die Temperaturen bleiben so niedrig, daß sie keine Möglichkeit haben, sich in die Sonne zu legen oder Nahrung zu suchen. In den wärmeren Zonen dagegen, etwa in den gemäßigten bis subtropischen Wüsten, ist die Aktivität der Echsen im Winter auf die Mitte des Tages beschränkt, wenn angemessene Temperaturen herrschen. In solchen Gebieten bleiben die Tiere im Sommer den Mittag über inaktiv, da dann tödliche Hitzegrade herrschen.

Die Dauer des Sonnenbades wird hormonell über das Pinealorgan gesteuert, eine Hirnstruktur, die unter dem Schädeldach liegt und häufig als das »dritte Auge« bezeichnet wird. Bei vielen Echsen, insbesondere den primär tagaktiven, ist das Pinealorgan nicht von Knochen bedeckt, sondern liegt, von einer durchsichtigen Schuppe bedeckt, unter einem Foramen (Fenster) im Schädel.

ANPASSUNGEN AN DIE WÜSTE

Obwohl man Echsen in nahezu allen Lebensräumen antrifft, hält man sie häufig für reine Wüstentiere. In Ländern, wie dem südwestafrikanischen Namibia und Australien, wo trockene Lebensräume vorherrschen, sind Echsen besonders zahlreich.

Die Wüste stellt den Echsen eine Reihe von Herausforderungen: Die Tiere müssen hohe Tagestemperaturen aushalten, und niedrige Luftfeuchtigkeit und das Fehlen offener Wasserstellen führen unter Umständen zur Austrocknung. Wasser wird entweder vollständig über die Nahrung oder über andere Quellen aufgenommen. In Wüsten, die an der Küste liegen, so etwa der Namib in Afrika und der Atacama in Südamerika, versorgt der Nebel, der sich über dem Ozean bildet, Echsen und andere Tiere und Pflanzen mit Wasser. Eine ganze Reihe von Echsen aus ariden Gebieten ist imstande, Regen als Trinkwasserquelle zu gebrauchen. Normalerweise dringen leichte Niederschläge rasch in den trockenen Wüstenboden ein und sind dann für die an der Oberfläche lebenden Reptilien verloren. Jedoch haben wenigstens zwei Agamen eine Lösung gefunden, den Regen zu nutzen. Sowohl beim Wüstenteufel (*Moloch horridus*) als auch dem Bärtigen Krötenkopf (*Phrynocephalus mystaceus*) sind die Schuppen so angeordnet, daß das Wasser über Kapillareffekte zum Maul geleitet wird. Vermutlich gibt es bei diesen oder anderen Echsen auch einen ähnlichen Mechanismus, um die Feuchtigkeit von Nebel oder Tau zu nutzen.

Anthony Bannister/NHPA

Die Tiere begegnen der Austrockung auch durch

Vorrichtungen, die die Verdunstungsrate des Körpers herabsetzen. Alle Echsen besitzen eine äußere Bedeckung aus Keratin (einer Substanz ähnlich der menschlicher Fingernägel), die eine wirkungsvolle Wasserbarriere bildet. Außerdem können Echsen den Wasserverlust reduzieren, der über die Ausscheidungsprodukte erfolgt, da sie die Menge des Filtrats (und damit des Wassers) begrenzen können, das aus der Niere entlassen wird. Die stickstoffhaltigen Stoffwechselabfälle der Echsen bestehen überwiegend aus Harnsäure, einer vergleichsweise unlöslichen Substanz, die sich konzentrieren und im Körper lagern läßt und dabei nur wenig Wasser zur Verdünnung erfordert.

Trockengebiete mit Wanderdünen stellen an Echsen besondere Anforderungen. Zwar sind viele Echsen in der Wüste zu Hause, doch besetzen die meisten spezielle Mikrohabitate wie Felseninseln oder Ansammlungen von Vegetation. Dagegen stellen die offenen Wanderdünen eine echte Herausforderung dar, die von einer begrenzten Zahl von Iguaniden, Geckos, Lacertiden, Skinken und Gürtelechsen angenommen wurde. Die Tiere entwickelten zwei grundlegende Strategien, um in den Dünen zu leben und umherzulaufen. Die meisten Formen, so etwa der Apothekerskink (*Scincus scincus*) aus Asien und Nordafrika sowie der nordamerikanische Colorado-Fransenzehenleguan (*Uma notata*) leben in losem Sand, der nicht genügend Feuchtigkeit enthält, um den Bau von Tunnels oder Gängen zu erlauben. Während der Leguan sich grundsätzlich eingräbt, um sich vor Räubern und den hohen Temperaturen zu schützen, bewegt sich der Skink in einer Weise, die als »Sandschwimmen« bezeichnet wird, frei durch das Substrat. Bei beiden Tieren ist der Unterkiefer versenkt, damit kein Sand ins Maul eindringt. Zudem sind die Nasenlöcher mit Klappen verschließbar und auch die Ohröffnungen modifiziert, um den Sand draußen zu lassen. Beim Apothekerskink reduzieren besonders glatte Schuppen die Reibung im Sand, und beim Fransenzehenleguan haben kleine, körnige Schuppen vermutlich eine ähnliche Funktion. Bei diesen und anderen Echsen mit einer vergleichbaren Ökologie werden die Zehen von äußeren, vergrößerten Schuppen gesäumt. Diese Säume vergrößern die Oberfläche der Füße für die Fortbewegung im Sand oder erleichtern das Eingraben, wenn das Tier sich schüttelnd oder mit seitlichen Wellenbewegungen im Sand verschwindet.

Wesentlich weniger Echsen haben sich darauf spezialisiert, auf den festeren, dem Wind zugewandten Seiten der Dünen zu leben. Diese Echsen legen offene Tunnel an, und daher fehlen ihnen auch Merkmale, wie die Klappen über den Nasenlöchern, die zum Graben im Sand erforderlich wären. Stattdessen zeigen sie Anpassungen an das Aushöhlen von Sand. Genau zu diesem Zweck besitzt die Gecko-Art *Palmatogecko rangei* ungewöhnlich große Füße, deren Zehen durch Häute verbunden sind.

FORTPFLANZUNG UND LEBENSERWARTUNG

Bei allen zweigeschlechtlichen Echsenarten erfolgt eine innere Befruchtung. Echsen besitzen einen horizontal angeordneten Schlitz, die Kloakenspalte. Die Kloake ist der Raum, in den der Verdauungs- und der Urogenitaltrakt gemeinsam münden. Die Männchen verfügen über paarige Einführungsorgane, die Hemipenes. Solange sie nicht gebraucht werden, liegen die Hemipenes dicht an der Kloake in der Schwanzbasis. Wird ein Tier sexuell aktiv, stülpt sich ein Hemipenis mit Hilfe von Muskeln heraus und füllt sich mit Blut. Ein vollständig herausgetretener Hemipenis kann recht einfach, aber auch sehr kompliziert gebaut sein, wie bei vielen Chamäleons. Hier findet man Falten und Fortsätze, die sich von Art zu Art unterscheiden. Bei der Kopulation, die sich der Balz anschließt, wird lediglich ein einziger Hemipenis in die weibliche Kloake eingeführt, und das Sperma wandert an einer Rinne im Hemipenis entlang. Anschließend zieht das Tier die Struktur wieder ein, indem sie das Blut aus den Hohlräumen abfließen läßt und Retraktor-Muskeln aktiviert, die den Hemipenis wiederum umstülpen und verschwinden lassen. Wenigstens bei einigen Anolisarten setzen die Männchen ihre Hemipenes abwechselnd ein, wenn sie häufiger kopulieren.

Unter den Echsen ist die Fortpflanzung über Oviparie (Eiablage) vorherrschend, doch kam es mehrfach (in mindestens 45 Fällen und unter neun Fami-

Ken Griffiths/NHPA

▲ Bei Echsen kommen alle Möglichkeiten der Fortpflanzung vor, vom Eierlegen bis zur Lebendgeburt. Allerdings scheint die Fortpflanzung durch Eier die Regel zu sein. Einige Arten höhlen eine Nistkammer aus, legen ihre Eier hinein und decken sie mit Erde wieder zu. Hier legt ein australischer Gemeiner Wasserdrache (*Physignathus lesueurii*) letzte Hand an sein Gelege.

Austin James Steven/Bruce Coleman Limited

◀ Ein schlüpfender Seychellen-Taggecko (*Phelsuma abbotti*) befreit sich geduldig aus dem lederigen Gefängnis seiner Eischale.

▲ Mit Bissen und Tritten versuchen zwei gegnerische Kragenechsen (*Chlamydosaurus kingii*) den Stärkeren zu ermitteln. Die enormen Kragen dienen dazu, den Gegner glauben zu lassen, man sei größer als in Wirklichkeit.

lien) auch zur Entwicklung von Viviparie (Gebären lebensfähiger Jungtiere). Der brasilianische Skink *Mabuya heathi* besitzt sogar eine säugetierähnliche Plazenta. Das befruchtete Ei ist zunächst winzig und reift dann – nur durch die Ernährung über die Mutter – zu 38 000facher Größe heran. In der Tat zeigen die meisten Echsen fließende Übergänge zwischen Lebendgeburt und Oviparie, schon deshalb, weil durchschnittlich die Hälfte der Embryonalentwicklung in den Eiern abläuft, solange sich diese noch im Körper der Mutter befinden. In den meisten Fällen ernähren sich die Embryonen viviparer Reptilien vom Dotter, und die Geburt lebender Jungtiere ist damit eigentlich nur als ein ausgedehntes Zurückhalten der Eier anzusehen. Dagegen ist die *M. heathi* mit ihrer Plazenta einer der ganz wenigen Fälle, in denen die Jungen tatsächlich von der Mutter ernährt werden.

Lebende Junge zur Welt zu bringen, hat sowohl Vor- als auch Nachteile. Einerseits können vivipare Echsen ihre Jungen während der gesamten Phase vor der Geburt schützen. Außerdem können sie die Temperatur der Embryonen wesentlich besser regulieren als es in einem Nest möglich wäre. Dadurch verkürzt sich die Zeit der Embryonalentwicklung. Vermutlich hängt die Entwicklung der Viviparie bei Echsen mit der Besiedlung kalter Klimaten zusammen, wo solche Vorteile von großer Bedeutung sind. Andererseits muß das Weibchen über lange Zeit die zusätzliche Last und das Gewicht der Embryonen tragen, wodurch unter Umständen die Beweglichkeit und die Fluchtgeschwindigkeit der Mutter beeinträchtigt werden, so daß die Wahrscheinlichkeit zunimmt, daß sie einem Räuber zum Opfer fällt. Diese Gefahr wird durch eine Zunahme der Sonnenbäder bei schwangeren Weibchen, wie man bei australischen Skinken herausfand, noch verstärkt. Ebenso ist es einem Weibchen, das seine Jungen die ganze Zeit über mit sich herumträgt, unmöglich, mehrere Gelege in einer Saison hervorzubringen. So kann sich beispielsweise bei den Geckos der Gattung *Naultinus* die Tragzeit bis zu acht Monate hinziehen, wodurch das einzelne Tier alle ein bis zwei Jahre nur einen Wurf (aus zwei Jungen) produzieren kann. Daher wird bei den lebendgebärenden Arten die Nachkommenschaft eines einzelnen Weibchens gering sein, doch die Überlebensrate ist höher.

Obwohl Echsen nicht solange leben wie andere Reptilien, erreichen einige Arten doch ein eindrucksvolles Alter. So lebte eine Blindschleiche (*Anguis fragilis*) in Gefangenschaft über 50 Jahre, und man kennt wilde Gecko-Populationen, unter denen sich über 20 Jahre alte Individuen befinden. Andererseits werden einige, überwiegend sehr kleine Arten nur ein bis zwei Jahre alt. Bei den meisten Arten bildet ein Alter von mehr als zehn Jahren in der Wildnis vermutlich die Ausnahme, obwohl große Varaniden und Helodermatiden diese Grenze häufig überschreiten dürften. So besitzt der Komodo-Waran (*Varanus komodoensis*) eine Lebenserwartung von über 50 Jahren. Die meisten Reptilien wachsen noch lange, nachdem sie die Geschlechtsreife erreicht haben. Dennoch lassen Untersuchungen an sehr alten Individuen vermuten, daß das Wachstum irgendwann endet und die Wachstumsraten zumeist zurückgehen, lange ehe dieser Zeitpunkt erreicht ist.

KOMMUNIKATION

Viele Echsen verbringen einen großen Teil ihres Lebens als Einzelgänger. Zu gewissen Zeiten jedoch kommunizieren sie miteinander und zeigen dabei in hohem Maße stereotype Verhaltensweisen. Dazu gehören etwa das Imponierverhalten, das Männchen ihren gleichgeschlechtlichen Rivalen entgegenbringen und das Balzverhalten zwischen den Geschlechtern. Bei einigen Arten sind möglicherweise auch andere Formen sozialer Interaktionen von Bedeutung, doch wissen wir darüber noch sehr wenig. Bei praktisch allen Iguaniden und Agamiden kommunizieren die Männchen mit Kopfnicken und/oder indem sie den Kopf aufwärts schieben. Andere Echsen äußern vergleichbare Informationen durch Bewegungen des Schwanzes. Dies gilt etwa für die tagaktiven Geckos der Gattung *Pristurus*, die relativ offene Lebensräume bewohnen. Sie besitzen einen seitlich zusammengedrückten Schwanz, mit Hilfe dessen sie ihren Artgenossen über erhebliche Entfernungen Nachrichten zukommen lassen. Viele Reptilien sind leuchtend gefärbt. Derartige Muster bilden häufig wichtige Schlüssel zur Erkennung und Auswahl eines Geschlechtspartners. Bei einigen männlichen Echsen, besonders den Iguaniden, wird die Demonstration der Farben noch durch Kämme oder aufstellbare Kehllappen verstärkt. Die Vertreter der Gattung *Anolis* zeigen beim Imponieren auf dem Kehllappen artspezifische Farbmuster. Auch die Weibchen zeigen mitunter intensive Farben. Bei den Weibchen des Taubleguans *Holbrookia propinqua* ist der hormonell gesteuerte Farbwechsel an ihren Fortpflanzungszyklus gekoppelt. Ein so verändertes Weibchen zeigt den Männchen, daß es empfängnisbereit ist, und häufig verändert sich zugleich sein Verhalten.

Auch die autarchoglossiden Echsen (Skinke, Eidechsen, Tejus, Gürtelschweife, Krustenechsen und Warane) arbeiten mit Farben. Unter den paarungswilligen Männchen der *Eumeces*-Skinke löst der orange gefärbte Kopf bei den Geschlechtsgenossen derselben Art aggressive Verhaltensweisen aus. Allerdings erhalten die Skinke und andere Autarchoglossiden wichtige Information über ihre Umwelt auch auf der Basis chemischer Reize. Die Skinke sind imstande, potentielle Paarungspartner und Rivalen sowie Beutetiere und Räuber aufgrund von Pheromonen oder anderer Substanzen zu erkennen, die diese Tiere hervorbringen. Die chemische Information wird durch Züngeln aufgenommen. Und die Zunge der Autarchoglossiden ist besonders gut dazu geeignet, chemische Signale aufzunehmen und an das Vomeronasalorgan weiterzureichen, ein chemisches Sinnesorgan, das sich im Munddach befindet.

Bei vielen Echsen tragen insbesondere die Männchen Drüsen an den Schuppen der Oberschenkel und/oder über der Kloakenspalte. Diese Drüsen sind über vorstehende Poren mit der Oberfläche verbunden. Sie kommen bei den Vertretern sämtlicher Familien vor, nur nicht bei Skinken, Chamäleons und anguimorphen Echsen (Schleichen, Krustenechsen, der Taubwaran, Warane und Höckerechsen). Zwar ist die Funktion dieser Drüse noch weitgehend unbekannt, doch spielen sie offenbar im Sexualverhalten eine Rolle. Obwohl große Bereiche der Kommunikation unter den Echsen visuell oder auf chemischem Wege ablaufen, verständigen sich einige Echsengruppen, wenigstens zum Teil, akustisch. Die auffälligsten Stimmen findet man bei den Geckos, doch kennt man Lautäußerungen auch von den Vertretern neun anderer Familien. Wenigstens bei den Geckos und einigen Lacertiden spielen die Rufe bei der Kommunikation in der Nacht eine besondere Rolle, wenn die Augen kaum noch etwas erkennen. Einige Gecko-Arten sind völlig stumm oder bringen nur ein schwaches Quieken hervor. Dagegen sind andere ausgesprochen stimmgewaltig. So äußert der Tokee (*Gekko gecko*), wenn er belästigt wird, ein lautes Bellen oder ein tiefes, warnendes Knurren. Andere Geckos rufen, um

▼ Zwei Flugdrachen blicken auf einem Baumstamm im Regenwald Borneos aneinander vorbei. Der vorstehende Kehllappen dieser Echsen der Gattung *Draco* wird bei sozialen Interaktionen zwischen Paarungspartnern und territorialen Rivalen wie Signalflaggen eingesetzt. Allerdings wurde der Code bislang noch nicht entschlüsselt.

Jean-Paul Ferrero/AUSCAPE International

Leo Meier/Australian Picture Library

▲ Mit seinen Hörnern, Buckeln, Warzen und gepanzerten Schuppen gehört der Wüstenteufel oder Moloch zu den Echsen mit dem merkwürdigsten äußeren Erscheinung. Er bewohnt die Trockengebiete Australiens, frißt überwiegend Ameisen und besitzt keine engeren Verwandten. Die verschiedenen Körpervorsprünge sind so angeordnet, daß Tau oder Regen nach und nach in die Zwischenräume fließt und dann in die Mundwinkel geleitet wird.

Geschlechtspartner anzulocken. Das beste Beispiel dafür sind die südafrikanischen Pfeifgeckos der Gattung *Ptenopus*. Bei diesen Lautäußerungen strömt Luft durch den Larynx, der unter Umständen mit Stimmbändern versehen ist. Wie die Frösche, so produzieren auch die Echsen Rufe, die von ihren Artgenossen erkannt werden.

DIE DREI ENTWICKLUNGSLINIEN

Moderne Echsen vertreten drei größere Entwicklungslinien, die Iguania, Gekkota und Autarchoglossa. Obwohl man in jeder Gruppe zahlreiche morphologische Merkmale findet, die den jeweils beteiligten Familien gemeinsam sind, ist doch die Vielfalt an Körperformen und biologischen Merkmalen in jeder einzelnen dieser Entwicklungslinien schon erstaunlich.

DIE IGUANIA

Die Iguania umfassen die Agamiden, Chamäleons und Iguaniden. Vermutlich lösten sie sich schon früh in der Geschichte der Echsen von anderen frühen Gruppen ab. Es sind allerdings keine Fossilien bekannt, deren Datierung vor die späte Kreide zurückreicht. Sie besitzen große Zungen und setzen diese häufig beim Sammeln von Beute und anderer Nahrung ein. Zumeist wird die Beute nicht verfolgt, sondern die Echsen lauern ihr aus dem Hinterhalt auf. Kämme, Fächer und Kehllappen sind in dieser Gruppe weit verbreitet.

Agamiden

Die Familie Agamidae bildet eine Gruppe von etwa 325 Arten in 40 Gattungen, die über die wärmeren Gebiete der Alten Welt (mit Ausnahme Madagaskars und der meisten ozeanischen Inseln) verbreitet sind. In ihrer Gestalt erinnern sie stark an die amerikanischen Iguaniden, mit denen sie eng verwandt sind. Ein Unterscheidungsmerkmal dieser Familie sind die akrodonten Zähne, also ungesockelte Zähne, die am Rand der Kiefer stehen. Auch bei den Chamäleons findet man diesen Zahntyp. Die meisten übrigen Echsen besitzen pleurodonte Zähne – diese sind ebenfalls ungesockelt, sitzen jedoch an der Innenseite der Kieferknochen. Die Agamiden sind diurnale (tagaktive), visuell orientierte Echsen und bis auf wenige Ausnahmen ovipar (das Weibchen produziert Eier, die außerhalb seines Körpers schlüpfen). Einige Arten leben auf dem Boden, andere in den Bäumen, und viele wei-

▶ Mit weit abgestelltem Kragen, aufgerissenem Maul und lautstarkem, wütendem Fauchen bedroht eine Kragenechse einen Angreifer. Diese spektakuläre Echse bewohnt die tropischen Wälder im Norden Australiens.

Michael and Patricia Fogden

◀ ▼ Die Australische Baumagame (*Diporiphora superba*, links) ist ein spezialisierter, baumbewohnender Vertreter der Familie Agamidae. Man findet ihn nahezu ausschließlich im Norden Australiens zwischen den Blättern der Akazienbäume. Er gehört zu den besonders schlanken Agamiden, und der Schwanz erreicht etwa die drei- bis vierfache Körperlänge. Diese Art wurde erst in den siebziger Jahren entdeckt. Die Soldatenagame, hier von der Unterart *Ctenophorus isolepis gularis* (unten) vertreten, ist ein kleiner Agamide, der in den Trockengebieten Australiens zu Hause ist.

tere sind zwischen Felsen zu Hause. Sie alle haben wohlentwickelte Gliedmaßen, und es fehlen ihnen die vorgefertigten Bruchstellen im Schwanz, so daß dieser niemals abgeworfen werden kann.

Ihre größte Artenvielfalt haben die Agamiden in Australien, Indien und auf dem indo-australischen Archipel. Zu den merkwürdigsten Agamiden gehört der australische Wüstenteufel (*Moloch horridus*). Er ist kein schneller Läufer. Sein Körper ist mit dornigen Schuppen besetzt, und er ist auf Ameisennahrung spezialisiert. In vielerlei Hinsicht ähnelt er den Krötenechsen der amerikanischen Gattung *Phrynosoma*, die zu den Iguanidae gehört. Völlig unvergleichlich ist dagegen die Kragenechse (*Chlamydosaurus kingii*), ebenfalls eine australische Art. Sie bewohnt den tropischen Norden des Kontinents und zeichnet sich durch einen stark vergrößerten Kehlfächer aus. Bei diesen Fächern handelt es sich um Hautfalten, die von einem knöchernen Apparat gestützt werden und sich über diesen aufspannen lassen. Sie sind unter vielen männlichen Agamiden verbreitet und werden bei Paarung und Imponiergehabe eingesetzt, wobei normalerweise noch Kopf und Körper besondere Bewegungen vollführen. Bei der Kragenechse ist der Fächer besonders groß und auffällig. Er wird bei sozialen Interaktionen einzelner Tiere und zur Abschreckung von Räubern eingesetzt. Die Kragenechse ist eine der verschiedenen Agamiden, deren kräftige Hinterbeine und langer Schwanz das Laufen auf zwei Beinen erleichtern – meist nur über kurze Entfernungen, doch kann sie so sehr schnell entkommen. Allerdings kann sich die Kragenechse auch auf die Hinterbeine aufrichten, ihren Fächer abspreizen und so einen Scheinangriff vornehmen.

Verschiedene Agamiden, so die Dornschwanzagamen (Gattung *Uromastyx*), die in den Wüsten Westasiens und Nordafrikas leben, werden recht groß. Die Dornschwanzagamen sind untersetzte Bodenbewohner, die mit ihren kurzen, kräftigen Beinen Gänge aushöhlen. In ihrer äußeren Erscheinung ähneln sie in verblüffender Weise dem Chuckwalla (*Sauromalus obesus*), einem amerikanischen Wüstenleguan. Sowohl Dornschwanzagamen als auch der Chuckwalla sind Vegetarier. Wenigstens bei den Iguania sind große Körperabmessungen offenbar mit dem zusätzlichen Raum verbunden, den Pflanzenfresser für einen fermentierenden Magen benötigen. Dabei zeigen die Dornschwanzagamen noch eine weitere Anpassung an die vegetarische Lebensweise: Anstelle der typischen Zähne tragen sie vorn am Kiefer klingenähnliche, schneidende Oberflächen, wogegen die hinteren Zähne dem Zermahlen der Nahrung dienen.

Eine weitere Gruppe von Wüstenbewohnern bilden die Krötenkopf-Agamen der Gattung *Phrynocephalus*. Es sind kleine Echsen, die an den Zehen Hautlappen tragen. Damit laufen sie mühelos über den Sand, graben sich ein oder legen Gänge an. Sie sind Insektenfresser und bewohnen das Zentrum Asiens sowie

▼ Die Segelechse oder Soasoa (*Hydrosaura amboinensis*) von der Insel Sulawesi ist ein großer, semiaquatischer Agamide, die gern auf den Ästen und Felsen am Ufer ein Sonnenbad nimmt. Wenn sie verfolgt wird, zieht sie sich ins Wasser zurück. Mit Hilfe der Hautsäume an den Zehen der Hinterfüße kann sie eine kurze Strecke über die Wasseroberfläche laufen, ehe sie einsinkt und fortschwimmt.

den Mittleren Osten. Wenn sie untereinander in Kontakt treten, rollen die Agamen ihre Schwänze über dem Kopf ein. Die meisten Krötenkopf-Agamen sind zwar ovipar, doch halten einige wenige Arten, die im Gebirge leben, ihre Eier bis zum Schlüpfen zurück, so daß sie lebende Junge zur Welt bringen.

Zu den Agamiden Asiens gehören zahlreiche baumbewohnende Arten, die in den Wäldern zu Hause sind. Bei den meisten ist der Körper relativ flach. Eine davon, die Ceylon-Taubagame (*Cophotis ceylanica*) ist die einzige tropische Agame, die nachweislich lebende Junge zur Welt bringt. Entsprechend des recht niedrigen Umfangs der Gelege (ein bis 27 Eier) bei den oviparen Vertretern der Familie werden nur etwa fünf Junge geboren. Die Taubagame ist eine langsame, chamäleonartige Echse mit kräftigem Greifschwanz und einem Nasenschmuck, der aus Fleisch oder Schuppen besteht und vermutlich der Wiedererkennung einzelner Artgenossen dient. Die gleichfalls asiatische Segelechse (*Hydrosaurus amboinensis*) führt auch ein semiarboreales Leben, hält sich jedoch stets in der Nähe von Gewässern auf. Sie besitzt einen seitlich stark zusammengedrückten Schwanz und Hautkämme an den Zehen, die die Oberfläche vergrößern und so das Schwimmen effizienter machen. Mit einer Gesamtlänge von etwa einem Meter ist die Segelechse der größte Agamide. Unter den Baumbewohnern am stärksten spezialisiert sind die südostasiatischen »Flugdrachen« (Gattung *Draco*), die nicht nur klettern, sondern auch durch die Luft gleiten.

Nur relativ wenige Agamiden-Arten kommen in Afrika vor, doch gehören dazu einige Baumbewohner und zahlreiche Formen, die auf Felsen leben. Die Stachelagame (*Agama planiceps*) hat sich auf runde Felsen und Gesteinsmassen spezialisiert, die aus der Erde hervorragen. Wie viele andere Agamen, liebt auch sie die Sonnenwärme, nimmt umfangreiche Sonnenbäder und zeigt anderen Artgenossen ihr Imponiergehabe. Die Geschlechter sind, wie übrigens bei vielen Agamiden, ganz unterschiedlich gefärbt (dieses Phänomen ist als Sexualdichromatismus bekannt). Die Männchen sind tief blau oder lila, während Kopf und Schwanz orange oder rot gefärbt sind. Dagegen weist der Körper der Weibchen und Jungtiere bräunliche oder gräuliche Töne auf, trägt gelbe Markierungen am Kopf und an der Schulter orangefarbene Flecken. Einige Arten können ihre Farbe wechseln. So wird die Indische Schönechse (*Calotes versicolor*) leuchtend rot, wenn sie aus einem Kampf mit Rivalen siegreich hervorgegangen ist.

Chamäleons

Von allen Echsenfamilien haben die Chamaeleonidae die unverwechselbarste Gestalt. Dennoch weisen die Chamäleons einige anatomische und verhaltensphysiologische Merkmale auf, die sie eindeutig mit den Agamidae verbinden, aus denen sie vermutlich hervorgegangen sind. So ist ihnen etwa die akrodonte Bezahnung gemeinsam, bei der die ungesockelten Zähne am Kieferrand stehen. Chamäleons sind (von der Sahara abgesehen) über weite Teile Afrikas verbreitet und dringen ostwärts nach Indien und nördlich nach Spanien vor. Sie umfassen 128 Arten in sechs Gattungen. Ihre Gestalt ist erstaunlich einheitlich. Die Größe reicht mit Winzlingen wie *Brookesia* von weniger als 25 Millimeter bis zu Riesenformen wie *Chamaeleo*

Michael and Patricia Fogden

◀ Ein Gemeines oder Lappenchamäleon (*Chamaeleo dilepis*). Die Chamäleons sind eine überwiegend afrikanische Gruppe. Zu ihren auffälligsten äußeren Erkennungsmerkmalen gehören ihr Greifschwanz, teilweise verwachsene, von zwei Seiten zugreifende Zehen und ihre ungewöhnlich turmförmigen, unabhängig voneinander beweglichen Augen.

▼ Zwei Johnston-Chamäleons (*Chamaeleo johnstonii*) bei der Paarung. Bei einigen Chamäleon-Arten verfügen die Männchen über auffällige Hörner. Sie dienen der innerartlichen Erkennung und werden möglicherweise auch bei Auseinandersetzungen über Paarungspartner oder Territorien eingesetzt.

oustaleti, die über 55 Zentimeter lang werden. Allen gemeinsam sind der seitlich zusammengedrückte Körper, ein Greifschwanz, vorstehende, unabhängig voneinander bewegliche Augen und teilweise zusammengewachsene Zehen.

Ein weiteres Charakteristikum der Chamäleons liegt in ihrer vorschnellbaren Zunge, mit der sie kleine Beutetiere fangen, die den Hauptteil ihrer Nahrung ausmachen. Die meisten Arten fressen Insekten und andere Arthropoden (Gliederfüßer), und die größeren Formen nehmen auch kleine Vögel und Säuger zu sich. Jedes der türmchenförmigen Augen läßt sich unabhängig von dem anderen bewegen. Daher kann die Echse hervorragend räumlich sehen, was zum Zielen mit der überlangen Zunge und der Einschätzung der Entfernung im dichten Pflanzenwuchs unerläßlich ist.

Die meisten Chamäleons leben in feuchten Waldgebieten, und besonders zahlreich sind sie im Regenwaldgürtel Ostmadagaskars und den Hochlandwäldern Ostafrikas und Kameruns. Aber auch im mediterranen Klima und sogar in der Wüste haben sie sich erfolgreich angesiedelt. Die Zehen eines Fußes sind zu zwei Gruppen zusammengewachsen, die einander gegenüberstehen. Dieses als Zygodactylie bekannte Phänomen erleichtert das Greifen und bildet eine Anpassung an die kletternde Lebensweise. Auch Schulter- und Beckengürtel sind stark modifiziert, um die schlanken Gliedmaßen eng am Körper zu halten. Dies ist wegen des geringen Durchmessers, den der Ansitz einer solchen Echse hat, notwendig. Ihr Greifschwanz wirkt wie eine fünfte Hand und wird, anders als bei vielen anderen Echsen, niemals abgeworfen. Obwohl die meisten Chamäleons Baumbewohner sind und am Boden einen unbeholfenen Eindruck machen, gibt es doch Arten, die überwiegend zu ebener Erde leben, etwa Bewohner trockener Zonen wie das Wüstenchamäleon (*Chamaeleo namaquensis*) und die Stummelschwanz-Chamäleons (Gattung *Brookesia*) Madagaskars. Letztere sind winzige, eintönig gefärbte Formen, deren Schwanz zu einem kleinen Vorsprung reduziert ist und die so an abgestorbene Blätter erinnern. Obwohl diese beiden bodenbewohnenden Gruppen auf

Gérard Lacz/NHPA

▶ Ein Zungenschlag à la Chamäleon: Dieses Gemeine Chamäleon (*Chamaeleo chamaeleon*) hat einen weiteren Treffer erzielt. Die Chamäleons tragen ihre bemerkenswerte Zunge zusammengestaucht im Maul. Wenn sie dann plötzlich, wie ein Party-Scherzartikel, entspannt wird, schnellt die Spitze häufig mit einer Geschwindigkeit von fünf Meter pro Sekunde auf die arglose Fliege zu.

DIE ZUNGE DES CHAMÄLEONS

Die Zungen der Echsen können ganz unterschiedlich gebaut sein, und Wissenschaftler werten sie als Merkmale für eine Verwandtschaft unter verschiedenen Gruppen. Die Zungen der Autarchoglossa (und der Schlangen) sind grundsätzlich gespalten und häufig sehr schlank. Sie sind sehr wirkungsvolle Wahrnehmungsorgane für chemische Stoffe, indem sie molekulare Reize aus der Umgebung aufnehmen. Bei den Geckos und Flossenfüßen ist die Zunge fleischiger und dient dazu, Wasser oder Nektar aufzulecken. Zudem reinigen diese Echsen mit der Zunge auch ihre »Brillen«, die Oberfläche ihrer durchsichtigen Augenschuppen. Einige Echsen, so etwa der australische Gemeine Blauzungenskink (*Tiliqua scincoides*), besitzen eine auffällig gefärbte Zunge, die beim Drohverhalten eingesetzt wird. Nur in einer Entwicklungslinie der Echsen, den Iguania, übernahm die Zunge eine aktive Rolle, um Nahrung zu ergreifen und zum Maul zu führen. Bei Iguaniden und Agamiden ist diese Fähigkeit nur mäßig, bei den Chamäleons jedoch stark entwickelt.

Bei allen Echsen wird die Zunge vom Hyoid-Skelett gestützt, und die Zungenspitze liegt einem Stab des Hyoid-Apparates auf, dem Zungenfortsatz. Eine komplizierte Muskulatur bewegt die Zunge insgesamt oder nur gewisse Teile davon, je nachdem ob das Tier schlucken, Beute packen oder andere Funktionen ausführen möchte. Bei

Stephen Dalton/NHPA

den Chamäleons ist die Zungenmuskulatur besonders kompliziert. Wenn sie fressen wollen, schätzen Chamäleons zunächst die Entfernung zu ihrer Beute ab. Dann richten sie sich aus, um mit der Zunge richtig zielen zu können. Das Maul wird geöffnet und der Hyoid-Apparat nach vorn gezogen, wodurch die Zunge nach vorn dringt. In der Nähe der Zungenspitze befindet sich ein Beschleunigungsmuskel, der die Zunge aus dem Maul herauszieht. Sobald er aktiviert ist, zieht er sich zusammen und übt eine Kraft auf die Umgebung des Zungenfortsatzes des Hyoids aus. Dadurch wird die Zungenspitze aus dem Maul geschleudert (etwa so, wie ein nasses Stück Seife aus der Hand springt, wenn man es drückt) und nimmt den Retraktormuskel mit, der im Ruhezustand um den weiter basal gelegenen Teil des Zungenfortsatzes zusammengestaucht liegt. Die Länge des Retraktors entspricht normalerweise der Kopf-Körper-Länge des Chamäleons oder übertrifft diese sogar. Er begrenzt auch die Entfernung, über die sich die Zunge herausschleudern läßt. An der äußeren Oberfläche der Zungenspitze befindet sich ein Drüsenkissen, das die Beute durch ein Zusammenwirken von Feuchtigkeits-Adhäsion und Muskelaktivität packt und festhält. Sobald die Beute getroffen ist, wird der Retraktormuskel aktiviert, der den Apparat ins Maul zurückzieht. Schließlich wird der Hyoid-Apparat zurückverlagert und das Maul geschlossen. In der Projektionsphase kann die Zungenspitze eine Geschwindigkeit von mehr als fünf Meter in der Sekunde übertreffen. Damit benötigt die Zunge weniger als eine hundertstel Sekunde, um die Beute zu erreichen.

▲ Chamäleons sind wegen ihrer hochentwickelten Tarnfärbung bekannt. Allerdings gehen nicht alle Farbveränderungen auf die Umgebung zurück. Das Bunte Zwergchamäleon (*Bradypodion damaranum*, ganz oben) ist im Ruhezustand überwiegend grün. Die Männchen entwickeln jedoch das hier gezeigte, farbenprächtige Muster, wenn sie anderen Männchen drohen. Auch das Teppichchamäleon (*Chamaeleo lateralis*, oben rechts) ist normalerweise schmutziggrün gefärbt, wenn es zwischen den Blättern ausruht. Bei Gefahr jedoch nimmt es das hier gezeigte auflösende Muster an.

geraden Oberflächen offensichtlich nur schwer vorankommen, besitzen auch sie noch zygodactyle Füße.

Bei praktisch allen Arten sind die Männchen territorial. Das ostafrikanische Dreihornchamäleon (*Chamaeleo jacksonii*) ist eine von vielen Arten, deren Männchen am Kopf Hörner oder eine andere Verzierung tragen. Diese sind bei der Arterkennung unter den Geschlechtern von Bedeutung und werden auch bei erbitterten Zweikämpfen unter den Männchen eingesetzt. Werden paarungswillige Männchen des südafrikanischen Zwergchamäleons (Gattung *Bradypodion*) mit anderen Männchen konfrontiert, nehmen sie unglaubliche Farben an, fauchen, drohen und beißen. Diese Arten pflanzen sich mehrmals im Jahr fort und bringen, wie es bei einigen *Chamaeleo*-Arten der Fall ist, lebende Junge zur Welt.

Die meisten Arten legen allerdings Eier, wobei die Zahl der in einem Gelege enthaltenen Eier überwiegend von der Körpergröße abhängt. Während der Paarung werden die Weibchen von den Männchen häufig gebissen. Die Hemipenes vieler Arten sind sehr kompliziert und überdies artspezifisch gebaut. Die Weibchen sind imstande, lebensfähiges Sperma über lange Zeit zu speichern. Bei vielen Arten sind 30 bis 40 Eier pro Gelege die Regel, und eine der größten Arten, Mellers Chamäleon (*Chamaeleo melleri*), legt bis zu 70 Eier. In den meisten Fällen klettert das Weibchen vom Baum herunter, um die Eier im Boden, zwischen faulendem Holz oder an anderen feuchten, geschützten Stellen zu vergraben.

Ein wohlbekanntes Merkmal der Chamäleons ist ihre Fähigkeit zum Farbwechsel. Zwar findet man diese Eigenschaft auch bei einer Fülle anderer Echsengruppen, doch ist sie unter den Vertretern der Unterfamilie Chamaeleonidae besonders gut entwickelt. Sie können mit dem Hintergrund verschmelzen, was durch ihren blattähnlichen Umriß noch erleichtert wird, und sich so besonders wirkungsvoll ganz langsam an eine Beute heranschleichen. Aber es gibt auch einen Zusammenhang zwischen dem Farbwechsel, der Temperatur und dem Verhalten des Tieres. Nachts zum Beispiel, wenn es kalt ist, erbleichen die Chamäleons und leuchten an den Enden der Zweige wie weiße Blätter. Wenn sie an solchen Stellen schlafen, sind die Echsen vor Räubern wie Schlangen geschützt, deren Gewicht die dünnen Zweige nicht tragen könnten. Eine andere Strategie wird von den kleinen und mittelgroßen Arten verfolgt: Sie lassen sich bei Störungen auf den Boden fallen und bleiben dort regungslos liegen. Auf der Laubschicht sind sie praktisch unsichtbar.

Iguaniden

Die Leguane (Familie Iguanidae) sind die neuweltlichen Verwandten der Agamiden und Chamäleons. Von diesen anderen Gruppen der Iguanier unterscheiden sie sich durch ihre pleurodonte Bezahnung, bei der die ungesockelten Zähne am Innenrand des Kiefers sitzen. Mehr als 550 Arten aus 54 Gattungen sind vom Südwesten Kanadas bis zur Südspitze Südamerikas verbreitet. Weitere fünf Arten findet man auf den ozeanischen Fiji- und Tonga-Inseln im Pazifik, und sieben Arten bewohnen die Insel Madagaskar, auf der es keine Agamen gibt. Die Iguaniden unterscheiden sich stark in Körperbau und -form und gehören zu den Echsengruppen mit der weitesten Größenspanne unter den Arten. Die meisten legen Eier, doch sind einige Gruppen unabhängig voneinander vivipar geworden, bringen also lebende Junge zur Welt. Alle Arten sind tagaktiv. In letzter Zeit fanden einige Zoologen Hinweise, die dafür sprechen, die Iguanidae nicht in einer Familie zu belassen, sondern in acht verschiedene Familien aufzuteilen.

Zu den bekanntesten Iguaniden gehören die Iguaninen, zu denen der Grüne Leguan (*Iguana iguana*) Mittel- und Südamerikas gehört. Er erreicht eine Gesamtlänge von über zwei Meter. Ein Weibchen kann in einem Gelege bis zu 71 Eier produzieren. Der Grüne Leguan lebt im wesentlichen auf Bäumen, doch werden die Eier auf dem Boden deponiert, und die Jungen schlüpfen in Massen aus den in den Sand vergrabenen Nestern. Die Gattung *Iguana* hat einige enge Verwandte, etwa die am Boden lebenden Nashornleguane (Gattung *Cyclura*), die überall auf den Karibischen Inseln verbreitet sind. Allerdings hat der Mensch einige dieser Arten ausgerottet. Die Iguaninen leben alle vegetarisch. (Wie noch zu erwähnen sein wird, sind die meisten übrigen, erheblich kleineren Iguaniden Insektenfresser, die zum Teil auch andere Tiere erbeuten, wenn sich die Möglichkeit ergibt.) Eng mit den Leguanen des Festlandes und der Karibischen Inseln verwandt sind die Formen der Galapagos-Inseln, die den Gattungen *Conolophis* und *Amblyrhynchus* angehören. Diese großen Echsen müssen die Galapagos-Inseln von Südamerika aus auf treibenen Bäumen erreicht haben, denn die vulkanischen Galapagos-Inseln standen niemals mit einem Kontinent in Verbindung. Charles Darwin und zahllose andere Besucher der Inseln waren von der Meerechse (*Amblyrhynchus cristatus*) fasziniert, einem schwarzhäutigen Leguan, der beinahe ausschließlich Algen frißt und nach ihnen im Meer taucht. Sie ist die einzige Echse, die auf das Meer als Lebensraum angewiesen ist. Um das überschüssige Salz wieder loszu-

▼ Die meisten Echsen leben carnivor, besonders von Insekten. Eine auffällige Ausnahme bildet die Meerechse (*Amblyrhynchus cristatus*) von den Galapagos-Inseln, denn sie ernährt sich von Algen. Hier weidet ein Männchen in einem flachen Wasserbereich bei Ebbe.

Mark Jones/AUSCAPE International

◀ ▼ Die Meerechse (links) ist die einzige meeresbewohnende Echse. Normalerweise sind die Tiere schwarz. So können sie rasch Wärme aufnehmen, nachem sie aus dem kalten Wasser aufgetaucht sind. Wie die Meerechse entwickelte sich möglicherweise auch der Kurzkammleguan (*Brachylophus vitiensis*, unten) von den Fiji-Inseln aus den Leguanen des südamerikanischen Festlandes, die auf treibenden Baumstämmen zufällig über den Pazifischen Ozean herandrifteten.

Michael and Patricia Fogden

▲ Ein männlicher Anolis (*Anolis humilis*) in einem Regenwald Mittelamerikas. Die Männchen dieser meist auf Bäumen lebenden Echsen besitzen einen auffälligen, segelförmigen Hautlappen an der Kehle, den sogenannten Kehllappen. Er wird beim Imponieren aufgestellt.

werden, das sie beim Fressen aufnimmt, muß der Meeresleguan mit Hilfe einer Drüse an der Nase konzentriertes Salz in Form von Kristallen ausscheiden. Ein weiteres Problem ergibt sich für die Echsen bei der Temperaturregulierung, denn obwohl die Galapagos-Inseln am Äquator liegen, trägt der äquatoriale Bodenstrom kaltes Wasser an die Küste. Daher müssen die Meeresleguane, wenn sie nicht nach Algen suchen, über lange Zeit auf den Meeresfelsen in der Sonne liegen, bis ihre Körpertemperatur einen Punkt erreicht hat, an dem die Verdauung stattfinden kann und sie die Nahrungssuche gegebenenfalls von neuem aufnehmen können. Die schwarze Farbe macht es den Echsen leicht, rasch Hitze aufzunehmen, und man findet an einer Stelle häufig Tausende von Tieren, die in der Sonne liegen.

Auf Fiji und Tonga leben die Kurzkammleguane (Gattung *Brachylophus*). Auch sie müssen von Amerika aus auf dem Wasserwege die Inseln erreicht haben und dies immerhin über eine Entfernung von über 9000 Kilometer.

Die Anolis bilden mit ihren Verwandten eine primär südamerikanische und westindische Gruppe, obwohl der Rotkehl-Anolis (*Anolis carolinensis*) noch ein gutes Stück in die südöstlichen Vereinigten Staaten vordringt. Die Anolis sind eine gewaltige Gruppe, die die Hälfte aller bekannten Iguaniden stellt. Besonders spektakulär war ihre Artenbildung auf den Westindischen Inseln, wo ihre Ökologie genau untersucht wurde. Diese Echsen tragen Haftlamellen an den Füßen, ähnlich denen der Geckos, aber weniger gut entwickelt. Die meisten können hervorragend klettern, doch neigen die Arten einer Region dazu, sich auf die jeweils bevorzugte Höhenschicht eines Lebensraumes zu beschränken und garantieren dadurch, daß einer jeden Art die benötigte Nahrung und andere Ressourcen zur Verfügung stehen. In Puerto Rico zum Beispiel besetzt *Anolis cuvieri* die Baumwipfel, während *A. evermanni* die Baumstämme bevorzugt, *A. pulchellus* auf Büschen und im Gras aktiv ist und *A. cooki* auf dem Boden lebt. So unterscheiden sich die *Anolis*-Arten eines beliebigen Gebiets durch Körpergröße, Nahrung, Schattentoleranz und andere Merkmale voneinander. Die Männchen setzen zum Balzen und Imponieren einen leuchtend gefärbten Kehllappen ein, und nach erfolgreicher Paarung legt das Weibchen ein einziges Ei. Viele Arten produzieren mehr als ein Gelege pro Jahr.

◀ Bei den Anolis variieren Farbe und Form des Kehllappens von Art zu Art. Dies ist ein drohendes Männchen des Kuba-Anolis (*Anolis sagrei sagrei*).

Eine besonders vielfältige Gruppe der Iguaniden wird von den Fransenzehenleguanen, Krötenechsen, Zaunleguanen und ihren Verwandten gebildet, deren Verbreitungsgebiet sich vom äußersten Süden Kanadas bis nach Panama erstreckt. Besonders unverwechselbar sind die Krötenechsen der Gattung *Phrynosoma*. Es sind flache, rundlich geformte Tiere mit stacheligen Rückenschuppen. Am Kopf tragen sie nach hinten vorstehende »Hörner«, die der Verteidigung dienen. Diese Echsen sind auf Ameisennahrung spezialisiert und erinnern darin an den Wüstenteufel Australiens. Sie legen Gänge an oder decken sich mit Sand zu. Vier Arten bringen lebende Junge zur Welt, die anderen legen Eier. Die Kurzhorn-Krötenechse (*P. douglassii*) kommt in der Prärie, die mit kurzen Grasarten und Beifuß bewachsen ist, ja selbst in offenen Wäldern mittlerer bis größerer Hügel in den Vereinigten Staaten und den trockeneren Bereichen im Südwesten Kanadas vor. Sie bringt fünf bis 48 lebende Junge zur Welt.

Einige Krötenechsen bedienen sich einer sehr speziellen Verteidigungsmethode: Sie spritzen Blut aus ihren Augen. Die Echse erreicht dies, indem sie den Rückfluß des Blutes aus dem Kopf unterdrückt, bis der Druck so angestiegen ist, daß ganz feine Kapillaren (Blutgefäße) im Auge aufreißen. Der feine Blutstrahl spritzt bis zu 1,2 Meter weit und kann ein räuberisches Säugetier vertreiben, wenn er mit dessen Augen oder Maul in Kontakt kommt.

Unter den verschiedenen Gruppen von Fransenzehenleguanen ist *Uma* die am stärksten spezialisierte Gattung. Zwar sind die Tiere an der Oberfläche aktiv,

John Cancalosi/AUSCAPE International

◀ Die Königs-Krötenechse (*Phrynosoma solare*). Die Vertreter dieser nordamerikanischen Gruppe haben eine ungewöhnliche Verteidigungsmethode entwickelt. Werden sie bedroht, können sie den Rückfluß des Blutes vom Kopf zurückhalten, bis durch den steigenden Druck kleine Blutgefäße am Auge und der Umgebung desselben aufplatzen. Es kommt zu einem Blutspritzer, der mindestens einen Meter weit reicht.

doch vergraben sie sich in Sanddünen, um Räubern zu entgehen und zu schlafen. Einige Fransenzehenleguane halten noch Körpertemperaturen von 45 Grad Celsius aus und haben komplizierte Gesten entwickelt, mit denen sie ihre Körpertemperatur regulieren. Der Gitterschwanz-Leguan (*Callisaurus draconoides*) zeigt eine Sexualdichromatismus (die Männchen besitzen am Bauch und an den Seiten leuchtend blaue Flecken, die den Weibchen fehlen), und bei den meisten Fransenzehenleguanen nehmen trächtige Weibchen ein Farbmuster an, das ihre Schwangerschaft deutlich macht. Der Gitterschwanz-Leguan ist ein besonders schneller Läufer, der dazu häufig nur seine Hinterbeine einsetzt. Mit Hilfe seines an der Unterseite schwarzweiß gestreiften Schwanzes kommuniziert er mit seinen Artgenossen. Die artenreichste Gattung wird von *Sceloporus*, den Zaunleguanen und ihren Verwandten, gebildet. Diese weitverbreitete Gruppe zeigt auch eine breitgestreute Vorliebe für den jeweiligen Lebensraum. So kommen einige, wie der große *S. magister*, in felsigen Wüstengebieten vor, während andere, etwa der Östliche Zaunleguan (*S. undulatus*), Waldränder und andere sonnige, aber nicht zu trockene Lebensräume bevorzugen. Zaunleguane sind geschlechtsdichromatisch, was übrigens für die Familie typisch ist: Die Männchen tragen an der Seite und am Bauch eine blaue Pigmentierung. Besonders beim Kopfnicken und anderen Aspekten des Balz- und Imponierverhaltens kommen diese gut zur Geltung. Von den etwa 70 Arten der Zaunleguane bringen 40 Prozent lebende Junge zur Welt. Dieses Phänomen entwickelte sich offenbar mehrfach innerhalb der Gattung *Sceloporus*, und zwar überwiegend bei den Bewohnern höherer Lagen.

Die Basiliscinen sind eine kleine Gruppe mittel- bis großwüchsiger, waldbewohnender Iguaniden. Ihr Verbreitungsgebiet liegt im wesentlichen in Mittelamerika und dehnt sich nördlich nach Mexiko sowie südlich nach Ecuador aus. Am besten aus dieser Gruppe sind die Basilisken (Gattung *Basiliscus*) be-

▶ ▼ Das südamerikanische Gegenstück der asiatischen Segelechse ist der Basilisk oder die Jesus-Christus-Echse (*Basiliscus basiliscus*, rechts). Auch sie trägt einen großen, segelähnlichen Kamm und kann mit Hilfe der Hautsäume an ihren Zehen eine kurze Strecke über die Wasseroberfläche laufen. Der Halsbandleguan (*Crotaphytus collaris*) aus dem Südwesten Nordamerikas kann eine Zeitlang auf den Hinterbeinen laufend hohe Geschwindigkeiten erreichen.

kannt. Es sind große grüne oder braune Echsen mit vorstehenden Kämmen und Kehllappen sowie langen, kräftigen Beinen. Der Helmbasilisk (*B. basiliscus*) trägt außer der Verzierung auf dem Kopf noch einen segelähnlichen Kamm auf Rücken und Schwanz. Die Basilisken können auf den Hinterbeinen rennen und (wenigstens für kurze Zeit) sogar über das Wasser laufen. Eine Seitenfläche ihrer Zehen ist durch einen Schuppenrand erweitert. Dieser faltet sich in Ruhestellung an den Zeh. Im Wasser wird er jedoch nach oben gedrückt und vergrößert die Oberfläche des Fußes. Wenn ein Basilisk bedroht wird oder Nahrung sucht, kann er aufrecht auf das Wasser zulaufen, wo das Zusammenspiel des Schuppenrandes und seiner hohen Geschwindigkeit ihm erlauben, über eine kurze Strecke auf der Wasseroberfläche zu laufen, ehe er einsinkt. Bei der aufrechten Fortbewegung spielt der Schwanz als Gegengewicht eine entscheidende Rolle. Daher können Basilisken ihren Schwanz nicht abwerfen, wenn sie von einem Räuber gefangen wurden, obwohl die meisten anderen Iguaniden diese Fähigkeit erhalten haben. Basilisken sind ovipar, jedoch gehören ihre engen Verwandten, die baumbewohnenden Helmleguane (Gattung *Corytophanes*) zu den vielen Leguangruppen, die lebende Junge zur Welt bringen. Helmleguane sind seitlich zusammengedrückt und tragen auf dem Kopf einen großen Helm mit einem Kamm, was den Kopf scheinbar vergrößert und potentielle Räuber abschrecken soll.

Die Crotaphytinen sind Echsen aus dem westlichen Nordamerika, die Wüsten und Ebenen bewohnen. Dazu gehören zwei eng verwandte Gruppen, die Leopardleguane (Gattung *Gambelia*) und die Halsbandleguane der Gattung *Crotaphytus*. Sie alle zeichnen sich durch große Köpfe sowie lange Beine und Schwänze aus und können außerordentlich schnell laufen. Die größeren Leopardleguane leben zumeist von anderen Reptilien und fressen große Mengen kleinerer Leguane.

Die Hoplocercinen bewohnen das tropische Südamerika. Der brasilianische Stachelschwanz-Leguan (*Hoplocercus spinosus*) verteidigt sich mit seinem stacheligen Schwanz, wenn er angegriffen wird. Diese Echse ist kein echter Graber, doch legt er seichte Unterschlüpfe im Boden an und blockiert den Zugang mit dem Schwanz, so daß ein Räuber nicht mehr hereinkommt. Stachelbewehrte Schwänze kommen auch bei einigen anderen Iguanidengruppen vor, etwa bei den Tropidurinen.

Die Tropidurinen sind eine südamerikanische Gruppe, obwohl einige Arten auf den Westindischen und den Galapagos-Inseln verbreitet sind. Zu dieser Gruppe gehört auch *Liolaemus magellanicus*, die Echse mit dem südlichsten Vorkommen, die bis Feuerland an der Südspitze Südamerikas vorgedrungen ist. *Liolaemus* ist eine umfangreiche Gattung mit vielen Arten, die die Vorgebirge und höheren Lagen der Anden bewohnen. Wie die meisten anderen Tropidurinen leben auch sie grundsätzlich auf dem Boden. Entsprechend dem ungastlichen Klima ihrer Bergheimat bringen die meisten Vertreter dieser Gattung lebende Junge zur Welt. Die Kielschwänze (Gattung *Tropidurus*) findet man auf dem südamerikanischen Festland ebenso wie auf den Galapagos-Inseln, wo sie durch große Individuenzahlen und leuchtende Farben ins Auge fallen. Die Männchen nicken mit dem Kopf, und es kommt häufig zu Konfrontationen, bei denen die Echsen jedoch physischen Kontakt möglichst vermeiden und es beim Imponiergehabe belassen. Bei dieser Gattung sind Körpergröße und Farbe zwischen den Geschlechtern deutlich festgelegt.

Auf der Insel Madagaskar leben sieben Iguanidenarten. Sie sind mittelgroß, ovipar und liegen gern in der Sonne. Sechs Arten gehören zur Gattung *Oplurus* (zwei davon sind Baumbewohner, und vier leben zwischen Felsen). Die letzte Art, *Chalarodon madagascariensis*, bewohnt sandige Gebiete und legt dort auch Gänge an. Die Männchen sind beim Zweikampf besonders gewalttätig, und es kommt vor, daß sie sich, jeweils in den Kopf des anderen verbissen, wie Artisten in der Luft drehen. Für die Wissenschaft bleibt es ein biogeographisches Geheimnis, warum Leguane auf Madagskar leben. Die Ursache ist mit Sicherheit in einem ganz frühen Abschnitt der Entwicklungsgeschichte der Iguania insgesamt zu suchen.

Michael and Patricia Fogden

▲ Ein drohender Helmleguan (*Corythophanes cristatus*) in Costa Rica. Diese Echsen leben vorzugsweise im Regenwald und sitzen typischerweise mit dem Kopf nach unten an den Baumstämmen.

DIE GECKOS

Die Entwicklungslinie der Gekkota wird lediglich von zwei lebenden Familien, den Gekkonidae und Pygopodidae, vertreten. Es handelt sich um eine sehr alte Gruppe, wie *Eichstaettisaurus*, ein fossiler Gekkote, zeigt, der in der Jurazeit, vor 200 bis 145 Millionen Jahren, lebte und mit lebenden Formen erstaunliche Ähnlichkeiten aufweist. Trotz ihrer stark abweichenden Körperform haben die stets mit kräftigen Beinen ausgestatteten Geckos (Gekkonidae) und die Flossenfüße (Pygopodidae), deren Gliedmaßen reduziert

David Hughes/Bruce Coleman Limited

▲ Der afrikanische Wüstengecko (*Palmatogecko rangei*). Die Gruppe der Geckos zeichnet sich in erster Linie dadurch aus, daß sie mit ihren großen Augen in der Nacht Beute fangen.

▼ Aus neuen Untersuchungen geht hervor, daß beim Panthergecko (*Eublepharus macularius*) das Geschlecht der Nachkommen von der Temperatur abhängt, bei der die Eier ausgebrütet werden.

sind, viele wichtige Merkmale gemeinsam. So verleiht das Fehlen der Jochbögen dem Schädel ein leichtgebautes Aussehen und macht ihn zudem besonders beweglich. Bei den meisten Arten verfügen die Männchen über Kloakenknochen – paarigen Strukturen, die beiderseits der Kloakenspalte unter die Haut eingebettet sind. Bei beiden Geschlechtern findet man Kloakensäcke, deren Funktion jedoch noch unbekannt ist. Die Weibchen legen grundsätzlich zwei Eier, manchmal ist es auch nur eines oder in seltenen Fällen drei. Die Gekkota sind überwiegend nachtaktiv, und bei den meisten Arten sind die beweglichen Augenlider durch eine festgewachsene, durchsichtige »Brille« ersetzt. Die Augen sind groß, und bei den nachtaktiven Formen erweitern sich die Pupillen stark in der Nacht, um genügend Licht einzulassen und den Echsen zu ermöglichen, aktiv zu werden. Bei hellem Licht dagegen schließen sich die Pupillen zu einem senkrechten Schlitz oder einer Reihe stecknadelkopfgroßer Öffnungen.

Geckos

Nach den Skinken bilden die Geckos (Familie Gekkonidae) die zahlenmäßig vielfältigste Echsengruppe. Man kennt über 900 Arten in 90 Gattungen, und sie haben – mit Ausnahme der Antarktis – alle Kontinente besetzt. Geckos sind in den Tropen und Subtropen besonders zahlreich, doch leben einige Arten auch in kühleren Gebieten, vom Norden Italiens bis zum Süden Neuseelands, und einige wenige haben sich sogar dem rauhen Klima der Gebirge angepaßt. Die meisten Geckos sind kleinwüchsige Echsen und übertreffen eine Gesamtlänge von 15 Zentimeter meist nicht. Einige werden jedoch über 30 Zentimeter lang, und der neuseeländische Riesengecko (*Hoplodactylus delcourti*), der bis vor kurzem noch Neuseeland bewohnte, wurde sogar länger als 60 Zentimeter. Die größte lebende Art ist der Kaledonische Riesengecko (*Rhacodactylus leachianus*), der in den Regenwäldern Neukaledoniens lebt. Er erreicht eine Gesamtlänge von 40 Zentimeter und ein Gewicht von 600 Gramm.

Vermutlich liegt einer der Gründe für den Erfolg der Geckos in ihrer nächtlichen Lebensweise. Die meisten Arten sind nacht- oder dämmerungsaktiv, und keine andere Echsengruppe hat sich in vergleichbarem Maße auf diese Lebensweise spezialisiert. Daher nutzen die Geckos die fehlende Konkurrenz anderer Echsen zu nächtlicher Zeit, in der große Mengen an Insekten und Spinnen als Beute zur Verfügung stehen.

Es sind vier Unterfamilien der Geckos bekannt. Eine davon, die Eublepharinae, haben viele ursprüngliche Merkmale behalten. Am auffälligsten sind die beweglichen Augenlider und das Fehlen der kompliziert gebauten Haftlamellen an den Füßen, wie sie für viele andere Geckos typisch sind (siehe Seite 151). Alle Arten legen nur zwei Eier mit einer lederartigen Ober-

fläche, und alle sind primär nachtaktiv. Wenigstens beim südwestasiatischen Panthergecko (*Eublepharis macularius*) wird das Geschlecht eines Individuums durch die Temperatur bestimmt, der es als Embryo im Ei ausgesetzt war. Dieses Phänomen kennt man sonst überwiegend von Schildkröten und Krokodiliern. Gegenwärtig umfaßt die Unterfamilie nur 22 Arten, die in Afrika, Asien, sowie in Nord- und Mittelamerika verbreitet sind. Nach Ansicht einiger Autoren bilden sie eine eigene Echsenfamilie.

Der Gebänderte Krallengecko (*Coleonyx variegatus*) ist ein kleiner, dünnhäutiger Bewohner des trockenen Südwestens der Vereinigten Staaten und der angrenzenden Gebiete Mexikos. Dieser Insektenfresser hat die verschiedensten Mikrohabitate besiedelt. Beinahe über die Hälfte des Jahres, wenn die Nachttemperaturen unter 23 Grad Celsius fallen, bleibt der Krallengecko inaktiv. Mit Hilfe optischer und chemischer Signale werden die Weibchen von den Männchen aufgespürt und identifiziert. Bei der Paarung windet das Männchen seinen Schwanz hin und her. Dann reitet es auf, beißt der Partnerin in den Nacken und drückt ihren Körper nieder, während es seinen Schwanz unter den ihren manövriert, um ihre Kloake mit seinem Hemipenis zu erreichen.

Allen anderen Geckos sowie deren engen Verwandten, den Flossenfüßen, fehlen die Augenlider. Stattdessen wird das Auge von einer durchsichtigen Schuppe bedeckt, die als »Brille« bezeichnet und von der Echse durch wiederholtes Ablecken gereinigt wird. (Vergleichbare durchsichtige Fenster in den Augenlidern haben sich bei den Nachtechsen sowie einigen Skinken und Lacertiden entwickelt.)

Viele Geckos leben zu ebener Erde und bewohnen Wüsten und andere Trockengebiete. Allerdings ist wohl das Klettervermögen – selbst auf glatten Oberflächen wie Glas – die Eigenschaft, die am engsten mit diesen Tieren assoziiert wird. Mit Sicherheit war dieses Merkmal an der Artenbildung und dem weltweiten Erfolg dieser Echsen in entscheidender Weise beteiligt. Das Klettervermögen ist bei den Geckos an die Krallen und/oder die Haftpolster an den Zehen gebunden. In vielen Fällen weist schon der Gattungsname auf den Typ dieser Struktur hin, und jeder davon scheint auf bestimmten Oberflächen gewisse Vorteile zu bieten.

Die zweite Unterfamilie der Geckos wird von den Diplodactylinae gebildet. Man findet sie nur auf Neuseeland, wo sie die einzige Geckogruppe bilden, sowie in Australien und Neukaledonien, wo sie immerhin die Masse der Geckofauna stellen. Möglicherweise haben sich die Flossenfüße, die ebenfalls auf die australische Region beschränkt sind, aus dieser Gruppe von Geckos entwickelt. Die meisten Diplodactylinen legen Eier, nur die neuseeländischen Formen (*Naultinus* und *Hoplodactylus*) und eine einzige neukaledonische Art, der Riesengecko *Rhacodactylus trachyrhynchus*, bringen ihre Jungen lebend zur Welt. Zwar ist der Hintergrund der Viviparie bei diesen Geckos noch nicht vollständig geklärt, doch sieht man bei den neuseeländischen Formen einen Zusammenhang mit den niedrigen Temperaturen, denen die Tiere ausgesetzt sind und der Notwendigkeit, auch die Temperatur der Embryonen steuern zu können. Die Tragzeit währt nahezu ein Jahr, und wie bei anderen Geckos werden in einem Wurf nur zwei Junge geboren. Die erfolgreichste Gattung dieser Unterfamilie ist *Diplodactylus* selbst: Sie umfaßt 38 Arten mit ei-

Hans and Judy Beste/AUSCAPE International

▲ Praktisch allen Geckos fehlen die Augenlider. Stattdessen werden die Augen von einer unbeweglichen, durchsichtigen Schuppe geschützt. Das Säubern des Auges mit der Zunge ist ein unter den meisten Geckos weitverbreitetes Verhalten, so auch bei diesem australischen Exemplar von Coggers Fettschwanzgecko (*Oedura coggeri*).

▼ Fettschwanzgeckos besitzen winzige, gleichartige Schuppen, durch die ihre Haut eine samtartige Oberfläche erhält. Daher haben diese Echsen auch ihren Trivialnamen. *Oedura* ist eine in Australien endemische Gattung. Der hier gezeigte *O. tryoni* lebt auf Granitfelsen an der Ostküste.

ner Kopf-Rumpf-Länge von nur 45 bis 85 Millimeter und ist über das australische Festland verbreitet. Ihren Namen trägt die Gattung wegen der typischen gespaltenen Haftkissen. Viele *Diplodactylus*-Arten leben auf dem Boden, doch können die meisten auch gut klettern. Man findet in dieser Gattung gewisse Vertreter, etwa die Australischen Dornschwanzgeckos (*Diplodactylus spinigerus*), in deren Schwänzen große Drüsenkomplexe verborgen sind. Diese produzieren eine klebrige Substanz, die durch Muskelkontraktion mit einiger Zielsicherheit vom Schwanz aus bis zu einem Meter weit gespritzt wird. Zwar ist das Sekret nicht giftig, dürfte Räubern jedoch übel schmecken und den Kieferapparat großer Insekten und Spinnen, die von diesen Geckos leben, außer Gefecht setzen. Zu den merkwürdigsten australischen Geckos gehört der Keulenschwanzgecko (*Nephrurus asper*), dessen kurzer Schwanz, wie bei anderen Vertretern seiner Gattung, in einem kleinen Knopf endet. Zwar ist dessen Funktion noch unklar, doch dürfte er bei der Sinneswahrnehmnung von Bedeutung sein. Diese Geckos verbringen den Tag in Gängen und kommen zur Nacht heraus, um nach Insekten, Spinnen und anderen Echsen zu suchen. Bei weitem am zahlreichsten und am weitesten verbreitet sind die Geckos der Unterfamilie Gekkoninae. Die Arten werden in beinahe 60 Gattungen eingruppiert und erreichen – mit Ausnahme Neuseelands und Teilen der Vereinigten Staaten – die Verbreitungsgrenzen der gesamten Familie. Einige der größten Gattungen sind durch einen jeweils unterschiedlichen Bau ihrer Zehen gekennzeichnet, was offenbar zu ihrem Erfolg beitrug, sich unterschiedlichen Lebensräumen anzupassen.

In Afrika ist die Gattung *Pachydactylus* südlich der Sahara gut vertreten. Diese zumeist bodenbewohnenden Formen erreichen ihre größte Artenvielfalt in den trockenen Gebirgsregionen Namibias und Südafrikas. Bis zu acht Arten leben in einem Gebiet und teilen sich dessen Ressourcen. Aus dieser Gattung entwickelten sich zahlreiche andere. Unter diesen dürfte der Wüstengecko (*Palmatogecko rangei*) am auffälligsten sein. Er besitzt nämlich eine durchsichtige Haut und extrem dünne Beine mit großen Füßen, deren Zehen durch Häute verbunden sind und mit denen er im Sand der küstennahen Namib-Wüste Gänge anlegt. Zwar sind diese Häute fleischig, doch enthalten sie kleine Knorpelstücke, an denen ein feines Muskelsystem ansetzt, das die feinen Bewegungen beim Schaufeln der Füße koordiniert. Die Erwachsenen ernähren sich häufig von kleinen Spinnen. Größere Spinnen drehen den Spieß jedoch regelmäßig um und fressen die kleineren Geckos.

Im Norden Afrikas ist *Tarentola* die dominierende Gattung. Sie dringt auch noch nach Südeuropa vor, wo *T. mauritanica* ein häufiger Gast in den Häusern ist. Wie viele andere Geckos auf der ganzen Welt, hat sich auch diese Art gut an die Menschen gewöhnt. Die Echsen warten an den Wänden der Gebäude auf In-

▶ Verschiedene Geckos besitzen ungewöhnlich geformte Schwänze, doch zu den merkwürdigsten gehört der des Keulenschwanzgeckos (*Nephrurus asper*): Wie der Name vermuten läßt, endet der kurze Schwanz in einer winzigen Keule, über dessen Funktion nichts bekannt ist. Diese Art gehört zu den größten Geckos Australiens. Sie bewohnt die trockenen Felsgebiete entlang der Nordhälfte des Kontinents.

Jean-Paul Ferrero/AUSCAPE International

sekten, die von der Beleuchtung angelockt werden, und gedeihen dabei prächtig.

Einige wenige Gecko-Arten haben mit Erfolg riesige geographische Gebiete besiedelt, indem sie unabsichtlich mit Menschen und deren Habe verfrachtet wurden. So erstreckt sich das Verbreitungsgebiet des Hausgeckos (*Hemidactylus frenatus*) von Indien über Südostasien bis weit in den pazifischen Raum hinein. Auch jetzt noch breitet er sich auf den Inseln des zentralen Pazifik aus und verdrängt dabei stellenweise andere Gecko-Arten. Eines der Merkmale, die diesen Echsen den Erfolg ermöglichen, besteht in ihren hartschaligen Eiern. Die meisten Reptilien legen Eier mit einer lederartigen Schale. Diejenigen der Unterfamilien Gekkoninae und Sphaerodactylinae sind dagegen hart, somit sehr widerstandsfähig gegen Austrocknung und können selbst längeren Kontakt mit Salzwasser überleben. *Hemidactylus* gehört zu den erfolgreichsten Gattungen: 75 Arten sind (mit einer großen Vielfalt in Äthiopien und Somalia) über Afrika verbreitet, sowie über Asien (mit vielen indischen Formen), den pazifischen Inseln und über Südamerika. Eine mit 85 Arten ähnlich erfolgreiche Gruppe bilden die Bodenfinger *Cyrtodactylus*, *Cyrtopodion* und Verwandte. Früher wurden diese Tiere einer einzigen Gattung zugerechnet, doch unterscheidet man heute unter den Bodenfingern verschiedene Entwicklungslinien. Es handelt sich um Arten, die auf Felsen, auf dem Boden oder auf Bäumen zu Hause sind. Anstelle der reduzierten Haftkissen an ihren Zehen sorgen große, vorstehende Krallen dafür, daß die meisten Arten gut klettern können. Ihre größte Artenvielfalt erreichen die Bodenfinger in Asien, wo sich ihre Verbreitung vom Mittelmeer über die trockenen Gebirgsregionen Westasiens bis zum tropischen Südostasien, dem indoaustralischen Archipel und zu den Inseln des Pazifischen Ozeans erstreckt. Eine im pazifischen Raum besonders häufige Art ist der Schuppenfinger (*Lepidodactylus lugubris*). Abgesehen von seiner verkalkten Eischale dürfte seine Verbreitung durch Parthenogenese begünstigt worden sein, der Fähigkeit des Weibchens, sich ohne Befruchtung der Eier und somit ohne Hilfe von Männchen fortzupflanzen.

Die meisten Geckos sind Insektenfresser, die jeden Arthropoden (Gliederfüßer) angreifen, der klein genug ist, um verschlungen zu werden. Dagegen erbeuten einige größere Arten durchaus Wirbeltiere, wie kleine Säuger, Vögel und besonders andere Echsen. Ein gutes Beipiel dafür ist der Tokee (*Gekko gecko*), der sogar Schlangen angreift. Tokees sind zudem besonders stimmgewaltige Echsen. Wenn sie miteinander kommunizieren oder glauben, sich verteidigen zu müssen, knurren und bellen sie laut. Die Gattung *Gekko* ist eine von verschiedenen extrem erfolgreichen Gattungen mit einem Verbreitungszentrum im tropischen Asien. Diese Echsen weisen zumeist nur schmutzige Braun- oder Grautöne auf, es gibt jedoch Ausnahmen, wie die Tokees, deren bläulich gefärbtes Schuppenkleid orangefarbene Punkte trägt. Die bei weitem farbenprächtigsten Arten sind die Taggeckos (Gattung *Phelsuma*) Madagaskars und der Inseln des Indischen Ozeans. Die leuchtend grün, rot und blau

▲ Die Blauschwanz-Phelsume (*Phelsuma cepediana*, ganz oben) ist ein farbenprächtiger Bewohner der Inseln Réunion und Mauritius. Diese tagaktive, baumbewohnende Echse besitzt runde Pupillen, und die Krallen sind an den Fingern überwiegend reduziert, so daß die Tiere beim Klettern nur ihre Haftlamellen gebrauchen. Der Bänderschwanz-Nacktfinger (*Cyrtodactylus louisadensis*, oben) ist eine in der australasiatischen Region weit verbreitete Art und zudem der größte Gecko des australischen Kontinents. Aus einleuchtenden Gründen werden die Vertreter dieser Gattung im Volksmund »Bodenfinger« genannt.

G.I. Bernard/NHPA

▲ Viele nachtaktive Geckos verlassen sich in starkem Umfang auf Tarnung. Dazu besitzen sie feine, komplizierte Muster aus nüchternen Grau-, Braun- und Grüntönen, die sie am Tage schützen. Dagegen sind die tagaktiven Arten, wie dieser Buntgecko (*Gonatodes cecilae*) aus Trinidad, häufig mit leuchtenden Farben und kräftigen Mustern ausgestattet.

▼ Der Gelbkopfgecko (*Gonatodes albogularis fuscus*) gehört zu der Unterfamilie mit den kleinsten Geckos, den Sphaerodactylinae. Zudem findet man bei dieser Art einen der wenigen Fälle von Sexualdimorphismus unter den Geckos, denn nur die Männchen besitzen einen gelben Kopf.

gefärbten Echsen fressen nicht nur Arthopoden (etwa Insekten und Spinnen), sondern suchen auch Blüten auf und verzehren deren Nektar und Pollen. Allerdings dürfte diese Ernährungsweise unter Geckos nicht selten sein. (Sie wurde auch bei den diplodactylinen Geckos der Gattungen *Hoplodactylus* und *Naultinus* nachgewiesen.) Bei den Taggeckos sind die Krallen weitgehend reduziert, so daß sie zum Klettern allein auf ihre Haftpolster angewiesen sind.

Die letzte Geckogruppe, die Unterfamilie Sphaerodactylinae, ist ein amerikanischer Ableger der Unterfamilie Gekkoninae. Die Vorfahren dieser Echsen stammen vermutlich aus Afrika. Sie erreichten den südamerikanischen Kontinent wahrscheinlich, ehe er vor 145 bis 65 Millionen Jahren während der Kreidezeit nach Westen abdriftete, oder sie gelangten bald danach auf Treibholz über den gerade entstandenen, noch schmalen Atlantischen Ozean dorthin. Ihre nächsten Verwandten findet man vermutlich unter den Geckos der Gattung *Pristurus* aus dem Mittleren Osten oder in *Quedenfeldtia*, einer kleinen, nordafrikanischen Form. Es sind zumeist winzige Tiere, und zu ihnen gehört die kleinste lebende Echse, der Monito-Kugelfingergecko (*Sphaerodactylus parthenopion*) von den Jungferninseln, der eine Kopf-Rumpf-Länge von nur 17 Millimeter erreicht. Die meisten der 84 *Sphaerodactylus*-Arten sind Inselbewohner, die zwischen abgerissenen Palmwedeln oder anderen pflanzlichen Resten in den Wäldern oder offenen Gebieten der Westindischen Inseln leben. Einige Arten, so der Kubanische Kugelfingergecko (*S. bromeliarum*) besetzen Bromelien und die Blattachseln von Bäumen. In Amerika sind grundsätzlich nur wenige Gecko-Arten zu Hause, und die meisten davon werden von dieser Gattung gestellt. Aufgrund ihrer geringen Größe haben diese Echsen wahrscheinlich in Arthropoden, wie Spinnen, ihre schlimmsten natürlichen Feinde. Bei einigen Arten reißt die Haut sehr leicht ab, was wohl als eine Anpassung daran zu deuten ist, diesen Räubern zu entkommen. Eine ähnlich lose Haut findet man bei einigen Gekkoninen, besonders bei Inselbewohnern. Zwar sind viele Sphaerodactylinen tagaktiv, doch leben sie zurückgezogen in geschützten Mikrohabitaten. Zu den auffälligsten tagaktiven Formen dieser Gattung gehören der Weißkehlgecko (*Gonatodes albogularis*) und seine Verwandten. Die Geschlechter dieser Art sind dichromatisch. Während die Männchen einen leuchtend gelben Kopf besitzen, sind die Weibchen dezenter gemustert. Ein solcher Sexualdimorphismus kommt unter Geckos nur in wenigen, zumeist diurnalen (tagaktiven) Gruppen vor.

Pygopodiden (Flossenfüße)

Die Flossenfüße der Familie Pygopodidae besitzen einen extrem verlängerten Körper und reduzierte Gliedmaßen, so daß sie Schlangen recht ähnlich sehen. Im Laufe ihrer Entwicklungsgeschichte haben sie ihre Arme vollständig eingebüßt, während die Hinterbeine zu kleinen, flachen Klappen wurden, die dicht neben der Kloake liegen. Trotz ihrer unscheinbaren Größe werden diese Stummel manchmal bei der Fortbewegung (etwa durch die Vegetation) sowie bei Balz und Verteidigung eingesetzt. Die meisten der 36 Pygopodiden-Arten sind in Australien endemisch, eine Art lebt nur auf Neuguinea, und eine weitere kommt in beiden Gebieten vor. Obwohl sie ganz anders aussehen, sind sie enge Verwandte der Geckos und stammen mit großer Wahrscheinlichkeit von einer beson-

EIN SPAZIERGANG AN DER ZIMMERDECKE

Viele Echsen können klettern, doch nur wenige haben besondere Strukturen entwickelt, die ihnen erlauben, glatte Oberflächen zu erklimmen, ohne dabei die Krallen zu gebrauchen. Derartige Kletterhilfen findet man unter zahlreichen Vertretern der Familie Geckonidae, einigen Skinken und bei den Iguaniden der Gattung *Anolis*. Die Zehen kletternder Geckos tragen an ihrer Unterseite große, einander überlappende Platten, die als Lamellen bezeichnet werden. Jede dieser Lamellen wird von einem Feld von sogenannten Setae bedeckt, mikroskopisch kleinen Fortsätzen der äußersten Hautzellen. Diese spatelförmigen Zacken sind bei verschiedenen Arten unterschiedlich lang, messen bei den meisten Geckos jedoch zwischen zehn und 100 Mikrometer. Wenn ein Gecko klettert, erhalten die ausgestreckten Spitzen der Setae einen ganz engen Kontakt zur Laufunterlage, und die schwachen Kräfte zwischen den Molekülen errichten zwischen den beiden Oberflächen eine vorübergehende Bindung. Obwohl die Kräfte, die auf eine Seta wirken, minimal sind, können auf einem Zeh mehr als eine Million dieser Strukturen vorhanden sein. Um sicherzustellen, daß immer möglichst viele Setae mit der Unterlage in Kontakt kommen, verfügen die Geckos außerdem über einen komplizierten Mechanismus innerhalb des Zehs.

Eine Lamelle bildet nur den äußersten Teil einer Struktur, die als Haftkissen bezeichnet wird. Innerhalb eines Haftkissens befindet sich ein umfangreiches Netzwerk aus Blutgefäßen. Diese sind wiederum an einen Sinus angeschlossen, ein kleines Blutreservoir, das unterhalb der Zehenknochen liegt. Mit Hilfe mehrerer Ventile ist der Gecko imstande, diesen Teil des Blutkreislaufs von dem des übrigen Körpers abzutrennen. Wenn das Tier dann auf die Zehenknochen über den Sinus Druck ausübt, überträgt sich der Druck auch auf das Netz der Gefäße. Dadurch dehnen sich diese aus, leiten den Druck auf die angrenzenden Lamellen weiter und pressen sie auf das Substrat. Auf diese Weise kann sich das ausgedehnte Zehenkissen an alle Unregelmäßigkeiten des Substrates eng anschmiegen, und es werden immer möglichst viele Setae in den Haftvorgang einbezogen.

Allerdings stellt der Haftmechanismus den Gecko vor ein besonderes Problem, wenn er sich normal gehend fortbewegt. Um seinen Fuß anheben zu können, muß ein Gecko den Druck im Blutsinus und im Netzwerk der Blutgefäße zurücknehmen und die schwachen Kräfte zerstören, die die Setae mit dem Substrat verbinden. Dies erreichen sie dadurch, daß sie die Zehen von der Spitze zur Basis abrollen, wodurch das Blut in den Fuß zurückgetrieben wird und die Setae von der Oberfläche abgestreift werden. All dies erfolgt bei jedem Schritt des Geckos!

Der Ursprung des ganzen Haftkomplexes ist noch unbekannt. Allerdings handelt es sich bei den Setae um weiterentwickelte Oberflächenstrukturen, die sich auf der Haut aller Echsen finden lassen. Zweifellos verdanken die Geckos ihrer Kletterfertigkeit einen großen Teil ihres Erfolges in den baum- und felsbestandenen Lebensräumen. Diese Art der Haftung dürfte ihre größte Wirkung auf harten, glatten Oberflächen ausüben, an denen die Krallen der Echsen keinen Halt finden. Erstaunlicherweise werden Oberflächen wie Glas, das doch für ein Tier mit diesen Fähigkeiten eine Herausforderung bilden sollte, von den Geckos mühelos bewältigt. Anders verhält es sich aber unter Umständen mit der wachsigen Oberfläche eines Pflanzenblattes.

Zwar wurden die Haftmechanismen anderer kletternder Echsen bisher nicht so genau untersucht, doch scheinen sie weniger kompliziert zu sein. Zudem können diese Tiere nicht ganz so gut klettern wie die Geckos.

Mike Birkhead/Oxford Scientific Films

▲ In den Wohnhäusern der tropischen und subtropischen Welt gehören die Geckos zur Fauna eines normalen Haushaltes. Diese zumeist nachtaktiven Echsen spazieren ungehindert über Wände und Zimmerdecken und suchen dabei nach Nachtfaltern und anderen Insekten. Dies ist der Seychellen-Hausgecko (*Aeluronyx seychellensis*) von den Seychellen.

David Corke/ZEFA

◀ Der Fuß eines Geckos. Die Lamellen an der Unterseite der Zehen sind gut zu erkennen.

deren Geckogruppe ab, den Diplodactylinen, die in Australien und dem südwestpazifischen Raum endemisch ist. Wie die meisten Geckos haben auch sie keine Augenlider, und auch bei ihnen enthält ein Gelege nur zwei Eier.

Bei einigen Pygopodiden, etwa den *Aprasia*-Arten, handelt es sich um grabende Formen, die sich von Insekten ernähren. Andere dagegen spezialisierten sich auf das Leben an der Oberfläche und finden Unterschlupf in den Gängen von Spinnen oder anderer Tiere oder in den dichten Soden des Spinifex-Grases, das im trockenen Australien wächst. Die Vertreter der Gattung *Delma* sind schlanke Oberflächenbewohner, die zu ihrer Verteidigung einen einzigartigen Sprungmechanismus einsetzen. Bei Belästigung verschaffen sie sich mit dem langen Schwanz einen Aufwärtsschub und heben mit dem ganzen Körper vom Boden ab. Auf diese Weise springt die Echse mehrmals nacheinander und wechselt jedes Mal die Richtung. Wie andere Pygopodiden können auch die *Delma*-Arten Laute ausstoßen, und auch dies wenden die Tiere zu ihrer Verteidigung an. Mit einer Gesamtlänge von 59 Zentimeter ist der Spitzkopf-Flossenfuß (*Lialis burtonis*) der größte Pygopodide Australiens. Die Art zeichnet sich durch eine typische verlängerte Schnauze aus und ernährt sich ausnahmslos von Echsen und Schlangen. Die spitz zulaufenden Zähne tragen an der Basis ein Scharnier, was ihnen den Beutefang erleichtert. Ein großer Teil ihrer Nahrung besteht nämlich aus Skinken, die eine sehr glatte Schuppenoberfläche besitzen. Die Beutetiere gleiten mühelos an den »eingeklappten« Zähnen vorbei, doch wird ein Versuch, nach hinten aus dem Maul auszubrechen, von den Zähnen verhindert, die sich dann senkrecht aufstellen. Dieser Flossenfuß weist eine erstaunliche Vielfalt an Farben und Mustern auf. Er ist zudem der am weitesten verbreitete Pygopodide, denn er bewohnt – mit Ausnahme des äußersten Südwestens und Südostens – den ganzen australischen Kontinent und dazu die Insel Neuguinea. Auch der Westliche Flossenfuß (*Pygopus nigriceps*) besitzt ein weites Verbreitungsgebiet. Er zeichnet sich durch eine schwarze Krone und Nackenregion aus und sieht einer elapiden Giftnatter sehr ähnlich, die in demselben Gebiet vorkommt. Daher liegt hier wahrscheinlich ein Fall von Mimikry vor, also der äußerlichen Nachahmung der Körpergestalt eines Tieres, das sich effektiv verteidigen kann.

DIE AUTARCHOGLOSSA

Die dritte Hauptlinie der Echsen ist die der Autarchoglossa, in der die zwölf übrigen Echsenfamilien zusammengefaßt werden. Diese Echsen leben zumeist auf dem Boden, unterirdisch oder zwischen Felsen. Nur wenige allgemeine Aussagen lassen sich auf die Gruppe insgesamt machen, doch besitzen viele Arten Osteodermen (Knochenplatten) in der Haut, und die meisten finden sich in ihrer Umwelt mit Hilfe chemischer Sinnesorgane zurecht.

Die Autarchoglossa zerfallen wiederum in zwei Untergruppen: die Anguimorphen (fünf Familien) und die Scincomorpha (sieben Familien).

GRUPPE EINS: DIE ANGUIMORPHEN

Die fünf Gruppen anguimorpher Echsen sind die Anguiden, Krustenechsen (Helodermatiden), der Taubwaran, die echten Warane und die Höckerechsen. Trotz ungeklärter Verwandtschaftsverhältnisse teilen die Schlangen etliche Merkmale mit einigen anguimorphen Echsen und haben sich nach Ansicht einiger Wissenschaftler wahrscheinlich aus dieser Gruppe entwickelt.

Anguiden

Die Familie Anguidae bildet eine Gruppe von mittlerem Artenreichtum (90 Arten), von denen die meisten in der nördlichen Hemisphäre leben. Man findet Arten mit vollentwickelten Beinen, aber auch extremitätenlose Formen. Ihre Schuppen enthalten knöcherne Osteodermen, wodurch sie sich hart und starr anfühlen. Bei zwei der vier Unterfamilien, den Gerrhonotinae und Anguinae, werden die großen, rechteckigen Rückenschuppen von den kleinen, granulären Schuppen der Körperunterseite verdrängt. Diese bedecken eine Hautfalte ohne die harten Osteodermen, die

▶ Die Schmucklose Flossenfuß. (*Delma inornata*). Die Vertreter dieser rein australasiatischen Gattung leben überwiegend nachtaktiv. Sie zeichnen sich durch ihre ungewöhnliche Eigenschaft aus, bei Bedrohung wild hin und her zu hüpfen. Dabei schnellen sie sich ausschließlich mit Hilfe der Muskeln ihres schlanken, aber kräftigen Schwanzes in die Luft.

Esther Beaton/AUSCAPE International

George Bernard/NHPA

◀ Viele Krokodilschleichen (Gattung *Gerrhonotus*) bewohnen die Regenwälder Mittel- und Südamerikas. Einige Arten werden über 30 Zentimeter lang. Die Echsen dieser Gattung besitzen einen Greifschwanz.

sich über den größten Teil des Körpers hinzieht.

Krokodilschleichen und ihre Verwandten gehören zur Unterfamilie Gerrhonotinae. Diese Gruppe ist vom Südwesten Kanadas bis zu den mittelamerikanischen Tropen verbreitet und zeigt besonders in Guatemala und Mexiko einen hohen Artenreichtum. Von den nahezu 40 bekannten Arten gehört beinahe die Hälfte zur Gattung *Abronia*, deren Arten zumeist in Gebirgswäldern leben. Andere Krokodilschleichen führen eine oberirdische oder zum Teil grabende Lebensweise und haben, vom Wüstengebirge bis zum tropischen Tiefland, eine weite Spanne von Lebensräumen besiedelt.

In weiten Bereichen des nordamerikanischen Westens kommen die Südliche (*Elgaria multicarinata*) und die Nördliche Krokodilschleiche (*E. coerulea*) gemeinsam vor. Beide Arten sehen einander ähnlich, unterscheiden sich jedoch in ihrer Fortpflanzungsweise: Die Südliche Krokodilschleiche ist ovipar. Sie legt in den eichenbestandenen Grasebenen, die sie bewohnt, sechs bis 17 Eier an geschützten Stellen ab. Dagegen bringt die etwas kleinere Nördliche Krokodilschleiche etwa drei Monate nach der Paarung zwei bis 15 lebende Junge zur Welt. Letztere ist besonders dem kalten Klima angepaßt. Sie besiedelt im allgemeinen die Randbereiche von Nadelwäldern oder andere Regionen, die der Südlichen Krokodilschleiche bereits zu kühl oder zu feucht sind. Beide Arten sind typische Oberflächenbewohner ihrer Unterfamilie, denn sie halten sich zumeist verborgen und fressen Insekten, Spinnen, Kleinsäuger, Vögel und andere Reptilien. Die *Elgaria*-Arten können bei der Verteidigung wild

Aldo Brando Leon/Oxford Scientific Films

▲ Die Unterfamilie Diploglossinae oder Gallwespenschleichen besitzt eine Verbreitung, deren Zentrum sich hauptsächlich auf den Karibischen Inseln befindet. Dies ist die Weißpunkt-Gallwespenschleiche (*Diploglossus millepunctatus*), die nur auf der Insel Malpelo vor der kolumbianischen Küste vorkommt.

zubeißen, doch sind sie offenbar nicht territorial. Obwohl sie sich überwiegend auf dem Boden aufhalten, klettern sie auch mit Hilfe eines teilweise greiffähigen Schwanzes. Der größte Vertreter dieser Unterfamilie ist die Texas-Krokodilschleiche (*Gerrhonotus liocephalus*), die eine Kopf-Rumpf-Länge von 20 Zentimeter erreicht. Viele Einheimische halten diese Art (wie übrigens auch die meisten anderen Arten dieser Gruppe) zu Unrecht für giftig.

In der zweiten Unterfamilie der Anguiden, den Diploglossinae, sind die meisten Formen als Gallwespenschleichen geläufig. Gegenwärtig sind 37 Arten bekannt. Es handelt sich um skinkähnliche Tiere mit weichüberlappenden Schuppen und relativ kurzen Beinen. Obwohl es einige Arten auf dem Festland gibt, findet man die meisten Gallwespenschleichen auf den Karibischen Inseln. Wie bei den Krokodilschleichen gibt es auch in dieser Gruppe eierlegende und lebendgebärende Formen. Aus einem Gelege oder Wurf kann nur ein einziges Junges, aber auch bis zu 34 Nachkommen hervorgehen. Die meisten Formen leben primär auf dem Boden oder halb unterirdisch, allerdings klettern viele Arten auch in Bäumen und anderen Pflanzen herum. Man kennt sowohl tag- als auch nachtaktive Arten. Zwei der größten Arten, *Diploglossus anelpistus* und *D. warreni*, deren Kopf-Körper-Länge 28 Zentimeter erreicht, sind nachtaktiv. Obwohl diese Echsen in viele Lebensräume vordringen und sämtliche Höhenlagen bis zu 2500 Meter bewohnen, ziehen die meisten doch feuchtere Mikrohabitate vor. Die Malpelo-Gallwespenschleiche (*D. millepunctatus*), eine auf der Felseninsel Malpelo vor der Pazifikküste Kolumbiens endemisch lebenden Art, ist ein relativ großes Tier, das mindestens eine Kopf-Rumpf-Länge von 25 Zentimeter erreicht. Seine Ernährungsweise findet unter den Echsen kaum ihresgleichen. Malpelo ist eine kleine Insel mit begrenzten Ressourcen. Daher findet die Gallwespenschleiche nur wenige potentielle Beuteobjekte von angemessener Größe. Krabben und Seevögel (überwiegend Tölpel) gibt es dagegen im Überfluß, und sie bilden die Hauptnahrung der Echse. Dabei werden die Krabben und Vögel selber (letztere als Aas) ebenso gefressen wie der Kot der Vögel. Was noch merkwürdiger ist: Die Gallwespenschleichen belästigen die erwachsenen Tölpel, die ihren Küken Nahrung ans Nest bringen wollen, so stark, daß diese vorzeitig die Nahrung auswürgen und damit die Echsen unfreiwillig versorgen.

Bei einigen Gallwespenschleichen besteht die Tendenz zu reduzierten Gliedmaßen. Am deutlichsten wird dies bei den südamerikanischen Schlangenschleichen der Gattung *Ophiodes*, einer kleinen Gruppe von Diploglossinen, die nur noch zwei rudimentäre Hinterbeine aufweist. Diese Formen sind im Festland Südamerikas endemisch und erinnern auffällig an die Anguinen.

Die Anguinen – die Blindschleiche und die Glasschleichen – besitzen von allen Unterfamilien der Anguiden die größte geographische Verbreitung und sind zudem die einzige Gruppe, die in der Alten Welt vorkommt. Sie zeichnen sich durch fehlende Gliedmaßen aus. Die Blindschleiche (*Anguis fragilis*) lebt in weiten Teilen Europas und Großbritanniens. Sie ist außerordentlich anpassungfähig und überlebt heute selbst in Großstädten wie London. Diese Echse bringt nach einer Tragzeit von etwa drei Monaten drei bis 26 lebende Junge zur Welt. Allerdings unterliegt die Tragzeit gewissen Unregelmäßigkeiten, und bei ungünstigen Umweltbedingungen kommt es vor, daß die Jungen noch eine Zeitlang im Uterus der Mutter verweilen.

Mit zwölf Arten bildet *Ophisaurus* die größte Gattung der Unterfamilie. Diese Echsen findet man in Nordamerika, Südeuropa, über Asien bis Borneo sowie am Rande Nordafrikas. Es hat den Anschein, daß einige neue Forschungsarbeiten an Fossilien und zur Stammesgeschichte die Hypothese belegen, daß die Arten der Alten und der Neuen Welt auf jeweils unterschiedliche Ursprünge zurückgehen und sich ihre Beinlosigkeit unabhängig voneinander entwickelt haben. Alle Vertreter der Gattung sind ovipar, und das Weibchen bleibt während der Brutdauer in der Nähe der Eier, obwohl es das Gelege nicht aktiv verteidigt. Der Scheltopusik (*Ophisaurus apodus*), ein Bewohner Südosteuropas und des südwestlichen Asiens, ist die größte Art seiner Gattung und der ganzen Anguidenfamilie. Große Individuen können 1,4 Meter lang werden. Diese Echse ernährt sich von kleinen Säugetieren, Schnecken, Insekten und anderen Reptilien. Die kleineren Arten dieser Gattung sind zumeist Insektenfresser, die jedoch nestjunge Säuger, kleine Amphibien und Reptilien keineswegs verschmähen. Die Schwänze dieser Echsen sind außerordentlich lang – bei einer Unterart von *O. attenuatus*, der nordamerikanischen Schlanken Glasschleiche, ist er zweieinhalbmal so lang wie der Körper. Den Namen »Glasschleiche« haben die Tiere wegen ihrer Eigenschaft, ihren Schwanz beim geringsten Anlaß zu autotomieren (abzustoßen). Die Schlanke Glasschleiche bewohnt die mit hochwachsenden Gräsern bestandenen

Prärien, wo sie bei der Nahrungssuche durchs Gras »schwimmt« oder unter der Vegetation oder in Gängen verbirgt, die noch von anderen Tieren bewohnt werden. Sie nutzt diese Gänge zur Überwinterung, als Nest und als Zuflucht vor natürlichen Feinden und unfreundlichem Wetter. Bei kühler Witterung ist die Schlanke Glasschleiche tagsüber aktiv. Wenn es jedoch wärmer wird, bevorzugt sie die Dämmerungszeiten und, zu besonders heißen Jahreszeiten, die Nacht. Die Wintermonate verbringen die Echsen in den tiefen Gangsystemen von Nagetieren oder Maulwürfen. Sie paaren sich im späten Frühjahr und legen im Frühsommer fünf bis 16 Eier ab, die erst im Spätsommer oder Frühherbst schlüpfen. Die Weibchen pflanzen sich nur alle zwei Jahre fort, denn sie verlieren dabei erheblich an Gewicht und müssen im folgenden Jahr zunächst ihre Reserven erneuern. Wie sich aus ihrer niedrigen Fortpflanzungsrate ergibt, werden Glasschleichen relativ alt. Die amerikanischen Arten erreichen ein Alter von mindestens zehn, der Scheltopusik möglicherweise sogar von 20 Jahren.

Nur zwei Arten gibt es in der anguiden Unterfamilie Anniellinae. Es sind die Ringelschleichen der Gattung *Anniella*. Beide Arten sind kleinwüchsig, extremitätenlos, führen eine grabende Lebensweise und bewohnen das Küsten- und Hinterland Kaliforniens und der Baja California. Bei einigen Herpetologen gelten sie als eine eigenständige Familie, die Anniellidae, die eng mit den Anguiden verwandt ist. Zwar fehlen den Aniellиden die äußeren Ohröffnungen, doch sind ihre Augen nicht reduziert und besitzen bewegliche Augenlider. Die Dunkle Ringelschleiche (*Anniella nigra*) lebt in Kalifornien auf sandigem Boden in der Nähe von Büschen. An der Küste gehören Sanddünen zu den beliebten Aufenthaltsplätzen, ebenso Gebiete im Inland mit angeschwemmtem Boden, wo sich das Substrat zum seitlich schlängelnden Sandschwimmen eignet. Wie die meisten Anguiden ist diese Art primär insektivor. Am späten Nachmittag oder Abend fängt sie erwachsene Insekten und deren Larven von der Oberfläche weg. Dunkle Ringelschleichen bringen nur kleine Würfe von einem bis vier lebenden Jungen

▼ Die Blindschleiche gehört zu den ausdauerndsten und anpassungsfähigsten europäischen Echsen. Sie ist lang und schlank gebaut und sieht einer Schlange ähnlich – selbst ihre Zunge ist gegabelt. Man findet sie auch häufig im Herzen größerer Städte. Im Anschluß an eine außerordentlich variable Tragzeit bringt sie lebende Junge zur Welt. Zudem erreicht die Blindschleiche, gemessen an ihrer Körpergröße, ein bemerkenswert hohes Alter. In Gefangenschaft überlebten einige Tiere 20 Jahre oder länger.

Jane Burton/Bruce Coleman Limited

zur Welt. Diese sind, wenn sie im Herbst geboren werden, schon relativ groß. Die Anniellіden bevorzugen kühlere Temperaturen und leben gern in der Nähe eines feuchten Bodens.

Krustenechsen
Die Familie Helodermatidae umfaßt nur zwei lebende Arten: die Skorpion-Krustenechse (*Heloderma horridum*), die an der Pazifikküste Mexikos und Guatemalas lebt, und die Gila-Krustenechse (*H. suspectum*), die vom Südwesten der Vereinigten Staaten bis nach Nordwestmexiko verbreitet ist. Sie sind die einzigen giftigen Echsen. Ihre nächsten Verwandten sind die echten Warane und der Taubwaran. Allerdings existieren die Helodermatidae als eine erkennbare Gruppe bereits seit der späten Kreide, also seit mindestens 65 Millionen Jahren, und etliche Arten lebten im Tertiär Nordamerikas. Beide Arten bewegen sich bedächtig und werden recht groß. Bei der Skorpion-Krustenechse beträgt die Kopf-Rumpf-Länge 52, die Gesamtlänge 100 Zentimeter, und die Gila-Krustenechse wird vom Kopf bis zum Schwanzansatz 33 Zentimeter lang. Die kleinen Schuppen sehen aus wie Perlen und überlappen einander nicht, doch sind alle bis auf diejenigen am Bauch mit Osteodermen unterlegt. Beide Arten sind einander im Erscheinungsbild recht ähnlich. Ihr untersetzter, schwarzgefärbter Körper trägt einen breiten Kopf und verschiedene Muster gelber oder rosafarbener Flecken oder Gitterzeichnungen. Der Schwanz ist in beiden Fällen kurz, besonders bei der Gila-Krustenechse, und dient der Fettspeicherung.

Die Krustenechsen halten sich häufig in unterirdischen Gängen auf und gehen extrem hohen Temperaturen aus dem Wege. Nur während der kühleren Frühlingsmonate und bei bedecktem Himmel sind sie am Tage aktiv. Ihre Nahrung suchen sie auf dem Boden, obwohl sie gelegentlich auch Bäume erklimmen. Die Beute wird in erster Linie mit chemischen Sinnesorganen aufgespürt, etwa mit dem Geruchssinn. Dies gilt besonders für die etwas schlankere Skorpion-Krustenechse, die nicht nur in Trockengebieten, sondern auch in tropischen Laubwäldern zu Hause ist. Auch die Gila-Krustenechsen bewohnen unterschiedliche Lebensräume, doch assoziiert man sie am häufigsten mit Felshängen, die in buschbewachsenen Wüsten oder Grasebenen stehen oder mit Eichenwäldern. Obwohl beide Arten sich recht vielfältig ernähren, nehmen sie sehr häufig die Nester junger Nagetiere und anderer Kleinsäuger aus und fressen die Eier von Vögeln und Reptilien. Säugetiere werden mit Hilfe des Geruchs und des Gehörs entdeckt und zumeist mit den kräftigen Vorderbeinen aus der Erde gegraben. Die Gila-Krustenechse paart sich im späten Frühjahr, und häufig fechten die Männchen zuvor intensive Zweikämpfe aus. Ein Weibchen legt bis zu zwölf Eier, die bis zum Schlüpfen etwa zehn Monate benötigen.

Der Taubwaran
In der Familie Lanthanotidae existiert mit dem Taubwaran (*Lanthanotus borneensis*) nur eine einzige Art. Er ist mit den echten Waranen der Gattung *Varanus* sowie den Krustenechsen eng verwandt und weist zu letzteren einige Ähnlichkeiten auf. Der Taubwaran ist

GIFTIGE ECHSEN

Krustenechsen (Familie Helodermatidae) sind die einzigen giftigen Echsen. Schon bei einem frühen Vertreter der Familie, *Paraderma bogerti*, der vor 65 Millionen Jahren lebte, ließ sich das Vorhandensein eines Giftapparates nachweisen. Im Gegensatz zu den Giftschlangen tragen die Krustenechsen ihre Giftdrüsen allerdings im Unterkiefer, der dadurch erheblich ausgedehnt wird. Von den Drüsen aus verlaufen einzelne Ausführgänge zu jedem der unteren Zähne, die vorne Rillen tragen, um das Gift aufzunehmen. Zwar wird das Gift bei jedem Biß beigebracht, doch wird es nicht mit Gewalt aus den Drüsen hervorgepreßt, und die Echse muß das Gift in ihre Beute quasi hineinkauen. In der Regel sind diese Echsen auf ihr Gift nicht angewiesen, um Beute zu überwältigen, denn sie ernähren sich häufig von Eiern oder vergleichsweise wehrlosen Beutetieren (jungen Säugern). Daher dient das Gift, obwohl es sich im Zusammenhang mit der Nahrungsaufnahme entwickelt hat, den unbeholfenen Echsen heute überwiegend zur Verteidigung. Die Krustenechsen sind gegen ihr eigenes Gift immun, das sich die Männchen bei ihren territorialen Auseinandersetzungen manchmal gegenseitig beibringen. Die auffällige Schwarz-rosa-Färbung der Gila-Krustenechse (*Heloderma suspectum*) dient entweder der Tarnung oder soll potentielle Räuber vor der Gefahr warnen. Der Biß einer Gila-Krustenechse führt zu lokalen Schwellungen, starken Schmerzen und kann auch Brechreiz oder Bewußtlosigkeit nach sich ziehen, ist jedoch in der Regel für Menschen nicht tödlich. Wenn eine Gila-Krustenechse zugebissen hat, hält sie die Kiefer über mehrere Minuten geschlossen, während derer sie ständig Gift abläßt.

John Cancalosi/AUSCAPE International

▲ Die Gila-Krustenechse bewohnt die Trockengebiete Mexikos und des amerikanischen Südwestens.

Philippa Scott/NHPA

▲ Die größte aller Echsen, der Komodo-Waran, lebt ausschließlich im Zentrum Indonesiens auf der Insel Komodo und einigen wenigen Nachbarinseln. Obwohl sie überwiegend Aas fressen, erbeuten diese riesigen Warane auch Tiere von der Größe eines Hirsches oder Wasserbüffels. Man kennt einige gut belegte Fälle, in denen ihnen Menschen zum Opfer fielen.

dunkelbraun und wird über Kopf und Rumpf etwa 20 Zentimeter lang. Er besitzt kleine Körperschuppen, nur über seinen Rücken verlaufen einige Reihen vergrößerter Tuberkel. Seine Taubheit beschränkt sich darauf, daß ihm das Tympanum (das äußerlich sichtbare Trommelfell) fehlt, doch kann er sehr wohl Töne wahrnehmen. Diese wenig erforschten, nachtaktiven Echsen bewohnen den Norden Borneos. Sie suchen ihre Beute, unter anderem Regenwürmer, in der Erde und im Wasser. Wahrscheinlich können sie auch klettern. Allerdings kommen sie an Land nur langsam voran, denn die Gliedmaßen sind klein, und die Tiere graben überwiegend mit dem Kopf. Wie seine engsten Verwandten ist der Taubwaran ovipar (pflanzt sich durch Eier fort). Einzelheiten seiner Physiologie, des Verhaltens und der Ökologie sind noch immer unbekannt.

Warane

Die Familie Varanidae umfaßt die Warane, deren 34 Arten sämtlich zur Gattung *Varanus* gerechnet werden. Einige Forscher sehen jedoch mehr Arten vor oder unterteilen die Gattung in Untergattungen oder Artengruppen. Alle Warane sind ähnlich gebaut. Sie besitzen lange Hälse, wohlentwickelte Gliedmaßen mit kräftigen Krallen und mächtige Schwänze. Die Varaniden sind auf die Alte Welt beschränkt. Sie leben in Australien, Asien und Afrika. Die bei weitem größte Artenzahl findet man in Australien, und diese Region gilt auch als das Evolutionszentrum der Warane. Wie die Krustenechsen sind auch die Warane ausschließlich ovipar.

In diese Gruppe gehört die größte lebende Echsenart, der Komodo-Waran (*Varanus komodoensis*). Er erreicht eine Gesamtlänge von drei Meter und ein Gewicht bis zu 165 Kilogramm. Diese erst 1912 wissenschaftlich beschriebene Echse kommt nur auf Komodo und den Nachbarinseln in den Kleinen Sunda-Inseln (Indonesien) vor, wo sie stellenweise sehr zahlreich auftritt. Wie alle Warane ist er am Tage aktiv. Während die Jungtiere eine Fülle kleinerer Beuteobjekte schlagen, ernähren sich die Erwachsenen von Aas und frisch erlegter Beute. Sie fressen Eier, Echsen und Kleinsäuger, doch bilden gerade große Säugetiere, besonders Hirsche und selbst Wasserbüffel mit einem Gewicht von bis zu 500 Kilogramm, für größere Individuen eine wichtige Nahrungsquelle. Die großen, nach hinten gebogenen Zähne des Komodo-Warans sind gezähnt und zerschneiden so sehr wirkungsvoll das Gewebe seiner Beute. Unter Umständen werden auch die kräftigen Vorderbeine und Krallen, mit denen die Echse sonst gräbt, zu Hilfe genommen, um große Säugetiere auseinanderzureißen. Angriffe auf Menschen kommen selten vor, enden aber manchmal tödlich.

Auch andere *Varanus*-Arten sind Fleischfresser, die

▶ Etwa 25 der 34 Waran-Arten leben in Australien, wo sie grundsätzlich als Goannas bekannt sind. Die meisten bewohnen trockene oder semiaride Landschaften, sind am Tage aktiv und leben vorzugsweise am Boden. Es gibt allerdings auch klettergewandte Baumbewohner. Dies ist *Varanus panoptes*, eine wenig untersuchte Art aus dem Norden und Westen Australiens.

David Curl

Säugetiere oder Reptilien schlagen, doch ernähren sich die meisten Varaniden zumeist von Insekten. Dagegen ist der Bengalen-Waran (*V. olivaceus*) von den Philippinen ein regelrechter Spezialist, der von Früchten und Mollusken lebt.

Im Pleistozän Australiens (vor zwei Millionen bis 10 000 Jahren) lebten sogar noch größere Warane. *Megalania prisca* war eine solche Riesenform, die sieben Meter lang wurde und vermutlich von einigen der Riesen-Beuteltiere lebte, die heute ausgestorben sind. Auch die größten Echsen aller Zeiten waren Verwandte der Warane, jedoch lebten diese Riesen, die Mosasaurier, im Meer.

Aber nicht alle Warane werden groß, denn einige australische Arten, etwa der Kurzschwanz-Waran (*V. brevicauda*), erreicht nur eine Kopf-Körper-Länge von

12 Zentimeter. Die meisten Arten leben auf dem Boden, und nur der Smaragdwaran (*V. prasinus*), eine leuchtend grün gefärbte Echse von Neuguinea und der Nordspitze Australiens, ist ein baumbewohnender Kletterspezialist. Er besitzt zum Festhalten einen langen Greifschwanz. Eine weitere australische Art, Mertens Wasserwaran (*V. mertensi*) ist eine von mehreren hochaquatischen Formen. Bei diesen wasserliebenden Arten ist der Schwanz seitlich stark zusammengedrückt, und die Tiere führen damit beim Schwimmen kraftvolle seitliche Wellenbewegungen aus. Er wird aber auch dazu benutzt, Fische oder andere aquatische Beutetiere vom Wasser abzuschneiden.

Zur Fortpflanzungszeit tragen die Männchen Zweikämpfe aus, deren Sieger das Weibchen begatten darf. Ihre Auseinandersetzungen erinnern an die einiger Schlangen, denn sie stellen sich auf Hinterbeine und Schwanzwurzel und führen einen »Ringkampf« auf. Erst wenn der Stärkere seinen Gegner hintenüber gestoßen hat, ist der Kampf vorüber. Warane sind stark auf den Geschmacks- und Geruchssinn fixiert und züngeln häufig nach Partikeln in der Luft. Ihre schlanke Zunge ist tief gegabelt, wie die der Schlangen. Obwohl Warane zugleich gut sehen und hören, werden Balz und Paarung überwiegend durch chemische und taktile Reize gesteuert. Diese Echsen deponieren ihre Gelege, die zwischen sieben und 37 Eier enthalten, im Boden oder in den Stümpfen oder Höhlungen von Bäumen. Der über den größten Teil Afrikas verbreitete Nil-Waran (*V. niloticus*) legt seine Eier manchmal auch in Termitenhügel. Deren Bauart bietet eine hervorragende Luftfeuchtigkeit und Belüftung, und die harte Außenfläche des Hügels schützt die Eier gegen Nesträuber. Zwar bewacht die Mutter ihre Eier nicht, doch kehrt sie zum Termitenhügel zurück, um ihre Jungen daraus zu befreien. Ähnliche Verhaltensweisen findet man bei einer Reihe steppenbewohnender Warane.

Höckerechsen

Die Höckerechsen (Xenosauridae) umfassen zwei geographisch weit verbreitete Gattungen, die vermutlich nicht sehr eng miteinander verwandt sind. In beiden Gattungen tragen die Echsen holperig wirkende Schuppen und Osteodermen in der Lederschicht der Haut. Alle vier Arten sind mittelgroß und erreichen Kopf-Körper-Längen zwischen zehn und 15 Zentimeter.

Zur Gattung *Xenosaurus* gehören drei Arten, die von Mexiko bis Guatemala zu Hause sind. Man findet sie in verschiedenen Lebensräumen, vom halbtrockenen Buschland bis zum hochgelegenen Nebelwald. Allerdings ziehen sie feuchte oder sogar nasse Habitate vor. Vermutlich sind sie alle nacht- oder dämmerungsaktiv und führen am Boden ein zurückgezogenes Leben in Höhlungen und Spalten. Die am besten bekannte Art, die Gemeine Höckerechse (*Xenosaurus grandis*) wohnt häufig in bewaldeten Gebieten und besetzt die Spalten zwischen Felsmassen oder Baumhöhlen. Sie frißt Termiten und andere Insekten, und das Weibchen bringt zwei bis sechs lebende Junge zur Welt. In Anpassung an das Leben zwischen Felsen ist der Körper der Xenosauren ein wenig abgeflacht.

Die Krokodilschwanz-Höckerechse (*Shinisaurus crocodilurus*) ist eine semiaquatische Echse, die man nur von einigen isolierten Fundorten in der südchinesischen Provinz Guanxi kennt. Sie besitzt einen relativ hohen, seitlich zusammengedrückten Kopf. Ihr Name

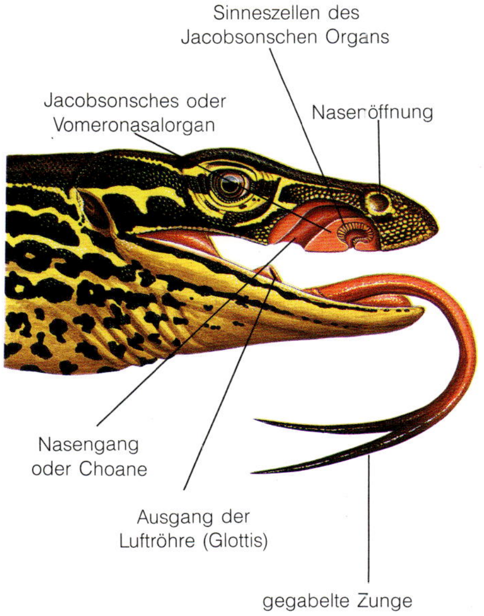

▲ Bei den Schlangen und einigen Echsen wird der Geruchssinn durch ein paariges, am Munddach gelegenes Organ, das als Jacobsonsches oder Vomeronasalorgan bezeichnet wird, erheblich verstärkt. Obwohl die meisten Reptilien über diese Strukturen verfügen, sind sie doch bei Arten mit einer gegabelten Zunge besonders gut entwickelt. Bei geschlossenem Maul wird die Zunge ausgefahren, züngelt wiederholt hin und her und nimmt dabei chemische Duftstoffe auf. Diese werden anschließend von den hochempfindlichen Sinneszellen ausgewertet, die das Jacobsonsche Organ auskleiden.

◀ Der größte australische Waran ist der Großwaran (*Varanus giganteus*). Das hier gezeigte Tier hat - im Rahmen seines Drohverhaltens - seinen Hals aufgeblasen. Extrem erregte Warane stellen auch ihren Schwanz auf und setzen ihn - was man den Krokodilen fälschlicherweise nachsagt - als Waffe ein.

Anthony Bannister/NHPA

▲ Der Panzergürtelschweif verläßt sich zu seinem Schutz auf seinen stark gepanzerten Schwanz. Wenn er sich in Felsspalten verkeilt hat oder auf offenem Gelände bedroht wird, umklammert er diesen mit dem Maul, um seine empfindlichere Bauchseite zu schützen.

stammt von den großen Tuberkeln auf dem Rücken, die sich, reihenweise angeordnet, bis über den Schwanz hinstrecken und dem Tier das Erscheinungsbild eines Krokodils verleihen. Bis vor kurzem wußte man über diese Art noch gar nichts, und sie galt als eine der seltensten Echsen überhaupt. Ihre Nahrung besteht aus Fischen, Kaulquappen und Insektenlarven, die im fließenden Wasser gefangen werden. Allerdings dürften auch terrestrische Beutetiere eine wichtige Rolle spielen. Die Krokodilschwanz-Höckerechse ist am Tage oder in der Dämmerung aktiv und sitzt während der Nacht auf Zweigen über dem Bach, so daß sie bei Gefahr gleich ins Wasser springen kann. Wie die Gemeine Höckerechse ist auch die Krokodilschwanz-Höckerechse vivipar. Die Tragzeit dauert zwischen sieben und acht Monaten, und es werden bis zu acht Junge geboren.

GRUPPE ZWEI: DIE SCINCOMORPHEN

Die Verwandtschaftsverhältnisse unter den Scincomorphen sind noch nicht vollständig erforscht. Zu dieser Gruppe gehören die Familien der Cordyliden, Dibamiden (wenigstens vorläufig), Lacertiden, Skinke, Teiiden und Microteiiden. Sie stellen beinahe die Hälfte aller Echsenarten. Die Scincomorphen besitzen eine pleurodonte Bezahnung – die ungesockelten Zähne sitzen also innen am Kieferknochen – und nur selten findet man bei ihnen Kämme oder andere Verzierungen. Beinlose Formen sind in dieser Gruppe besonders häufig. Bei der Kommunikation zwischen Individuen derselben und verschiedener Arten werden sowohl visuelle als auch chemische Signale eingesetzt.

Gürtelschweife

Die Familie Cordylidae enthält 60 Arten, die von zwei recht unterschiedlichen Echsentypen repräsentiert werden: den Gürtelechsen mit ihren Verwandten und den Plattgürtelechsen. Erstere sind Bewohner Afrikas, während letztere außerdem noch auf Madagaskar vorkommen. Während des Eozäns, vor 57 bis 37 Millionen Jahren, lebten Echsen aus dieser Familie auch in Europa. Alle Arten sind schwer gepanzert und besitzen Osteodermen (Platten aus Hautknochen). Die zumeist großen, rechteckig geformten Schuppen sind in regelmäßigen Reihen um den Körper herum angeordnet. Diese Echsen sind tagaktiv und setzen sich gern der Sonne aus.

Die Gürtelechsen bewohnen halb- bis extrem trockene Gebiete und halten sich dort überwiegend auf Felsen auf. Körper und Kopf sind flach, und die meisten Arten haben vollentwickelte Gliedmaßen. Bei den Arten der Gattung *Cordylus* findet man am Schwanz typischerweise dornige Wirbelbildungen, mit denen sich die Tiere aktiv verteidigen oder in Felsspalten verkeilen. Die meisten Arten sind düster gefärbt, und es überwiegen Braun-, Schwarz- und strohfarbene Gelbtöne. Diese lebendgebärenden Echsen bringen in einer Saison nur ein bis sechs Junge zur Welt, doch liegt deren Überlebenschance recht hoch. Die *Cordylus*-Arten erreichen ihre Geschlechtsreife relativ spät und leben länger als zehn Jahre (bis zu 25 Jahren in Gefangenschaft). Der Panzer-Gürtelschweif (*C. cataphractus*) ist eine große, insektenfressende Art. Gegen Angriffe verteidigt er sich dadurch, daß er sich zu einem Ball zusammenrollt und dabei in seinen eigenen Schwanz beißt. Dadurch bildet er einen gepanzerten Ring, der dem potentiellen Räuber nur die durch Osteodermen verstärkte Oberfläche des Rückens zeigt. In den südafrikanischen Trockenzonen leben häufig Gruppen untereinander verwandter Individuen in tiefen Felsspalten zusammen. Eine weitere großwüchsige Art, der Riesengürtelschweif (*C. giganteus*), der eine Gesamtlänge von 40 Zentimeter erreicht, fällt insofern aus dem Rahmen als er nicht in Felsspalten, sondern in Gangsystemen wohnt. Auf den Savannen des Oranje-Freistaates und angrenzender Gebiete bildet er manchmal große Kolonien. Die bis zu zwei Meter langen Gänge schützen die Echsen gegen Räuber und schlechtes Wetter. Wie andere Gürtelechsen, die in gemäßigten Klimaten mit kalten Wintern leben, bleiben Riesengürtelschweife über einen Teil des Jahres inaktiv. Am Ende des Sommers, zwischen Februar und März, werden ein bis zwei bis 15 Zentimeter große Jungtiere geboren. Da diese Echsen Gebiete bewohnen, die sich für den Ackerbau eignen, waren sie gezwungen, mit dem Menschen um Lebensraum zu konkurrieren. Heute ist die Art bedroht, aber gesetzlich geschützt.

Nicht ganz so stachelig wie die Gürtelechsen, aber

besser dem Leben in engen Felsspalten angepaßt, sind die Plattgürtelechsen (Gattung *Platysaurus*). Sie sind mit kleinen, körnigen Schuppen bedeckt und besitzen gutentwickelte Gliedmaßen. Der ganze Körper, besonders jedoch der Kopf, ist erstaunlich flach. Diese Echsen besetzen auf isoliert stehenden Felsmassen die Spalten und Zwischenräume unter den Platten. Besonders in Zimbabwe und dem nördlichen Transvaal zeigen sie eine große Artenvielfalt. Häufig trifft man in Unterschlüpfen große Individuenzahlen an. Bei vielen Arten liegt ein auffälliger Sexualdichromatismus vor. Dabei tragen die Männchen artspezifische, lebhafte Farben (zumeist in rot, blau oder grün). Den Weibchen und Jungtieren fehlt stets diese leuchtende Färbung, doch haben sie dafür einen gestreiften Rücken. Plattgürtelechsen sind die einzigen Cordyliden, die sich durch Eiablage fortpflanzen. Dabei werden in dem feuchteren Mikroklima in tiefen Felsspalten zwei längliche Eier abgelegt, und unter Umständen teilen sich zehn oder noch mehr Weibchen einen einzigen solchen Nistplatz.

Die Schlangen-Gürtelechsen (Gattung *Chamaesaura*) besitzen nur winzige, dornähnliche Hintergliedmaßen, mit denen sie sich beim Ruhen abstützen. Diese langschwänzigen Bewohner hochgelegener Grasebenen sind »Grasschwimmer«, drücken also ihren Körper gegen die Vegetation und können dabei durch ihre extreme Länge das Körpergewicht auf viele einzelne Pflanzen verteilen.

Den Rest der Familie bilden die Schildechsen (auch als Gerrhosaurinen bekannt), die von einigen Herpetologen allerdings in eine eigene Familie gestellt werden. Vier Gattungen leben auf dem afrikanischen Festland, weitere zwei auf Madagaskar. Ihr Körper weist grundsätzlich keine Stacheln auf, wie bei den Gürtelechsen, und sie tragen eine vorstehende Seitenfalte, wie sie bei einigen anguiden Echsen vorkommt. Vermutlich legen alle Arten Eier, doch weiß man über viele Arten nur wenig. Mit einer Gesamtlänge von 70 Zentimeter ist die Felsenschildechse (*Gerrhosaurus validus*) die größte Art. Sie besetzt die Spalten in den Felsblöcken der afrikanischen Savanne und frißt nicht nur Insekten und andere Arthropoden, sondern auch kleine Wirbeltiere und pflanzliche Produkte, beson-

▲ Die Plattgürtelechsen leben auf den Felsaufwürfen der südafrikanischen Trockengebiete. Ihr außerordentlich flacher Körperumriß macht es ihnen leichter, sich in Felsspalten zu verbergen. Hier ist ein Männchen des Kleinen Plattgürtelschweifs (*Platysaurus guttatus*) im Hochzeitskleid dargestellt. Erstaunlicherweise ist die Unterseite dieser Echsen noch farbenprächtiger, denn die Männchen heben ihren Vorderkörper an und zeigen einander ihre Bauchpartien.

Anthony Bannister/NHPA

◀ Frühe Afrikaans-Legenden berichten, daß der Riesengürtelschweif ständig in die Sonne blicke. Die Vertreter dieser Gruppe (Gattung *Cordylus*) sind terrestrisch und tagaktiv.

ders Früchte. Mitten im Sommer werden zwei bis fünf Eier abgelegt, und die großwüchsigen Jungtiere schlüpfen etwa elf Wochen später. Die Sand-Schildechse (*Angolosaurus skoogii*) unterscheidet sich von allen übrigen Cordyliden durch besondere Ansprüche an ihren Lebensraum. Sie bewohnt nämlich in kleinen Kolonien die Sanddünen der nördlichen Namib-Wüste und sucht an den Kanten der Dünen nach Insekten, Pflanzenresten und kleinen Wüstenmelonen. Der Körper ist zylindrisch und die Schnauze wie ein Keil geformt, wobei der Rand des Unterkiefers bei geschlossenem Maul nicht zu sehen ist. Die Zehen tragen breite, rechtwinklig stehende Säume. Bei der geringsten Störung taucht die Echse in die Düne ein und ist nicht mehr zu sehen.

Die Arten der Gattung *Tetradactylus* weisen sehr unterschiedliche Körperformen auf. Einige besitzen wohlentwickelte Gliedmaßen, bei anderen sind nur noch kleine Hinterbeine vorhanden. Im Gegensatz zu anderen Echsen mit reduzierten Beinen verfügen alle diese Gerrhosaurier jedoch über große, voll funktionfähige Augen, was darauf hinweist, daß sie keine grabenden Formen, sondern Oberflächenbewohner sind. Wie die zuvor erwähnten Schlangen-Gürtelechsen besitzen auch sie lange Schwänze und scheinen über das in ihren Lebensräumen wachsende Gras zu »schwimmen«. Offenbar ist *T. eastwoodae* ausgestorben, weil sein Lebensraum von Menschen vernichtet wurde.

Die madagassischen Gerrhosaurier (*Zonosaurus* und *Trachyleptychus*) sind zwar weitgehend unerforscht, jedoch dürften einige Arten am Wasser leben. In gewisser Hinsicht erinnern sie im Aussehen und vermutlich auch in ihrer Ökologie an die Plattgürtelechsen des afrikanischen Festlandes.

Dibamiden

Zu den am wenigsten erforschten Echsen gehören die elf Arten der Familie Dibamidae. Zu verschiedenen Zeiten hielt man sie für enge Verwandte der Anguiden, Geckos und Pygopodiden, Skinke, Amphisbaeniden oder Schlangen. Es handelt sich um kleine (unter 25 Zentimeter lange), langgstreckte Echsen mit grabender Lebensweise und stark reduzierten Gliedmaßen. Während den Weibchen die Beine vollständig fehlen, besitzen die Männchen wenigstens winzige, lappenförmige Hinterextremitäten. Die Schuppen überlagern einander auf dem Körper, und diejenigen auf Schnauze und Kiefer sind plattenförmig vergrößert. Die kleinen Augen werden von einer Schuppe bedeckt, und äußere Ohren sind nicht vorhanden. Von einer einzigen Art abgesehen gehören alle Arten dieser Familie der Gattung *Dibamus* an, die über Südostasien, die Philippinen und die Inseln des Indomalayischen Archipels (einschließlich des Westteils Neuguineas) verbreitet ist. Die meisten Arten wurden in feuchten Wäldern im Boden oder zwischen pflanzlichen Resten entdeckt. Jedoch sammelte man wenigstens eine vietnamesische Art aus einem Baum! *Anelytropsis papillosus*, ein vergleichbares Tier, bewohnt die trockeneren Lebensräume im Nordosten Mexikos. Dibamiden sind insektivor und ovipar. Ihre Eier besitzen eine verkalkte Schale. Vermutlich entwickelten sie dieses Merkmal aus ähnlichen Gründen wie die Geckos.

Lacertiden

Die Familie Lacertidae, manchmal als die »echten Eidechsen« bezeichnet, bildet eine altweltliche Gruppe. Von den über 200 Arten sind die meisten im Mittelmeerraum zu Hause. Jedoch dringen andere südwärts bis zur Spitze Afrikas, ostwärts bis nach Japan und nach Norden bis zum Polarkreis vor. Von wenigen Ausnahmen abgesehen zeigt die Familie eine gewisse Einheitlichkeit in Körperbau und -form. Die großen Kopfschuppen enthalten häufig Osteodermen. Dagegen sind die Körperschuppen am Rücken zumeist klein und körnig, am Bauch jedoch groß und rechteckig. Die meisten Arten leben am Boden und sind – bis auf wenige Ausnahmen – ausschließlich tagaktiv. Die Lacertiden lieben hohe Körpertemperaturen, viele

▼ Die italienische Ruineneidechse (*Podarcis sicula*) gehört zur Familie Lacertidae. Sie ist ein häufiger, sehr variabler Bewohner des Mittelmeerraumes und besitzt auf jeder Insel, auf der sie vorkommt, eine andere Farbvarietät.

ECHSEN OHNE BEINE

Reduktion oder Verlust der Gliedmaßen und die Verlängerung des Körpers sind Entwicklungstendenzen, die in der Entwicklungsgeschichte der Echsen häufig und wiederholt auftraten. Unter sechs der 17 Echsenfamilien findet man Arten mit stark reduzierten Beinen, und bei zweien (den Dibamidae und Pygopodidae) besitzen die Tiere ausnahmslos rückgebildete Extremitäten. Allein unter den Skinken kam es in etwa 30 Fällen zum Verlust der Knochenelemente in den Gliedmaßen. Die Ursache für die Beinlosigkeit dürfte mit zwei unterschiedlichen Lebensraumtypen zusammenhängen. So scheint der Verlust der Gliedmaßen im Falle der Dibamiden, Teiiden, Skinke und einiger Pygopodiden mit der Besetzung unterirdischer Lebensräume einherzugehen. Dagegen sind die Anguiden, Cordyliden und einige andere Pygopodiden an der Oberfläche aktiv, und die Rückbildung ihrer Beine dürfte im Zusammenhang mit dem dichten Bestand von Gräsern stehen.

Mit großer Sicherheit entwickelt sich ein Verlust von Gliedmaßen nur schrittweise. So gehen die knöchernen Elemente der Extremitäten nur nach und nach verloren – zu Anfang ist es vielleicht nur eine einzige Zehe oder ein Finger. Es wäre auch ein drastischerer Verlauf denkbar, etwa so, daß mehrere Elemente durch eine Störung der Embryonalentwicklung verlorengehen. Nun begünstigen dieselben umweltbezogenen Anforderungen, die kleineren Gliedmaßen Vorteile geben, auch einen verlängerten, schlangenähnlichen Körper. In der Regel ist die Zahl der vorhandenen Wirbel umso höher, je stärker die Extremitäten reduziert sind.

Obwohl diese »Stadien« nur unterstellt werden können, gibt es doch verschiedene Gattungen, die in unterschiedlichen Arten mehrere Ausprägungen der Gliedmaßenreduktion zeigen. Gute Beispiele dafür sind *Bachia* unter den Mikroteiiden des tropischen Amerika, *Tetradactylus* unter den afrikanischen Cordyliden und die australische Gattung *Lerista* unter den Skinken. Letztere umfaßt mehr als 50 Arten und bietet einen recht vollständigen Überblick über die Evolutionsstadien der Gliedmaßenreduktion. Bei nahezu allen Echsen mit rückgebildeten Beinen verschwinden die Vorderextremitäten zuerst. Selbst bei vollständig extremitätenlosen Arten sind wenigstens Reste der Schulter- und Beckengürtel innerlich erhalten geblieben. Reste des Beckens und der Oberschenkel finden sich sogar bei einigen Schlangen.

Mark Newton/AUSCAPE International

▲ Der Spitzkopf-Flossenfuß (*Lialis burtonis*) bewohnt eine weite Spanne von Lebensräumen. Sie ist praktisch in ganz Australien und auf Neuguinea zu Hause. Wie bei allen Pygopodiden besteht ihr Gelege nur aus zwei Eiern.

J.A.L. Cooke/Oxford Scientific Films

◀ *Pygopus lepidopodus* gehört zu den größten und häufigsten australischen »beinlosen Echsen«. In dieser Nahaufnahme sieht man die verkümmerten Hinterbeine.

von ihnen bleiben bei schlechtem Wetter inaktiv.

Die Mauereidechsen (Gattung *Podarcis*) sind den meisten Europäern vertraut, denn sie bilden sowohl in ihren natürlichen als auch von Menschen beeinflußten Lebensräumen eine auffällige Erscheinung. Die Gemeine Mauereidechse (*P. muralis*) ist dabei die am weitesten verbreitete Art. Wie viele Lacertiden bevorzugt auch sie offenes Gelände, wo man sie an Felsen, Bäumen oder Gebäuden kletternd beobachten kann. Die Männchen besitzen, was für die ganze Familie typisch ist, andere Farbmuster als die Weibchen. Bei den stärker an das Bodenleben gebundenen Eidechsen der Gattung *Lacerta* sind die Männchen besonders abweichend gefärbt und heben sich häufig mit grünen Tönen gegen das Braun der Weibchen ab. Viele Lacertiden-Arten zeigen an unterschiedlichen Fundorten eine außerordentlich variable Färbung und/oder Beschuppung. Dies gilt besonders für die Inselpopulationen einiger Arten. Fünf *Lacerta*-Arten bestehen ausschließlich aus Weibchen, die sich parthenogenetisch (ohne Zutun eines Männchens) fortpflanzen. Die europäischen Arten ernähren sich zumeist von Insekten, jedoch fressen größere Formen, wie etwa die Perleidechse (*L. lepida*), auch Wirbeltiere und Früchte.

Unter allen Lacertiden, vielleicht sogar unter allen Echsen, besitzt die Bergeidechse (*L. vivipara*) das umfangreichste Verbreitungsgebiet. Das Tier erreicht nur eine Kopf-Rumpf-Länge von 65 Millimeter. Wie ihr lateinischer Name schon sagt, bringt diese Echse lebende Junge zur Welt, was außerdem nur noch bei zwei weiteren Vertretern ihrer Familie der Fall ist. Dies ermöglichte der Echse, noch in rauhen Klimaten erfolgreich zu sein, die zu besiedeln eierlegenden Arten verwehrt war. Dadurch, daß die Embryonen während ihrer Entwicklung im Körper der Mutter bleiben, vermag diese deren Temperatur- und Feuchtigkeitsverhältnisse genauer zu beeinflussen als wenn sie bis zum Schlüpfen an irgendeinem geschützten Ort sich selbst überlassen wären. Es ist interessant, daß die Bergeidechse im wärmeren Süden ihres Verbreitungsgebietes, in Spanien und dem angrenzenden Frankreich, angeblich Eier legt. Daß bei dieser einen Art zwei Methoden der Fortpflanzung existieren, zeigt, wie einfach sich die Viviparie aus dem Zurückhalten von Eiern entwickelt haben kann. Ein Wurf dieser Echse umfaßt normalerweise vier bis elf Junge. Bei den anderen Lacertiden besteht eine lose Verbindung zwischen dem Umfang des Geleges und der Körpergröße der Mutter. Kleinere Arten produzieren also wenige Eier oder gar nur eines, bei größeren sind es dagegen zehn oder mehr. Die Paarung erfolgt im Frühjahr, und die Eier werden im Frühsommer abgelegt, so daß sich die Jungen nach dem Schlüpfen noch sattfressen können, ehe sie in Winterruhe gehen oder inaktiv werden.

Der größte lebende Lacertide, die Kanaren-Eidechse (*Gallotia stehlini*) ist mit 46 Zentimeter erheblich kleiner als ihre heute ausgestorbenen Verwandten, die auch auf den Kanarischen Inseln lebten. Diese Riesen werden über einen Meter lang. Abgesehen von ihrer Größe sind die *Gallotia*-Arten die stimmgewaltigsten Lacertiden und zudem eine der wenigen Gruppen, die in der Dämmerung oder nachts aktiv sind.

Die Gattung *Takydromus* ist über den ostasiatischen Raum verbreitet. Zwar sind vollständige Gliedmaßen vorhanden, doch besitzen die Tiere - ähnlich *Tetradactylus* und *Chamaesaura* aus der Familie Cordylidae – extrem lange Schwänze und können damit durch die dichte Pflanzendecke »schwimmen«.

Nur ganz wenige Lacertiden haben sich dem Leben in den tropischen Regenwäldern angepaßt, doch spezialisierten sich einige größere Gruppen auf eine Existenz im Sand. Das extremste Beispiel bietet die Sandechse (*Meroles anchietae*), die in der küstennahen Namib-Wüste endemisch lebt. Wie bei vielen Echsen, die auf Dünen leben, ist der Unterkiefer an dem keilförmigen Kopf versenkt, und die Füße tragen kräftige Säume. Diese Art bildet den entwicklungsgeschichtlichen Extremfall in einer Gattung, die ohnedies schon einige Anpassungen an das Leben im Sand aufweist. *Acanthodactylus*, eine Gattung aus Nordafrika und dem Mittleren Osten, bewohnt vergleichbare Lebensräume in der Sahara und Umgebung und zeigt viele derselben Merkmale. Allerdings sind diese Echsen in ihrer Fähigkeit, unterschiedliche Mikrohabitate zu nutzen, weniger festgelegt. Die Bushveld-Echse (*Heliobolus lugubris*), eine weitere afrikanische Art, bewohnt die Grassavannen und offenen Landschaften und ernährt sich dort zumeist von Termiten. Im Vergleich zu den relativ unauffälligen Erwachsenen sind die schwarzgefärbten Jungen mit weißen Markierungen auffällig gemustert. Manchmal wandern sie mit hochgewölbtem Rücken eilig trippelnd umher. Dieses merkwürdige Verhalten dient der Verteidigung, da die Jungen in dieser Körperhaltung den Oogpister imitieren, einen giftigen Käfer, der den Lebensraum mit ihnen teilt.

▶ Die Bergeidechse (*Lacerta vivipara*) produziert zwar Eier, doch werden diese normalerweise bis zum Schlüpfen im Körper zurückbehalten. Es kommen also Miniaturkopien der Eltern auf die Welt, was unter den Lacertiden sonst unüblich ist. Diese widerstandsfähige, weitverbreitete Art kommt in Europa und Nordasien vor.

L. Campbell/NHPA

◀ Mit ihrer spatenförmigen Schnauze und dem zurückgesetzten Unterkiefer gehört die Scharr-Eidechse (*Meroles cunierostris*) zu einer Reihe engverwandter Lacertiden, die sich dem Leben im losen Sand der südafrikanischen Wüsten angepaßt haben.

Skinke

Die Familie Scincidae umfaßt mehr als 1300 Arten aus 85 Gattungen und ist damit die größte Echsenfamilie. Die Skinke sind über die ganze Welt verbreitet, obwohl in Europa, Nordasien, Südamerika oder großen Bereichen Nordamerikas nur wenige Arten vorkommen. Viele Skinke führen ein verborgenes Leben im Laub, in Felsspalten oder faulenden Baumstämmen. Bei zahlreichen Gruppen dieser Echsen kam es zur Reduktion der Gliedmaßen – viele Echsenfamilien zeigen dazu ohnedies eine Neigung – und eine Fülle von Formen mit und ohne Beine führt eine grabende Lebensweise. Fast alle Skinke sind mit relativ glatten, einander überlappenden Schuppen bedeckt, was ihnen ein fischähnliches Aussehen verleiht und auch in englischen Trivialnamen wie »Sandfish« (*Scincus*) und »Land mullet« (*Egernia*) zum Ausdruck kommt. Die meisten Arten sind grau oder braun gefärbt, und nur bei Männchen und Jungtieren kommen manchmal leuchtende Farben vor. Viele der zurückgezogen lebenden Formen sind nacht- oder dämmerungsaktiv, viele andere dagegen tagaktiv.

Man kennt vier Unterfamilien der Skinke: die Feylininen, die Acontinen, die Scincinen und die Lygosominen. Die Feylininen bilden eine kleine Gruppe beinloser, grabender Skinke, die nur im tropischen Zentral- und Westafrika vorkommen. Die sechs Arten sind offenbar sämtlich vivipar (lebendgebärend).

Bei den 17 Arten acontiner Skinke handelt es sich um extremitätenlose afrikanische Echsen, die im Vergleich zur ersten Unterfamilie weiter verbreitet sind und eine breitere Spanne von Lebensräumen besetzen. Viele findet man in den Trockenzonen Südafrikas, wo sie im Sandboden leben. Den südafrikanischen Kap-Lanzenskink (*Acontias meleagris*) findet man manchmal unter Felsen oder der Oberfläche pflanzlicher Reste. Wird er aufgedeckt, taucht er rasch nach unten in den Boden ab. Zusätzlich zum Verlust ihrer Gliedmaßen haben diese Skinke große Kopfschilder entwickelt, die beim Graben benutzt werden. Wie es bei vielen grabenden Skinken aller Familien typisch ist, besitzen diese Formen kleine Augen, und es fehlt ihnen das äußere Ohr oder freiliegende Trommelfell. Der Riesen-Lanzenskink (*A. plumbeus*) kann eine Länge von 55 Zentimeter erreichen und bis zu 14 Junge gebären. Bei den kleineren viviparen Arten kommen dagegen nur ein bis vier Junge in einem Wurf vor.

(hypertrophieren). Die Männchen erkennen sich gegenseitig auf optischem und chemischem Wege und liefern einander Zweikämpfe um das Recht auf Territorien und Weibchen. Bei den meisten Skinken kommt es kaum zu einer Balz. In den meisten Fällen tauschen die Partner vor der Kopulation lediglich taktile und chemische Informationen aus.

Viele der übrigen Gattungen scinciner Skinke bilden kleine Gruppen, die in Afrika, auf Madagaskar und den Philippinen sowie im Mittleren Osten zu Hause sind. Zu den Formen mit reduzierten Gliedmaßen gehören die 15 Arten der afrikanischen Gattung *Scelotes*, bei denen man verschiedene Stadien des Extremitätenverlustes erkennen kann. Auch die Sandskinke der Gattung *Scincus* gehören in diese Gruppe. Es sind nordafrikanische und südwestasiatische Formen, die sich im Sand schwimmend fortbewegen. Sie haben sich dem Leben im Sand, in dem sie sich meistens aufhalten, durch einige Veränderungen ihrer

▲ ▶ Wie viele andere Echsen, können auch die Skinke ihren Schwanz zur Verteidigung abwerfen. Daher haben zahlreiche Arten leuchtend gefärbte Schwänze entwickelt, die die Aufmerksamkeit des Räubers auf sich lenken und so den verletzlichen Kopf und Rumpf schützen. Diese Anpassung tritt häufig zusammen mit einem Streifenmuster am Körper auf, der dem Räuber das genaue Anvisieren noch erschwert. Man vergleiche in diesem Zusammenhang den Rotschwanz-Skink (*Morethia ruficanda exquisita*, oben), einen australischen Lygosominen, mit einer überhaupt nicht verwandten Form, einem jungen Streifenskink (*Eumeces fasciatus*, rechts), einem Scincinen Nordamerikas.

Die Scincinen sind vermutlich die ursprünglichsten lebenden Skinke. Sie sind, mit Ausnahme Australiens und der Pazifischen Inseln, weit verbreitet, und die Vertreter der Gattung *Eumeces* sind die zahlreichsten Skinke Nordamerikas. Bei einigen, etwa bei *E. obsoletus*, findet man ein hohes Maß an Brutfürsorge: Die Weibchen bleiben während der gesamten Brutdauer bei ihren Eiern und schützen sie möglicherweise vor Nesträubern und/oder vor Fäulnis und Beschädigung. Die Jungen des Streifenskinks (*E. fasciatus*) besitzen leuchtend blaue Schwänze, doch geht diese Färbung bei fortschreitendem Wachstum verloren. Der Verlust des Schwanzes ist unter Skinken häufig zu finden, und in vielen Populationen haben die meisten erwachsenen Tiere diesen bereits regeneriert. Diese Skinke zeigen auch einen Sexualdimorphismus: Die Männchen sind das größere Geschlecht und verlieren die Musterung, die bei den Jungen noch existiert, während sich diese bei den Weibchen erhält. Zur Fortpflanzungszeit bekommen die Männchen des Streifenskinks einen orangefarbenen Kopf. Zudem wird der Kopf breiter, da die Zellen der Kiefermuskeln an Größe zunehmen

Anatomie angepaßt, unter anderem durch einen versenkten Unterkiefer, ungewöhnlich glatte Schuppen und geschützte Ohren. Im Gegensatz zu *Scelotes* legen diese Arten Eier.

Die Lygosominen bilden die größte Gruppe der Skinke und stellen zudem sämtliche Arten, die in Australien und auf den Pazifischen Inseln vorkommen. Die Vertreter der Gattung *Mabuya* sind auf verschiedenen Kontinenten zu Hause, doch sind vermutlich nicht alle Arten eng miteinander verwandt. Die meisten Arten werden dieser Gattung nur deswegen zugeordnet, weil ihnen die abweichenden Merkmale fehlen, die für andere Gruppen typisch sind. Daher handelt es sich zumeist um wenig spezialisierte Skinke, die entweder zu ebener Erde oder auf Felsen wohnen und gewöhnlich Insekten fressen. Viele afrikanische Skinke werden dieser Gattung zugerechnet. Dazu gehören zahlreiche überwiegend Felsen bewohnende Formen, aber auch einige spezialisierte Arten. Die Keilschnauzen-Mabuya (*Mabuya acutilabris*) kommt zum Beispiel in Südafrika vor, wo er in Gebieten mit sandigem Boden an der Basis von Grassoden und Bü-

schen Gänge anlegt. Er ist wesentlich aktiver als viele andere Skinke und ähnelt im Verhalten den lacertiden Echsen, die in demselben Gebiet leben. In dieser Gattung kommen unterschiedliche Fortpflanzungsweisen vor, und bei der Kap-Mabuya (*M. capensis*) wurden sowohl lebendgebärende als auch eierlegende Weibchen gefunden. Bei der südamerikanischen Art *M. heathi*) ist das befruchtete Ei zunächst sehr klein, und der Embryo wird während seiner Entwicklung nicht vom Dotter, sondern über eine Plazenta, die der von Säugetieren ähnlich ist, von der Mutter ernährt. Dies ist das am höchsten entwickelte Beipiel für ein lebendgebärendes Reptil.

Unter den Lygosominen der australischen Region befindet sich eine Gruppe mäßig bis sehr großer Skinke, die mit den Stachelechsen der Gattung *Egernia* in Verbindung steht. Darunter findet man die merkwürdigsten Vertreter der Familie. Am ungewöhnlichsten ist der Salomonen-Riesenskink (*Corucia zebrata*). Diese große, baumbewohnende Echse er-

▲ Die in vielen Gebieten Südafrikas häufige Zweibeinige Scelotes-Skink (*Scelotes bipes*) ernährt sich überwiegend von Würmern.

▼ Der australische Rosazungen-Skink (*Cyclodomorphus gerrardii*), ein Verwandter des Blauzungenskinks, besitzt als Jungtier noch eine blaue Zunge. Erwachsene Tiere präsentieren bei Gefahr jedoch eine leuchtend rosa gefärbte Zunge.

Jean-Paul Ferrero/AUSCAPE International

▲ Der Krokodilskink (*Tribolonotus gracilis*) verdankt seinen Namen den stacheligen Schuppen. Er ist ein Bewohner Neuguineas.

▼ Wenn der große, stämmige Blauzungenskink bedroht wird, weicht er selten zurück. Stattdessen bläht er sich auf, faucht und streckt seine leuchtend gefärbte Zunge heraus.

C.B. & D.W. Frith/Bruce Coleman Limited

nährt sich nachts von Pflanzen und bringt ein einziges großes Jungtier zur Welt. Mit den Riesenskinken verwandt ist eine der größten Arten, der Gemeine Blauzungenskink (*Tiliqua scincoides*). Er wird über Kopf und Körper 33 Zentimeter lang. Wie andere sehr große Skinke ernährt auch er sich zum Teil von pflanzlicher Kost. Die Viviparie hat sich in mindestens 22 Entwicklungslinien der Skinke unabhängig entwickelt, am häufigsten unter den Lygosominen. Beim Blauzungen-Skink werden etwa zehn Junge geboren, während ein Wurf der Stutzechse (*T. rugosa*) nur ein Paar Zwillinge umfaßt, die jedoch schon sehr groß sind. Auch die Stutzechse ist im Vergleich zu anderen Skinken riesig. Man erkennt sie an den großen, rauhen Schuppen, die ihren Körper bedecken. Bei dieser Art ist der Schwanz außerordentlich kurz und sieht dem Kopf sehr ähnlich. Wahrscheinlich dient er dazu, Angriffe von Räubern vom Kopf abzulenken und auf sich zu ziehen. Schließlich gehören zu dieser Gruppe auch die Gattung *Tribolonotus* sowie die Stachelechsen von Neuguinea und den Salomonen-Inseln. Von allen Vertretern dieser Gruppe sehen sie am wenigsten wie typische Skinke aus, denn sie sind einheitlich mit kleinen Schuppenhöckern bedeckt.

Auch eine weitere Gruppe der Lygosominen, zu der Gattungen wie *Emoia* (72 Arten) und *Cryptoblepharus* gerechnet werden, ist schwerpunktmäßig in der australischen Region zu Hause. Neben den Geckos gehören sie zu den wenigen Echsen, die die Inseln des mittleren und östlichen Pazifik besiedelt haben. Ferner zählen zu dieser Gruppe die Gattung *Carlia* (mit 21 in Australien und anderenorts verbreiteten Arten) und alle 30 Skink-Arten Neuseelands.

In der dritten Gruppe der Lygosominen findet man zahlreiche Sandschwimmer oder grabende Formen aus Australien, Neuguinea und Asien. Dazu gehören die Gattungen *Ctenotus* (mit 70 Arten) und *Lerista*, eine Gattung 51 australischer Skink-Arten, deren Gliedmaßen nur klein oder reduziert sind. Die meisten von ihnen sind Sandschwimmer und bewohnen die trockenen Gebiete des Kontinents. Obwohl die kleinen Beine (sofern vorhanden) an der Oberfläche durchaus eingesetzt werden, bewegen sich die Echsen durch seitliche Schlängelbewegungen des Körpers durch den Sand. Bei Arten wie *L. bougainvillii* sind die Beine noch gut entwickelt, wogegen *L. apoda* auch die letzten Spuren ihrer Vorder- und Hinterextremitäten verloren hat.

Das tropische Asien ist die Heimat einiger baumbewohnender, lygosominer Skinke. Einer davon, der Grünblütige Schlankskink (*Prasinohaema virens*), der auch im Gebiet Neuguineas vorkommt, zeichnet sich durch Haftlamellen an den Zehen (eine Parallelentwicklung zu den Geckos) und ein grünen Blutfarbstoff aus. Auch seine Schleimhäute und Knochen, ja selbst die Eier sind grün. Das Pigment ähnelt der ebenfalls grünen Gallenflüssigkeit, einer Verdauungssubstanz. Über die Funktion dieses Pigments, sollte es denn überhaupt eine besitzen, weiß man nichts.

AUTOTOMIE: DAS ABWERFEN DES SCHWANZES

Die meisten Echsen sind vergleichsweise klein und unfähig, Angreifer mit Gewalt zu vertreiben. Allerdings kommt es häufig vor, daß eine angegriffene Echse zubeißt, mit dem Schwanz schlägt, schreit oder ihren Darm entleert. Eine weitere Fluchthilfe ist die Autotomie, das Abwerfen von Körperteilen. Die Autotomie, unter den Wirbellosen ein durchaus häufiges Phänomen, kommt unter den Wirbeltieren nur bei einigen Salamandern, wenigen Säugern (verschiedenen Nagetieren) und den meisten Echsen vor. Sieht man von den Agamidae, Chamaeleonidae, Helodermatidae, Lanthanotidae, Xenosauridae und Varanidae ab, können in allen Familien wenigstens einige Echsen den Schwanz oder Teile desselben abwerfen, wenn sie von einem Räuber gepackt wurden. In vielen Fällen windet sich der Schwanz noch lange nach der Ablösung, lenkt dadurch die Aufmerksamkeit des Räubers auf sich und gibt der Echse Zeit zur Flucht.

Der Verlust des Schwanzes kann für die Echse ernste Folgen haben. Normalerweise wird im Schwanz das gespeicherte Fett abgelegt, und ohne diese wichtigen Reserven sinkt unter Umständen die Überlebensrate beim Überwintern und/oder der Fortpflanzungserfolg. Außerdem muß die Echse mit dem vorübergehenden Verlust aller spezialisierter Funktionen des Schwanzes fertigwerden, etwa bei der Fortbewegung, als Greiforgan oder im Sozialverhalten. Ein männlicher Seitenfleckenleguan (*Uta stansburiana*), der seinen Schwanz verloren hat, sinkt sogar in seinem sozialen Rang und hat weniger Chancen, sich fortzupflanzen.

Bei den meisten Echsen, die autotomieren können, erfolgt der Bruch des Schwanzes nicht zwischen nebeneinander liegenden Wirbeln, sondern innerhalb eines einzigen Wirbelkörpers. Ein jeder Wirbel, der sich zur Autotomie eignet, trägt in sich eine Sollbruchstelle, die noch vor der Geburt oder dem Schlüpfen angelegt wird. Diese Aufteilung entspricht einer Grenze zwischen zwei Muskelsegmenten und setzt sich bis an die Oberfläche fort, wo die Haut insgesamt etwas schwächer ist. Bei der Autotomie geht nur sehr wenig Blut verloren, und einer Echse, der die Flucht gelungen ist, wächst der Schwanz in wenigen Monaten wieder nach. Allerdings werden die verlorengegangenen Wirbel durch eine Knorpelstange ersetzt, und Muskeln und Schuppen wachsen grundsätzlich unregelmäßig nach.

Bei einigen Geckos findet man eine andere Form der Autotomie. So ist beim Seychellen-Bronzegecko (*Ailuronyx seychellensis*) von den Seychellen, bei der madagassischen Gattung *Geckolepis* und anderen Arten die Rückenhaut durch Lücken in ihrer bindegewebigen Struktur geschwächt. Wenn ein Räuber die Echse ergreift, reißt die Haut weg (eigentlich nur der größte Teil, da eine dünne Schicht zum Schutz der darunterliegenden Gewebe übrigbleibt).

Michael and Patricia Fogden

▲ Ein Tokee (*Gecko gecko*) mit regeneriertem Schwanz.

▼ Die Würfel-Rennechse (*Cnemidophorus tesselatus*, unten) ist der größte ursprünglich in Nordamerika lebende Teiide. Diese Echsen, unter denen es praktisch nur Weibchen gibt, können ohne das Zutun von Männchen entwicklungsfähige Eier ablegen. Tatsächlich wurden aber schon einige Männchen gefunden. Die Ameive (*Ameiva ameiva*, ganz unten), im wesentlichen eine große Ausgabe der Rennechsen, ist eine weitverbreitete Art, die sich aus verschiedenen, über große Teile Lateinamerikas verstreute Rassen zusammensetzt.

Macroteiiden

Die macroteiiden Echsen (Familie Teiidae) sehen den Lacertiden äußerlich erstaunlich ähnlich, und sie bilden deren geographisches Gegenstück: Die Lacertiden leben in der Alten, die Macroteiiden in der Neuen Welt. Man kennt etwa 100 Arten aus neun Gattungen. Alle Macroteiiden besitzen wohlentwickelte Gliedmaßen und sind zumeist tagsüber auf dem Boden aktiv. Im Gegensatz zu den ungewöhnlich großen Kopfschuppen sind die des Rückens geradezu winzig, und am Bauch werden die Tiere von vergrößerten, rechteckigen Schuppen bedeckt. Diese Echsen pflanzen sich in erster Linie durch Eiablage fort.

Die Rennechsen der Gattung *Cnemidophorus* sind die einzigen Macroteiiden der Vereinigten Staaten und zudem die kleinsten Vertreter ihrer Familie. Sie spüren ihre Beute aktiv auf und sind auf der Nahrungssuche beinahe pausenlos unterwegs. Insekten und andere Arthropoden bilden den Hauptteil ihrer Nahrung, und häufig werden auch Beutetiere wie Termiten ausgegraben. Die Westliche Rennechse (*C. tigris*) aus dem Westen Nordamerikas hat eine Vorliebe für große Hitze. Die Aktivitätstemperatur ihres Körpers liegt bei 40 Grad Celsius. Dies zieht natürlich eine hohe Stoffwechselrate nach sich und damit auch den Bedarf nach mehr Energie (also mehr Nahrung). Bei unfreundlichem Wetter und während der kühleren Monate zieht sich die Echse in einen Gang zurück, normalerweise an der Basis eines Gebüschs. Das Weibchen produziert zwar nur kleine Gelege, dafür aber zwei pro Jahr. Grundsätzlich legen alle Rennechsen nur ein bis sechs Eier ab. Neben der bisexuellen Westlichen Rennechse gibt es noch mindestens zwölf parthenogenetische Arten (diese Weibchen pflanzen sich also mit unbefruchteten Eiern fort). Die *Cnemidophorus*-Arten sind über Nordamerika weit verbrei-

tet und dringen südwärts bis nach Argentinien vor. Die Gebiete Mexikos und südlich davon teilen sie sich mit den Vertretern der Gattung *Ameiva*, den Ameiven. Beide Gattungen bewohnen die verschiedensten Lebensräume, von der Wüste bis zum Tropenwald. In beiden Gruppen gibt es sexualdichromatische Arten. Hier tragen die Männchen auf dem Rücken und an den Seiten leuchtend gefärbte Zeichnungen, die sie beim Imponier- und Balzverhalten zur Schau stellen.

Die größeren Macroteiiden haben ein weites Nahrungsspektrum. Sie fressen Insekten, Wirbeltiere und sogar pflanzliches Material. *Callopistes* bewohnt die Täler der Andenregion und die Küstenbereiche Chiles und Argentiniens. Diese Tiere haben sich auf das Erbeuten anderer Echsen, insbesondere Leguane, spezialisiert. Eine der größten Arten, der Bänderteju (*Tupinambis teguixin*) ist über weite Teile des tropischen und subtropischen Südamerika verbreitet und lebt vorwiegend von kleinen Säugetieren. Einige Tejus erreichen beinahe die Größe der etwas massiveren Warane und haben etwa eine Kopf-Körper-Länge von 45 Zentimeter. Mit 32 Eiern pro Gelege halten die Tejus den Rekord innerhalb ihrer Familie. Mit einer Gesamtlänge von 1,3 Meter konkurriert der Krokodilteju (*Dracaena guianensis*) mit dem Bänderteju um den Rang des größten Macroteiiden. Er besitzt ungewöhnlich große, flache Zähne, mit denen er die Schalen von Mollusken, seiner Hauptnahrung, zermalmt. Auf dem Rücken trägt er große Tuberkel, und der Schwanz ist seitlich zusammengedrückt. Er gehört zu den wenigen semiaquatischen Macroteiiden.

Viele der größeren Macroteiiden werden von der Landbevölkerung Südamerikas als Nahrungsmittel gefangen. Die Tejus sind wegen ihres Fleisches besonders begehrt. Ihre Häute werden kommerziell gehandelt und zu Mode-Lederartikeln verarbeitet.

Microteiiden

Die microteiiden Echsen (Familie Gymnophthalmidae) sind im Körperbau wesentlich vielgestaltiger als die Macroteiiden, mit denen sie von einigen Wissenschaftlern zusammengefaßt werden. Wie bei den Macroteiiden sind die meisten Arten ovipar (eierlegend), und auch hier findet man parthenogenetische (eingeschlechtige) Formen. 130 Arten aus 30 Gattungen sind von Mexiko südwärts über Südamerika verbreitet. Sie erreichen ihre größte Vielfalt in den südamerikanischen Tropen. Es sind zumeist kleine, im Bodenlaub lebende Arten, die nachts aufbrechen oder auch tagsüber streckenweise in ihrem geschützten Mikrohabitat aktiv sind. Wie viele andere Gruppen schließen auch die Microteiiden Formen mit reduzierten Gliedmaßen ein. Man findet solche Arten unter acht verschiedenen Gattungen. Die Reduktion dürfte also in der Entwicklungsgeschichte der Microteiiden mehr als einmal aufgetreten sein. In der Gattung *Bachia* kann man viele Stadien der Gliedmaßenrückbildung beobachten. Anders als bei anderen Echsen (aber ebenso wie bei der Amphisbaeniden *Bipes*) sind die hinteren Beine stärker verkürzt als die vorderen. *Bachia trinasale* besitzt schließlich nur zwei kleine Vorderbeine, und die Rudimente der hinteren liegen vollständig im Körperinneren. Diese Tiere graben Tunnel im Waldboden unter der Laubschicht. Werden sie jedoch an der Oberfläche überrascht, können sie unberechenbare Sprünge ausführen. Dagegen »erstarren« die laubbewohnenden Microteiiden der Gattung *Echinosaura* bei Gefahr und verlassen sich auf ihre

Jany Sauvanet/NHPA

▲ Der Bänderteju (*Tupinambis teguixin*) ist einer der größten Vertreter der Familie Teiidae. Diese energischen, bodenbewohnenden Echsen sind auf die amerikanischen Kontinente beschränkt.

Tarnung. Die Echsen der Gattung *Neusticurus* lieben das Wasser und halten sich vorzugsweise in den sumpfigen Gebieten der Tropenwälder auf. Bei der geringsten Störung gleiten sie sofort ins Wasser. Die meisten Microteiiden lieben den Schatten und sind besonders im Regenwald oder an bedeckten Tagen aktiv. Nur wenige Arten suchen auf dem Waldboden sonnige Flecken auf. Dazu gehören *Cercosaura ocellata* sowie die Gattungen *Tretioscincus* und *Gymnophthalmus*.

Nachtechsen

Die Gruppe der Nachtechsen (Familie Xantusiidae) besteht aus 19 neuweltlichen Arten. Der Name dürfte zu Mißverständnissen führen, denn es hat sich gezeigt, daß einige Arten durchaus am Tage aktiv sind, allerdings normalerweise in verborgenen Mikrohabitaten. Die bisher untersuchten Arten neigen zu einer niedrigen Körpertemperatur, die mit etwa 23 Grad Celsius um beinahe zehn Grad niedriger liegt als bei den meisten anderen Echsen. Alle Arten sind vivipar und bringen nach einer Tragzeit von drei Monaten ein bis acht lebende Junge zur Welt. Früher galten die Nachtechsen als Verwandte der Geckos, mit denen sie einige Merkmale teilen (etwa das Fehlen der Augenlider und das Vorhandensein einer schützenden Brille), doch stehen sie vermutlich den Skinken, Lacertiden und Teiiden viel näher.

Die größte Gattung ist *Lepidophyma*, deren 14 Arten von Mexiko bis Panama verbreitet sind. Sie bewohnen sowohl die tropischen Tieflandwälder als auch halbtrockene Felsgebiete größerer Höhen. Die meisten Arten tragen auf dem Rücken reihenweise angeordnete, vergrößerte Tuberkel. Die Biologie dieser Tiere ist weitgehend unbekannt. Die meisten dürften jedoch nachts oder in der Dämmerung aktiv werden, und einige haben faulende Baumstämme oder sogar Felshöhlen besetzt. Im Gegensatz zu den meisten übrigen insektenfressenden Arten ernährt sich Smiths Nachtechse (*L. smithii*), eine der höhlenbewohnenden Formen Mexikos von den Feigen, die in der Nähe der Unterschlüpfe von den Bäumen fallen. Einige südliche Populationen von *L. flavimaculatum* bestehen

▶ Die baumbewohnenden, indonesischen Flugdrachen (Gattung *Draco*) besitzen fünf bis sieben verlängerte Rippenpaare, die gelenkig aufgehängt und durch eine Gleitmembran verbunden sind. Werden die Rippen nach vorn gezogen, bilden sie eine Art Fallschirm. Mit einer so vergrößerten Oberfläche können die Echsen 60 Meter weit gleiten und ihren Flug dabei weitgehend steuern.

Jean-Paul Ferrero/AUSCAPE International

Stephen Dalton/NHPA

▲ Bei den Faltengeckos Südostasiens (Gattung *Ptychozoon*) erstrecken sich Hautlappen an den Seiten des Körpers und des Schwanzes. Sie vergrößern die Körperoberfläche und damit den Luftwiderstand, und die Echsen können Geschwindigkeit und Richtung ihres Falles in gewissen Grenzen beeinflussen.

GLEITFLUG ZWISCHEN DEN BÄUMEN

Einige Echsen besitzen einen Körperbau, der zum Gleiten geeignet ist. Keine von ihnen kann mit den Gleitmembranen flattern oder aktiv fliegen. Sie sind allerdings imstande, ihre Fallgeschwindigkeit aktiv zu bremsen und sich in einer kontrollierten Weise durch die Luft zu bewegen. Beträgt der Fallwinkel beim Absinken weniger als 45 Grad von der Horizontalen, spricht man vom Gleitflug, bei steilerem Winkel handelt es sich um Fallschirmflug. Nur die Flugdrachen der Gattung *Draco* (Familie Agamidae) können wirkungsvoll gleiten. Dagegen kommt der Fallschirmflug bei den »gleitenden« Geckos (*Ptychozoon*) und der »gleitenden« Lacertiden *Holaspis* vor. Bei *Holaspis* besteht die vergrößerte Oberfläche aus Schuppensäumen, die entlang der Zehen und des Schwanzes verlaufen. Bei *Ptychozoon* dagegen erstrecken sich fleischige, fetthaltige Hautlappen an den Seiten des Körpers und Schwanzes, und zwischen den Zehen spannen sich Flughäute aus. Bei *Draco* schließlich liegt ein ganz anderer Mechanismus vor: Hier sind fünf bis sieben Rippen verlängert, die eine Haut stützen. Die läßt sich durch Muskelaktivität ausbreiten oder gegen den Körper zurückfalten. Im »Flug« werden die Rippen nach vorn gezogen und spannen die Gleitmembran aus, um für den Auftrieb eine möglichst große Oberfläche zur Verfügung zu stellen. Einige Echsen, so der Rotkehl-Anolis (*Anolis carolinensis*) und die Schmetterlingsagame (*Leiolepis belliana*), sind in ihrem Körperbau überhaupt nicht dem Fallschirmflug angepaßt. Dafür können sie eine Körperhaltung annehmen, die beim Fallen aus einer spezifischen Höhe einen jeweils maximalen Luftwiderstand bietet. Der Gleit- oder Fallschirmflug ist eine Hilfe zur Flucht oder ein Mittel der Fortbewegung. Die Entfernung, die ein Gecko beim Fallschirmflug überbrückt, ist recht kurz (weniger als zehn Meter), doch kann das Tier dadurch einen potentiell gefährlichen Ort in kürzester Zeit verlassen oder sich zwischen den Bäumen des Waldes bewegen. Die Gleitflüge von *Draco* sind schon eindrucksvoller. Hier werden bei nur geringem Höhenverlust horizontale Distanzen bis zu 60 Meter überbrückt.

nur aus Weibchen. Die Kuba-Nachtechse (*Cricosaura typica*) ist der einzige Vertreter einer zweiten Gattung dieser Familie.

Die dritte Gattung, *Xantusia*, kommt im nördlichen Mexiko und den südwestlichen Vereinigten Staaten vor. Die Echsen zeichnen sich durch kleine granuläre Rückenschuppen aus, die sich gegen die großen, glatten Kopfschilder und die rechteckigen Bauchschilder deutlich absetzen. Diese Echsen gebären nur wenige Nachkommen, werden aber recht alt. Regelmäßig erreichen sie ein Alter von fünf Jahren, und die größten Arten werden sogar zwölf bis 15 Jahre alt. Die Yucca-Nachtechse (*X. vigilis*) galt lange als eine seltene Art, bis man herausfand, daß sich die Individuen einiger Populationen vorzugsweise unter den herabgefallenen Resten der Josua-Bäume und anderer Bäume aufhalten und dabei in erstaunlicher Dichte vorkommen. Wie andere Echsen ihrer Gattung erreicht auch diese Art nur langsam die Geschlechtsreife und lebt sehr lange. Die Granit-Nachtechse (*X. henshawi*) bewohnt den Süden Kaliforniens. Im Gegensatz zur Yucca-Nachtechse ist sie jedoch nur in Gegenden mit Granitblöcken verbreitet, wo die Echsen in den Spalten sitzen. Ihre Fortpflanzungsrate gehört mit einem bis zwei Jungen, die pro Jahr oder nur alle zwei Jahre zur Welt kommen, zu den niedrigsten unter den Echsen. Die Insel-Nachtechse (*X. riversiana*) lebt ausschließlich auf den Channel-Inseln vor der Küste Südkaliforniens, wo sie in ihrem wichtigsten Lebensraum Individuendichten von einigen tausend Tieren pro Hektar erreicht. Da sie keine Nahrungskonkurrenten hat und ihr Lebensraum unter Schutz steht, konnte sie trotz ihrer niedrigen Reproduktionsrate so hohe Konzentrationen aufbauen. Dennoch gilt diese Art als bedroht, da sie nur wenige kleine Inseln besetzt hat. Sollte es jemals Säugetieren gelingen, auf die Inseln zu kommen, würde diese Art und ihre Lebensräume ihnen zum Opfer fallen. Die Insel-Nachtechse wird wesentlich größer (90 Millimeter Kopf-Körper-Länge) als die Arten des Festlandes (35 bis 70 Millimeter). Und im Gegensatz zu den meisten anderen *Xantusia*-Arten frißt sie neben Insekten auch Pflanzen.

NATURSCHUTZ

Nur sehr wenige Echsen bilden für Menschen eine Gefahr. Umgekehrt bedroht der Mensch die Echsen ganz außerordentlich. Viele der größeren Echsen, besonders Warane und große Teiiden wie der Teju, werden nach wie vor wegen ihrer Häute abgeschlachtet, die zu Lederwaren verarbeitet werden.

Einige Echsenpopulationen, insbesondere auf Inseln, wurden durch eine zufällige oder beabsichtigte Einführung von Katzen und anderen Räubern stark dezimiert. Auf Neuseeland besiedeln die Skinke und Geckos, die einst auf den Hauptinseln verbreitet waren, heute nur noch kleine, weniger gestörte Inseln vor der Küste. Auf Guam brachte die Braune Nachtbaumnatter (*Boiga irregularis*) Tod und Verderben über Vögel und Echsen. Aber selbst andere Echsen, die in neue Ökosysteme eingeschleppt werden, beeinträchtigen manchmal die ursprünglich ansässigen Formen. So wurde zum Beispiel in verschiedenen pazifischen Regionen der Hausgecko (*Hemidactylus frenatus*) nach dem Zweiten Weltkrieg auf viele Inseln verschleppt und hat dort einen dramatischen Rückgang des Indopazifischen Halbzehergeckos (*H. garnotii*) verursacht, der zuvor zahlenmäßig dominierte.

Der größte Schaden, den wir Menschen den Echsen antun, geht sicherlich von der Zerstörung ihrer Lebensräume aus. Die Umwandlung dieser Gebiete in Ackerbau- oder Erholungsgebiete und die Expansion der Städte vernichtet die meisten dort ansässigen Echsenpopulationen sehr gründlich. Dies besonders deshalb, weil Echsen unfähig sind, in weit entfernten ungestörten Gebieten oder selbst nur in angrenzenden Landflecken Zuflucht zu suchen. Nur in seltenen Fällen, wie etwa bei dem Fransenzehenleguan (*Uma inornata*) in Kalifornien, konnten Naturschützer mit Erfolg ein Gebiet für den Schutz der Echsen reservieren. Allzu oft jedoch werden Echsenarten beeinträchtigt, lange ehe Biologen ihre Ökologie und die Bedürfnisse, die sie an den Lebensraum stellen, durchschaut haben. In einigen Fällen sterben Arten sogar aus, noch ehe sie wissenschaftlich beschrieben werden konnten.

▼ Die Granit-Nachtechse (*Xantusia henshaw*) ist ein Bewohner der Granitfelsen in den trockenen und semiariden Gebieten Nord- und Mittelamerikas. Mit ihrem flachen Körper gleitet sie leicht in Felsspalten hinein und wieder heraus.

Ordnung Squamata, Unterordnung Serpentes, zehn Familien, 420 Gattungen, ca. 2500 Arten

Größe
Kleinste Art Viele Schlankblindschlangen (Familie Leptotyphlopidae) und Blindschlangen (Familie Anomalepidae) sind kürzer als 15 Zentimeter. Maximalgewicht unter zwei Gramm.
Größte Art Anakonda (*Eunectes murinus*), Länge bis zehn Meter, Gewicht 250 Kilogramm.

Artenschutz
Folgende Arten werden auf der Roten Liste der IUCN für bedrohte Tiere als gefährdet aufgeführt: Mauritius-Boas (*Bolyeria multicarinata* und *Casarea dussumieri*), Puerto Rico-Schlankboa (*Epicrates inornatus*), Mittelasiatische Kobra (*Naja oxiana*) und die Latifi-Otter (*Vipera latifii*). Viele andere werden als anfällig bezeichnet oder besitzen noch keinen sicheren Status.

SCHLANGEN

RICHARD SHINE

Bei vielen Reptilien findet man die Neigung, ihren Körper zu verlängern und die Größe ihrer Gliedmaßen zu reduzieren. Doch erreichte diese Entwicklung bei den Schlangen ihren Höhepunkt. In der jüngeren Erdgeschichte brachten sie eine erstaunliche Artenvielfalt hervor und bewohnen heute die meisten Gegenden dieses Planeten außerhalb der Polargebiete, von Gebirgswiesen bis zum offenen Meer. Sie leben alle carnivor, haben jedoch die verschiedensten Methoden hervorgebracht, um ihre Beute zu finden und zu überwältigen. Ebenso vielfältig ist auch ihre Nahrung: Einige Arten fressen die winzigen Eier und Larven von Ameisen, während andere Schlangen Tiere von der Größe einer Antilope, eines Tapirs oder Wallabies fressen.

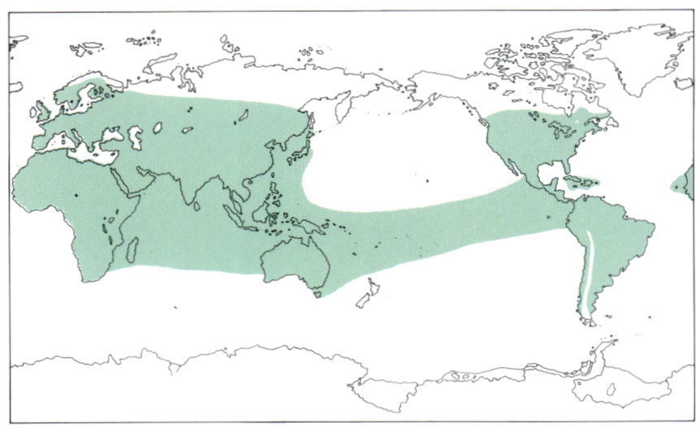

WAS IST EINE SCHLANGE?

Viele Menschen glauben, eine Schlange sei lediglich ein Reptil ohne Beine. Es gibt jedoch viele Echsen, deren Beine so winzig sind, daß diese sich, wenn überhaupt, nur bei eingehender Betrachtung zeigen, so daß es sich nur schwer feststellen läßt, ob das Tier zu den Schlangen oder Echsen gehört. Leider gibt es kein einfaches Erkennungmerkmal, das sich bei allen Situationen anwenden ließe. Bei den meisten (wenn auch nicht bei allen) Echsen findet man wenigstens Spuren der Hinterbeine, selbst wenn es sich dabei nur um eine kleine Knospe oder einen Hautlappen handelt. Dies ist bei den Schlangen nicht der Fall. Auch besitzen die meisten Echsen ein äußeres Trommelfell, das den Schlangen grundsätzlich fehlt. Echsen haben relativ lange, Schlangen dagegen kurze Schwänze. Bei den meisten Echsen sind die Augenlider beweglich, während die Schlangen über jedem Auge eine festgewachsene, unbewegliche Schuppe tragen. Die absolut unveränderlichen Merkmale, auf die man sich bei der Unterscheidung von Echsen und Schlangen unbedingt verlassen kann, sind alle recht fein und betreffen in erster Linie den Bau der Schädelknochen. Dies hilft natürlich niemandem, der das lange, dünne Tier bestimmen möchte, das gerade unter seinem Haus verschwunden ist, doch unterstreicht es die große Ähnlichkeit, die zwischen Schlangen und Echsen besteht. Und darum werden sie innerhalb der Klasse Reptilia in dieselbe Ordnung, Squamata, gestellt.

WIE SCHLANGEN SICH FORTBEWEGEN

Das auffälligste Unterscheidungsmerkmal der Schlangen ist ihre Körperform. Viele Male in der Entwicklungsgeschichte der Wirbeltiere kam es zu einer Verlängerung des Körpers sowie zu Reduktion oder Verlust der Gliedmaßen – so etwa bei den Aalen, Salamandern, Blindwühlen und Echsen. Diese evolutionsbedingte Veränderung der Körperform zieht grundlegende Folgen für die Biologie des Tieres mit sich und zeigt sich am deutlichsten in der Art, wie es sich fortbewegt. Schlangen zeigen in ihrer Wirbelsäule verschiedene Merkmale, die mit ihrer beinlosen Fortbewegung zusammenhängen. Zunächst hat die Zahl ihrer Wirbel stark zugenommen, wodurch das Rückgrat biegsamer wird. Während der Mensch nur 32 Wirbel besitzt, verfügen einige Schlangen über mehr als 400. Zweitens gehen von jedem Schlangenwirbel Fortsätze ab, so daß die benachbarten Wirbel besonders eng miteinander verbunden sind und das extrem lange Rückgrat eine gewisse Stabilität erhält.

Selbst ohne Beine sind verschiedene Methoden der Fortbewegung möglich. Am weitesten unter den Schlangen verbreitet ist die seitlich schlängelnde Bewegung. Es scheint, daß alle Schlangen diese beherrschen, wenn sie schwimmen oder sich über festen Oberflächen fortbewegen, die genügend Unebenheiten aufweisen, um den Tieren Halt zu geben. Die Schlange bewegt sich voran, indem sie den Körper gegen diese Unebenheiten stemmt und kann dabei häufig recht schnell vorwärtskommen. Verläßliche Messungen geben bis zu zehn Kilometer in der Stunde an. Zwar wurden auch schon wesentlich höhere Geschwindigkeiten unterstellt, doch bewegen sie sich alle weit unterhalb der Werte, die den Schlangen häufig in

▼ Mit seinen leuchtenden Farben tarnt sich der Grüne Baumpython (*Chondropython viridis*), ein Bewohner der Regenwälder Papua-Neuguineas und Nordaustraliens, gut unter den epiphytischen Pflanzen.

Jean-Paul Ferrero/AUSCAPE International

Michael and Patricia Fogden

▲ Das Seitenwinden bildet die wirkungsvollste Methode, sich über losen Sand fortzubewegen. Diese Form der Lokomotion wurde unabhängig unter mehreren Arten wüstenbewohnender Vipern entwickelt. Hier windet sich eine Zwergpuffotter (*Bitis peringueyi*) ihren Weg über eine Düne der Namib-Wüste.

Comic-Büchern zugeschrieben werden. Keine Schlange auf der Welt ist imstande, ein galoppierendes Pferd zu überholen, wie zum Beispiel eine Legende behauptet. Bei sehr glattem Untergrund bedienen sich die Schlangen auch anderer Techniken, etwa der geradlinigen oder raupenförmigen Fortbewegung, des Gleitens und Seitenwindens. Bei der geradlinigen Fortbewegung (dem »Raupenkriechen«) streckt sich die Schlange in einer geraden Linie aus und bezieht ihren Vorschub aus Bewegungen der Bauchhaut relativ zum Körper. Dabei zieht sich die Schlange durch Muskelkontraktion voran, während sie sich unter Ausnutzung der Bodenreibung mit den Bauchschienen im Substrat verankert. Anschließend zieht sie die Bauchschienen zum nächsten Reibungspunkt vor, und der Vorgang wiederholt sich. Diese ventrale Verankerung erfolgt zwar gleichzeitig mit der Vorwärtsbewegung, aber an einem anderen Körperabschnitt. Große Pythons, Boas und Vipern machen von der geradlinigen Fortbewegung häufig Gebrauch, besonders dann, wenn sie über offene Flächen auf eine Beute zukriechen. Wenn sich eine Schlange so bewegt, sind ihre feinen Schuppen- und Muskelaktionen nur schwer zu sehen.

Bei der raupenförmigen Fortbewegung und beim Seitenwinden nutzt die Schlange einen Kontaktpunkt am Boden als Halt und hebt dann den Körper deutlich vom Boden ab, um einen anderen Kontaktpunkt zu finden. Das Seitenwinden ist besonders bei weichem Substrat wie Sand oder weichem Schlamm angebracht, wo sich nur selten feste Unebenheiten im Boden anbieten, die eine seitliche Wellenbewegung erlauben. Daher ist diese Art der Fortbewegung bei kleinen, wüstenbewohnenden Vipern und colubriden Schlangen, die in der Schlammzone wohnen, nahezu die einzige.

Einige wenige Colubriden des indopazifischen Dschungel sind wegen ihrer ungewöhnlichen Methode, von einem Baum zum nächsten zu gelangen, als »fliegende Schlangen« bekannt. Dabei schnellen sie sich von hohen Bäumen hinunter, flachen ihren Körper ab und können so über erhebliche Entfernungen gleiten, ohne sich bei der Landung zu verletzen.

EIN GERINGER VORTEIL

Eine Schlange ist wirklich nur eine lange Röhre. Leider bringt diese Verlängerung mit sich, daß das Maul im Vergleich zur Körpergröße – und damit zur benötigten Nahrungsmenge – sehr klein ist. Nun haben langgestreckte, beinlose Wirbeltiere verschiedene Wege eingeschlagen, dieses Problem zu lösen. So fressen einige Tiere große Mengen sehr kleiner Beuteobjekte, die auch von einem kleinköpfigen Tier sehr leicht aufgenommen werden können. Diese Lösung ist bei den Echsen und wenigen Schlangen, etwa den Blindschlangenarten, am weitesten verbreitet. Andere langgestreckte Wirbeltiere fangen größere Beute und reißen davon Stücke herunter, die sie bewältigen können. Dies tun die Amphisbaeniden. Die meisten Schlangen entwickelten jedoch eine dritte Möglichkeit: Der Schädelbau wurde so grundlegend verändert, daß die Schlange Beuteobjekte verschlingen kann, die im Vergleich zum eigenen Körperdurchmesser riesig sind.

Dies alles hat zur Folge, daß sich der Kopf einer Schlange ganz erheblich von dem anderer Reptilien unterscheidet. Im allgemeinen sind die festen Verbindungsstellen gelockert, um die Beweglichkeit zu erhöhen. Es gibt am Schlangenschädel also mehrere Punkte, an denen sich nebeneinander liegende Knochen gegeneinander verschieben lassen. Am wichtigsten ist in diesem Zusammenhang der Unterkiefer, dessen Hälften nicht starr miteinander verwachsen, sondern vorn durch ein elastisches Ligament verbunden sind, so daß die Schlange sie weit voneinander spreizen kann. Die Öffnung der Luftröhre kann zur Seite gedrängt werden, so daß die Schlange weiterhin atmen kann, während sie ein großes Beutetier überwältigt und verschlingt, was mehrere Stunden dauern kann. Die meisten Elemente des Schlangenschädels sind reduziert, um seine Flexibilität zu erhöhen. Nur der Boden des Hirnschädels ist verdickt und schützt so das Gehirn davor, von der sich windenden Beute verletzt zu werden.

Dieser komplizierte Umbau des Schädelbaus erlaubt den Schlangen, wahrhaft erstaunliche Mahlzeiten herunterzuwürgen. Viele Schlangen fressen regelmäßig Beutetiere, deren Durchmesser den des eigenen Kopfes mehrfach übertrifft. Und einige Arten wurden schon beim Verschlingen einer Beute beobachtet, die

Michael and Patricia Fogden

▲ Eine Spinne stolpert versehentlich über eine Riemennatter, die einen Anolis erbeutet hat.

Stan Osolinski/Oxford Scientific Films

▲ Hier demonstriert ein afrikanischer Felsenpython (*Python sebae*) die Elastizität seines Schädels. Er hat sein Maul weit aufgezogen, um eine Impala zu verschlingen. Obwohl viele Schlangen gewohnheitsmäßig Tiere verschlingen, die größer sind als ihr Kopfdurchmesser, sind Beuteobjekte von der Größe dieser Antilope eher ungewöhnlich.

erheblich schwerer war als sie selbst. Zwar richtet sich die öffentliche Aufmerksamkeit immer wieder auf große Schlangen und ihre großen Mahlzeiten, etwa Pythons, die Schweine, Antilopen und Wallabies verschlingen, doch sind die Leistungen kleinerer Arten nicht weniger eindrucksvoll. Aus vergleichenden Untersuchungen geht hervor, daß Vipern große Beutetiere schneller und effizienter verschlingen können als andere Gruppen.

Wegen ihres Vermögens, im Vergleich zur eigenen Körpergröße riesige Beutetiere zu fressen, können Schlangen über lange Zeit ohne Nahrung auskommen. Dazu kommt die niedrige Rate, mit der Schlangen Energie für ihre eigenen Körperprozesse aufwenden. Als ektotherme (»wechselwarme«) Tiere müssen sie keine großen Energiemengen aufwenden, nur um eine hohe Körpertemperatur aufrechtzuhalten (wie Vögel und Säuger es tun). Daher fressen viele Schlangen vermutlich sehr selten, vielleicht nur wenige Male im Jahr. Daraus folgt wieder, daß Schlangen (wie andere Ektotherme auch, etwa Echsen und Salamander) in Gebieten überleben können, die nur ein geringes oder zufälliges Nahrungsangebot aufweisen. Diese Fähigkeit, unter derartigen Bedingungen zu überleben, ist vermutlich einer der Gründe dafür, daß Schlangen und Echsen in vielen Wüstengebieten erfolgreicher sind als die angeblich »weiter entwickelten« Vögel und Säuger.

Aber die Ektothermie bringt noch andere Vorteile mit sich. Da Säugetiere und Vögel konstant hohe Körpertemperaturen erhalten müssen, haben sie erhebliche Probleme damit, daß sie Wärme an die Umgebung abgeben. Um diesen Wärmeverlust möglichst gering zu halten, brauchen solche Tiere eine isolierende Körperdecke (Fell, Federn oder eine Speckschicht) und müssen einen relativ rundlichen Körperumriß aufweisen. Ein langgestreckter Körper besitzt eine wesentlich größere relative Oberfläche und damit auch ein größeres Areal, über das Wärme an die umgebende Luft verloren gehen kann. Da Ektotherme dieses Problem nicht kennen, können sie sich praktisch jede Körperform »leisten«. Häufig ist ein langgestreckter Körper von Vorteil – etwa dann, wenn ein Tier auf der Nahrungssuche oder zum Unterschlupf in eine enge Spalte eindringen möchte – dies ist vermutlich der Grund, warum die verlängerte Körperform bei den Ektothermen (Fische, einige Amphibien, Reptilien) so verbreitet ist, bei den Endothermen (Vögel, Säugetiere) dagegen nicht. Aus demselbem Grund – also wegen des Verhältnisses von Körperoberfläche zu Körpervolumen – müssen warmblütige Tiere relativ groß sein. Bei den Ektothermen ist dies nicht der Fall, und daher können sie mit wesentlich kleineren Körpergrößen arbeiten.

Die langgestreckte Körperform der Schlangen bietet auch Vorteile hinsichtlich der Aufnahme und Abgabe von Wärme. Da die Körperoberfläche, besonders bei den kleinen Arten, im Vergleich zum Volumen so groß ist, können sie sich rasch wieder aufwärmen, wenn sie in der Sonne liegen oder sich gegen einen von der Sonne erwärmten Stein pressen. Außerdem können sie die Rate herabsetzen, mit der sie sich aufwärmen oder abkühlen. Entweder verändern sie dazu ihren Umriß (eine fest zusammengerollte Schlange bietet eine viel kleinere Oberfläche, über die Hitze aufgenommen oder abgegeben werden kann), oder es werden physiologische Hilfsmittel eingesetzt (insbesondere die Umkehr des Blutflusses zwischen den oberflächlichen und tiefer liegenden Gefäßen). Insgesamt läßt sich feststellen, daß die langgestreckte Gestalt einer Schlange erlaubt, ihre Körpertemperatur in großem Umfang zu steuern.

NAHRUNG UND ERNÄHRUNGSWEISE

Da Schlangen (im Gegensatz zu den Echsen) ihre Beute nicht in Stücke beißen oder reißen können, sind kleine Arten außerstande, sehr große Beutetiere zu verschlingen. Vermutlich liegt es also an der durch die Schlundweite vorgegebenen Begrenzung, daß die Körpergröße einer Schlange im wesentlichen ihre Ernährungsgewohnheiten bestimmt. Kleinere Schlangen fressen auch kleinere Beutetiere. In einigen Fällen bedeutet dies einfach, daß sich junge und erwachsene Schlangen zwar von derselben Beutetierart ernähren, die Jungtiere jedoch kleinere (jüngere) Beuteindividuen fressen. Dies trifft zum Beispiel auf viele Schlangenarten mit einer spezialisierten Ernährungsweise zu, wie einige der kleineren australischen Giftschlangen. Sie fressen nämlich ihr Leben lang Skinke, beginnen als Jungtiere mit den eben geschlüpften Echsen und schreiten, wenn sie selber wachsen, bis zu den erwachsenen Skinken fort. Bei Arten von größerem Wuchs bringt die Zunahme der Körpergröße häufig einen Wechsel der Art und Größe der Beutetiere mit sich. So leben etwa viele Pythons und Vipern von Echsen, solange sie jung sind und gehen bei zunehmendem Wachstum schrittweise auf größere Säugetiere über.

Obwohl viele Schlangen genau in dieses Schema einer relativ unspezialiserten Ernährungsweise passen, die sich von Ort zu Ort und zudem mit der Größe der Schlange verändert, bleiben andere Arten ihr Leben lang einer einzigen Beutetierart vollkommen treu. Es gibt tatsächlich hochspezialisierte Schlangen. Zum Beispiel ernährt sich die australische Bandy-Bandy (*Vermicella annulata*), eine leuchtend schwarzweiß gebänderte grabende Form, ausschließlich von Blindschlangen der Gattung *Rhamphotyphlops*. Sie verfolgt ihre Beute anhand der Duftspur und verzehrt häufig Beuteobjekte, die so groß sind wie sie selber. Einige andere Schlangenarten haben sich auf die Eier von Echsen spezialisiert. Die Echsennester werden vermutlich am Geruch entdeckt, und die Zähne der Schlange sind so modifiziert, daß jede Eischale beim Verschlingen aufgeschlitzt wird. Ähnliche Veränderungen der Zähne entwickelten sich bei einer Fülle miteinander nicht verwandter giftiger und ungiftiger Nattern, denen Reptilieneier als Hauptnahrung dienen.

Andere Schlangen fressen die wesentlich größeren Eier von Vögeln. Die Eierschlangen der Gattung *Dasypeltis* sind spezialisierte, nahezu zahnlose Colubriden – nur ganz hinten stehen im Unterkiefer einige winzige Zähne. Wo sich bei anderen Schlangen die Zähne befinden, tragen diese Eierfresser eine Reihe dicker Falten aus Zahnfleischgewebe, die wie die Falten eines Akkordeons angeordnet sind. Diese Falten finden auf der glatten Eioberfläche wie Saugnäpfe Halt. Nachdem die Schlange das Ei verschlungen hat, – was an sich schon eine respektable Tat ist – beugt sie scharf ihren Hals, so daß das Ei gegen eine Reihe scharfer, nach unten gerichteter Stacheln gedrückt wird, die die Schale durchdringen. Diese Stacheln sind verlängerte Vorsprünge der Wirbelsäule. Dann fließt der Inhalt des Eies dank spezieller Muskeln, die den Schlund vor dem Ei verschließen, in den Magen der Schlange hinab. Während das Ei sich leert und immer weiter den Schlund der Schlange hinunterwandert, wird die Schale von den stumpfen Enden einiger Wirbel zu einem kompakten Bündel zerquetscht, das mühelos ausgewürgt wird, sobald sich die vorderen Schlundmuskeln entspannt haben.

Auch viele Seeschlangen sind große Nahrungsspezialisten. So leben zum Beispiel einige Plattschwänze (*Laticauda*-Arten) vorzugsweise von Aalen. Andere

Michael and Patricia Fogden

▲ Diese Eierschlange (*Dasypeltis scabra*) hat ein Vogelei in ihren Körperschlingen fixiert und beginnt nun mit der mühsamen Aufgabe des Verschlingens. Diese Schlange besitzt nur wenige Zähne. Stattdessen hält sie das Ei mit Gaumenfalten fest, während sie es verschluckt.

▼ Das Ei ist nahezu komplett einverleibt und wird demnächst von den Wirbelfortsätzen der Schlange aufgeritzt. Dann würgt die Schlange die leere Schale wieder aus.

Michael and Patricia Fogden

▲ Züngelnd hat eine südamerikanische Colubride (Gattung *Tachimenys*) den Duft eines Baumfrosches aufgenommen und schleicht sich nun so nahe heran, daß sie zustoßen kann.

Seeschlangen (etwa einige *Hydrophis*-Arten) besitzen einen ungewöhnlich schmalen Vorderkörper und einen winzigen Kopf, womit sie tief in Felsspalten eindringen können, um an ihre Beute heranzukommen. Bei den schildkrötenköpfigen Seeschlangen der Gattung *Emydocephalus* sind die Zähne reduziert. Sie fressen nur die Eier der marinen Meergrundeln (Fische, die am Boden laichen).

SINNESORGANE

Den Schlangen stehen verschiedene Sinnesorgane zur Verfügung, um ihre Beute zu finden. Dabei spielt der Geruch im allgemeinen wohl die größte Rolle, und die gespaltene Schlangenzunge ist hervorragend ausgerüstet, Informationen über die Chemikalien der Umgebung zu sammeln. Die beiden Zungenspitzen stehen weit auseinander. Ständig ist die Zunge in Bewegung, kommt immer wieder aus dem Maul hervor, um Partikel aus der Luft, dem Wasser oder vom Boden aufzunehmen. Dann zieht sie sich ins Maul zurück, um diese Partikel dem Jacobsonschen Organ im Munddach zuzuführen. Dort werden die chemischen Stoffe analysiert und geben der Schlange eine genaue Kenntnis darüber, ob in nächster Umgebung natürliche Feinde oder Beutetiere vorkommen. Das Jacobsonsche Organ hat also eine ähnliche Funktion wie der Geschmacks- und Geruchssinn des Menschen.

Auch der Gesichtssinn spielt bei den Schlangen eine wichtige Rolle. Ihre Augen unterscheiden sich erheblich von denen anderer Wirbeltiere und sogar von denen anderer Reptilien, etwa der Echsen. Letztere fokussieren ihre Augen beispielsweise, indem sie die Linse verzerren, um den Krümmungsradius zu verändern, wogegen die Schlangen ihr Auge scharfstellen, indem sie die Linse gegen die Netzhaut verschieben. Zudem weisen die Augen der Schlangen einige abweichende Merkmale auf, die darauf hindeuten, daß ihre Vorfahren stark reduzierte Augen besaßen – vermutlich, weil es sich um grabende Formen handelte. Als die Schlangen später das Leben auf der Erdoberfläche wieder aufnahmen, entwickelten sie größere Augen und ein weitaus besseres Sehvermögen, aber anders als zuvor. Das Schlangenauge wird nicht von Augenlidern, sondern von einer transparenten Kappe bedeckt (was auch bei einigen Echsengruppen der Fall ist). Dadurch erhält es jenen »starren Blick«, der so häufig als ein Zeichen böser Absichten interpretiert wird.

Schlangen galten schon immer als taub, weil sie weder äußere Ohröffnungen, noch ein Trommelfell, eine Tympanumhöhle oder eine Eustachische Röhre besitzen. Richtig ist dagegen, daß sie selbst verschwindend schwache Vibrationen über den Boden oder das Wasser wahrnehmen, und nach neueren Forschungen sind einige Arten tatsächlich imstande, auch Klänge aus der Luft zu hören. Den Boiden (Pythons und Boas) und Grubenottern erlauben sogenannte Grubenorgane, warmblütige Beutetiere nur durch den kleinen Temperaturunterschied zwischen diesen und der Umgebung zu orten. In der Praxis setzen die Schlangen alle diese Sinnesorgane kombiniert ein, um ihre bevorzugte Beute zu finden. Es bleibt noch zu erforschen, wie die Information aus allen diesen Sinnesorganen im Gehirn der Schlangen kombiniert und interpretiert wird.

Blindschlangen

Drei unterschiedliche Schlangenfamilien - Anomalepidae, Typhlopidae und Leptotyphlopidae - werden häufig als »Blindschlangenartige« zusammengefaßt. Sie sehen Würmern an Größe und äußerer Gestalt ähnlich. Ihre Augen sind zum Beispiel zu kleinen, dunkel pigmentierten Flecken reduziert, die nicht viel mehr als zwischen hell und dunkel unterscheiden können, und ihr Körper ist glatt zylindrisch geformt. Der stumpfe Kopf geht sanft in den übrigen Körper über, der kurze Schwanz endet in einem kleinen Dorn, mit dem sich die Schlange verankern und so beim Graben durch die Erde leichter fortbewegen kann. Alle Arten leben unterirdisch. Ihre Größe reicht von Formen, die als Erwachsene nicht einmal zehn Zentimeter erreichen, bis zu schwergebauten Schlangen von nahezu 80 Zentimeter Länge. Die drei Familien sind anatomisch primitiver (also den ursprünglichen, fossil bekannten Formen besonders ähnlich) als andere lebende Schlangen. So besitzen zum Beispiel die meisten noch Spuren eines Beckengürtels, was darauf hindeutet, daß sie zu einer Zeit ihrer Entwicklung einmal Gliedmaßen trugen. Wegen ihrer geringen Abmessungen sind sie fossil nicht gut belegt. Daher liegt der Ursprung dieser Gruppe vermutlich wesentlich früher als die ältesten bekannten Blindschlangen-Fossilien, die aus dem Eozän stammen, das etwa 50 Millionen Jahre zurückliegt. Einige Blindschlangenartige sind außerordentlich schlank, wie die 64 Arten der Schlankblindschlangen (Familie Leptotyphlopidae), die über den Süden der Vereinigten Staaten, die Westindischen Inseln, Zentralamerika, Afrika, Arabien und Pakistan verbreitet sind. Die 20 Arten der Familie Anomalepidae findet man im kontinentalen Zentral- und Südamerika. Im Gegensatz zu den anderen weist die dritte Familie (Typhlopidae), deren Vertreter als »Blindschlangen im engeren Sinne« bekannt sind, eine größere Vielfalt auf. Sie umfaßt etwa 150 Arten, die sich über Afrika, Asien und Australien verteilen. Einige Arten kommen jedoch auch in Mittelamerika vor, und eine (später beschriebene) Art ist nahezu auf der ganzen Welt verbreitet. Obwohl sie sich in einigen anatomischen Merkmalen erheblich unterscheiden, – so tragen etwa Schlankblindschlangen nur im Unterkiefer Zähne, die Blindschlangen jedoch nur im Oberkiefer – läßt eine grundsätzliche Ähnlichkeit unter diesen drei Familien auf eine enge Verwandtschaft schließen. Alle Arten sind ungiftig und ernähren sich von weichen Wirbellosen wie Würmern sowie von den Larven und Eiern von Ameisen und Termiten.

Um ihre Beute zu finden, setzen die Blindschlangenartigen nicht ihre verkümmerten Augen, sondern den Geruchssinn ein. Sie sind geschickte Spurenleser, die züngelnd noch die kleinsten chemischen Spuren registrieren, die von umherstreifenden Ameisen zurückgelassen wurden. Diese Substanzen analysieren sie mit dem im Munddach gelegenen Jacobsonschen Organ. Dadurch sind sie imstande, die Spuren zu ihrer Quelle zurückzuverfolgen und die Ameisenbrut zu finden. Doch wie kann eine winzige Schlange in eine Ameisenkolonie eindringen und sich gegen die Bisse und Stiche zur Wehr setzen, mit denen die Arbeiterinnen versuchen, die Brut zu verteidigen? Die australischen Blindschlangen (*Ramphotyphlops*-Arten) lösen dieses Problem durch eine angemessene Körpergröße und ein Kleid aus dicken, glatten Schuppen, so daß die Ameisen keinen festen Halt zum Beißen finden. Die mittelamerikanischen Schlankblindschlangen (*Leptotyphlops*-Arten) sind kleiner. Offenbar halten sie sich die angreifenden Ameisen dadurch vom Leibe, daß sie Abwehrsekrete ausscheiden und sich hin und her winden, um diese auf dem ganzen Körper zu ver-

Michael and Patricia Fogden

▲ Der Kopf dieser südafrikanischen Blindschlange (*Typhlops schlegelii*) weist verschiedene Anpassungen an die grabende Lebensweise auf. So sind Schuppen zu Schildern vergrößert, um die schaufelförmige Schnauze zu schützen und die stark reduzierten Augen zu bedecken, die unter der Erde praktisch nutzlos sind.

Esther Beaton/AUSCAPE International

◀ Betrachtet man den stumpfen Kopf, den kleinen zylindrischen Körper und die verkümmerten Augen einer Blindschlange, wie dieser *Rhamphotyphlops nigrescens*, kann man verstehen, wie diese Tiere zu ihrer englischen Bezeichnung »Wormsnakes« kamen.

EIER ODER LEBENDE JUNGE?

Die meisten Schlangen pflanzen sich durch Eier fort, doch haben einige Arten abweichende Methoden entwickelt. So werden die Eier, anstatt in ein Nest zu gelangen, während ihrer Entwicklung im Körper der Mutter zurückbehalten. Die Jungen müssen erst dann in die Welt hinaus, wenn sie vollständig ausgebildet und für eine unabhängige Lebensführung bereit sind. Dieser entwicklungsgeschichtliche Übergang vom Eierlegen (Ovoparie) zur Lebendgeburt (Viviparie) trat unter den Vorfahren der lebenden Schlangen mindestens 30 Mal auf.

In einigen Fällen ist eine Gruppe insgesamt lebendgebärend (wie die Warzenschlangen der Familie Acrochordidae), während in einer anderen Gruppe sowohl eierlegende als auch lebendgebärende Vertreter vorkommen. So bringen zum Beispiel in der Familie Boidae alle Boas lebende Junge zur Welt, während alle Pythons Eier legen. In einigen wenigen Fällen findet man beide Fortpflanzungstypen innerhalb eng miteinander verwandter Arten. Ein gutes Beispiel liefern die europäischen Schlingnattern der Gattung *Coronella* (Familie Colubridae). Die beiden Arten dieser Gattung sind einander in den meisten Punkten ähnlich, und auch ihre Verbreitungsgebiete überlappen ganz erheblich. Dennoch legt die Gironde-Natter (*C. girondica*) Eier, während die mehr nördlich orientierte Art *C. austriaca* lebende Junge gebärt.

Warum hat sich die Viviparie unter so vielen Typen von Schlangen entwickelt? Ein Hinweis zur Lösung besteht in der geographischen Verbreitung lebendgebärender Arten. Diese bewohnen nämlich meistens kühlere Gebiete als ihre eierlegenden Verwandten, und sie sind zudem die einzigen Arten, die auch in wirklich kalte Gebiete vordringen. Offenbar ist der Boden in diesen Gebieten zu kalt, um den im Boden abgelegten Eiern eine erfolgreiche Entwicklung zu ermöglichen. Dagegen können Eier, die im Körper der Mutter zurückbleiben, wesentlich wärmer gehalten werden, denn sie kann sich in die Sonne legen und warme Unterstände aufsuchen. In der Tat nehmen die trächtigen Weibchen vieler lebendgebärender Arten ausführliche Sonnenbäder. Dadurch scheint sich die Entwicklung der Eier zu beschleunigen, so daß die Jungen noch zu einer Zeit auf die Welt kommen, in der sie aktiv sein und für den Winter einen sicheren Unterschlupf aufsuchen können. Nachteil: Die Weibchen sind in ihrer Bewegungsfreiheit eingeschränkt.

Anthony Bannister/NHPA

▲ Ganz junge Sandrenn-Nattern (*Psammophis sibilans*) spalten ihre Eihüllen und schlüpfen aus den lederartigen Schalen.

Michael and Patricia Fogden

◀ Eine weibliche Schweinsnasen-Lanzenotter (*Porthidium nasutus*) gebärt ihre Jungen. Sobald eines aus der Hülle schlüpft, ist es schon ganz wachsam.

teilen. Dieses Verfahren ist so wirkungsvoll, daß sich diese winzigen Schlangen tatsächlich Horden marodierender Treiberameisen anschließen können, die durch den Wald ziehen. Dabei fressen sie die Eier und Larven von Ameisennestern, die von den Treiberameisen aufgebracht wurden.

Die meisten Blindschlangenartigen pflanzen sich durch Eiablage fort, und bei einer kleinen amerikanischen Art (*Leptotyphlops dulcis*) ringelt sich das Weibchen um sein Gelege und bleibt bis zum Schlüpfen in der Nähe. Man kann sich nur schwer vorstellen, welche Vorteile diese mütterliche Fürsorge den winzigen Schlangen bieten kann. Möglicherweise vertreibt die Mutter kleine Wirbellose, die anderenfalls ihre Eier fressen würden. Von einigen afrikanischen Blindschlangen der Gattung *Typhlops* wird berichtet, daß sie lebende Junge zur Welt bringen.

Den vielleicht bemerkenswertesten Aspekt der Fortpflanzungsbiologie der Blindschlangen findet man bei der winzigen Blumentopf-Schlange (*Ramphotyphlops braminus*). Mit nur 15 Zentimetern gehört sie zu den kleinsten Schlangen überhaupt. Außerdem besitzt sie unter allen Schlangen die weiteste geographische Verbreitung, die auch viele kleine isolierte Inseln im Pazifischen Ozean einschließt. Dieses riesige Areal ist so gut wie sicher darauf zurückzuführen, daß die Schlangen von Menschen unbeabsichtigt über den Globus verbreitet wurden, die sie unwissentlich in kleinen Behältern mit Erde, etwa Blumentöpfen (daher auch der Trivialname) mit sich führten. Wie alle Blindschlangenartigen ist auch die Blumentopf-Schlange vollkommen harmlos. Nur in Indien soll sie Schaden verursacht haben, indem sie Menschen, die auf dem Boden eingeschlafen waren, in die Ohren gekrochen sind. Ihre Fortpflanzungsbiologie ist recht ungewöhnlich, denn bei den Blumentopf-Schlangen gibt es nur Weibchen. Sie sind triploid (besitzen also in jeder Zelle nicht, wie bei den meisten Tieren, den zweifachen, sondern einen dreifachen Chromosomensatz) und pflanzen sich parthenogenetisch fort. Die Weibchen bringen also immer wieder nur Töchter hervor, ohne daß ein Männchen seinen genetischen Beitrag dazu leistet. Dieses Phänomen findet man auch bei einigen Echsengruppen und verschiedenen Salamandern. Auf lange Sicht führt diese Art sich fortzupflanzen in eine Sackgasse, weil eine parthenogenetische Art auf die genetische Variation verzichten muß, die durch sexuelle Fortpflanzung sichergestellt wird. Kurzfristig jedoch erwies sie sich für diese Miniaturschlangen als eine sehr erfolgreiche Strategie.

ROLLSCHLANGEN UND SCHILDSCHWÄNZE

Diese Gruppe bildet eine verwirrende Mischung von mittelgroßen grabenden und teilweise grabenden Arten, deren entwicklungsgeschichtliche Verwandtschaft noch im Dunkeln liegt. Sie zeigen eine Reihe ursprünglicher Merkmale, etwa eine große linke Lunge und Spuren eines Beckengürtels, die bei den sogenannten »höher entwickelten« Schlangen verlorengegangen sind.

Die Rollschlangen oder Aniliiden (Familie Aniliidae) umschließen ganz sicher eine Art der Gattung *Anilius*, die im Norden Südamerikas lebt, doch besteht bei weitem noch keine Einigkeit darüber, welche Schlangen darüber hinaus dieser Familie zugerechnet werden sollten. So neigen einige Wissenschaftler dazu, die auf Sumatra lebende Art *Anomochilus weberi* in diese Familie zu stellen, andere sehen sie lieber in einer anderen Gruppe. Auch eine andere ungewöhnliche Art, *Loxocemus bicolor*, ist vielleicht mit den Rollschlangen verwandt. Sie wühlt sich durch faulendes Laub und lose Erde und gräbt flache Tunnel in den Boden, lebt jedoch nicht ausschließlich unterirdisch. Traditionell betrachtet man sieben südostasiatische *Cylindrophis*-Arten als Aniliiden. Möglicherweise sind sie jedoch einer anderen grabenden Gruppe asiatischer Schlangen, den Schildschwänzen (Familie Uropeltidae), näher verwandt. In der Gattung *Cylindrophis* gibt es eierlegende und lebendgebärende Arten, wogegen alle Schildschwänze vermutlich lebende Junge zur Welt bringen.

Rollschlangen und Schildschwänze setzen ihren Kopf ein, um sich beim Graben ihren Weg durch die Erde zu erzwingen. Daher sind die Schädelknochen, anders als bei den meisten anderen Schlangen, fest miteinander verwachsen. Außerdem besitzen sie Reste verkümmerter Hintergliedmaßen in Gestalt kleiner Sporne jederseits der Kloakenspalte. Dieses Merkmal findet man sonst nur noch bei den Boiden (siehe unten). Die Schildschwänze führen eine grabende Lebensweise. Ihren Trivialnamen verdanken sie einer

▼ Zwei Rollschlangen (Familie Aniliidae): Die Gefleckte Walzenschlange (*Cylindrophus maculatus*, unten) von Sri Lanka verteidigt sich so, daß sie ihren Kopf versteckt und dann ihren leuchtend gemusterten Schwanz so erhebt, daß er Kopf und Haube einer Kobra nachahmt. Das Verwandtschaftsverhältnis der Korallenrollschlange (*Anilius scytale*, ganz unten) in Südamerika zu anderen Rollschlangen wird häufig diskutiert. Mit ihrem leuchtenden Farbmuster imitiert sie offenbar die giftigen Korallenschlangen. Ihre wesentliche Verteidigungstaktik besteht allerdings darin, den Kopf zu verbergen und den stumpfen Schwanz als alternativen »Kopf« zu präsentieren.

▲ Ihre größte Artenauffächerung erlebten die Pythons in Australien, und von diesen am weitesten verbreitet ist der Teppichpython (*Morelia spilota*). Es existieren zahlreiche Farbvarietäten, darunter auch die ansprechend schwarz-gelb gefärbten Exemplare aus dem tropischen Nordosten Queenslands.

stark vergrößerten Schuppe in der Nähe der Schwanzspitze. Manchmal ist diese Schuppe seitlich zusammengedrückt (bei einigen Arten erinnert sie an das schräg abgeschnittene Ende einer Salami) und trägt mehrere kleine Rillen oder kleine Stacheln, an denen sich ein Erdbrocken festheftet. Dieser Klumpen verschließt den Tunnel hinter der Schlange und schützt sie so gegen Räuber (einschließlich der Rollschlangen), die sie sonst fangen und fressen würden. Die prächtig irisierenden Farben der Schildschwänze (und vieler anderer Schlangen, die in feuchtem Boden graben) werden übrigens nicht von Pigmenten, sondern von der Feinstruktur der Schuppenoberfläche erzeugt. Winzige Rillenmuster auf den Schuppen reduzieren die Reibung, die beim Graben gegen die umgebende Erde entsteht, und haben außerdem die Eigenschaft, manchmal das Licht so zu brechen, daß irisierende Farben in allen Regenbogentönen zu sehen sind.

Die Regenbogen-Erdschlange

Auch die Regenbogen-Erdschlange (*Xenopeltis unicolor*), eine mittelgroße, bodenbewohnende Form Indiens und Südostasiens, scheint mit den übrigen lebenden Schlangen nur entfernt verwandt zu sein. Sie wird daher gewöhnlich in eine eigene Familie, die Xenopeltidae, eingeordnet. Mit den Rollschlangen hat sie einige primitive Merkmale gemeinsam, wie Reste eines Beckengürtels und der Hinterbeine, obwohl dies nicht unbedingt auf eine enge Verwandtschaft schließen läßt. Sie wird bis zu einem Meter lang, besitzt einen rundlichen Körperbau und schimmernde Schuppen, wie sie bei den Schildschwänzen vorkommen, vermutlich aus denselben Gründen. Recht ungewöhnlich ist, daß die Zähne ihres Unterkiefers auf einem lose aufgehängten Dentale sitzen. Erstaunlicherweise zeigt die Regenbogen-Erdschlange keine entsprechenden Besonderheiten in ihrer Ernährungsweise. Sie frißt die verschiedensten Wirbeltiere, darunter auch andere Schlangen, Frösche und Nagetiere (Mäuse und Ratten).

DIE GRÖSSTEN SCHLANGEN: PYTHONS UND BOAS

Zu den 60 Arten der Boiden (Familie Boidae) gehören die größten lebenden Schlangen, aber auch viele kleinere Arten. So wird zum Beispiel der Australische Zwergpython (*Liasis perthensis*), ein Bewohner der westlichen australischen Wüsten, nur 60 Zentimeter lang und lebt vorwiegend von Geckos und kleinen Mäusen. Allerdings erregen die größeren Arten das öffentliche Interesse in besonderem Maße. Den Rekord als »längste Schlange der Welt« hält entweder der asiatische Netzpython (*Python reticulatus*), der nach verläßlichen Angaben bis zu zehn Meter lang wird, oder die semiaquatische Anakonda (*Eunectes murinus*) aus Südamerika, die ebenfalls mindestens diese Länge erreicht, dabei jedoch viel schwerer gebaut ist als der Netzpython. Weitere Riesen sind der Tigerpython (*Python molurus*) mit neun Meter, der Felsenpython (*P. sebae*) mit acht Meter und der australische Amethystpython (*Morelia amethistina*), der über sieben Meter lang wird.

Nach Ansicht vieler Fachleute bilden die Schlangen, die gemeinhin als »Boiden« zusammenfaßt werden, in Wahrheit eine Zusammenstellung verschiedener Formen, die nur entfernt miteinander verwandt sind. Die Waldboas (sie werden häufig als eine getrennte Familie, die Tropidophiidae, aufgefaßt) kommen von Mexiko bis zum Norden Südamerikas sowie auf vielen küstennahen Inseln vor. Bei diesen 20 Arten kleiner, bodenbewohnender Boa-ähnlicher Schlangen handelt es sich offenbar um die Überlebenden einer sehr alten Entwicklungslinie, die fossil schon aus dem Paläozän, das etwa 60 Millionen Jahre zurückliegt, bekannt ist. Ihre engsten Verwandten dürften die beiden kleinen boylerinen Schlangenarten *Boyleria multicarinata* und *Casarea dussumieri* sein. Obwohl Fossilien dieser Arten auf Mauritius gefunden wurden, kommen sie heute ausschließlich auf der winzigen, nahegelegenen Round Island im Indischen Ozean vor. Auf Round Island hat sich die Qualität der Umwelt drastisch verschlechtert, überwiegend durch eingeschleppte Schweine, die das Land abweiden. Dadurch ist ein großer Teil des Lebensraumes für die Boas verlorengegangen, und sie sind vermutlich endgültig zum Aussterben verurteilt.

Bei zwei anderen Gruppen von Boiden findet man sehr großwüchsige Arten. Die Pythons (Unterfamilie Pythoninae) bewohnen überwiegend die Alte Welt und legen ausnahmslos Eier. Dagegen sind die Boas

◀ Die am besten bekannte Riesenschlange, die Abgottschlange (*Boa constrictor*), ist bei weitem nicht die größte, ja im Vergleich zu einigen anderen Boiden ist sie sogar klein. Diese Schlange gilt nach landläufiger Ansicht als eine Dschungelbewohnerin. Allerdings findet man sie in den verschiedensten Lebensräumen, von der Halbwüste bis zum Regenwald.

(Unterfamilie Boinae) vorwiegend in der Neuen Welt zu Hause und vivipar – das Weibchen hält also die Eier, anstatt sie abzulegen, für die Dauer ihrer Entwicklung in ihrem Eileiter zurück und bringt vollständig ausgebildete Junge zur Welt.

Viele Menschen sehen vor ihrem geistigen Auge das Bild einer Python als einer riesigen, schwergebauten Schlange, die in einem Tropenwald auf einem Ast liegt und nur darauf wartet, sich von oben auf einen unglücklichen Forscher fallen zu lassen. Die Wirklichkeit sieht ganz anders aus. Viele Pythons sind recht klein und leben nicht einmal im Tropenwald. Dagegen gibt es Formen, die im Wüstensand graben. Obwohl sie durchaus in Afrika und Asien vertreten sind, haben die Pythons ihre größte Artenfülle in Australien. Tatsächlich sind alle Pythons ungiftig, allerdings

▼ Der Buntpython (*Python curtus*) ist ein kurzer, stämmiger Python Südostasiens. Hier bewohnt er Sümpfe, Marschen und die Bäche des Regenwaldes. Sein anderer Trivialname, »Blutpython« stammt von der tiefroten Färbung einiger Individuen.

wechseln ihre Ernährungsgewohnheiten von Art zu Art. Einige leben von Fröschen, andere von Echsen, wieder andere von Säugern oder Vögeln. Sie alle töten ihre Beute durch Umschlingung. Sobald sie eine Beute gepackt haben, legen sie einige Körperwindungen herum. Damit ersticken sie das Tier, indem sie jedes Mal, wenn es ausatmet, ihre Schlingen fest anziehen und verhindern, daß es ein weiteres Mal einatmet. Aber Geschichten, nach denen Beutetiere zu Mus gedrückt wurden oder ihnen durch die Umschlingung alle Knochen gebrochen wurden, sind einfach unwahr. Der Woma oder Schwarzkopfpython (*Aspidites ramsayi*), eine wüstenbewohnende Art aus dem Zentrum Australiens, variiert die übliche Umschlingungstaktik in interessanter Weise. Diese Schlange fängt einen großen Teil ihrer Beute in unterirdischen Gängen, wo der Raum für das Anlegen von Schlingen nicht ausreicht. Stattdessen schiebt die Woma eine Schlinge ihres Körpers gegen das unglückliche Säugetier, so daß es zwischen der Schlange und der Wand ihres Ganges eingeklemmt wird und bald erstickt. Unglücklich für die Woma ist lediglich, daß die Beute durch diese Technik nicht unbeweglich gemacht werden kann, wie es bei normaler Umschlingung der Fall wäre. Daher sind viele erwachsene Schwarzkopfpythons von Narben bedeckt, die ihnen von den verzweifelten Nagetieren beigebracht wurden.

Wie die meisten anderen Reptilien legen alle Pythons Eier. Was sie von diesen unterscheidet, ist jedoch ihre Brutfürsorge. Dabei baut das Weibchen ein »Nest« aus Pflanzen, entweder indem es sich unter losem Laub zusammenrollt oder durch die Wahl eines gut isolierten unterirdischen Ganges. Nach der Eiablage rollt sich die Mutter um ihr Gelege herum und bleibt dort, bis sie schlüpfen. Manchmal geht sie für ein Sonnenbad oder zum Trinken fort, doch wird sie erst wieder fressen, wenn sie ihre Mutterpflichten erfüllt hat. Obwohl Pythons – wie andere Reptilien auch - grundsätzlich wechselwarm sind, sie zur Erhöhung ihrer Körpertemperatur also auf Wärme von außen angewiesen sind, erzeugen brütende weibliche Pythons Wärme durch Muskelzittern. Dadurch werden die Eier während ihrer gesamten Entwicklungsdauer bei einer hohen, stabilen Temperatur gehalten. Für das Weibchen ist dies mit großen Einbußen der eigenen Energiereserven verbunden, denn es verliert zwischen dem Zeitpunkt der Eiablage und dem Ende der Brutdauer bis zur Hälfte des eigenen Körpergewichts. Und bis es genügend Energiereserven angesammelt hat, um wieder brüten zu können, vergehen bis zu zwei oder drei Jahre. Allerdings gelangen die Eier relativ schnell zum Schlüpfen und sind auch bei niedrigen Temperaturen sicher. Wahrscheinlich können sich einige Pythons aus diesem Grund selbst in relativ kalten Gebieten erfolgreich fortpflanzen. Wie alle übrigen Schlangen kümmern sich auch die Pythons um ihre Jungen nach dem Schlüpfen nicht mehr. Sobald die jungen Schlangen ihre Eier verlassen haben, erlischt die Verantwortung der Mutter.

In vielerlei Hinsicht sind die Boas den Pythons ähn-

▼ Nachdem er eine Ratte erwürgt hat, löst dieser Tigerpython (*Python molurus bivittatus*) seine Schlingen und richtet seine Beute aus, um sie zu verschlingen. Dieser Python gehört zu den größten Schlangen. Sein rasches Wachstum und die ansprechende Musterung haben ihn sowohl bei der Lederindustrie als auch im Handel mit lebenden Tieren beliebt gemacht.

Michael Leach/Oxford Scientific Films

lich, sieht man einmal davon ab, daß sie, anstatt Eier zu legen, lebende Junge zur Welt bringen. Zwar dürften die größeren Arten am besten bekannt sein, doch gibt es daneben viele kleinere Formen. Man findet sie überwiegend in Mittel- und Südamerika, und zwei relativ kleine, versteckt lebende Arten, die nordamerikanische Sandboa (*Charina bottae*) und die Dreistreifen-Rosenboa (*Lichanura trivirgata*), kommen in Nordamerika vor. Kleine Gruppen haben irgendwie auch Madagaskar (*Sanzinia*-Arten) und die pazifischen Inseln in der Nähe von Neuguinea (*Candoia*-Arten) erreicht. Ihre Vorfahren haben diese Gebiete vielleicht von Mittelamerika aus auf Treibholz erreicht, wie die Vorfahren der pazifischen Leguane, oder deren Nachkommen trieben auf dem entgegengesetzten Wege heran. Die Anakonda (*Eunectes murinus*) ist eine riesige, semiaquatische Schlange der südamerikanischen Flußsysteme. Hier hält sie sich am Ufer auf und lauert auf arglose Säugetiere und Kaimane (Angehörige der Krokodilier). Am besten bekannt ist vielleicht die Abgottschlange (*Boa constrictor*), eine mit 4,5 Meter mittelgroße Art, die vom Norden Mexikos bis nach Paraguay und Argentinien verbreitet ist und häufig im Terrarium gehalten wird. Die Gefahr, die von großen Boiden ausgeht, wird zweifellos stark übertrieben. Es ist allerdings belegt, daß ungewöhnlich große Felsen-, Tiger- und Netzpythons sowie Anakondas Menschen (zumeist Kinder) erbeutet haben.

WARZENSCHLANGEN

In einiger Hinsicht gehören die drei vollständig aquatischen Arten dieser Familie (der Acrochordidae) zu den ungewöhnlichsten Schlangen. Ihre Haut sitzt lose und schlaff und wirkt, als sei sie der Schlange ein bis zwei Nummern zu groß. Sie ist mit kleinen, körnigen Schuppen besetzt, die wie die Oberfläche einer Feile aussehen und dem Reptil seinen Trivialnamen gaben. Die für die meisten terrestrischen Schlangen typischen, vergrößerten Bauchschuppen sind verlorengegangen, und daher können sich die Tiere nur unter Schwierigkeiten an Land fortbewegen. Ein anderer Name, der das Aussehen dieser Formen gut beschreibt, ist »Elefantenrüssel-Schlange«. So lautet der Trivialname von *Acrochordus javanicus*, einer asiatischen, süßwasserbewohnenden Art. Die Arafura-Warzenschlange (*A. arafurae*) bewohnt die stehenden Süßgewässer Australiens und Neuguineas, und die dritte Art, die Zwerg-Warzenschlange (*A. granulatus*), lebt in den Küstengebieten des Indo-Pazifik.

Erst wenn man eine Warzenschlange unter Wasser beobachtet, scheint ihre merkwürdige Haut einen Sinn zu haben. Beim Schwimmen flacht sie sich nach unten ab und verleiht dem Tier das Profil einer Seeschlange, wodurch sie wesentlich effizienter vorankommt. Mit Hilfe ihrer rauhen Haut fängt die Schlange ihre Beute auf recht ungewöhnliche Weise. Warzenschlangen ernähren sich von Fischen und um-

▲ Die nach dem irisierenden Schimmer ihrer Schuppen benannte Regenbogenboa (*Epicrates cenchria cenchria*, ganz oben) sucht ihre Beute auf dem Boden. Man findet sie häufig an den Vororten der Städte, wo es immer viele Nagetiere gibt. Sandboas sind insofern ungewöhnlich als sie ausschließlich in der Alten Welt vorkommen und zudem einer grabenden Lebensweise angepaßt sind. Gezeigt ist die keniatische Sandboa (*Eryx colubrinus loveridgei*, oben), die am weitesten südlich lebende Vertreterin dieser Gruppe.

Jean-Paul Ferrero/AUSCAPE International

▲ Eine Nahaufnahme einer Arafura-Warzenschlange (*Acrochordus arafurae*) zeigt die grobe Hautoberfläche, mit der die Schlange ihre schlüpfrige Fischbeute festhält.

▼ Mit drohend aufgesperrtem Maul zeigt eine Krötennatter (*Xenodon rabdocephalus*) ihre vergrößerten hinteren Zähne, mit denen sie Kröten und Frösche punktiert.

Michael and Patricia Fogden

schlingen sie genau so, wie es die Pythons mit ihrer Beute an Land tun. Ohne diese rauhen Schuppen, die den Scheim über den Fischschuppen durchdringen, wäre es unmöglich, einen schlüpfrigen Fisch festzuhalten. Warzenschlangen sind nicht nur hinsichtlich ihres Körperbaus und der Gestalt ungewöhnlich, sondern zeigen auch Abweichungen im Verhalten, ihrer Ökologie und Physiologie. Sie haben sich offenbar darauf spezialisert, mit einem geringen Energieangebot auszukommen: Sie fressen selten, haben wenig Ausdauer, und die Weibchen pflanzen sich nur alle paar Jahre fort. Allerdings können sie recht schnell Energie aufnehmen, sobald ihnen Nahrung zur Verfügung steht, und in geeigneten Gebieten treten sie durchaus zahlreich auf. Im tropischen Australien werden viele dieser Schlangen vor Einsetzen des jährlichen Monsunregens, wenn der Wasserstand am niedrigsten ist, von den Aborigines gesammelt. Dabei tasten die Eingeborenen nur blind im schlammigen Wasser herum und erkennen die Schlangen an ihrer typischen rauhen Haut. Die Tiere werden gekocht, indem man sie einfach auf heiße Kohlen wirft, und anschließend insgesamt verzehrt.

Auch viele meeresbewohnende Warzenschlangen werden auf See von Menschen gefangen, doch handelt es sich hier um eine kommerzielle Verwendung ihrer wertvollen Häute für Kleidung und Modeartikel.

COLUBRIDEN

Die meisten lebenden Schlangen gehören zu einer einzigen Familie, den Colubridae, die häufig als »harmlose Schlangen« bezeichnet werden. Allerdings verfügen einige von ihnen über ein sehr starkes Gift. Man kennt ungefähr 1600 Arten. Mit Ausnahme der Antarktis, wo es überhaupt keine Schlangen gibt, haben sie alle Kontinente besiedelt. Zwar zeigt diese bemerkenswerte Gruppe eine große Artenvielfalt auf, ist jedoch nach geologischen Gesichtspunkten noch jung. Die frühesten eindeutig colubriden Fossilien stammen aus dem Oligozän vor 30 Millionen Jahren, seither gehört die Entwicklungsgeschichte der Colubriden zu den aufsehenerregendsten Erfolgsgeschichten in der Evolution des Lebens. Wo immer Schlangen vorkommen, sind diejenigen dieser Familie am häufigsten vertreten, nur in Australien nicht. Sie haben auch die letzten Reste ihres Beckengürtels verloren, und bei den meisten Arten hat sich der Schädel zu einem extrem beweglichen Gebilde umgewandelt, was den Schlangen erlaubt, große Beuteobjekte zu verschlingen.

Das Gift hat sich in verschiedenen Schlangengruppen unabhängig entwickelt. Das Gift der Colubriden ist eigentlich nur ein modifiziertes Sekret aus den Speicheldrüsen des Oberkiefers. Da Speichel grundsätzlich Bestandteile enthält, die Gewebe zersetzen und die Verdauung einleiten, kann man sich dessen entwicklungsgeschichtlichen Verlauf bis zum Schlangengift recht gut vorstellen. In den frühen Stufen dieser Entwicklung dürfte es ausgereicht haben, daß ein wenig von diesem giftigen Speichel in das Beutetier eindrang, wenn es im Maul festgehalten wurde. Später hatten Schlangen mit einem stärkeren Gift oder größeren Zähnen, die die Beutetiere leichter durchbohren konnten, einen Vorteil, weil die Beute schneller getötet wurde. So begünstigte die natürliche Selektion über die Generationen diejenigen Schlangen mit dem wirkungsvolleren Gift und immer längeren, besser angepaßten Zähnen, mit denen sie das Gift ihrer Beute beibringen konnten.

Die ersten Giftschlangen waren vermutlich opisthoglyph, ihre vergrößerten Zähne (Fangzähne) standen ihnen also hinten im Maul – und genau dieses System findet man auch bei den heutigen giftigen Colubriden. Biomechanisch gesehen kann ein Zahn im hinteren Bereich des Maules die größte Kraft auf ein Beuteobjekt ausüben. Viele ungiftige Schlangen besitzen an diesen Stellen vergrößerte Zähne, mit denen sie relativ harte Gegenstände (etwa Eier) aufschlitzen oder Beutetiere punktieren, die sich selbst mit Luft aufblasen (wie es Kröten tun) und daher sonst nur unter Schwierigkeiten zu verschlingen wären. Viele Schlangen überwältigen und verschlingen ihre Beute ohne Gift, jedoch haben verschiedene Gruppen toxische Sekrete entwickelt, um ihre Opfer schneller töten zu können und vielleicht auch den Verdauungsprozeß einzuleiten, ehe die Nahrung den Magen erreicht hat. Unter den Colubriden findet man wirksame Gifte bei verschiedenen Formen. Am besten sind vielleicht die baumbewohnenden Arten Afrikas bekannt, der Boomslang (*Dispholidus typus*) und die beiden Baumnattern der Gattung *Thelotornis*. Schlangen beider Gattungen haben Menschen den Tod gebracht, darunter auch berühmten Herpetologen, die ihre Gefährlichkeit unterschätzten.

Mike Price/Bruce Coleman Limited

◀ Beim Baumschnüffler (*Ahaetulla nasuta*) befinden sich Rillen vor den Augen mit den horizontal angeordneten Pupillen. Damit kann sie bei der Jagd ungehindert nach vorn blicken.

WIE HÄUFIG PFLANZEN SICH SCHLANGEN FORT?

In tropischen Gebieten, wo die Bedingungen für die Fortpflanzung ganzjährig günstig sind, können die Weibchen einiger eierlegender Arten durchaus mehr als ein Gelege pro Jahr produzieren. Allerdings findet man stark saisonal orientierte Fortpflanzungszyklen selbst unter tropischen Schlangen häufig. Dies liegt vermutlich daran, daß die meisten Tropengebiete tatsächlich jahreszeitlich bedingte Merkmale aufweisen, etwa Niederschläge, die auf die Nahrungsversorgung der Jungen Einfluß nehmen können. In den gemäßigten Breiten bringen Schlangen grundsätzlich nur ein Gelege oder einen Wurf im Jahr hervor, da die winterlichen Temperaturen eine Fortpflanzung nicht zulassen.

Unter vielen Schlangenarten pflanzen sich die erwachsenen Weibchen nicht in jedem Jahr fort. Stattdessen läßt das Weibchen lieber einmal eine Gelegenheit aus und bringt nur in jedem zweiten oder dritten Jahr Nachkommen hervor. Diese niedrige Fortpflanzungshäufigkeit scheint mit dem Problem des Weibchens zusammenzuhängen, genügend Energie zu speichern, um in jedem Jahr ein volles Gelege produzieren zu können. Besonders bei den lebendgebärenden Bewohnern kalter Gebiete hat ein Weibchen unter Umständen nur wenig Gelegenheit zu fressen, wenn sie nicht gerade Junge zur Welt bringen oder ihren Winter-Unterschlupf aufsuchen muß. Aus diesen Ursachen kann es unter Populationen geographisch weit verbreiteter Arten zu sehr unterschiedlichen Fortpflanzungshäufigkeiten bei den Weibchen kommen. So pflanzen sich die Weibchen kälterer Gebiete vielleicht nur alle paar Jahre fort, während die Weibchen derselben Art, jedoch aus wärmeren Gebieten, in jedem Jahr Junge haben können. Dieses Phänomen beobachtet man bei verschiedenen Arten, sowohl unter europäischen Viperiden als auch unter den Elapiden Australiens.

Dazu kommt, daß die Weibchen bei der Fortpflanzung auch einmal ein Jahr auslassen, wenn die Nahrung begrenzt ist. Bei der Arabischen Sandrasselotter (*Echis colorata*) zum Beispiel pflanzen sich einige Weibchen, die in der Nähe von Oasen (mit reichem Nahrungsangebot) leben, alljährlich fort; die aus den trockeneren Bereichen tun dies nicht. Bei der Kreuzotter und dem australischen Braunen Wasserpython (*Liasis fuscus*) haben nur wenige Weibchen Junge, wenn die Populationen der Nagetiere in ihrem Bestand gesunken sind und die Beute daher schwer zu finden ist. Weibliche Arafura-Warzenschlangen weisen eine sehr niedrige Reproduktionshäufigkeit auf. Durchschnittlich bringen nur zehn Prozent der Weibchen alljährlich Junge zur Welt. Bei dieser Art kommt es nur dann zu einem deutlichen Anstieg der Nachkommenschaft, wenn ungewöhnlich lange Überschwemmungszeiten den Schlangen ermöglicht haben, in den seichten, überfluteten Gebieten viele Fische zu fangen.

▼ Der erhebliche Energieaufwand, der mit der Produktion relativ großer Eier verbunden ist, – wie etwa bei dieser Gelbkopf-Braunschlange (*Demansia psammophis*) – ist ein wesentlicher Faktor, der die Fortpflanzungshäufigkeit bei Schlangen begrenzt.

Pavel German

Nach Ansicht einiger Fachleute sollte man die Familie Colubridae wegen ihrer Größe in mehrere kleinere Entwicklungslinien unterteilen. Es ist jedoch nicht leicht, Verwandtschaftsverhältnisse aufzuzeigen. Zwar haben neue Forschungsarbeiten durch eine Kombination von biochemischen und morphologischen (den Körperbau analysierenden) Techniken durchaus einige Gruppierungen innerhalb der Colubridae aufgedeckt, doch bleiben noch viele Unsicherheiten. So zeigen etwa die Erdottern der Gattung *Atractaspis*, die in Afrika und im Mittleren Osten leben, ganz eigene Merkmale, die auf keinerlei Verwandtschaft zu irgendeiner anderen Schlangengruppe hinweisen. Daher sollten wir mit denjenigen Gruppen beginnen, die offenbar natürliche Entwicklungslinien repräsentieren.

Unterfamilie Homalopsinae

Die Homalopsinen bilden eine Gruppe von etwa 40 aquatischen Schlangen der asiatischen und australischen Gewässer. Ihre Fangzähne befinden sich im hinteren Kieferbereich. Vermutlich gehört auch die landbewohnende Gattung *Brachyorrhos* hierher. Alle Arten bringen lebende Junge zur Welt, und viele sind in den Mangroven zu Hause. Es gibt sehr eigenartige Formen, wie die Fühlerschlange (*Erpeton tentaculum*), die ihren Namen merkwürdigen Fortsätzen auf dem Kopf verdankt. Die meisten Homalopsinen sind Fischfresser. Nur die Krebstrugnatter (*Fordonia leucobalia*) hat sich auf Crustazeen spezialisiert, insbesondere Krebse. In der Nacht schleicht sie sich in den Mangroventümpeln an ihre Opfer heran, die bei Ebbe zurückbleiben. Da der harte Krebspanzer schwer zu packen ist, bedient sich die Schlange einer besonderen Technik: Sobald sie nahe genug herangekommen ist, schlägt sie nicht direkt nach der Krabbe, sondern über diese hinweg. Dadurch drückt der Vorderkörper der Schlange den Krebs in den weichen Schlamm, worauf das Reptil sein Opfer umdrehen und einen sorgfältiger plazierten Biß beibringen kann, um sein Gift einzuflößen. Offenbar bringt dieses den Widerstand der Krabbe rasch zum Erliegen, und die Schlange kann mit dem Verspeisen seines unglücklichen Opfers beginnen. Wenn die Krabbe zu groß ist, werden nur ihre Beine abgerissen und verschlungen. Dies ist wahrscheinlich die einzige Schlange, die nachweislich Teile eines Beutetieres abreißt (die Beine einer Krabbe lassen sich ohne große Mühe entfernen). Alle anderen müssen ihre Beute im ganzen verschlingen.

Unterfamilie Xenodermatinae

Die xenodermatinen Colubriden Indiens und Südostasiens zeigen zwei ungewöhnliche Merkmale. Einerseits sind die Schuppen am Lippenrand nach oben gebogen, zum anderen besitzen sie an den Wirbelfortsätzen ausgedehnte Knochenplatten. *Xenodermus javanicus* ist eine froschfressende Art, die man in der weichen, feuchten Erde asiatischer Naßkulturen findet, etwa in den Gräben zwischen Reisfeldern.

Unterfamilie Calamariinae

Die ostasiatischen Calamariinen oder Zwergschlangen bilden eine weitere deutlich abgesetzte Gruppe der Colubriden, die vermutlich mit den Xenoderminen verwandt ist. Es gibt etwa 80 Arten dieser grundsätzlich kleinwüchsigen Schlangen. Sie bewegen sich nur langsam, ernähren sich von Regenwürmern und Insekten und führen ein verborgenes Leben. Da sie sich kaum verteidigen können, werden sie häufig zur Beute anderer Schlangen.

Unterfamilie Pareatinae

Die Gruppe der südostasiatischen Pareatinen sind besonders wegen ihrer spezialisierten Ernährungsweise interessant. Ähnlich einer entfernt verwandten Colubriden-Gattung, *Dipsas* aus dem tropischen Mittel- und Süamerika, ernähren sie sich von Schnecken. In Anpassung an diese ungewöhnliche Beute haben diese Schlangen Veränderungen in ihrem Körperbau erfahren: Ihr Unterkiefer wird durch die Verschmelzung aneinandergrenzender Schuppen verstärkt und kann in die Öffnung eines Schneckengehäuses eingeführt werden. Anschließend haken sich die langen Vorderzähne im Schneckenkörper fest und ziehen diesen mit

▶ Die südafrikanische Korallenotter (*Homoroselaps lacteus*) stellt die Taxonomen vor ein Rätsel. Diese giftige Schlange besitzt vorn feststehende Giftzähne wie eine Elapide und wurde dennoch sowohl den Vipern als auch den Colubriden zugeordnet. Diese in Termitenhügeln häufig vorkommende Art ernährt sich von Blindschlangen und beinlosen Echsen.

drehenden Bewegungen heraus. Das Gehäuse wird nicht verzehrt, es ist vermutlich unverdaulich.

Unterfamilie Boodontinae

Die boodontinen Colubriden Afrikas und Madagaskars bilden eine sehr große Gruppe, in der sowohl harmlose als auch solche Arten vorkommen, die im hinteren Kieferbereich Fangzähne tragen. Einige sind aquatische Fischfresser, andere suchen sich an Land ein weites Spektrum an Beutetieren. Unter diesen gibt es Arten, die Säugetiere, Echsen oder andere Schlangen fressen, und die Gattung *Duberria* hat sich auf Nacktschnecken spezialisiert. Innerhalb dieser Gruppe, ja selbst innerhalb einer einzigen Gattung (*Aparallactus*), kommen eierlegende und lebendgebärende Arten vor. Einige Arten dieser großen, vielfältigen Gruppe werden »Hausschlangen« genannt, weil sie auf der Nahrungssuche häufig in Häuser eindringen. Die Gekielte Hausschlange (*Pythonodipsas carinata*) sieht den Hornvipern, mit denen sie ihren Lebensraum teilt, ähnlich. Diese Mimikry dient vermutlich dazu, Räuber zu verunsichern und senkt die Verlustrate unter diesen Schlangen.

Unterfamilie Natricinae

Zu den erfolgreichsten Colubriden Nordamerikas, Asiens und Europas gehören die Natricinae: Strumpfbandnattern, Ringelnattern und Verwandte. Der Ursprung dieser Gruppe liegt wahrscheinlich irgendwo in der Alten Welt, möglicherweise in Asien, jedoch hat sie sich auch weit über die Neue Welt ausgebreitet. Die altweltlichen Formen legen in ihrer Mehrzahl Eier, wie die Gemeine Ringelnatter (*Natrix natrix*), die über große Bereiche Europas, selbst in größeren Höhenlagen, verbreitet ist. Normalerweise sind ovipare Schlangen unfähig, in Regionen mit wirklich kaltem Klima zu überleben, da ihre Eier zur Entwick-

Stephen Dalton/NHPA

▲ Die am weitesten verbreitete europäische Schlange, die Ringelnatter (*Natrix natrix*), ist in vielen Bereichen ihres Verbreitungsgebietes in der Nähe des Wassers zu finden.

Michael and Patricia Fogden

▼ Wie ihre nahen Verwandten aus der Gattung *Dipsas*, hat sich die mittelamerikanische Schneckennatter (*Sibon annulata*) darauf spezialisiert, Schnecken zu fressen.

▲ Die Bändernatter (*Thamnophis sauritus sauritus*) bildet sozusagen die schlanke Version der engverwandten Strumpfbandnatter. Sie ist insofern eine typische neuweltliche Natricine, als sie lebende Junge zur Welt bringt, semiaquatisch lebt und somit nur selten in größerer Entfernung vom Wasser angetroffen wird.

lung auf hohe Bodentemperaturen angewiesen sind. Weibliche Ringelnattern umgehen dieses Problem dadurch, daß sie über lange Strecken geeignete Brutplätze sucht, doch solche Stellen sind in einem nördlichen Land wie Schweden recht selten. Wie schaffen es also die Ringelnattern, in diesen Gebieten zu überleben? Sie nutzen Dunghaufen auf den Bauernhöfen. Diese riesigen Haufen aus Kuhmist werden durch die Aktivität von Mikroben aufgeheizt. So kommt es, daß Schlangen aus einem großen Gebiet auf einer einzigen Farm zusammenkommen und Tausende von Eiern in denselben Dunghaufen legen. Auf diese Weise werden die Eier bei Temperaturen gehalten, die ausreichen, um die Embryonalentwicklung vor dem ersten Winterfrost zum Abschluß zu bringen. Früher, ehe derartige Dunghaufen zur Verfügung standen, nisteten die Schlangen unter natürlichen Bedingungen vermutlich an den Südhängen unter großen, flachen, von der Sonne erwärmten Felsen, denn nur solche Stellen dürften warm genug gewesen sein, um eine erfolgreiche Embryonalentwicklung zu gewährleisten.

Allerdings legen nicht alle Natricinen Eier. *Sinonatrix annularis*, eine semiaquatische, asiatische Art, bringt lebende Junge zur Welt. Das gilt auch für alle Natricinen der Neuen Welt, etwa Strumpfbandnattern und Wassernattern. Die Natricinen Nordamerikas bilden eine besonders vielseitige Gruppe und sind in vielen Bereichen ihrer Verbreitungsgebiete bemerkenswert häufig. In einigen besonders kalten Gebieten im südlichen Zentrum Kanadas versammeln sich Rotseiten-Strumpfbandnattern (*Thamnophis sirtalis parietalis*) in riesigen Gruppen, um den Winter an den wenigen Stellen zu verbringen, an denen die Felsspalten tief genug in den Boden reichen, um dem Frost zu entgehen. Diese kleinen Schlangen wandern unter Umständen über viele Kilometer von ihren Überwinterungsplätzen zu den sommerlichen Jagdgründen, den froschreichen Sümpfen und Wiesen. Wenn im Frühling die ersten warmen Tage die Schlangen zum Sonnenbaden an den Höhleneingang locken, kommen erstaunlich viele Individuen zum Vorschein. Zuerst tauchen die Männchen auf und warten neben dem Eingang auf die Weibchen, die stets größer sind. Die empfängnisbereiten Weibchen sondern eine spezielle chemische Substanz, ein Pheromon, ab, das die Männchen zur Paarung stimuliert. Aufgrund der gewaltigen Zahlen der dort anwesenden Schlangen ist ein Weibchen manchmal von einem sich windenden Ball aus Dutzenden von Liebhabern umgeben. Auf den ersten Blick wird »zuerst bedient, wer zuerst da war«. Allerdings verschaffen sich einige Männchen einen Vorteil, indem sie ebenfalls das weibliche Pheromon oder eine sehr ähnlich duftende Substanz produzieren. Dadurch werden die anderen Männchen verwirrt und wissen nicht mehr, mit wem sie sich paaren sollen. So kommt es, daß die »Pseudo-Weibchen« bei der Paarung mehr Erfolg haben als normale Männchen.

Da Strumpfband- und Wassernattern in Nordamerika so häufig und weit verbreitet sind, gehören sie in vielerlei Hinsicht zu den am besten untersuchten Schlangen. Man kennt zum Beispiel ihre Ernährungsweise recht genau. So neigen verschiedene Arten von Strumpfbandnattern aus demselben Gebiet dazu, unterschiedliche Beute zu fressen. Es ist allerdings noch unklar, ob dies nicht einfach auf die Konkurrenz unter den Arten zurückzuführen ist. Wissenschaftler finden auch die Lieblingsnahrung neugeborener Strumpfbandnattern heraus, indem sie den Schlangen auf Wattestäbchen den Duft unterschiedlicher Beutetiere präsentieren und deren Reaktion abwarten. Dabei zeigt sich, daß die Vorliebe für eine Nahrung genetisch programmiert ist. Zudem gibt es Unterschiede zwischen verschiedenen Arten der Strumpfbandnattern und selbst zwischen verschiedenen Populationen derselben Art.

Die natürliche Selektion hat auch die Toleranz der Schlangen gegenüber den Giftstoffen ihrer Beutetiere verändert. So leben zum Beispiel Strumpfbandnattern in Gebieten, wo giftige Molche häufig vorkommen, und sie sind gegen das Gift dieser Amphibien sehr resistent. In anderen Gebieten, wo diese Molche fehlen oder weniger giftig sind, besitzen die dort lebenden Strumpfbandnattern diese Resistenz nicht.

Unterfamilien Xenodontinae und Pseudoxenodontinae

Die xenodontinen Colubriden der gemäßigten und tropischen Neuen Welt, deren Verbreitungsgebiet auch die Westindischen und die Galapagos-Inseln einschließt, sind in ihrer Ökologie weniger untersucht als die übrigen Vertreter der Colubridenfamilie. Nach neuen Forschungen ernähren sich die Xenodontinen der Westindischen Inseln vorwiegend von Anolis und in geringerem Umfang von Fröschen, wogegen die ebenfalls dort lebenden Boas und Vipern zumeist Vögel und Säugetiere fressen. Die nordamerikanische Hakennatter (Gattung *Heterodon*) lebt vorzugsweise von Kröten und gräbt ihre Beute mit Hilfe der verbreiterten Nase aus ihren Gängen. Diese ungewöhnliche Nase spielt auch bei ihrer Verteidigung eine Rolle. Die schwergebauten Schlangen sehen Vipern sehr ähnlich, was durch die Art, in der sie bei Belästigungen Kopf und Hals abflachen, noch betont wird. Zudem fauchen sie und beißen heftig um sich. Sollte auch dieser schreckliche Auftritt seine Wirkung auf den Angreifer verfehlen, geht die Schlange zu einer ganz anderen Strategie über: Sie legt sich auf den Rücken und stellt sich tot.

Die pseudoxenodontinen Colubriden bilden eine asiatische Gruppe kleiner bis mittelgroßer Schlangen, die sich in erster Linie von Fröschen und Kröten ernähren. Werden sie angegriffen, stellen sie sich tot, ähnlich den Hakennattern. Dabei werden Hals und Vorderkörper abgeflacht, das Maul geöffnet und die Lippen zurückgezogen. Dann zittert die Schlange mit dem Schwanz und dreht sich auf den Rücken.

Offenbar haben ganz unterschiedliche Typen krötenfressender Schlangen dieses dramatische Verhalten unabhängig voneinander entwickelt. Und nach Ansicht einiger Forscher liegt die Ursache dafür wenigstens zum Teil bei den physiologischen Anpassungen an das Verzehren von Kröten. Diese Schlangen besitzen im allgemeinen große Nebennieren und fallen da-

▼ Die Westliche Hakennatter (*Heterodon nasicus*) setzt ihre schaufelförmige Schnauze ein, um nach Kröten, ihrer Hauptnahrung, zu graben. Anschließend tötet die Schlange ihre Beute mit Hilfe ihrer vergrößerten Hinterzähne.

John Cancalosi/AUSCAPE International

Jack Dermid/Bruce Coleman Limited

▲ Die Dreiecksnatter (*Lampropeltis triangulum elapsoides*), eine harmlose Colubrine, gehört zu den Schlangen, deren Querstreifenmuster vermutlich die Färbung der hochgiftigen Korallenschlangen imitieren sollen. Wie bei der Königskobra bezieht sich der englische Name »King snake« darauf, daß sie andere Schlangen frißt.

daher wahrscheinlich bei Angriffen besonders leicht in einen Schockzustand.

Unterfamilie Colubrinae

Die vielgestaltige Unterfamilie der Colubrinae deckt das gesamte Verbreitungsgebiet der Colubridae ab. Bei dieser Unterfamilie ist es besonders schwierig, die entwicklungsgeschichtlichen Verwandtschaftsverhältnisse aufzuspüren. Nur ein Beispiel: Obwohl alle nordamerikanischen Natricinen offenbar von einer einzigen Ursprungsgruppe abstammen, die aus Europa kam, trifft dies auf die Colubrinen Nordamerikas überhaupt nicht zu. Offenbar haben verschiedene Wanderungen stattgefunden, so daß in Nordamerika vermutlich auch verschiedene Entwicklungslinien von Colubrinen vorliegen. Dazu gehören die farbenprächtigen Königsnattern (Gattung *Lampropeltis*), bei denen man selbst unter den Individuen einer einzigen Population enorme Farbvarianten findet.

Die Colubrinen haben die verschiedensten ökologischen Nischen besetzt. Die Gemeine Wolfszahnnatter (*Lycodon aulicus*) wird häufig in Häusern angetroffen, wo sie Echsen und Mäuse jagt. Die asiatischen »Kukri-Schlangen« der Gattung *Oligodon* verdanken ihren Trivialnamen dem Vergleich ihrer vergrößerten Hinterzähne mit einem zeremoniellen Dolch (Kukri) der Eingeborenen. Diese Schlangen leben überwiegend von Reptilieneiern, und mit ihren modifizierten Zähnen schlitzen sie die Schale auf, während das Ei verschlungen wird.

Viele Colubrinen besitzen vergrößerte hintere Zähne, unabhängig davon, ob sie ein wirksames Gift entwickelt haben oder nicht. Eine der giftigen Gruppen - das Gift kann bei einigen Arten recht wirkungsvoll sein – ist *Boiga*, eine Gattung schlanker Baumbewohner, zu der einige der auffälligsten Colubriden gehören. Sie sind geschickt kletternde nächtliche Jäger, die Vögel und jedes andere kleine Wirbeltier erbeuten, das ihnen begegnet. Die Braune Nachtbaumnatter (*B. irregularis*) ist weit über Australasien verbreitet

▶ Die Mandarinschlange (*Elaphe mandarina*) ist eine leuchtend gefärbte Colubrine der größeren Höhenlagen Chinas. Wie die übrigen Rattenschlangen erwürgt sie ihre Beute und ernährt sich von warmblütigen Tieren, besonders Nagetieren. Dadurch erhielt die Gruppe ihren Trivialnamen.

▲ Die Riemennatter (*Imantodes cenchoa*) aus Mittel- und Südamerika ist ein nachtaktiver Baumbewohner mit einem stark verlängerten, seitlich zusammengedrückten Körper, großen Augen und senkrecht stehenden Pupillen. Ihre wechselwarmen Beutetiere tötet die Schlange mit Hilfe des Giftes, das sie ihnen über ihre hinteren Zähne beibringt.

und wurde unabsichtlich nach dem Zweiten Weltkrieg auf die winzige Pazifikinsel Guam gebracht, vermutlich mit der militärischen Ausrüstung, die man aus den Dschungeln Guadalcanals und ähnlicher Gebiete zurückbrachte. Auf Guam lebten keine endemischen Schlangen, doch ist (oder vielmehr war) die Insel Heimat einer interessanten Gruppe von Vogelarten, die es nirgendwo sonst auf der Welt gab. Da sie sich auf dieser schlangenfreien Insel entwickelt hatten, waren sie für die eingeschleppte Baumschlange eine leichte Beute. In den letzten 50 Jahren hat sich die Zahl der Baumschlangen enorm vermehrt, und die eingeborenen Vögel Guams wurden beinahe oder vollkommen ausgerottet. Ohne die Kontrolle der Vögel haben sich nun die Insekten ins Uferlose vermehrt, und das ganze Ökosystem des Dschungels ist ernsthaft bedroht. Dieses traurige Beispiel zeigt nicht nur die Gefahren auf, die von eingeführten »Fremdarten« ausgehen, sondern zeigt auch die bedeutende ökologische Bedeutung der Schlangen. Vermutlich hat die Evolution verschiedener Schlangentypen und deren Verbreitung über neue Gebiete im Laufe der Entwicklungsgeschichte die Natur unserer heutigen Ökosysteme grundlegend beeinflußt.

STARRE VORDERE GIFTZÄHNE: DIE FAMILIE ELAPIDAE

Die wirklich gefährlichen Giftschlangen gehören zu zwei verschiedenen Gruppen. Beide tauchen erst in der jüngsten Fossilgeschichte auf (im Miozän, vor etwa 20 Millionen Jahren). Sie tragen ihre Fänge vorn im Maul und können daher ihr Gift mit einem raschen Zustoßen viel besser beibringen. Die eine Gruppe (die Proteroglyphen), die die Kobras und ihre Verwandten umfaßt, besteht aus Arten mit »feststehenden« Fängen. Diese Zähne sind am Oberkiefer wie normale Zähne befestigt. Dadurch wird allerdings deren maximale Größe begrenzt, denn die Schlange muß ihr Maul noch schließen können, ohne daß die nach unten vorstehenden Zähne den Unterkiefer durchbohren und auf dem Boden schleifen.

Die andere Hauptgruppe hochgiftiger Schlangen, die Vipern, haben aus dieser Begrenzung eine geniale Lösung gefunden. Ihre Fänge sind an einem kleinen drehbaren Knochen befestigt, so daß sie bei geschlossenem Maul dem Oberkiefer flach anliegen. Sobald die Schlange ihr Maul öffnet, schwingen sie jedoch nach vorn in die Angriffsposition. Ihre Bezahnung ist als solenoglyph, also als »röhrenzähnig« bekannt, da die großen Zähne dieser Schlangen hohl sind. Viele Vipern besitzen außerordentlich lange Giftzähne. Dagegen sind unbeweglichen Fänge der Proteroglyphen relativ kurz. So sind die Giftzähne der Königskobra (*Ophiophagus hannah*, der mit fünf Meter Länge größten Proteroglyphen), nicht viel größer als die einer Kreuzotter, einer der kleinsten Viperiden.

Bei den meisten Schlangen mit vorn feststehenden Giftzähnen – dies gilt gleichermaßen für landbewoh-

Mark Boulton/Bruce Coleman Limited

▲ Diese aufgeregte Speikobra (*Naja nigricollis*) zeigt das Markenzeichen der Kobras, die von allen Elapiden am leichtesten erkannt werden, und spreizt drohend ihre Haube.

JE GRÖSSER DESTO BESSER

Bei den meisten Schlangenarten werden die Weibchen größer als die Männchen. Da dies auf beinahe alle Boiden zutrifft, ist die größte heute lebende Schlange mit großer Sicherheit ein Weibchen, vermutlich eine Anakonda aus irgendeinem südamerikanischen Fluß. Manchmal sind die Unterschiede zwischen den Geschlechtern schon gewaltig. So wiegt etwa bei einem Paar kopulierender Arafura-Warzenschlangen (*Acrochordus arafurae*) das Männchen nur ein Zehntel vom Gewicht seiner Partnerin.

Ein grundlegendes Gesetz im Tierreich besagt, daß das Weibchen das größere Geschlecht ist, und im neunzehnten Jahrhundert bot Charles Darwin eine Erklärung für dieses Phänomen. Die Zahl der Nachkommen eines Weibchens hängt von seiner Körpergröße ab, und daher haben größere Weibchen auch mehr Eier oder Jungtiere. Die Größe der Gelege kann manchmal stark variieren, selbst innerhalb einer einzigen Art. So produzieren zum Beispiel beim Teppichpython (*Morelia spilota*) junge Weibchen nur etwa sechs Eier, während es bei den älteren Weibchen häufig mehr als 30 sind. Dies bedeutet, daß die Gene, die bei den Weibchen einen großen Körperwuchs herbeiführen, wahrscheinlich auch die Zahl der Nachkommen vergrößern, die diese während ihres Lebens hervorbringen und daher von der natürlichen Selektion begünstigt werden.

Betrachtet man diejenigen Schlangenarten, bei denen die Männchen den Weibchen an Größe gleich sind oder sie in dieser Hinsicht übertreffen, findet man Hinweise darauf, daß die relative Größe der beiden Geschlechter vom Paarungssystem abhängt. Die Männchen sind überwiegend bei jenen Arten größer, bei denen sie sich zur Paarungszeit mit anderen Geschlechtsgenossen im Zweikampf messen. Zwar unterscheidet sich dieses Verhalten von Art zu Art, doch läuft der Kampf im allgemeinen so ab, daß beide Männ-

nende wie meeresbewohnende Schlangen – handelt es sich um lange, schlanke Tiere, die ihre Beute aktiv suchen. Viele landbewohnende Formen folgen dabei den Duftspuren ihrer Beutetiere bis zu deren Versteck. Viele elapide Schlangen sind zum Beispiel kleinwüchsige Formen, die schlafende Echsen in ihrem nächtlichen Unterschlupf aufspüren. Trotz zahlreicher Ausnahmen ernähren sich die meisten Schlangen mit vorn feststehenden Giftzähnen von wechselwarmen Beutetieren, etwa Fischen, Fröschen, Echsen und anderen Schlangen.

Früher wurden diese proteroglyphen Formen in zwei Familien eingeordnet – die landbewohnenden Schlangen, wie Kobras, Bungare, Mambas, Taipans und Korallenschlangen in einer Familie, und die Seeschlangen, die ihr Leben mehr oder weniger im Meer verbringen, in der anderen. Nun haben neue Untersuchungen ergeben, daß diese Klassifizierung zu einfach ist, und es wurden einige neue, einander widersprechende Vorschläge zur Klassifizierung vorgelegt. Allen diesen Modellen ist jedoch gemeinsam, daß sie eine Reihe ganz unterschiedlicher Gruppen enthalten, die nun als Unterfamilien einer einzigen Familie, der Elapidae, besprochen werden sollen.

Die terrestrischen Elapiden sind auf allen tropischen und subtropischen Landmassen artenreich und häufig. Bis heute kennt man von ihnen 180 Arten. Viele Elapiden sind wegen ihrer Gefährlichkeit Menschen gegenüber berüchtigt. Dazu gehören in Afrika große, furchterregnde Arten wie die Schwarze Mamba (*Dendroaspis polylepis*), die Grünen Mambas (*D. angusticeps* und *D. viridis*) sowie eine Fülle weiterer Mambas und Kobras. In Asien sind es Königskobras und Bungare, in Mittel- und Südamerika Korallenschlangen und in Australien schließlich Taipans, Todesottern und ihre Verwandten. Natürlich lenken besonders die großen Arten die allgemeine Aufmerksamkeit auf sich, doch sind in Wahrheit die meisten Elapiden nur kleine Schlangen, die für Menschen keine Bedrohung darstellen.

Australische Elapiden

Australien ist der einzige Kontinent mit mehr giftigen als ungiftigen Schlangenarten, und hier findet man auch die Formen mit dem wirksamsten Gift. In beiden Fällen handelt es sich um Elapiden. Gemeinsam mit Neuguinea und dem Inselarchipel, das sich von seinem Ostrand ausweitet, war Australien über lange Zeit von der übrigen Welt isoliert. Und nach dem Auseinanderbrechen des großen Südkontinents Gondwana nahm seine Isolation über lange geologische Zeiträume noch zu, als der Kontinent nach Norden driftete. Aufgrund dieser Trennung gelangten nur wenige Pflanzen- und Tiergruppen nach Australien.

Hellio and Van Ingen/NHPA

chen ihre Körper ineinander verschlingen und jeder versucht, den Kopf des anderen niederzudrücken. Es handelt sich offenbar um einen Test physischer Stärke, der stets von dem größeren der beiden Männchen gewonnen wird. Aus eingehenden Untersuchungen der Kreuzotter (*Vipera berus*) geht hervor, daß Männchen, die aus derartigen Kämpfen als Sieger hervorgehen, mehr Paarungsmöglichkeiten haben. Daher würde man – entsprechend der Darwinschen Hypothese von der geschlechtlichen Selektion – erwarten, daß die Zweikämpfe der Männchen die Evolution großwüchsiger Männchen begünstigen. Bei Schlangen jedoch, denen solche Kämpfe unbekannt sind, wie den Strumpfbandnattern (*Thamnophis*) oder Warzenschlangen (*Acrochorus*), scheint eine zunehmende Körpergröße nicht den Fortpflanzungserfolg eines Männchens zu steigern.

▲ Bei der Ringelnatter (*Natrix natrix*) ist das Männchen, wie bei den meisten Schlangen, kleiner als das Weibchen. Bei diesem Paar ist das Männchen das dunkle Exemplar.

David Curl

◀ Zwei männliche Madagaskarnattern (*Lioheterodon madagascariensis*) haben sich ineinander verschlungen und kämpfen um das Recht, sich mit den Weibchen zu paaren.

Die Erfolgreichen unter ihnen hatten nur wenig Konkurrenz durch andere Gruppen und konnten daher ihre Artbildung ungestört entfalten. Dies gilt zum Beispiel für die Eucalyptus-Bäume und die Marsupialier (Känguruhs, Koalas etc.), ebenso jedoch für verschiedene Gruppen der Amphibien und Reptilien. Offenbar erreichten die elapiden Schlangen den Kontinent vor 25 Millionen Jahren, kurz nachdem er mit Asien zusammengestoßen war. Dann besetzten die australischen Elapiden (Unterfamilie Oxyuraninae) mit vielen verschiedenen Formen eine Fülle ökologischer Nischen. In einer ihrer Gattungen (die Todesotter *Acantophis*) entwickelten die Schlangen Aussehen und Verhaltensweisen, die denen der Vipern anderer Kontinente in erstaunlicher Weise ähneln. Als Wissenschaftler erstmals australische Schlangen beschrieben, hielten sie *Acantophis* tatsächlich für eine Viper. Andere australische Elapiden sehen wie die colubriden Peitschenschlangen und kleine gestreifte, grabende

John Cancalosi/AUSCAPE International

◀ Die Todesotter (*Acanthophis antarcticus*), ein stämmiger, lauernder Jäger, hat eine äußere Erscheinung entwickelt, die derjenigen der systematisch weit entfernten Vipern viel ähnlicher ist als der ihrer Verwandten, der Elapiden. Wie viele Vipern lockt auch die Todesotter Beutetiere mit ihrem modifizierten Schwanz an.

Formen anderer Länder aus. Zu dieser Art konvergenter Evolution kommt es immer dann, wenn Tiere von unterschiedlicher entwicklungsgeschichtlicher Herkunft ähnlichen Umweltbedingungen und damit auch einem vergleichbaren Selektionsdruck ausgesetzt sind. Im Falle der Todesottern bestehen wichtige Ähnlichkeiten mit den Viperiden darin, daß diese schwer gebauten Elapiden ihrer Beute im Hinterhalt auflauern, anstatt aktiv nach ihr zu suchen, wie es die meisten anderen proteroglyphen Schlangen tun.

In Australien haben die Elapiden die verschiedensten Lebensräume besetzt. Auf kleinen küstennahen Inseln findet man oft abweichende Populationen von Braunschlangen oder von Tigerottern, und selbst auf benachbarten Inseln kann es größere Unterschiede zwischen den Schlangen geben. So erreichen zum Beispiel einige inselbewohnende Tigerottern (Gattung *Notechis*) eine Länge von über zwei Meter, während die Schlangen anderer Inseln nicht einmal einen Meter lang werden. Auf Inseln, die nur wenige Kilometer auseinanderlagen, hat man festgestellt, daß das Durchschnittsgewicht einer Population von Tigerottern zehnfach höher lag als das einer anderen. Diese Größenunterschiede sind offenbar auf das Nahrungsangebot zurückzuführen: Die Tigerottern erreichen diese Größe nur auf solchen Inseln, auf denen große Beutetiere leben, also nur dort, wo große Kolonien nistender Seevögel vorkommen, insbesondere Sturmtaucher. Über den größten Teil des Jahres ist die Nahrung für Schlangen knapp, und sie überleben, indem sie hin und wieder kleine Echsen fangen. Nur wenige Wochen lang im Sommer gibt es Nahrung im Überfluß, wenn die Küken der Sturmtaucher geschlüpft und noch nicht zu groß geworden sind. Dagegen finden die Tigerottern auf Inseln ohne derartige Brutkolonien nur kleine Beutetiere und werden daher niemals sehr groß.

Mambas

Afrika ist die Heimat zahlreicher Elapiden (Unterfamilie Dendroaspinae). Darunter findet man kleine, versteckt lebende Formen wie die Schildkobras (Gattung *Aspidelaps*), aber auch Kobras und die berüchtigten Mambas (Gattung *Dendroaspis*). Von den vier Mamba-Arten ist die Schwarze Mamba (*Dendroaspis polylepis*), die eine Länge von vier Meter erreicht, am stärksten an das Leben am Boden gebunden. Sie ist die Hauptfigur vieler Schauergeschichten. In den meisten Berichten werden die Angriffslust, ihr Tempo und die Wirkung ihres Giftes zwar stark übertrieben dargestellt, doch besteht kein Zweifel daran, daß diese schlanke, olivbraune Elapide zu den gefährlichsten Schlangen überhaupt gehört. Die Drohgeste einer wütenden Mamba – mit hochaufgerichtetem Kopf und Hals und aufgesperrtem Maul – ist ein wirklich furchterregender Anblick.

Kobras und Verwandte: Die Unterfamilie Elapinae

Trotz ihrer weiten asiatischen Verbreitung haben die Kobras ihre größte Artenfülle in Afrika. Hier sind

▼ Mit S-förmig gekrümmtem Hals und aufgesperrtem Maul nimmt diese Gewöhnliche Braunschlange (*Pseudonaja textilis*) eine Drohstellung ein, die man besser beachten sollte. Diese flinke Giftschlange gehört zu einer in ganz Australien verbreiteten, erfolgreichen Artengruppe.

Mike W. Gillam/AUSCAPE International

Dr Norman Myers/Bruce Coleman Limited

zehn Arten zu Hause: Im trockenen Nordosten lebt die Uräusschlange (*Naja haje*), in den heißen, feuchten Dschungeln West- und Zentralafrikas die Schwarzweiße Kobra (*N. melanoleuca*) und die Speikobra (*N. nigricollis*). In den felsigen Ebenen und Bergen Südafrikas lebt die Kapkobra (*N. nivea*), und die großen Süßwasserseen sind die Heimat der Wasserkobra (*Boulengerina annulata*), die in der Dämmerung von den Uferfelsen aufbricht, um Fische zu jagen. In Südafrika gibt es schließlich noch eine kleine Art, die Ringhalskobra (*Hemachatus hemachatus*), die mit den übrigen nur entfernt verwandt ist. Sie unterscheidet sich insbesondere dadurch, daß sie als einzige Kobra keine Eier legt, sondern lebende Junge zur Welt bringt.

Zweifellos entstand das Gift zunächst als ein Hilfsmittel, um Beutetiere zu lähmen. Dennoch setzen viele Giftschlangen ihr Gift auch zur Abwehr potentieller Angreifer ein. Zwei Gruppen afrikanischer Kobras und eine asiatische Art haben in dieser Hinsicht eine besonders wirkungsvolle Verteidigung entwickelt: Sie sprühen ihr Gift dem Angreifer in die Augen. Bei den »konventionellen« Kobras fließt das Gift dabei aus einer kleinen Öffnung neben der Zahnspitze. Bei den »spuckenden« Arten liegt diese Öffnung jedoch näher an der Zahnbasis und ist auch eher rund als länglich. Schließlich dringt der Ausführgang des im Zahn gelegenen Giftkanals im rechten Winkel zum Zahn an die Oberfläche. Durch Muskelanspannung und lebhaftes Ausatmen entstehen so zwei feine Spritzer, die über mehrere Meter gezielt auf

▲ Die Grünen Mambas sind von allen Elapiden am stärksten dem Leben auf den Bäumen angepaßt. Hier gleitet eine ostafrikanische Blattgrüne Mamba (*Dendroaspis angusticeps*), möglicherweise auf der Suche nach Nestlingen, durch eine Kolonie von Webervogel-Nestern (*Ploceus*-Arten).

Anthony Bannister/NHPA

◀ Durch kräftiges Ausatmen, während das Gift von den Zähnen tropft, kann eine Speikobra (*Naja mossambica*) ihr Gift noch auf drei Meter Entfernung in die Augen eines Angreifers spritzen.

▶ Wenn die leuchtende Warnfarbe der Arizona-Korallenschlange (*Micruroides euryxanthus euryxanthus*) einen Räuber nicht abschrecken konnte, verteidigt sich das Reptil, indem es seinen Kopf versteckt, den Schwanz anhebt und die Kloake mit einem knallenden Geräusch nach außen stülpt.

reflektierende Oberflächen, etwa Augen, abgegeben werden. Das so beigebrachte Gift tötet einen Menschen zwar nicht, ruft jedoch eine vorübergehende Blindheit hervor.

In Asien leben viele interessante Elapiden-Arten, darunter die Bungare und die Korallenschlangen, deren lange Giftdrüsen sich über das ganze vordere Körperdrittel hinstrecken. Die berühmteste asiatische Elapide ist aber zweifellos die Königskobra. Dieses großartige Tier ist mit einer Länge von über fünf Meter die größte Giftschlange der Welt. Man findet sie in Indien und weiter östlich bis Südchina und zu den Philippinen. Der Kopf einer Königkobra kann die Größe einer Männerhand erreichen, und wenn diese Schlangen aufgeregt sind, können sie wirklich furchtbar werden. Es gibt verläßliche Berichte über Elefanten, die den Biß dieser Schlange nur wenige Stunden überlebten. Glücklicherweise ist die Königskobra nicht angriffslustig, nicht einmal während der Nistzeit, wenn das Weibchen seine Eier zwischen Zweigen und Blättern ablegt und in der Nähe Wache hält. Die Königskobra ernährt sich überwiegend von anderen Schlangen und verschont dabei auch die giftigen Arten nicht.

Korallenschlangen

Die Korallenschlangen gehören zur Unterfamilie Micrurinae. In den amerikanischen Tropen, besonders in Südamerika, leben etwa 50 Arten der Gattungen *Micrurus* und *Micruroides*. Die meisten tragen leuchtend gefärbte Streifen, und alle sind von schlankem Körperbau. Mit Ausnahme einiger aquatischer Arten suchen die meisten ihre Beute wohl auf dem Waldboden. Ihre Hauptnahrung setzt sich aus Echsen und Schlangen zusammen, doch fressen einige Arten auch Säuger, Vögel, Frösche und wirbellose Tiere. Die auffällig gefärbte Querbänderung warnt alle potentiellen Räuber, nicht zu nahe zu kommen, und einige Greifvögel haben vor diesem Farbmuster eine angeborene Furcht. Auf anderen Kontinenten sind viele teilweise grabende Schlangen mit ähnlichen leuchtenden Bändern gezeichnet, selbst dann, wenn die Schlange harmlos ist. Vielleicht dienen diese Muster dazu, einen Räuber zu verwirren, der eine solche Schlange im Dämmerlicht antrifft. Wenn sich nämlich das Reptil hin und her wälzt, scheinen diese Bänder zu flackern und ineinander zu verschmelzen, so daß der Räuber Schwierigkeiten hat, die genaue Position der fliehenden Schlange zu bestimmen. Dagegen wurde die Färbung der Korallenschlangen als Warntracht weiterentwickelt. Viele gar nicht oder nur schwach giftige Schlangen, die mit den Korallenschlangen in derselben Gegend vorkommen, mit diesen jedoch nicht verwandt sind, haben Farbmuster entwickelt, die denen

▼ Eine Costa Rica-Korallenschlange (*Micrurus miparitus*) wedelt mit ihrem aufgerollten Schwanz und lenkt damit die Aufmerksamkeit von ihrem Kopf ab. Dieses Verteidigungsverhalten findet man unter zahlreichen bodenbewohnenden Schlangen aus den unterschiedlichsten systematischen Gruppen.

Michael and Patricia Fogden

der ortsansässigen Korallenschlangen außerordentlich ähnlich sind. Sie dienen vermutlich dazu, Räuber zu verunsichern und die Chance für eine erfolgreiche Flucht zu erhöhen. Um die Aufmerksamkeit eines Räubers von ihrem empfindlichen Kopf abzulenken, nehmen einige Korallenschlangen eine ungewöhnliche Körperhaltung ein: Dabei verbergen sie ihren Kopf unter den Körperschlingen und bewegen ihren Schwanz in der Luft so, wie man es von ihrem Kopf erwarten würde. Wenn ein Räuber dann versehentlich den Schwanz der Schlange packt, erlebt er eine unangenehme Überraschung, wenn der (richtige) Kopf plötzlich zum Vorschein kommt.

Seeschlangen

Zwei große Entwicklungslinien der Proteroglyphen haben das Meer besiedelt. Die Plattschwänze oder Laticaudinen (Unterfamilie Laticaudinae) mit leuchtend gefärbter Querstreifung sind Bewohner der indopazifischen Region. Ihren Trivialnamen verdanken sie der Ähnlichkeit mit den landbewohnenden Bungaren, einer ebenfalls quergestreiften, asiatischen Art der Gattung *Bungarus*. Wie der Bungar verfügen auch die Plattschwänze über ein hochwirksames Gift, doch lassen sie sich nur schwer zum Zubeißen bewegen, nicht einmal bei der Selbstverteidigung. Eine dieser Arten, *Laticauda crockeri*, kommt nur in einem vom Land abgeschnittenen See auf den Salomonen-Inseln vor. Dagegen sind die übrigen fünf Arten echte Meeresbewohner. In den Korallenriffen suchen sie nach Meeraalen, halten sich jedoch häufig an den Küsten kleiner Koralleninseln auf. Trotz ihres seitlich zusammengedrückten, paddelähnlichen Schwanzes, der ihnen ein rasches Schwimmen ermöglicht, besitzen sie noch immer breite Bauchschuppen, so daß sie sich recht gut an Land fortbewegen können. Paarung und Eiablage erfolgen an der Küste, und auf einigen kleinen Tropeninseln kommen sie manchmal in großer Zahl vor.

Die andere Gruppe von Proteroglyphen hat sich noch weiter dem Leben im Meer angepaßt als die Plattschwänze, denn diese Schlangen müssen nicht mehr zur Eiablage an Land zurückkehren. Bei den »echten« Seeschlangen oder Hydrophiinen (Unterfamilie Hydrophiinae, der Name bedeutet »wasserliebende Wesen«) hält die Mutter ihre Embryonen während deren Entwicklungsdauer im Körper zurück und bringt sie dann lebend zur Welt. Der seitlich zusammengedrückte Schwanz arbeitet wie ein Ruder, die Bauchschuppen sind kleiner geworden, und die Nasenlöcher befinden sich oben auf der Schnauze, so daß die Schlange auch dann noch atmen kann, wenn sich der größte Teil des Kopfes unter Wasser befindet. Beim Tauchen werden die Nasenöffnungen durch Klappen gegen eindringendes Wasser geschützt. Die Lunge ist wesentlich größer als bei terrestrischen Schlangen. Sie dehnt sich beinahe über die gesamte Körperlänge aus und erstreckt sich vom Kopfende bis zum hinteren Teil der Körperhöhle. Vermutlich ist sie

▼▼ Die Laticaudinen, wie der Nattern-Plattschwanz (*Laticauda colubrina*, links), haben ihre Anpassungen an das Leben im Meer offenbar unabhängig von den echten Seeschlangen erworben. Sie behielten allerdings ihre zylindrische Körperform und die vergrößerten Bauchschuppen bei, um an Land zu kriechen. Hier suchen sie häufig Unterschlupf, liegen in der Sonne oder paaren sich. Dagegen ist der Körper der Plättchen-Seeschlange (*Pelamis platurus*, unten) zum optimalen Schwimmen seitlich zusammengedrückt. Auch die Bauchschuppen sind schmaler geworden, wodurch die Schlange an Land nur sehr unbeholfen und unter Schwierigkeiten vorankommt. Diese lebendgebärende Art verläßt das Wasser nicht einmal, um ihre Jungen zur Welt zu bringen.

▶ Die schildkrötenköpfige Seeschlange (*Emydocephalus annulatus*) verdankt ihren Namen einer schnabelförmigen Schuppe, die an der Schnauze geschlechtsreifer Männchen vorkommt. Diese australische Seeschlange hat sich auf eine Nahrung aus Fischeiern spezialisiert, die sie vom Meeresboden aufsammelt.

bei der Regulierung des Auftriebs beteiligt, wenn sich die Schlange unter Wasser aufhält, und sie speichert sauerstoffreiche Luft für die Atmung. Darüber hinaus sind einige Arten in der Lage, dem umgebenden Wasser direkt über die Haut Sauerstoff zu entnehmen und dadurch lange Zeit unter Wasser zu bleiben. Zu ihren besonderen Anpassungen an das Leben im Salzwasser zählen auch in besonderer Weise modifizierte Drüsen, die sich an der Zungenbasis befinden. Sie konzentrieren überschüssiges Salz aus dem Kreislauf der Schlange und scheiden es aus. Die meisten Hydrophiiden sind so stark der schwimmenden Lebensweise angepaßt, daß sie an Land nahezu hilflos wirken.

Biochemischen Befunden zufolge können sich die Hydrophiiden vor – aus geologischer Sicht – nicht langer Zeit aus den terrestrischen Elapiden Australiens entwickelt haben. Sie waren sehr erfolgreich, und ihre 50 Arten sind weit über den Indischen und Pazifischen Ozean verbreitet. Die meisten Arten sind an relativ seichtes Wasser gebunden und ernähren sich in der Nähe der Korallenriffe von Fischen und deren Eiern. Dagegen entwickelte die Plättchen-Seeschlange (*Pelamis platurus*) eine pelagische Lebensweise. Das heißt, sie läßt sich von den Winden und Strömungen über das offene Meer tragen. Dabei warnt ihr leuchtend schwarz-gelb gefleckter Schwanz alle Raubfische davor, ihr zu nahe zu kommen, denn sie verfügt über ein sehr wirksames Gift. Wie gelingt es nun einer Schlange, die an der Meeresoberfläche treibt, Fische zu fangen und zu fressen? Die Plättchen-Seeschlange verläßt sich auf die Eigenschaft kleiner Fische, sich unter beliebigen treibenden Objekten zu versammeln. Daher wird sie schon bald von einer Fischschule »adoptiert«, die um ihren Schwanz herum schwärmen. Wie kann die Schlange die Fische packen, wenn sich diese nicht um den Kopf, sondern um den Schwanz versammelt haben? Die Lösung ist ebenso einfach wie wirkungsvoll: Die Schlange beginnt rückwärts zu schwimmen, so daß die Fische nun um ihren Kopf herum schwärmen. Ein rascher Biß zur Seite, und die Schlange hat ihr Mahl geschnappt.

VIPERN

Die hochgiftigen Vipern ernähren sich anders als die Schlangen mit vorn feststehenden Giftzähnen, denn sie lauern arglosen Beutetieren, insbesondere Säugern, aus dem Hinterhalt auf. Die meisten Vipern (und ebenso ihre nahen Verwandten, die Grubenottern) sind relativ schwergebaute Schlangen, die in ihrer natürlichen Umgebung eine häufig wunderschöne Tarnfärbung besitzen. Sie rollen sich neben einer Säugerfährte oder in den Zweigen eines früchtetragenden Baumes zusammen, wo sich häufig Vögel versammeln, oder neben einem Busch in der Wüste, unter dem Echsen Schatten suchen wollen. Dort warten sie, bis Beute in Reichweite kommt. Dank ihrer vortrefflichen Tarnung sind viele dieser Schlangen nahezu unsichtbar. Einige locken ihre Beute regelrecht in ihren Aktionsradius hinein, indem sie ihre Schwanzspitze hin- und herwinden, die wie ein Insekt geformt ist, und die Bewegungen eines kleinen, wirbellosen Tieres imitieren. Da sie zwar keine langen Strecken zur Beutesuche zurücklegen, dafür aber rasch und zielsicher zustoßen müssen, wenn ein Beutetier in ihre Nähe gekommen ist, sind diese lauernden Jäger eher muskulös und daher untersetzt gebaut. Wegen der großen Beutetiere muß auch der Kopf der Schlange entsprechend sein. Und da viele ihrer Beuteobjekte nicht nur groß, sondern auch mit Fell oder Federn bedeckt sind, benötigen sie lange Giftzähne, um damit tief in den Körper des Opfers einzudringen und das Gift wirkungsvoll beizubringen. Daher haben diese Schlangen sehr wirkungsvolle Methoden entwickelt, um große und möglicherweise gefährliche Beuteobjekte zu töten. Im Gegensatz zu den würgenden Schlangen, die mit ihrer Beute in Kontakt bleiben, während diese sich noch zur Wehr setzt, müssen die Vipern ihr Gift nur einmal mit einem raschen Biß injizieren und können dann abwarten. Selbst wenn die Beute vor ihrem Tod noch eine gewisse Strecke zurückgelegt hat, kann die Schlange ihrer Duftspur folgen.

Obwohl sich der wissenschaftliche Name der Familie Viperidae offenbar aus den lateinischen Wörtern *vivus* und *paro* zusammensetzt, was »lebendgebärend« bedeutet, gibt es sowohl unter den »echten« Vipern (Unterfamilie Viperinae) als auch unter den Grubenottern (Unterfamilie Crotalinae) zahlreiche ovipare (eierlegende) Formen.

◀ Die Nashornviper (*Bitis nasicornis*) gehört zu den farbenprächtigsten Vipern. Dennoch macht die auflösende Musterung die Schlange im Bodenlaub nahezu unsichtbar. Da sie häufig in der Nähe des Wassers angetroffen wird, lautet ihr englischer Trivialname »River Jack«.

▲ Das Markenzeichen der Klapperschlangen, die Klapper, entwickelt sich aus vergrößerten, verdickten Schuppen, die nach einer Häutung zurückbehalten werden. Diese bilden ineinandergreifende Segmente, die, sobald sie bewegt werden, gegeneinander schlagen und das typische summende Geräusch erzeugen. Nach jeder Häutung kommt ein neues Segment hinzu. Das älteste ist das Endsegment.

▼ Die Halbmond-Lanzenotter (*Bothrops alternatus*) gehört zu einer großen Gruppe engverwandter südamerikanischer (crotaliner) Grubenottern, von denen einige unrichtig als Lanzenottern bezeichnet werden. Dieser Name steht jedoch nur der Art zu, die man auf der karibischen Insel Martinique fand.

eine warmblütige Beute auch in pechschwarzer Nacht noch genau zu lokalisieren und mit dem Biß zu treffen. Die meisten der etwa 140 Arten leben auf dem Boden, einige auf Bäumen, und ganz wenige führen eine semiaquatische Lebensweise. Ihr Verbreitungsgebiet erstreckt sich über Nord- und Südamerika, Europa, Asien und Afrika, jedoch sind sie weder nach Australien noch in die Meere vorgedrungen.

Die berühmtesten Grubenottern sind vermutlich die 30 Arten der Klapperschlangen (Gattungen *Crotalus* und *Sistrurus*), die in Nordamerika vorkommen. Allerdings findet man drei Arten (sämtlich aus der Gattung *Crotalus*) in Mittel- und Südamerika. Bei diesen Schlangen ist die Schwanzspitze zu einem bemerkenswerten Warnsystem, der Klapper, umgewandelt. Sie besteht aus besonders geformten, trockenen Schuppen, und bei jeder Häutung kommt ein weiteres Element hinzu (da die Häutung keineswegs einmal pro Jahr erfolgt, läßt sich das Alter einer solchen Schlange auch nicht an der Zahl ihrer Segmente an der Klapper ermitteln). Wenn die Schlange mit dem Schwanz zittert, schlagen die Segmente der Klapper gegeneinander und erzeugen das typische Geräusch, das häufig aus mehreren Meter Entfernung noch zu hören ist. Wahrscheinlich entwickelte sich die Klapper, um große weidende Säugetiere zu warnen, etwa Bisons, die mit vielen Arten der Klapperschlangen den Lebensraum der Prärie teilen. Es ist interessant, daß die Klapper bei einer Inselpopulation, die den Kalifornischen Golf bewohnt, im Laufe ihrer Entwicklungsgeschichte verlorengegangen ist.

Die andere Hauptgruppe der nordamerikanischen Grubenottern, die auch nach Mittelamerika und Asien vorgedrungen ist, wird von der Gattung *Agkistrodon* und ihren Verwandten gebildet. In Nordamerika leben der Kupferkopf (*A. contortrix*) und die Wassermokassinschlange (*A. piscivorus*). Letztere verdankt ihren englischen Trivialnamen (»Cottonmouth«) der weißen Färbung der Mundinnenseite, die dann sichtbar wird, wenn die Schlange bei aufgerissenem Maul ihre Verteidigungsposition einnimmt. Wassermokassinschlangen sind Sumpfbewohner. Sie kommen im Süden der Vereinigten Staaten in geeigneten Lebensräumen durchaus in großen Zahlen vor. Auf küstenfernen Inseln leben sie manchmal unter Reiherhorsten und ernähren sich nahezu ausschließlich von Fischen, die ungeschickte Reiher auf den Boden fallen lassen.

In Mittel- und Südamerika haben die Grubenottern eine umfangreiche Artenbildung erfahren. Eine vereinzelte eierlegende Art aus dem Tiefland und den niedrigen gebirgigen Regenwäldern ist der Buschmeister (*Lachesis muta*). Er stammt vermutlich von unabhängig eingewanderten amerikanischen Grubenottern ab. Diese riesige, beinahe vier Meter lange Schlange ist ein typischer Lauerer, der sich neben einem Säugerwechsel in den Hinterhalt legt und - manchmal wochenlang – wartet, bis ein Beutetier sich in Reichweite begibt. Der Name *Lachesis* stammt von einer der drei Schicksalsgöttinnen der griechischen Mythologie, – derjenigen, die die Länge des Lebensfadens bestimmt – denn ein Biß dieser Schlange bedeutet für einen Menschen äußerste Lebensgefahr.

In den Lebensräumen des Buschmeisters findet man außerdem eine Fülle von Grubenottern, die lebende Junge zur Welt bringen. Am bekanntesten davon ist die Gemeine Lanzenotter (*Bothrops atrox*). In Mittelamerika ist diese Schlange wegen ihres gelben Unterkiefers auch unter ihrem spanischen Namen *Barba amarilla* (»Gelbbart«) bekannt. Wie der Buschmeister lauert sie ihrer Beute am Boden auf.

Zu den verschiedenen asiatischen Grubenottern ge-

◀ *Crotalus polystictus*, eine kleine Grubenotter vom Mexikanischen Plateau, besitzt eine unter Klapperschlangen einzigartige Musterung.

▼ In der typischen Verteidigungsstellung der Klapperschlangen vibriert eine Texas-Klapperschlange (*Crotalus atrox*) mit ihrer Klapper, um einen Eindringling zu warnen. Vermutlich entwickelten sich die Klapperschlangen in Nordamerika, wo sie häufig der Gefahr ausgesetzt waren, von großen, weidenden Säugetieren, wie Bisons, zertrampelt zu werden.

John Cancalosi/AUSCAPE International

▶ Waglers Lanzenotter (*Trimeresurus wagleri*, gegenüber) ist eine baumbewohnende Grubenotter Südostasiens. Diese umgängliche Art ist auch als Tempelschlange bekannt, da sie häufig in »Schlangentempeln« gehalten wird, wo die Priester ganz frei mit ihr umgehen.

hört eine Reihe terrestrischer und arborealer (baumbewohnender) Formen. Einige der terrestrischen Arten, etwa die Habu-Schlange (*Trimeresurus flavoviridis*), sind große, braune Formen, die bei Beunruhigung sofort zubeißen und in Japan alljährlich mehreren Menschen den Tod bringen. Bei anderen, etwa Waglers Lanzenotter (*T. wagleri*) von den Sunda-Inseln und Malaysia, handelt es sich auf auffällig grüngefärbte Baumschlangen, die Menschen nur sehr selten beißen. In sogenannten »Schlangentempeln« und auf Bäumen, die neben Häusern wachsen, werden sie häufig als Glücksbringer gehalten.

SCHLANGENBISSE

Schlangengift ist eine komplizierte Mischung verschiedener chemischer Substanzen, vorwiegend Enzymen. Diese leicht milchig trübe Flüssigkeit wird in den Giftdrüsen des Oberkiefers produziert und gespeichert. Der Beute wird sie entweder durch Injektion über einen hohlen Giftzahn oder dadurch beigebracht, daß sie in die Wunden einsickert, die von vergrößerten Zähnen verursacht wurden. Einige Tiere sind gegen bestimmte Schlangengifte sehr widerstandsfähig, während andere selbst auf kleine Giftmengen sehr empfindlich reagieren. Die Hauptbestandteile des Schlangengiftes sind Enzyme, wie Gewebe zersetzende Proteinasen, Hyaluronidase, die die Durchlässigkeit des Gewebes erhöht (so daß sich das Gift über den Körper rascher verteilt), Phospholipasen, die die Zellmembranen angreifen und schließlich Phosphatasen, die hochenergetische chemische Verbindungen zersetzen. In den Giften vieler Colubriden findet man zudem L-Aminosäure-Oxidase, eine Substanz, die umfangreiche Gewebszerstörungen verursacht. Das Gift der Proteroglyphen (Elapiden und Seeschlangen) enthält basische Polypeptide, die die Nervenübertragung blockieren und den raschen Tod des Beutetiers (oder eines unglücklichen Menschen) dadurch herbeiführen, daß sie das Zwerchfell lähmen, so daß das Opfer nicht mehr atmen kann. Im Gegensatz dazu besitzt das Viperngift einen hohen Anteil an Proteinasen, was eine umfangreichere Gewebezersetzung und damit auch tiefere Blutungen um die Bißstelle herum zur Folge hat.

Welche Schlange ist am gefährlichsten? Die Antwort hängt von verschiedenen Faktoren ab. Das wirksamste Gift findet man normalerweise bei den proteroglyphen Schlangen, wobei ein Taipan (*Oxyuranus microlepidotus*) aus Zentralaustralien den Rekord hält. Ein eiziger Biß dieser Art kann genügend Gift enthalten, um beinahe 250 000 Mäuse zu töten. Allerdings sind die Giftzähne der Proteroglyphen relativ kurz, und die Tiere produzieren häufig nicht soviel Gift wie einige der großen Vipern. Zudem beißen einige Arten auch leichter zu als andere, und auch die Wahrscheinlichkeit, daß sie Menschen begegnen, ist unterschiedlich hoch.

Tausende von Menschen sterben alljährlich durch giftige Schlangen. Dies gilt besonders für tropische und subtropische Gebiete, in denen Menschen in großer Zahl leben, häufig barfuß herumlaufen und in denen eine medizinische Versorgung nicht ausreichend gewährleistet ist. Nach Schätzungen von Fachleuten sind zum Beispiel die Sandrasselottern (*Echis carinatus*) im Mittleren Osten für etwa 20 000 Todesfälle im Jahr verantwortlich. Auch in Asien und Afrika fordern Giftschlangen einen hohen Tribut an Menschenleben. Dagegen sterben in ganz Australien durchschnittlich weniger als fünf Menschen pro Jahr an den Folgen eines Schlangenbisses, obwohl die meisten australischen Schlangen giftig sind und einige von ihnen die wirksamsten Gifte überhaupt besitzen. Die Ursachen für diese niedrige Todesrate liegen in der geringen Besiedlungsdichte, einer angemessenen Fußbekleidung und einer hervorragenden medizinischen Versorgung.

NATURSCHUTZ

Nicht anders als die meisten anderen Lebewesen haben auch die Schlangen unter dem Menschen gelitten. Am stärksten werden die Schlangen, wie andere Tiere auch, von der fortgesetzten Zerstörung ihrer natürlichen Lebensräume bedroht. So haben eine rasche Bevölkerungszunahme, die Erschließung der Natur für Holzgewinnung, Ackerbau und Viehzucht die Schlangen in vielen Gebieten dezimiert oder gar ausgerottet. Will man Schlangen erhalten, muß man ihre Lebensräume schützen. Am stärksten bedroht sind diejenigen Arten mit einem eingeschränkten Verbreitungsgebiet (wie etwa die Round Island-Boas) sowie diejenigen, die auf bestimmte, ganz störungsempfindliche Lebensräume angewiesen sind. So wurde zum Beispiel

DER GIFTAPPARAT EINER GRUBENOTTER

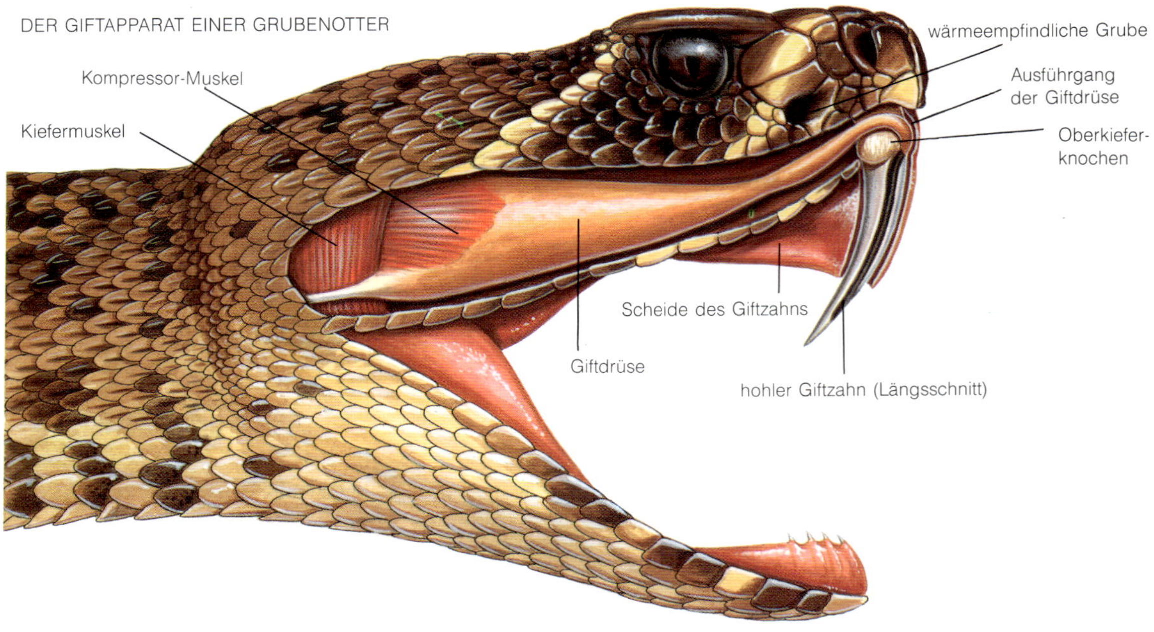

▶ Bei den meisten Giftschlangen wird das Gift über ein hochentwickeltes Injektionssystem beigebracht. Es funktioniert im wesentlichen wie eine Spritze, deren Nadel unter die Haut dringt. Zunächst wird die Beute mit den verlängerten Giftzähnen gestochen. Dann werden die Giftdrüsen durch Muskelkontraktion zusammengedrückt, so daß das Gift durch die Ausführgänge und die hohlen Zähne in die Wunde gelangt.

VERTEIDIGUNGSSTRATEGIEN

Schlangen verteidigen sich mit einer bemerkenswerten Vielfalt von Verhaltensweisen. Zu den häufigsten, wenn auch am wenigsten spektakulären Methoden gehört die Tarnung. Dabei bleibt die Schlange absolut reglos, auch wenn ein potentieller Räuber nah herankommt. Bei Vipern und Boiden ist dieses Verhalten stark verbreitet, und viele dieser Arten tragen komplizierte, wunderschöne Muster, die nahezu perfekt mit dem natürlichen Hintergrund verschmelzen.

Die »Peitschenschlangen« diverser Colubriden- und Elapidengruppen teilen, obwohl sie nicht eng miteinander verwandt sind, eine Reihe gemeinsamer Merkmale: große Augen, einen schlanken Körper mit langem Schwanz, eine relativ hohe Körpertemperatur und eine diurnale (tagaktive) Lebensweise, die ihnen ermöglicht, schnelle Beutetiere, zumeist Echsen, zu lokalisieren und zu fangen. Diese Schlangen wandern über erhebliche Strecken und treffen daher (im Gegensatz zu den »lauernden« Arten) häufiger auf potentielle Räuber, wenn sie sich im offenen Gelände, weitab von jeder Deckung, bewegen. Da der Versuch, sich zu tarnen, höchstwahrscheinlich keine Wirkung hätte, treten sie die Flucht an. Häufig sind diese Schlangen einfarbig oder gestreift, im Gegensatz zu den »kryptischen« Arten, die normalerweise Fleckenmuster tragen. Interessanterweise findet man diese Verbindung zwischen dem Farbmuster und der Methode, Räubern zu entgehen, selbst in einer einzigen Art und sogar in einem einzigen Wurf.

Wenn keine dieser Methoden Erfolg bringt, verfügen Schlangen über viele weitere Strategien, sich vor Räubern zu schützen. Einige verstecken ihren Kopf und wedeln mit dem Schwanz in der Luft. Damit lenken sie offensichtlich die Bisse des Räubers von Kopf und Hals auf den weniger verwundbaren Schwanz. Dieser ist bei diesen Arten häufig leuchtend gefärbt, und bei den Rollschlangen sogar stark abgeflacht, so daß er der Haube einer wütenden Kobra ähnlich sieht. Einige amerikanische Colubriden (*Gyalopion*) und Korallenschlangen (*Micruroides*) entwickeln diese Taktik sogar noch weiter, indem sie »mit der Kloake knallen«, also Luft aus der Kloake pressen, um ein deutlich knallendes Geräusch zu erzeugen. Warum dieses Geräusch einen Räuber vertreiben sollte, ist allerdings unklar. Ebensowenig läßt sich die Bedeutung des merkwürdigen Verteidigungsverhaltens ermessen, das die australische Bandy-Bandy (*Vermicella annulata*) zeigt: Bei Bedrohung hebt sie langsam ihre Körperschlingen vom Boden ab. Arten wie die Hakennatter (Gattung *Heterodon*) stellen sich tot, indem sie sich auf den Rücken drehen, das Maul öffnen und die Zunge heraushängen lassen. Vermutlich verliert der Räuber sein Interesse an einer offensichtlich »toten« Schlange.

Andere Schlangen verteidigen sich bedeutend energischer, etwa indem sie nach dem Angreifer beißen. Dabei blasen sie oft einen Teil des Vorderkörpers auf, um ihn größer und gefährlicher erscheinen zu lassen. Kobras (*Naja*) und Hakennattern flachen Kopf und Hals horizontal ab, während australische Bronzenattern (*Dendrelaphis*) und Boomslangs ihren Hals in dramatischer Weise aufblasen. Mambas und Wassermokassinschlangen sperren das Maul auf und zeigen ihre Giftzähne, wogegen einige große australische Elapiden, wie die Schwarzotter (*Pseudechis australis*), mit ihren Kiefern kauende Bewegungen ausführen.

Das Drohen kann nicht nur sichtbar, sondern auch hörbar sein. Die meisten wütenden Schlangen fauchen laut, wenn sie sich verteidigen, und einige, wie die Bullennatter (*Pituophis melanoleucus*), besitzen eine in besonderer Weise modifizierte Epiglottis, um die Lautstärke des Fauchens noch zu steigern. Die Sandrasselotter (*Echis carinatus*) produziert ein ähnliches fauchendes Geräusch, indem sie ihre Körperschlingen gegeneinander reibt. Die vollkommene Entwicklung des Schwanzes zu einem tönenden Organ findet man jedoch zweifellos unter den Klapperschlangen. Das Warngeräusch einer großen Mojave-Klapperschlange (*Crotalus scutulatus*) ist auf viele Meter deutlich zu hören.

Anthony Bannister/NHPA

▲ Bis zu den Augen im Sand vergraben, vermeidet diese Zwergpuffotter (*Bitis peringueyi*), von Räubern oder Beutetieren entdeckt zu werden.

▼ Eine bedrohte Bandy-Bandy (*Vermicella annulata*) hebt langsam ihre Körperschlingen an, vermutlich um Räuber zu verwirren.

Pavel German

die Braunkopfschlange (*Hoplocephalus bungaroides*), eine kleine australische Elapide, beinahe ausgerottet, weil sie stets unter verwitterten Sandsteinfelsen Unterschlupf sucht. Diese Steine wurden jedoch rasch aus ihrer ursprünglichen Umgebung entfernt, weil sie zur Gartendekoration begehrt sind. Eine solche Art gesetzlich zu »schützen«, selbst auf internationaler Ebene, ergibt solange keinen Sinn, wie ihr Lebensraum nicht irgendwie erhalten werden kann. In vielen Ländern ist dies ein schwieriges Problem, wo die unmittelbare Erfordernis, hungrige Menschen zu ernähren, vor den Bedürfnissen anderer Arten Vorrang hat.

Einige Schlangenarten sind auch durch wirtschaftliche Nutzung bedroht. Ganz oben stehen dabei die großwüchsigen, leuchtend gefärbten Arten, deren Häute für die Modeindustrie von Bedeutung sind. So werden zum Beispiel Pythons und Boas in vielen Teilen ihrer Verbreitungsgebiete skrupellos abgeschlachtet, weil sie sich relativ langsam bewegen (leicht zu töten) und zudem groß genug sind, um neben einer wertvollen Lederhaut auch den Einheimischen ein willkommenes Mahl zu bieten. In einigen Bereichen Asiens werden Schlangen so intensiv verfolgt, daß ihre Zahl merklich zurückgegangen ist. In der Folge haben sich Ratten und Mäuse, die vorher von den Schlangen in Schach gehalten wurden, in einem Maße vermehrt, daß sie zu einem großen Problem für die Landwirtschaft geworden sind. Auch einige Seeschlangen werden wegen ihrer Häute und des Fleisches gefangen, und in jedem Jahr sammelt man große Zahlen von Plattschwänzen von den kleinen Koralleninseln, wo sie an den Strand kommen, um sich auszuruhen und fortzupflanzen. Die ökologischen Folgen dieser Fangtätigkeit wurden niemals ernsthaft erforscht.

Schließlich werden auch viele Schlangen getötet, weil Menschen sie hassen und fürchten, weil sie angeblich gefährlich sind. In einigen Fällen ist diese Furcht durchaus begründet, doch in den meisten Gegenden überwiegt der Nutzen, den die Schlangen durch Kurzhalten von Ernteschädlingen bringen, gegenüber dem Schaden bei weitem. Sehr viele Menschen werden erst dann gebissen, wenn sie versucht haben, eine Schlange zu töten, und dies häufig noch in abgelegenen Gebieten, wo die Schlange die Sicherheit des Menschen eigentlich gar nicht bedroht. Die meisten Menschen sind unfähig, harmlose Schlangen verläßlich von giftigen zu unterscheiden – selbst in Ländern wie den Vereinigten Staaten, wo die beiden Typen sehr unterschiedlich aussehen. Daher töten sie ungefährliche Arten, wie Amerikanische Wassernattern der Gattung *Nerodia*, weil sie sie mit Giftschlangen verwechseln, etwa mit der Wassermokassinschlange, und zwar Hunderte von Kilometern von dem Areal entfernt, wo diese Giftschlange eigentlich vorkommt. Die berüchtigten »Klapperschlangen-Treibjagden«, die im Süden der Vereinigten Staaten abgehalten werden, gehören zu den am meisten publizierten Beispielen für eine absurde Feindschaft, die viele Menschen gegenüber diesen großartigen, aber stark verleumdeten Tieren empfinden.

Der Gestreiften Wassernatter (*Nerodia fasciata fasciata*) geht es nicht besser als den meisten harmlosen Schlangen: Sie wird häufig mit giftigen Arten verwechselt, in diesem Fall mit der Wassermokassinschlange (*Agkistrodon piscivorus*), und getötet, wo immer sie angetroffen wird.

Jack Dermid/Oxford Scientific Films

Ordnung Squamata, Unterordnung Amphisbaenia, vier Familien, 18 Gattungen, 143 Arten

Größe
Kleinste Art Tanzania-Doppelschleiche (*Chirindia rondoense*), Körperlänge neun bis zwölf Zentimeter, Durchmesser zwei bis drei Millimeter.
Größte Art Rote Doppelschleiche (*Amphisbaena alba*), Körperlänge bis zu 72 Zentimeter, Durchmesser bis zu drei Zentimeter.

Artenschutz
Da man nahezu ein Drittel aller Arten nur von jeweils einem einzigen Exemplar kennt, weiß man nichts über die Größe der Populationen. Eine Art (aus Puerto Rico) wird als gefährdet aufgeführt.

▼ *Amphisbaena fuliginosa* aus Südamerika ist ein typischer Vertreter der am weitesten verbreiteten Familie der Doppelschleichen, der Amphisbaenidae.

DOPPELSCHLEICHEN

CARL GANS

Die Doppelschleichen galten lange als ein entwicklungsgeschichtliches Rätsel. Zu verschiedenen Zeiten ihrer wissenschaftlichen Laufbahn hielten viele Spezialisten sie für Echsen, um sie dann später (in einigen Fällen auch früher) zu einem unabhängigen Nebenzweig innerhalb der Ordnung Squamata (zu der die Echsen und Schlangen gehören) zu erklären. Mit Sicherheit gehören sie zu den ganz wenigen unterirdisch lebenden, selbst grabenden Reptilien. Diese haben sich dem unterirdischen Milieu so gut angepaßt, daß sie ganz anders wirken als die heute lebenden Echsen und Schlangen.

ECHTE GRÄBER

Offenbar sind alle Doppelschleichen imstande, ihre eigenen Tunnel anzulegen. Da das Graben bei ihnen stets mit dem Kopf erfolgt, haben sie im Laufe ihrer Entwicklungsgeschichte den Schädel so umgebaut, daß er der jeweils verwendeten Grabungsmethode optimal entspricht. Zudem verweisen die deformierten Schädel auf die Bedürfnisse der Ernährung und der Sinnesorgane dieser tunnelbewohnenden Tiere. Der Schädel ist stark verknöchert, und die kleinen Schuppen sind in Ringen um den Körper herum angeordnet. Sieht man von einer einzigen Art ab, ist die Mundöffnung stets in die untere Oberfläche des Kopfes zurückverlagert.

Die Doppelschleichen besitzen grundsätzlich einen langen, schlanken Körper und eine beschuppte Haut (diese wird in einem Stück gehäutet). Die Männchen verfügen über paarige Hemipenes, wobei es sich nicht eigentlich um Penisse handelt, sondern eher um Taschen, die während der Kopulation umgestülpt werden. Alle diese Merkmale weisen darauf hin, daß sie zu den Squamata gehören. Allerdings unterscheiden sie sich von den Echsen und Schlangen in wenigstens einem halben Dutzend abgeleiteter Merkmale. Zum Beispiel ist nicht die rechte Lunge reduziert, sondern die linke. Die Jungen besitzen einen einzigartig geformten Eizahn (mit dem sie beim Schlüpfen die Eischale durchstoßen). Schließlich haben sie besondere

Chris Mattison

Carl Gans

◀ Die nahezu ausschließlich unterirdisch lebenden Doppelschleichen zeichnen sich durch eine recht lose sitzende, bauchige Haut aus. Zudem besitzen sie einen stumpfen, stark verknöcherten Schädel, einen zurückverlagerten Unterkiefer und winzige Augen. Äußere Ohröffnungen sind nicht vorhanden. Sie bewohnen die wärmeren und tropischen Gebiete der Welt. Dies ist *Bipes biporus* aus Mexiko.

Schädelknochen und weisen eine ungewöhnliche ringähnliche Segmentierung ihrer Haut auf. Alle bisher bekannten lebenden und fossilen Arten befinden sich in einer der vier folgenden Familien: Trogonophidae (Spitzschwanz-Doppelschleichen), Bipedidae (Zweifuß-Doppelschleichen), Rhineuridae und Amphisbaenidae (Eigentliche Doppelschleichen).

Die Vertreter der Familie Bipedidae haben ihre Vordergliedmaßen erhalten, in allen anderen Fällen sind die Beine verlorengegangen. Und nur im Skelett der Trogonophidae lassen sich noch Reste eines Schultergürtels erkennen.

Bei den meisten Doppelschleichen handelt es sich offenbar um eierlegende Formen, doch wurde in wenigstens drei Fällen Viviparie (das Gebären lebender Jungtiere) nachgewiesen.

DIE HAUT

Die Schuppen am Kopf einer Doppelschleiche sind stets größer als die des Körpers, und bei einigen besonders weitentwickelten Arten sind erstere am Vorderteil des Kopfes miteinander verwachsen. Die Schuppen des Körperstammes sind rechteckig oder wenigstens wie Parallelogramme geformt und auf Annuli (Ringen) angeordnet, die den Körper umgeben. Normalerweise übertreffen die Segmente der Unterseite die darüberliegenden an Größe. Die Kloakenöffnung wird von einigen vergrößerten Segmenten umgeben, und der letzte Annulus (Ring) des Körperstammes trägt manchmal eine Reihe von Präkloakal-Poren. Obwohl noch keine Beobachtungen darüber vorliegen, werden diese Poren vermutlich von den Männchen bei der Paarung eingesetzt.

Am Rumpf liegt die Haut lose um den Körper. Jeweils ein Paar von Segmenten wird durch Muskeln verbunden, so daß sich diese verengen oder erweitern lassen. An jeder Seite eines jeden Segmentes sind drei Muskelzüge angeordnet, von denen zwei nach hinten und einer nach vorn verläuft. Dadurch kann sich das Tier geradlinig vorwärtsbewegen. Ein Teil des Körpers wird gegen den Boden gestemmt, während sich die nach hinten verlaufenden Muskeln zusammenziehen und den übrigen Körper zusammenraffen. Anschließend löst jeder nach vorn verlaufende Muskel den Kontakt des Körpers vom Boden und zieht das Tier in eine neue, weiter vorn gelegene Position vor. Schlangen bewegen sich ganz anders, und bei ihnen ist die Haut nahe der Mitte des Rückens festgewachsen. Die Haut der Doppelschleichen läßt sich dagegen um den gesamten Körperumfang frei bewegen.

Die Doppelschleichen beherrschen aber auch die raupenförmige und die seitlich schlängelnde Fortbewegung. Wie viele weitentwickelte Schlangen und beinlose Echsen, paßt auch eine Doppelschleiche ihre Fortbewegungsweise dem Substrat und der Form des Tunnels an und setzt dabei durchaus an verschiedenen Körperstellen unterschiedliche Fortbewegungsstrategien ein.

Das äußere Erscheinungsbild der verschiedenen Arten läßt Rückschlüsse darauf zu, wie sie jeweils ihre Tunnel anlegen. So sind zum Beispiel bei den Arten mit einer spatenförmigen Schnauze nebeneinander liegende Hautsegmente nicht nur auf den Kopfschuppen, sondern auch in der Brustregion verschmolzen. Dieser Körperteil zieht nämlich nach vorn und reibt sich am Substrat, während das Reptil den Kopf hebt, um die Erde zusammenzudrücken. Vermutlich reduziert diese Verschmelzung also die Reibung, während das Tier die Erde durchdringt.

BEUTE UND NATÜRLICHE FEINDE

Die Doppelschleichen sind wirkungsvolle Räuber. Sie sind imstande, Stücke aus größeren Tieren herauszubeißen. Selbst die kleineren Arten verfügen über eine massive Kiefermuskulatur. Der Oberkiefer trägt bei-

▶ Eine brasilianische Rote Doppelschleiche (*Amphisbaena alba*) öffnet drohend ihr Maul. Doppelschleichen sind furchtbare Räuber mit scharfen Zähnen und kräftigen Kiefern. Die Vertreter der Gattung *Amphisbaena* gelten an einigen Orten (völlig zu unrecht) als giftig. In der Bevölkerung ist der Glaube weit verbreitet, daß diese Reptilien von Ameisen oder Termiten großgezogen werden. Daher werden sie »Ameisenkönige« genannt. Zwar haben neue Forschungsergebnisse ihre Verbindung zu diesen Insekten bestätigt, doch bleibt die Art der Beziehungen noch ein Geheimnis.

Martin Wendler/NHPA

UNTER DER ERDE HÖREN

Terrestrische Reptilien verfügen grundsätzlich über ein äußeres Trommelfell jederseits des Kopfes oder an der Basis eines äußeren Gehörganges. Von diesem aus überbrückt ein Knochenstab (die Columella) das luftgefüllte Mittelohr bis zu einem ovalgeformten Fenster, hinter dem sich die flüssigkeitsgefüllten Räume des Innenohrs befinden. Hier werden die akustischen Vibrationen von einigen Reihen von Sinneszellen in elektrische Signale umgewandelt, die an das Gehirn weitergeleitet werden. Hier werden die Signale als Töne empfunden. Da Geräusche die beiden Ohren nicht nur geringfügig zeitversetzt, sondern auch in unterschiedlicher Intensität erreichen, kann das Tier sie nicht nur hören, sondern sich auch danach ausrichten. Unterirdisch lebende Reptilien haben im allgemeinen das äußere Trommelfell und manchmal sogar das Mittelohr verloren. Dies läßt darauf schließen, daß sie nicht nur ihre Ohröffnungen vor dem Zugriff von Parasiten oder Räubern schützen, sondern sich zudem mehr mit anderen Sinnesorganen orientieren. Allerdings findet man unter drei der vier Familien der Doppelschleichen einen einzigartigen Gehörmechanismus, der den Tieren erlaubt, Töne wahrzunehmen, die im Tunnelbereich vor ihnen entstehen. Bei diesen Tieren haben sich Knochen des Kehlbereiches mit der Columella beiderseits des Gesichtes verbunden, und bestimmte Hautschuppen wirken wie ein nach vorn weisendes Ersatz-Trommelfell.

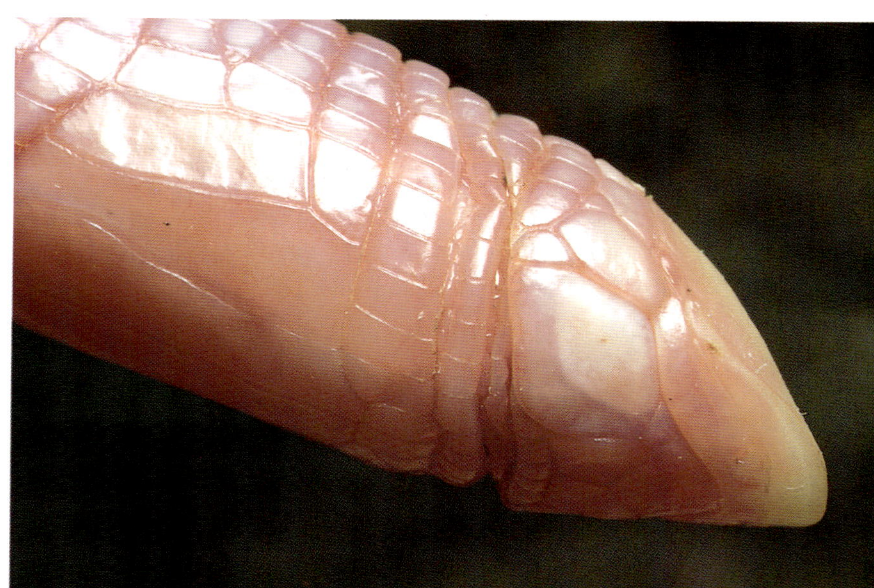

Anthony Bannister/NHPA

▲ In diesem, nur bei Doppelschleichen existierenden Gehörsystem übernehmen spezialisierte Schuppen im Gesicht die Funktion eines Trommelfell-Ersatzes.

Chris Mattison

derseits fünf bis neun Zähne und zusätzlich einen einzelnen, zentral stehenden Zahn, der zwischen die vergrößerten Zähne des Unterkiefers faßt. Daher können die Doppelschleichen sehr kraftvoll zubeißen und mit ihren ineinander greifenden Zähnen einzelne Stücke aus größeren Beutetieren herausschneiden. Die Reptilien wurden schon dabei beobachtet, wie sie sich nach dem Zubeißen auf den Rücken drehten, um ein Stück Fleisch aus der Beute herauszureißen.

Die meisten Berichte lassen vermuten, daß Doppelschleichen Allesfresser sind, die jedes kleine Tier angreifen und überwältigen, das ihnen über den Weg läuft. Allerdings wurden die meisten dieser Beobachtungen an Tieren in Gefangenschaft gemacht, und man weiß über ihre Ernährungsgewohnheiten noch relativ wenig. Allerdings dürfte der jahreszeitlich bedingte Wechsel im Nahrungsangebot von Bedeutung sein. Kürzlich stellte sich heraus, daß jahrhundertealte Berichte zutreffen, nach denen die riesige *Amphisbaena alba* in den Nestern südamerikanischer Blattschneider-Ameisen lebt. Man weiß jedoch nicht, welcher wechselseitige Vorteil den Doppelschleichen und Ameisen daraus erwächst.

Diese Reptilien werden ihrerseits von zahlreichen natürlichen Feinden bedroht. Einmal sind es solche, die an der Oberfläche nach Nahrung suchen, etwa Vögel und kleine Säugetiere. In der Tat erfolgte die Erstbeschreibung einer anscheinend seltenen Doppelschleiche aufgrund eines Exemplars, das ein Wissenschaftler im Kropf eines kleinen Adlers fand. Aber auch von Schweinen droht den Tieren Gefahr, die den Boden durchwühlen und »alles Proteinhaltige« herausholen. Affenhorden streifen weit umher und entfernen Holzstücke und Steine, unter denen die Doppelschleichen manchmal Zuflucht suchen. Schließlich gibt es Räuber, die in die Tunnel eindringen, so zum Beispiel einige afrikanische Schlangen, von denen jede Art angeblich auf eine besondere lokale Doppelschleiche spezialisiert ist.

Vielleicht 30 Prozent der Doppelschleichen tragen ein dunkles Farbmuster, das wohl der Tarnung dient, wenn sie gelegentlich an die Oberfläche kommen. Einige Arten hat man beim Sonnenbaden beobachtet. Eine dunkelpigmentierte Haut ist offenbar weniger wasserdurchlässig als die der tiefgrabenden Arten, die normalerweise große Mengen an Flüssigkeit verliert. Vielleicht kommen einige von ihnen freiwillig an die Oberfläche, oder sie werden dazu gezwungen, etwa durch überschwemmende Regenfälle oder die Angriffe verschiedener räuberischer Ameisen.

Außer den afrikanischen Arten besitzen alle Doppelschleichen kurze Schwänze, deren Spitzen häufig durch dichtes Bindegewebe gestützt werden, das den verwachsenen Endwirbeln aufliegt. Dennoch wird der Schwanz bei vielen Arten autotomiert. Sobald ein Räuber ihn gepackt hat, wird der Schwanz willentlich abgestoßen. Die abgerissene Spitze bewegt sich noch eine Weile und lenkt den Räuber ab. Der Stumpf indes verheilt nach einiger Zeit so vollkommen, daß einige Leute irrtümlich der Meinung waren, eine »neue«, »kurzschwänzige« Art vor sich zu haben. Andere Arten verfolgen mit ihrem Schwanz eine andere Verteidigungsstrategie: Die Schwanzspitze trägt einen Kegelstumpf, an dem Schmutz hängen bleibt. Damit wird jeder Räuber abgeschottet, der die Doppelschleiche in ihren Gang hinein verfolgt.

DIE FAMILIEN DER DOPPELSCHLEICHEN

Die eigentümlichste Gruppe der Doppelschleichen ist

▲ Sieht man von ihren auffälligen Schuppen ab, könnten die Doppelschleichen wegen ihrer Körperform und -größe, des Verhaltens und der allgemeinen Erscheinung leicht mit Blindwühlen verwechselt werden. Ein vernarbter Schwanzstumpf zeigt bei dieser *Amphisbaena fuliginosa*, daß auch Doppelschleichen, wie viele Skinke und andere Echsen, ihren Schwanz autotomieren, ihn also willentlich abwerfen können, wenn er von einem Räuber gepackt wurde.

die Familie Trogonophidae. Ihre Arten findet man in Nordafrika ebenso wie im Gebiet Westirans und weiter über die Arabische Halbinsel bis nach Aden, Socotra Island und Ostsomalia. Sie graben mit oszillierenden Bewegungen, und ihr Körperbau weist entsprechende Anpassungen auf: etwa einen nach unten weisenden Schwanz, der dem Tier beim Graben besonders viel Kraft verleiht. Die Zähne befinden sich nicht in einer Grube seitlich am Knochen, sondern sind am Rand dauerhaft festgewachsen. Die Arten Arabiens und Somalias zeigen die fortschrittlichsten Merkmale und neigen generell zu einem immer kürzeren und gedrungeneren Körperbau.

Die Familie Bipedidae besteht aus drei Arten der Gattung *Bipes*, die im Nordwesten Mexikos leben. Alle drei besitzen Hände, die jedoch so weit vorn liegen und zudem so groß sind, daß die Tiere im Volksmund als »kleine Echse mit großen Ohren« bezeichnet werden. Mit den Fingern wird die Erde beim Graben beiseite geschoben und der Tunnel erweitert.

Florida ist die Heimat der einzigen überlebenden Art der einst weitverbreiteten Familie Rhineuridae. Im gesamten Westen wurden ihre Fossilien gefunden, die bis in das Paläozän, vor etwa 60 Millionen Jahren, zurückdatiert werden. *Rhineura floridana* besitzt einen spatenförmigen Kopf, und die Knochen sind etwas anders angeordnet als bei den übrigen Familien der Doppelschleichen.

Die eigentlichen Doppelschleichen (Familie Amphisbaenidae) bestehen aus mehr als 120 sehr verschiedenen Arten, die zudem eine Fülle von Spezialisierungen zum Graben aufweisen. Die ursprünglichsten Arten findet man auf den Westindischen Inseln und im nördlichen Südamerika. Andere Arten sind südlich bis nach Patagonien und über die Anden nach Peru verbreitet. In Afrika leben sie südlich der Sahara, jedoch nicht in den zentralafrikanischen Hochländern oder an der Südspitze des Kontinents. Einige tragen auf dem Kopf einen Kiel oder eine Haube, andere besitzen einen spatenförmigen Kopf.

Vermutlich repräsentieren die Arten der Gattung *Blanus* eine fünfte Familie. Sie leben in Spanien und Nordafrika ebenso wie im Libanon, Nordisrael und im Norden Iraks. Versteinerungen dieser Gattung entdeckte man im nördlichen Mitteleuropa. Bei einigen der heute lebenden Arten findet man sehr ursprüngliche Merkmale. So ist zum Beispiel das Maul nicht unter die Schnauze verlagert, und es sind Reste der Hintergliedmaßen vorhanden. Ehe sie jedoch in die eine oder andere Familie eingeordnet werden, müssen wir entschieden mehr über diese Arten in Erfahrung bringen.

▶ Die einzige Doppelschleiche Europas, *Blanus cinereus*, gehört zu einer kleinen Gruppe mit ungesicherter Verwandtschaft, die um den Mittelmeerraum verbreitet ist. Aufgrund ihres unspezialisierten Kiefers und der noch vorhandenen Hintergliedmaßen (hier nicht zu sehen) kann man vermuten, daß sie eine eigene Familie bilden.

Viol/Jacana/AUSCAPE International

Carl Gans

◀ Bei *Bipes biporus* sind die kleinen Arme weit nach vorn verlagert. Daher ist das Tier lokal unter einem Namen bekannt, der übersetzt etwa »Kleine Echse mit großen Ohren« bedeutet. Zusammen mit zwei weiteren Arten bildet *B. biporus* die auf den Nordwesten Mexikos begrenzte Familie Bipedidae. Alle übrigen Doppelschleichen sind vollständig extremitätenlos.

WIE SIE GRABEN

Eine Doppelschleiche legt einen Tunnel dadurch an, daß sie ihren Kopf in die Erde preßt. Dabei drückt sie entweder die Erde vor sich zusammen, oder sie gräbt mit oszillierenden Bewegungen, wobei stets die Oberfläche des Tunnelendes weggegraben wird, um später in die Wände gedrückt zu werden. Um in den vielen verschiedenen Bodentypen haltbare Gänge anzulegen, bedienen sich die meisten Arten einer Kompressionsmethode (wahrscheinlich einer der vielen unten aufgezählten Varianten). Die oszillierende Methode findet man unter den Vertretern der Familie Trogonophidae.

Die Vertreter der Kompressionsmethode drücken ihren Kopf unmittelbar in den Boden. Um besser eindringen zu können, vollführen einige zusätzlich leichte seitliche Bewegungen. Im einfachsten Fall ist die Schnauze der Doppelschleiche abgerundet, und er treibt sich mit einigen Schüben voran.

Die Methode der bodenkomprimierenden Arten, mit Unterbrechungen vorzudringen, – also den Kopf ein Stück vorzudrängen und ihn dann zu drehen, um die lose Erde an die Tunnelwand zu drücken – führte unter den Doppelschleichen zu zwei recht unterschiedlichen Veränderungen ihres Skeletts. Im ersten Fall nahm der Schädel eine spatenförmige Gestalt an. Der Kopf wird nämlich beim Graben recht tief angesetzt und dann nach oben gedreht, wobei das Schaufelblatt die lose Erde am Tunneldach zusammenpreßt. Im zweiten Fall entwickelte der Schädel einen besonderen Kamm oder Kiel. Hier erweitert das Tier seinen Gang, indem es die Erde jeweils seitlich festdrückt. In beiden Fällen sind die axialen Muskeln der Segmente hinter dem Kopf an der Drehung des Schädels beteiligt. Auf diese Weise kann das Tier in hartem Boden graben, ohne daß sein Körperdurchmesser zunehmen muß, denn die krafterzeugenden Muskeln sind am Körperstamm entlang verteilt. Die spatenschnäuzigen Arten haben insofern einen Vorteil als sie ihren Kopf lediglich nach oben stämmen müssen und daher auch nur einen einzigen Satz axialer Muskeln benötigen. Die kielköpfigen Arten dagegen müssen abwechselnd links und rechts pressen, und bei jedem Mal ist nur die Hälfte ihrer Muskulatur beteiligt.

Die oszillierende Grabweise erfordert eine ständige Kraftanwendung gegen das Ende des Tunnels, wo die Oberfläche abgekratzt wird. Dazu tragen einige Arten beiderseits des Kopfes verhornte Kanten, die wie Schabmesser funktionieren. Die schabenden Bewegungen sind durchaus kompliziert, und der Kopf muß sich um zwei verschiedene Achsen drehen. Ein stämmiger Körper und eine Schwanzspitze, die sich in der Erde verankern läßt, erleichtern es der Doppelschleiche, die Kraft vom Schwanz nach vorn zu übertragen. Zudem verhindert ein rechteckiger Körperquerschnitt, daß sie sich bei ihren oszillierenden Bewegungen um sich selber dreht.

Carl Gans

▲ *Agamodon angeliceps* ist ein Vertreter der Familie Trogonophidae, einer Gruppe, die zumeist in sandigem Boden angetroffen wird und beim Graben oszillierende Kopfbewegungen vollführt. Der leicht rechteckige Körperquerschnitt verhindert ungewollte Drehungen, während der Rand an jeder Seite der spatenförmigen Gesichtsplatte die Erde am Dach und dann zu beiden Seiten abschabt.

Ordnung Rhynchocephalia, eine Familie, eine Gattung, zwei Arten

Größe
Männchen Gesamtlänge bis 60 Zentimeter, Gewicht bis zu 1300 Gramm.
Weibchen Gesamtlänge bis 50 Zentimeter, Gewicht bis zu 550 Gramm.

Artenschutz
Von den etwa 30 Populationen gelten acht als instabil oder gefährdet, viele davon wegen eingeschleppter Ratten. *Sphenodon punctatus* steht auf der Roten Liste der IUCN für bedrohte Tierarten.

BRÜCKENECHSEN

DONALD G. NEWMAN

Trotz ihres ähnlichen Aussehens sind Brückenechsen keine Echsen. Sie sind die einzigen lebenden Vertreter der Ordnung Rhynchocephalia (»Schnabelköpfe«). Die fossilen Rhynchocephalier waren kleine bis mittelgroße Reptilien und schon vor 225 bis 110 Millionen Jahren, lange ehe die ersten Dinosaurier auftraten, auf der ganzen Welt verbreitet. Später ging ihre Zahl zurück, und vor 60 Millionen Jahren sind sie offenbar, mit Ausnahme von Neuseeland, überall ausgestorben.

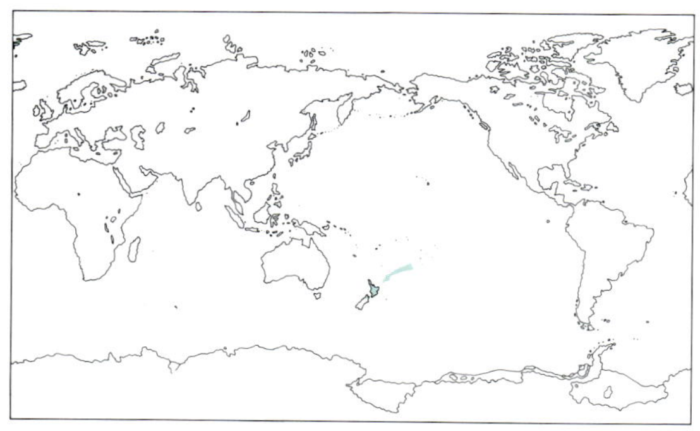

WAS SIE UNTERSCHEIDET

Brückenechsen sind zoologisch außerordentlich interessant und werden häufig als »lebende Fossilien« bezeichnet. Allerdings hat sich bei neueren Untersuchungen gezeigt, daß diese Reptilien im Vergleich zu ihren ausgestorbenen nächsten Verwandten viele fortschrittliche Merkmale aufweisen. Sie können nicht, wie häufig behauptet wird, 100 oder 200 Millionen Jahre unverändert überlebt haben.

Die Brückenechsen unterscheiden sich von den Echsen in vielerlei Hinsicht. Zum Beispiel fehlt ihnen ein äußeres Ohr. An einigen ihrer Rippen befinden sich hakenförmige Fortsätze (ein vogelähnliches Merkmal). Beiderseits des Schädels befinden sich unmittelbar hinter und über der Augenhöhle zwei große Schläfenfenster (die Echsen besitzen nur eines), und den Männchen fehlt der Penis.

Brückenechsen besitzen das legendäre »dritte Auge«. Es befindet sich als Teil eines komplizierten Organs oben auf dem Gehirn. Zwar verfügt es über eine Linse, eine Netzhaut und eine Nervenverbindung zum Gehirn, doch wird das Organ schon in früher Jugend von undurchsichtigen Schuppen bedeckt. Auch bei vielen Echsen findet man ein ähnlich kompliziert gebautes »drittes Auge«. Während das Organ bei den Echsen an der Regulation der Körpertemperatur beteiligt ist, konnte dessen Funktion, wenn es überhaupt eine besitzt, bei der Brückenechse im Experiment noch nicht ermittelt werden.

Brückenechsen können grau, olivgrün oder manchmal ziegelrot gefärbt sein, und sie sind in unterschiedlichem Umfang gefleckt. Im neunzehnten Jahrhundert benannte man mehrere Arten und Unterarten aufgrund der unterschiedlichen Färbung und Körperproportionen, doch weiß man heute, daß die meisten dieser Unterschiede in einzelnen Populationen vorkommen. Daraufhin wurde die Brückenechse beinahe

Michael Schneider/New Zealand Geographic

▶ Brückenechsen waren einst über ganz Neuseeland weit verbreitet. In den letzten Jahrhunderten wurden sie jedoch auf den Hauptinseln ausgerottet, vermutlich durch eine Kombination von Bejagung, veränderter Landnutzung und der Einschleppung von Räubern, zum Beispiel Ratten. Heute sind ihre Populationen auf etwa 30 kleinen Inseln vor der Küste zusammengedrängt, und selbst hier, an vielen ihrer letzten Zufluchtsstätten, bleibt ihr Status heikel.

John Cancalosi/AUSCAPE International

überall als eine einzige Art behandelt (*Sphenodon punctatus*). Schließlich bestätigten zur Zeit noch nicht abgeschlossene Untersuchungen der genetischen Variabilität unter den Populationen der Brückenechsen die Behauptung der frühen Forscher, daß wenigstens zwei Arten existieren. Heute sind die genetischen Unterschiede der Population auf der North Brother Island an der Cook-Passage bei den Forschern soweit anerkannt, daß die Tiere als eine eigene Art gelten, *Sphenodon guntheri*.

Männchen und Weibchen lassen sich leicht unterscheiden. Das Männchen wird erheblich größer und grundsätzlich doppelt so schwer wie das andere Geschlecht. Zudem trägt es einen auffälligen Kamm am Nacken und einen weiteren über den Rücken. Beide sind mit weichen, stacheligen Schuppen bedeckt. Zwar besitzt auch das Weibchen diese Kämme, doch sind weder diese noch die Stacheln gut entwickelt. Schließlich hat das Männchen einen verhältnismäßig schmaleren Hinterleib und einen größeren Kopf als das Weibchen.

Wie die meisten Echsen können auch die Brückenechsen ihren Schwanz abwerfen, um Feinden zu entkommen. Der verlorengegangene Teil wächst wieder nach, unterscheidet sich vom ursprünglichen Schwanz jedoch in Farbe und Musterung und bleibt auch kürzer.

WO DIE BRÜCKENECHSEN LEBEN

Vor etwa 140 Millionen Jahren dürften die Brückenechsen oder deren Vorfahren Neuseeland erreicht haben, als es noch zur Landmasse von Gondwana gehörte. Allerdings kennt man keine Fossilien, die ein Alter von 25 000 Jahren übersteigen. Diejenigen, die man bisher fand, zeigen, daß die Brückenechsen einst auf den beiden Hauptinseln Neuseelands überall verbreitet waren. Heute dagegen sind sie auf 30 kleine Inseln vor der Nordostküste der Nordinsel und auf

▲ Bei Brückenechsen unterscheiden sich die Geschlechter in der Größe ganz erheblich. Ein großes Männchen kann von der Schnauze bis zur Schwanzspitze 60 Zentimeter lang und über ein Kilogrammm schwer werden, wogegen die Weibchen selten ein Gewicht von 500 Gramm überschreiten. In der Regel sind auch die stachelförmigen Schuppen an Nacken und Rücken bei den Männchen auffälliger.

die Cook-Passage beschränkt. Die Hälfte dieser Inseln ist nur zehn Hektar groß oder kleiner.

Die Gesamtzahl lebender Brückenechsen liegt vielleicht über 100 000 Individuen. Auf Stephens Island (150 Hektar Fläche) in der Cook-Passage, leben mindestens 30 000, möglicherweise jedoch mehr als 50 000 Tiere. Dort wurden Besiedlungsdichten von mehr als 2000 Individuen pro Hektar ermittelt. Die durchschnittliche Dichte dürfte jedoch erheblich niedriger liegen.

Die meisten der von diesen reptilienbewohnten Inseln sind schwer zugänglich, da sie zum Teil oder vollständig von Riffen umgeben sind. Häufig sind sie starken Stürmen ausgesetzt, was die Vegetation im Wachstum allgemein hemmt. Viele dieser Inseln wurden von Maori oder Europäern für Ackerbau und

UND PLÖTZLICH WAREN ES ZWEI...

Alison Cree

▲ Ein ausgewachsenes Männchen aus der Brückenechsen-Population von North Brother Island, *Sphenodon guontheri*. Lange Zeit galten Brückenechsen als eine einzige Art, doch belegten neue Forschungsergebnisse das Vorhandensein zweier Arten, die einander zwar sehr ähnlich sehen, sich jedoch erheblich in der genetischen Struktur unterscheiden.

Im neunzehnten Jahrhundert wurden zwei lebende und eine ausgestorbene Brückenechsenart benannt. Später behauptete man allerdings, daß die Unterschiede in den Merkmalen, die zur Trennung der vorgeschlagenen Arten geführt hatten, nicht größer waren als sie sich ohnedies in den einzelnen Kolonien beobachten ließen. So erhielt die Brückenechse allgemein den Status einer einzigen Art, *Sphenodon punctatus*.

Im südlichen Sommer der Jahre 1988/89 stellten Zoologen von der Victoria-Universität von Wellington dann eine umfängliche Übersicht über die genetische und morphologische Variabilität der Brückenechsen auf. Man unternahm Expeditionen zu 24 der 30 Inseln, auf denen vermutlich Populationen dieser Tiere überlebt hatten. Sechs Inseln ließ man aus, da die Reptilien dort entweder extrem selten oder schwer zu fangen waren. Aufgrund von Blutproben wurden drei verschiedene Gruppen von Brückenechsen identifiziert. Was aber noch wichtiger ist: Die Population der North Brother Insel in der Cook-Passage wurde als eine eigene Art abgetrennt, *S. guntheri*, ein Name, der bereits 1877 vorgeschlagen worden war. Unter den anderen Populationen unterschied man eine nördliche Gruppe und eine westliche Gruppe der Cook-Passage. Zudem zeigte eine Analyse von sieben Körpermerkmalen (etwa Körperlänge und die Länge des größten Nackenstachels), daß sich dieselben drei Gruppen auch morphologisch unterscheiden ließen, obwohl es hier zu erheblichen Überschneidungen kam. Die nördliche und die westliche Population der Cook-Passage wiesen genügend Unterschiede auf, um zu Unterarten von *S. punctatus* erklärt zu werden.

Viehzucht gerodet. Zudem stehen auf einigen Inseln Leuchttürme, die heute jedoch automatisch betrieben werden. Allen Inseln sind jedoch die Brutpopulationen von Seevögeln gemeinsam, die in Gängen nisten (Sturmvögel und Sturmtaucher). Nicht zuletzt durch ihre Veränderungen am Boden und der Vegetation beeinflussen diese Vögel auch die Brückenechsen.

Auf vielen Inseln, wo Brückenechsen vorkommen, leben verschiedene Arten von Sturmvögel und Sturmtaucher. Diejenigen Inseln jedoch, auf denen diese Reptilien ihre Populationen behaupten konnten, sind frei von Nagetieren und bilden die Heimat immenser Brutpopulationen des Feensturmvogels (*Pachyptila turtur*) und/oder des Lummen-Sturmvogels (*Pelecanoides urinatrix*). Diese kleinen Sturmvögel verschaffen den Reptilien viele Annehmlichkeiten, vorwiegend Unterschlüpfe und Nahrung. Sie graben nämlich Gänge, in denen zahlreiche Brückenechsen leben (obwohl sie sich auch eigene graben können). Zudem mischen sie dem Boden ihren mineralhaltigen Guano unter, so daß die im Boden lebenden Wirbellosen zunehmen, von denen sich die Brückenechsen vorwiegend ernähren. Brückenechsen fressen aber auch Echsen, die Erwachsenen, Küken und Eier kleiner Sturmvögel und selbst ihre eigenen Jungen.

ERNÄHRUNG UND FORTPFLANZUNG

Brückenechsen sind überwiegend nachtaktiv und verbringen den Tag in ihren Gängen. Bei entsprechendem Wetter legen sie sich auch am Eingang ihrer Höhle in die Sonne. In jedem Gang fand man zur selben Zeit immer nur ein einziges Tier. Wie es auf Reptilien allgemein zutrifft, hängt die Zahl der nachts umherschweifenden Brückenechsen stark von der Umgebungstemperatur ab. Ihre größte Aktivität entwickeln sie zwischen 17 und 20 Grad Celsius – für ein Reptil eine sehr niedrige Temperatur. Bei sinkenden Temperaturen läßt auch die Aktivität nach und ist unterhalb von sieben Grad Celsius praktisch nicht mehr festzustellen. Auch andere Wetterfaktoren können ihre Aktivität beeinflussen. So trocknen Brückenechsen zum Beispiel langsam aus, bis sie wieder an Wasser herankommen. Da es auf vielen ihrer Inseln weder Teiche noch Bäche gibt, sind diese Reptilien nach langen Trockenzeiten besonders in verregneten Nächten aktiv. Dann kann man sie dabei beobachten, wie sie sich in Pfützen vollständig durchnässen.

Beim Jagen nehmen Brückenechsen normalerweise eine abwartende Haltung ein. Jede Beute, die sich in ihrer Nähe bewegt, wird gepackt. Kleinere Objekte werden mit der Zunge aufgenommen, und größere werden auf die schneidezahnähnlichen Zähne gespießt. Kleine, harte Objekte, etwa Käfer, werden zermalmt und deren Beine abgerissen. Größere Beutetiere zerteilen die Brückenechsen dagegen buchstäblich in Stücke. Beiderseits des Maules trägt die Brückenechse zwei Zahnreihen im Oberkiefer und eine im Unterkiefer. Beim Kauen greift die untere zwischen die beiden oberen, und zudem wird der Unterkiefer wie eine Säge vor und zurück bewegt.

Balz und Paarung finden spät im Übergang vom Sommer zum Herbst statt (Januar bis März). Im Januar legen die Männchen Territorien an, von denen jedes die Reviere mehrerer Weibchen einschließt. An verschiedenen Stellen ihres Territoriums verfallen sie in ihr Imponiergehabe, vermutlich um Weibchen anzulocken und anderen Männchen ihre Anwesenheit

Michael Schneider/New Zealand Geographic

▲ Brückenechsen sind im wesentlichen nachtaktiv. Allerdings gönnen sie sich häufig am Tage ein Sonnenbad.

kundzutun. Dabei vergrößern sie den Umfang ihrer Kehle und ihres Körpers, indem sie sich mit Luft aufblasen und ihren Kamm mit den Stacheln aufrichten.

Bei territorialen Auseinandersetzungen unter den Männchen kommt es zu Drohgebärden und Kämpfen mit »abgewandtem Gesicht«. Dazu stellen sich die beiden Männchen in einer Entfernung von etwa drei Meter nebeneinander auf und weisen mit dem Kopf häufig in entgegengesetzte Richtungen. Dann reißen sie langsam das Maul weit auf und lassen es rasch zuschnappen. Entweder wird auf diese Weise ein Männchen verjagt, oder es beginnt ein Kampf. Dann verbeißt sich eines der Männchen im Kopf oder Nacken seines Gegners, und beide wälzen sich, häufig unter krächzenden Geräuschen, am Boden. Wunden im Gesicht, gebrochene Kiefer und abgerissene Schwänze sind nicht selten das Ergebnis.

Läßt sich ein Weibchen anlocken, wird es vom balzenden Männchen in einem langsamen, mehrmals unterbrochenen, steifbeinigen Gang umkreist. Dies kann sich über 20 Minuten fortsetzen und endet erst, wenn die Partnerin in einem Gang verschwunden ist oder dem Männchen erlaubt hat, sie zu besteigen. Dieses reitet von hinten auf und legt sich oben auf ihren flachgedrückten Körper. Dann hebt es mit den Hinterbeinen ihren Schwanz soweit an, daß seine Kloakenspalte die ihre berührt und das Sperma übertragen werden kann.

Die Eier werden im folgenden Frühjahr oder im Frühsommer (Oktober bis Dezember) abgelegt. Die Weibchen versammeln sich zum Nisten an sonnigen, unbewaldeten Stellen (im Wald ist der Boden nicht warm genug, um eine erfolgreiche Brut zu garantieren). Zunächst legt eines der Weibchen Kammern oder Tunnel als Versuchsnester an, doch irgendwann deponiert es sein Gelege, das aus bis zu 19 (meist sind es sieben bis zehn) weichschaligen Eiern besteht, in einer einzigen Nacht in einem Nest. In darauf folgenden Nächten füllt sie den Zugang des Nestes weiter mit Erde auf. So wird ein Nest von dem Weibchen manchmal in acht Nächten hintereinander aufgesucht, und selbst bei Tage weicht es nicht davon ab. Andere Weibchen graben nämlich häufig Nester auf, die bereits Eier enthalten und legen ihre eigenen an dieselbe Stelle. Also verteidigen die Weibchen, solange sie sich in der Nähe befinden, ihre Nester verbissen gegen ihre Geschlechtsgenossen, und diese Auseinandersetzungen stehen denen kämpfender territorialer Männchen an Intensität in nichts nach. Im Durchschnitt kommen die Weibchen nur alle vier Jahre zur Eiablage, während die Männchen einen jährlichen Reproduktionszyklus haben.

Die Brückenechsen besitzen eine der längsten Brutzeiten unter den Reptilien – zwölf bis 15 Monate, je nach den Temperaturen, die während dieser Zeit herrschen. Anders als bei den meisten Reptilieneiern stellen diejenigen der Brückenechsen ihre Entwicklung über den Winter ein, wenn es sehr kalt werden kann.

Wie Krokodile und Schildkröten werden junge Brückenechsen mit einem hornigen »Zahn« auf ihrer Schnauzenspitze geboren, womit sie sich ihren Ausgang aus der pergamentartigen Eischale schneiden. Beim Schlüpfen haben sie durchschnittlich ein Gewicht von fünf Gramm und eine Länge von 100 Millimeter. Eine Zeitlang noch bleibt ein Rest des Allantois-Sacks an ihnen haften, der dann in wenigen Tagen zusammenschrumpft und abfällt. Der hornige Zahn geht nach etwa zwei Wochen verloren. Die

▼ Brückenechsen (*Sphenodon punctatus*) bei der Paarung. Zwar paaren sich die Tiere in jedem Jahr, im Februar und im März, doch legen die Weibchen nur etwa alle vier Jahre Eier ab. Anders als bei den meisten Reptilien, fehlt der männlichen Brückenechse der Penis, so daß die Kopulation unter direktem Kontakt der beiden Kloaken stattfinden muß. Es findet keine Paarbindung statt. Beide bleiben etwa eine Stunde lang zusammen, um dann wieder ihrer eigenen Wege zu gehen.

Michael Schneider/New Zealand Geographic

DIE ERHALTUNG EINES »LEBENDEN FOSSILS«

Brückenechsen gibt es nur auf Neuseeland. Einst waren sie über die beiden Hauptinseln weit verbreitet, doch sind sie während der letzten 150 Jahre dort – und zudem auf mindestens zehn vor Neuseeland gelegenen Inseln – ausgestorben. Die wesentlichen Ursachen dafür liegen vermutlich in der Zerstörung ihrer Lebensräume. Von den etwa 30 Populationen, die überlebt haben dürften, sind bereits acht instabil oder gefährdet, da auf diesen Inseln eine Ratte (die Kiore, *Rattus exulans*) eingeschleppt wurde. Während der letzten Überprüfungen wurde auf sieben der acht von Ratten bewohnten Inseln keine einzige junge Brückenechse gefunden. Wenn auch der experimentelle Beweis noch aussteht, ernähren sich die Kiore-Ratten höchstwahrscheinlich von den Eiern und Jungtieren der Brückenechsen. Zudem konkurrieren sie auch mit den ausgewachsenen Exemplaren um die Nahrung.

Noch vor zehn Jahren erschien es unmöglich, die eingeschleppten Nagetiere auf diesen kleinen Inseln auszurotten. Diese Ansicht änderte sich, nachdem dies auf Inseln mit einer Fläche bis zu 200 Hektar gelungen war. Bei einem solchen Ausrottungsprogramm werden Köder mit einem Gift, das die Blutgerinnung verhindert, systematisch auf der ganzen Insel ausgelegt. Die Vergiftung beginnt im Frühjahr, wenn die Zahl der Ratten gering ist und nur wenig Nahrung zur Verfügung steht. Noch vor dem Auslegen der Köder werden die Brückenechsen eingesammelt, und alle Nachkommen, die in Gefangenschaft zur Welt kamen, können auf der Insel freigelassen werden, wenn sie frei von Ratten ist.

Nur wenige Versuche, Brückenechsen in Gefangenschaft zu züchten, waren bisher erfolgreich, obwohl in letzter Zeit bedeutende Fortschritte erzielt wurden. Nachdem man nun etwas mehr über das umfangreiche Verhaltensrepertoire der Brückenechsen weiß, geht man dazu über, den Tieren in Gefangenschaft soziale Interaktionen zu ermöglichen. Heute kann man ihre Eier künstlich ausbrüten, und die Eiablage läßt sich bei legebereiten Weibchen durch eine Gabe des Hormons Oxytocin auslösen. Mit Hilfe dieser Techniken wurden von wildlebenden Weibchen der North-Brother-Island-Brückenechse Eier gesammelt. Die Eier wurden mit Erfolg im Labor ausgebrütet, und mit den Jungen soll eine zweite Population dieser empfindlichen Art aufgebaut werden.

▲ Brückenechsen kennen keine Brutfürsorge. Die Weibchen deponieren ihre (normalerweise) aus sieben bis zehn Eiern bestehenden Gelege in unterirdischen Nestern, die dann verlassen werden. Nach einer Entwicklungsdauer von zwölf bis 15 Monaten reißen die Jungen mit Hilfe eines besonderen Eizahns, den man an der Schnauze des hier abgebildeten *Sphenodon guntheri* erkennen kann, die Eischale auf und schlüpfen. Dann graben sie sich an die Oberfläche. Die Eier von Brückenechsen wurden mit Erfolg in Forschungslabors ausgebrütet.

Jungtiere tragen normalerweise eine rehbraune Tarntracht. Da sie sich sehr schnell bewegen, bekommt man sie nicht häufig zu Gesicht. Sie sind überwiegend am Tage aktiv. Vermutlich wird ihnen diese Strategie von den kannibalistischen Neigungen der nachtaktiven erwachsenen Tiere aufgezwungen.

Nicht nur die Brutdauer, sondern auch die Wachstumsrate der Brückenechsen hängt zum großen Teil von der Temperatur ab. Je wärmer es ist, desto schneller wachsen sie. Im südlichen Teil ihres Verbreitungsgebietes erreichen die Tiere ihre Geschlechtsreife im Alter von elf bis 13 Jahren, im Norden etwa zwei Jahre früher. Anschließend setzen die geschlechtsreifen Tiere ihr Wachstum noch mindestens weitere 20 Jahre fort. Auf Stephens Island erreichen sie ihre volle Körpergröße zwischen 25 und 35 Jahren. Mehrere erwachsene Tiere, die man auf Stephens Island nach 30 Jahren wieder einfing, zeigten keine Größenzunahme. Daher muß die Lebenserwartung mindestens 60 Jahre betragen. Ein schon erwachsenes Tier hat in Gefangenschaft mehr als 70 Jahre überlebt.

◀ Eine Brückenechse begegnet ihrer Zwischenmahlzeit. Diese Reptilien fressen beinahe alles, was sich bewegt, einschließlich der Eier, Nestlinge und Erwachsenen zahlreicher Seevögel. Ihre normale Nahrung besteht allerdings überwiegend aus großen, bodenbewohnenden Wirbellosen, wie dieser Weta, einer Gruppe von Grillen, die man häufig auf Neuseeland antrifft.

Ordnung Crocodilia, drei Familien, acht Gattungen, 23 Arten

Größe
Kleinste Art Brauen-Glattstirnkaiman (*Paleosuchus palpebrosus*), Männchen etwa 1,5 Meter, Weibchen etwa 1,2 Meter lang.
Größte Art Leistenkrokodil (*Crocodylus porosus*), Männchen mit einer Gesamtlänge von etwa sieben Meter, Gewicht über 1000 Kilogramm. Die Weibchen erreichen selten eine Gesamtlänge von vier Meter.

Artenschutz
Folgende Arten werden auf der Roten Liste der IUCN für bedrohte Tiere aufgeführt: China-Alligator (*Alligator sinensis*), Brillenkaiman (*Caiman crocodilus*), Breitschnauzenkaiman (*Caiman latirostris*), Mohrenkaiman (*Melanosuchus niger*), Spitzkrokodil (*Crocodylus acutus*), Panzerkrokodil (*C. cataphractus*), Orinoko-Krokodil (*C. intermedius*), Australien-Krokodil (*C. johnsoni*), Philippinen-Krokodil (*C. mindorensis*), Beulenkrokodil (*C. moreletii*), Nilkrokodil (*C. niloticus*), Neuguinea-Krokodil (*C. novaeguineae*), Sumpfkrokodil (*C. palustris*), Leistenkrokodil (*C. porosus*), Rautenkrokodil (*C. rhombifer*), Siam-Krokodil (*C. siamensis*), Stumpfkrokodil (*Osteolaemus tetraspis*), Sunda-Gavial (*Tomistoma schlegelii*) und GangesGavial (*Gavialis gangeticus*).

KROKODILE UND ALLIGATOREN

WILLIAM E. MAGNUSSON

Die Ordnung Crocodilia umfaßt die größten lebenden Reptilien, und sie gehören zu den größten amphibisch lebenden Wirbeltieren. Im Mezozoikum, vor 245 bis 65 Millionen Jahren, dominierten an Land die Archosauria (»herrschenden Reptilien«), und die einzigen großen Archosaurier, die bis heute überlebt haben, sind die Krokodilier. Zwar hinterließen die Dinosaurier andere Nachkommen – die Vögel – doch nur die Krokodilier (Krokodile, Alligatoren, Kaimane und Gaviale) und einige Schildkröten lassen noch etwas von den großartigen Zeiten erahnen, als riesige Reptilien die Erde beherrschten.

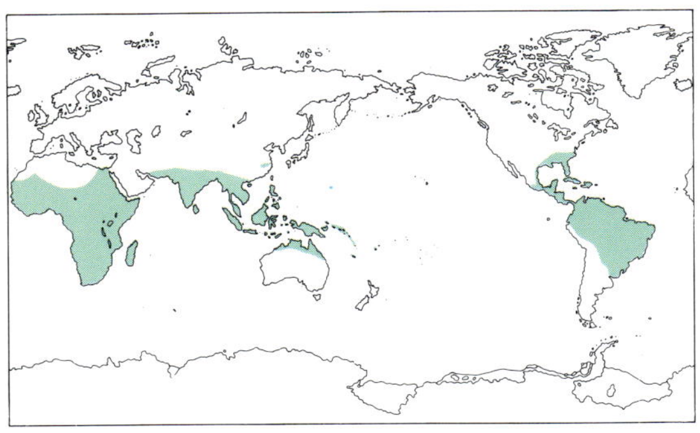

RÄUBER IN TROPISCHEN FLÜSSEN

Die meisten der 23 Krokodilier-Arten leben in den tropischen Teilen der Welt, und nur wenige, besonders die Alligatoren Amerikas und Chinas, dringen noch in gemäßigte Regionen vor. Alle Arten leben semiaquatisch und werden niemals in größerer Entfernung von Ästuaren, Sümpfen, Seen, Strömen oder Flüssen angetroffen. Wegen ihrer Größe und kurzen Beine können sie sich an Land nur über kurze Entfernungen lebhaft bewegen. Im Wasser dagegen sind sie die vollkommenen Räuber schlechthin.

Bei den äußeren Merkmalen, die Krokodilier von anderen Reptilien unterscheiden, handelt es sich überwiegend um Anpassungen an eine semiaquatische Lebensweise. So ist zum Beispiel ein verlängerter Kopf mit zahlreichen stiftförmigen Zähnen typisch für viele aquatische Wirbeltiere, vom Fisch bis zum Delphin. Derartige Köpfe sind vermutlich für rein landbewohnende Formen zu plump. Die Augen besitzen zu ihrem Schutz eine drittes Lid (die Nickhaut) und befinden sich, ebenso wie die durch wasserdichte Klappen abgeschlossenen Nasenöffnungen hoch auf dem Kopf, so daß diese auch dann noch an der Oberfläche liegen, wenn das übrige Tier vollkommen untergetaucht ist. Beim Schwimmen treibt sich das Reptil zumeist durch Schläge seines mächtigen blattförmigen Schwanzes voran.

An Land können die Krokodilier ihren Körper hoch vom Boden abheben und, wie Säugetiere, mit direkt unter dem Körper gehaltenen Beinen laufen. Allerdings müssen sie diese Haltung bei größerer Geschwindingkeit aufgeben. Und in größter Eile kehren die meisten Arten zum typischen Spreizgang der Reptilien zurück. Das Australien-Krokodil (*Crocodylus johnsoni*) galoppiert sogar über kurze Entfernungen, wenn es die Flucht ins Wasser antritt und befindet sich dabei manchmal mit allen vier Beinen gleichzeitig in der Luft.

In ihrer inneren Anatomie weisen die Krokodilier einige Merkmale auf, die denen der Säuger ähnlicher sind als denen anderer Reptilien. Sie besitzen einen knöchernen sekundären Gaumen. Gemeinsam mit einer fleischigen Klappe, die sich an der Zungenbasis befindet, schließt dieser das Atmungssystem vom Maul vollständig ab, so daß die Krokodilier unter Wasser das Maul öffnen können, ohne möglicherweise zu ertrinken. Der Verdauungsabschnitt wird vom Brustraum durch ein muskuläres Septum getrennt, das dem Zwerchfell der Säuger gleicht und vermutlich die Effizienz der Lungenventilation erhöht. Das Herz ist in vier getrennte Kammern unterteilt. Allerdings findet man bei den Krokodiliern noch eine kleine Verbindung, das Foramen Panizzae, zwischen dem linken und rechten Ventrikel (Hauptkammer). Zudem können diese Reptilien beim Sonnenbaden oder Tauchen ihr Blut in jeweils diejenigen Regionen des Körpers lenken, die es am dringendsten benötigen.

Heute werden unter den Taxonomen drei Familien (oder Unterfamilien) der Krokodilier anerkannt. Obwohl sich ihre Entwicklungslinien seit zig Jahrmillionen schon getrennt haben, unterscheiden sich die Familien nur wenig.

DIE FAMILIE DER ALLIGATOREN

Alligatoren und Kaimane werden in der Familie Alligatoridae zusammengefaßt und werden daher ge-

▼ Herr der Sümpfe: Das Nilkrokodil (*Crocodylus niloticus*). Obwohl es sich nur über kurze Strecken auf dem Land bewegt, gibt es im Wasser und am Ufer nur wenige noch gefährlichere oder schrecklichere Beutegreifer als das Krokodil. Dies gilt selbst für Tiere, die noch wesentlich größer werden als der Mensch. Ausgewachsene Männchen sind manchmal über eine Tonne schwer, fünf Meter lang und verfügen über entsprechende Kiefer, Zähne und einen gewaltigen Schwanz.

Jen and Des Bartlett/Bruce Coleman Limited

Francois Gohier/AUSCAPE International

▲ Der auf den Südosten der Vereinigten Staaten beschränkte Mississippi-Alligator (*Alligator mississippiensis*) übernimmt im wesentlichen die Rolle, die auch den größeren Krokodilen in den Tropen zukommt. Seine Körpergröße und die stumpfen, breiten, kräftigen Kiefer erlauben ihm, alles zu fressen, was er überwältigen kann.

meinsam als Alligatoriden bezeichnet. Bei allen Alligatoriden fassen die Zähne des Unterkiefers in Gruben des Oberkiefers und bleiben daher bei geschlossenem Maul unsichtbar. Den Schuppen ihrer Körperunterseite fehlen die Sinnesgruben.

Die beiden Arten echter Alligatoren leben in weit voneinander entlegenen Gebieten der Welt. Der bis zu sechs Meter lange Mississippi-Alligator (*Alligator mississippiensis*) bewohnt den Südosten der Vereinigten Staaten, während der China-Alligator (*A. sinensis*) in China im Unterlauf des Yangtse-Flusses und dessen Nebenflüssen vorkommt. Letzterer überschreitet selten eine Länge von zwei Meter. Beide Arten besitzen breite, schwere Köpfe, die vermutlich als Anpassungen an das Leben in stark bewachsenen Sümpfen zu bewerten sind. Im Freien oder im Wasser, wäre eine schlanke Schnauze besser zu lenken, doch hat ein schwerer Kopf eine größere Wucht, wenn er beim Beutefang durch die störende Pflanzendecke schlägt. Manchmal kommt es vor, daß die Teiche und Sümpfe der Mississippi-Alligatoren zufrieren. Dann überleben die meisten größeren Tiere einfach dadurch, daß sie im flachen Wasser liegen bleiben und nur ein Atemloch im Eis offenhalten. Zuweilen frieren die Schnauzen an der Eisdecke fest, doch überleben die Tiere normalerweise, solange die Nasenöffnungen offen bleiben. Die meisten anderen Krokodilier-Arten würden allerdings an den niedrigen Temperaturen zugrunde gehen.

Die Alligatoriden Süd- und Mittelamerikas werden alle als Kaimane bezeichnet. Am größten wird der Mohrenkaiman (*Melanosuchus niger*), der eine Länge von über sechs Meter erreicht. Obwohl er äußerlich dem Mississippi-Alligator ähnelt, ist er nach biochemischen Befunden den übrigen Kaimanen näher verwandt als den Alligatoren. Anders als bei den meisten Krokodiliern, die nach dem Schlüpfen lebhafte Muster aufweisen, dann aber bald die düsteren Farben der Erwachsenen annehmen, behalten die Mohrenkaimane ihre besonderen Muster ihr ganzes Leben lang. Die Jungtiere besitzen einen hellgrauen Kopf, und der schwarze Körper ist mit Linien weißer Punkte gemustert. Mit zunehmendem Wachstum wird der graue Kopf braun, und die weißen Linien verblassen, doch sind selbst erwachsene Tiere von fünf Meter Länge noch farbenprächtiger als die Jungtiere der meisten anderen Arten. Mohrenkaimane bewohnen das gesamte brasilianische Amazonas-Becken, außerdem nördlich davon die Küstenflüsse des brasilianischen Staates Amapa und kommen schließlich in Französisch-Guayana und in Guayana vor. Hier leben sie in den überfluteten Wäldern und grasbestandenen Seen, die sich in der Nähe langsam fließender Flüsse befinden. Einst waren sie in ihrem Verbreitungsgebiet von allen Kaimanen am zahlreichsten, doch wurde ihr Bestand durch die Jagd (wegen ihrer Häute) drastisch reduziert. Zum Teil liegt das Problem offenbar darin, daß die Mohrenkaimane in denselben Gebieten leben wie Krokodilkaimane. Letztere halten die Jagd nach Leder auch in solchen Gebieten noch am Leben, in denen sich die Jagd auf Mohrenkaimane allein nicht mehr lohnt.

Die Gattung *Caiman* umfaßt zwei Arten: den Krokodilkaiman (*C. crocodilus*), der vom Süden Mexikos bis nach Nordargentinien verbreitet ist, und den Breitschnauzenkaiman (*C. latirostris*), der in den Strömen und Marschen entlang der brasilianischen Küste, vom Staat Rio Grande do Norte südlich bis nach Uruguay vorkommt. Außerdem bewohnt er in Brasilien, Paraguay und Argentinien die landeinwärts gelegenen Becken der Flüsse Sao Francisco, Doce, Paraíba, Paraná und Paraguay. Beide Arten sind außerordentlich anpassungsfähig und werden in den verschiedensten Lebensräumen angetroffen, unter anderem in den großen Flüssen tropischer Regenwälder, periodisch überfluteten Savannen, permanenten Sümpfen und Mangroven. Der Krokodilkaiman ist der bei weitem am stärksten bejagte Krokodilier, und etwa 60 bis 80 Prozent aller im Handel befindlichen Häute stammen von dieser Art. Allerdings besitzt seine knochenhaltige Haut nur einen geringen kommerziellen Wert, und eine solche Haut erzielt nur etwa ein Zehntel des Preises, den man für die Häute von *Alligator* oder *Crocodylus* fordern kann.

Zu den am wenigsten erforschten Krokodiliern gehören die Glattstirnkaimane der Gattung *Paleosuchus*. Der Keilkopf-Glattstirnkaiman (*P. trigonatus*) bewohnt die bewaldeten Becken des Amazonas und Orinoko mitsamt den dazwischenliegenden Küstenflüssen. Nur selten trifft man ihn außerhalb des dichten tropischen Regenwaldes an. Der Brauen-Glattstirnkaiman kommt zwar in denselben Gebieten vor, bevorzugt jedoch grundsätzlich offenere Lebensräume, wie den Galleriewald in Savannen oder die Randbereiche großer Seen und Flüsse. Überdies dringt er auch in die Hochebenen des Brasilianischen Schildes südlich bis zum Staate Sao Paulo vor.

Glattstirnkaimane haben ihren Namen daher, daß ihnen die Knochenleiste fehlt, die für *Caiman* und *Melanosuchus* typisch ist. Ihre Häute sind – mit einer Anreicherung von Kalziumkarbonat und Kalziumphosphat im Bindegewebe – stark verknöchert und dadurch bei weitem weniger biegsam als die der meisten anderen Krokodilier. Selbst ihre Augenlider sind stark ossifiziert. Wegen ihres Hautpanzers wurden sie schon mit Schildkröten verglichen. Während der Keilkopf-Glattstirnkaiman eine recht typische Kopfform aufweist, ist der Schädel des Brauen-Glattstirnkaimans hochgebaut, glatt und hundeähnlich. Bisher gibt es keine überzeugenden Erklärungen dafür, warum dieses Tier diese einzigartige Schädelform entwickelte. Beide Arten sind nur klein. Beim Keilkopf-Glattstirnkaiman beträgt die Gesamtlänge bei Männchen etwa 1,7 Meter und bei Weibchen 1,3 Meter. Der Brauen-Glattstirnkaiman ist möglicherweise der kleinste Krokodilier der Welt, denn die Männchen erreichen nur eine Länge von 1,5 Meter, und die Weibchen werden 1,2 Meter lang. Im Gegensatz zu den gelblichen Augen der meisten anderen Krokodilier besitzen beide Arten eine tiefbraune Augenfarbe.

Michael and Patricia Fogden

▲ Da seine Bauchschuppen von den umfangreichen Osteodermen (Knochenplättchen) frei sind, zählt die Haut des Mohrenkaimans (*Melanosuchus niger*) zu den sogenannten »klassischen« Häuten, die für die Herstellung luxuriöser Gegenstände, etwa von Handtaschen, sehr begehrt sind. Durch intensive Bejagung während der fünfziger und sechziger Jahre erreichten die Popu ationen schnell einen kritischen Zustand.

▼ Der Brauen-Glattstirnkaiman (*Paleosuchus palpebrosus*) ist der kleinste und zudem der am stärksten gepanzerte Krokodilier. Selbst seine Augenlider werden von Knochenplatten geschützt.

Stan Osolinski/Oxford Scientific Films

▲ Eine Gruppe von Nilkrokodilen sonnt sich in Kenia an einem Flußufer.

DIE FAMILIE DER KROKODILE

Die Vertreter der Familie Crocodylidae tragen im Oberkiefer jederseits eine Kerbe, die den vierten Zahn des Unterkiefers aufnimmt, wenn das Maul geschlossen wird. Daher ist dieser Zahn stets sichtbar. In den Bauchschuppen befinden sich Sinnesgruben, die, selbst bei gegerbten Häuten, als kleine Punkte in der Mitte einer jeden Schuppe zu erkennen sind.

Die Krokodile besitzen Drüsen auf der Zunge, mit denen sie in salzhaltiger Umgebung überschüssiges Salz ausscheiden können. Selbst bei Arten, die nur im Süßwasser leben, sind diese Drüsen funktionsfähig. Man vermutet, daß die Toleranz der Krokodilier dem Salzwasser gegenüber ihre weite Verbreitung über die Tropen erklärt.

Die Gattung *Crocodylus* umschließt 13 einander recht ähnliche Arten. Die letzte wurde erst 1990 benannt, und in naher Zukunft wird man wahrscheinlich eine weitere indo-pazifische Art als nunmehr zwei neue Arten klassifizieren müssen. Alle Arten sind mittel- bis sehr groß und tragen schmale Schnauzen. Keine von ihnen besitzt eine so breite Schnauze wie ein Alligator oder eine so schlanke wie ein Gavial.

Das Verbreitungsgebiet des Leistenkrokodils (*C. porosus*) reicht von Indien über Nordaustralien bis zu den Salomonen-Inseln. Das Vorkommen dieser sehr großen Art in den Ästuaren und Mündungen großer Flüsse verhindert möglicherweise den Kontakt unter den mindestens sechs Süßwasserarten, die auf den größeren Landmassen dieser Region leben. Diese Art ist vermutlich die größte unter allen Krokodiliern. Man hat Längen von über sieben Meter und Gewichte von über 1000 Kilogramm verzeichnet.

In der Neuen Welt fällt dem Spitzkrokodil (*C. acutus*) vermutlich eine ähnliche Rolle zu. Es kommt in

WOHIN MIT DEM SALZ

Wie viele Wirbeltiere, die im Salzwasser leben, müssen Krokodile mit Extrembedingungen umgehen: zuviel Salz und zuwenig Süßwasser in ihrer Umgebung. Um das richtige Salz-Gleichgewicht in ihren Körperflüssigkeiten zu erhalten, müssen sie überschüssiges Salz ausscheiden, das sie direkt über die Haut oder beim Fressen aufnehmen. Allerdings sind Reptilien nur dann imstande, genügend Salz auszuscheiden, wenn sie ihre Nieren mit großen Mengen von Süßwasser durchspülen können – ein erhebliches Problem für ein Tier, das die Ästuare von Flüssen bewohnt.

Die Krokodile und andere meeresbewohnende Reptilien lösten dieses Problem mit Hilfe von Salzdrüsen, die imstande sind, Salz in hohen Konzentrationen auszuscheiden, ohne dabei wertvolles Wasser zu verlieren. Bei den Salzdrüsen der Meeresschildkröten handelt es sich um modifizierte Tränendrüsen, während die Meerechse der Galapagos-Inseln eine salzige Flüssigkeit aus den Drüsen ihrer Nase versprüht. Bei den Crocodyliden befinden sich Salzdrüsen auf der Zunge. Diese Strukturen, ursprünglich ehemalige Speicheldrüsen, scheiden tropfenweise eine Salzlösung aus. Das Maul eines Krokodils wird von den inneren Organen durch eine fleischig-knorpelige Klappe abgeschottet, die sich hinten an der Kehle befindet. Dadurch wird die Zunge zu einem Teil der äußeren Körperoberfläche. Dank dieser besonderen Exkretionsmethode weisen die Crocodyliden eine hohe Salztoleranz auf, was vermutlich auch ihre weite Verbreitung über die Tropen erklärt.

P. Harlow

▲ Diese Nahaufnahme einer Krokodilzunge zeigt die verstreuten, porenähnlichen Öffnungen der Salzdrüsen. Diese modifizierten Speicheldrüsen scheiden überschüssiges Salz in einer hochkonzentrierten Lösung aus, um ein angemessenes Salz/Wasser-Gleichgewicht im Körper des Krokodils zu erhalten.

den Ästuaren von der Südspitze Floridas (in den Vereinigten Staaten) bis nach Kolumbien und Venezuela vor. Sein Verbreitungsgebiet teilt es mit drei weiteren Krokodilen, die im Süßwasser leben: dem Beulenkrokodil (*C. moreletii*) aus Mexiko, Belize und Guatemala, dem kubanischen Rautenkrokodil (*C. rhombifer*) und dem Orinoko-Krokodil (*C. intermedius*) aus Venezuela und Kolumbien.

Das weitverbreitete Nilkrokodil (*C. niloticus*) kommt (mit Ausnahme der wasserfreien Gebiete der Sahara) in ganz Afrika und auf Madagaskar vor. Man findet es in Ästuaren, und im Landesinneren bewohnt es außerdem die Flüsse, Sümpfe und Seen. Der einzige andere Vertreter dieser Gattung in Afrika ist das Panzerkrokodil (*C. cataphractus*), dessen Verbreitung auf die stark bewaldeten Gebiete West- und Zentralafrikas beschränkt ist. Die ökologische Abgrenzung dieser Art vom Nilkrokodil wurde noch nicht erforscht.

Der einzige Crocodylide, der nicht der Gattung *Crocodylus* angehört, ist das Stumpfkrokodil (*Osteolaemus tetraspis*). Diese winzige Art ähnelt oberflächlich den Glattstirnkaimanen, und vermutlich entspricht auch ihre Ökologie in den stark bewaldeten Gebieten Westafrikas derjenigen der Glattstirnkaimane im Amazonasbecken Südamerikas. Über Lebensweise und Populationsdynamik des Stumpfkrokodils weiß man praktisch nichts.

DIE GAVIAL-FAMILIE

Die Familie Gavialidae enthält zwei großwüchsige Arten von Krokodiliern mit extrem schmalen Schnauzen. Der Sunda-Gavial (*Tomistoma schlegelii*) wird über vier Meter lang, und beim Ganges-Gavial (*Gavialis gangeticus*) wurden Längen von über 6,5 Meter gemessen. Der Sunda-Gavial wird dieser Familie hauptsächlich aufgrund biochemischer Befunde zugerechnet. Einige Fachleute stellen ihn allerdings in die Familie Crocodylidae.

Die extrem dünne Schnauze der Gaviale wird als eine Anpassung an die Fischnahrung gewertet. Wahrscheinlich würde die Schnauze des Ganges-Gavials die mechanische Belastung, wie sie beim Fang großer Säugetiere auftritt, die von anderen Krokodiliern ähnlicher Größe erbeutet werden, gar nicht aushalten. Auch in stark zugewachsenen Lebensräumen ist eine sehr schlanke Schnauze vermutlich hinderlich.

Der Sunda-Gavial kommt auf der malaysischen Halbinsel Thailands und Malaysias vor, sowie auf den Inseln Sumatra, Borneo, Java und vielleicht Sulawesi (Celebes). Er trägt eindeutige dunkle Flecken, und erwachsene Tiere sind beinahe ebenso farbenprächtig wie die Jungen. Man trifft diese Art in Süßwassersümpfen, Seen und Flüssen an, doch existieren zur Zeit noch keine Untersuchungen seiner Ökologie. Der Ganges-Gavial ist kaum mit anderen Krokodiliern zu verwechseln. Der Kopf mit seiner dünnen Schnauze und die schwachen Beine erscheinen im Vergleich zum riesigen Körper unnatürlich klein. Erwachsene Männchen entwickeln an der Schnauzenspitze eine große, fleischige Knolle, die offensichtlich dazu dient, die Töne zu beeinflussen, die sie während ihrer sozialen Interaktionen von sich geben. Der Ganges-Gavial ist über Pakistan, Indien, Nepal, Bhutan,

▲ Lange Zeit hielt man die äußere Ähnlichkeit des Sunda-Gavials (*Tomistoma schlegelii*) mit dem Ganges-Gavial lediglich für eine Folge konvergenter Evolution. Heute werden beide Arten aufgrund biochemischer Befunde in dieselbe Familie (Gavialidae) gestellt.

▼ Der nordindische Ganges-Gavial (*Gavialis gangeticus*) ernährt sich, wie seine lange, schlanke Schnauze ahnen läßt, vorzugsweise von Fischen. Die auffällige Knolle an der Nase weist dieses Individuum als ein Männchen aus. Diese Art wird über sechs Meter lang.

Jean-Paul Ferrero/AUSCAPE International

M.P. Price/Bruce Coleman Limited

▲ Schlüpfende Ganges-Gaviale in Nepal. Als besorgte Mutter vergräbt ein weiblicher Gavial seine 30 bis 50 Eier in einer Sandhöhle und bleibt dann in der Nähe, bis die Jungen nach 60 bis 80 Tagen schlüpfen. Anschließend legt er das Nest frei und hilft den Jungen, ihre Eischalen zu durchbrechen.

▼ Ein Orinoko-Krokodil (*Crocodylus intermedius*) verschlingt ein Wasserschwein, ein südamerikanisches Nagetier von der Größe eines Schweins. Dieses seltene, kaum erforschte Krokodil besitzt eingeschränkte Verbreitungsgebiete in Venezuela und Kolumbien.

Bangladesch und Burma verbreitet. Er hält sich häufiger im Wasser auf als die meisten anderen Krokodilier und frequentiert selbst die relativ schnell fließenden Zuflüsse von Indus, Bhima, Mahanadi, Ganges, Brahmaputra, Kaladan und Irrawaddy. In seinem Lebensraum ist die menschliche Besiedlungsdichte recht hoch, und seine Populationen wurden durch Fischernetze, Staudämme und das Wegsammeln seiner Eier ernsthaft dezimiert. Gücklicherweise haben eine intensive Betreuung und ein Zuchtprogramm der indischen Regierung diese Art offenbar noch kurz vor dem Aussterben gerettet.

ERNÄHRUNG

Krokodilier ernähren sich recht vielfältig und passen sich in der Regel dem Beutespektrum an, das in ihrem Lebensraum vorherrscht. Ganz junge Tiere fressen neben anderen kleinen Wirbeltieren überwiegend Insekten, und wenn sie größer geworden sind, nehmen sie Krebse oder Schnecken, je nach Angebot. Wenn sie sich der Geschlechtsreife nähern, gehen sie zumeist auf Fische über, doch fressen sie auch Säugetiere, Vögel und andere Wirbeltiere, die am Uferrand leben. Große, erwachsene Tiere spezialisieren sich häufig auf Säugetiere. Man hat beobachtet, wie Nilkrokodile ausgewachsene Kaffernbüffel töteten. Im Gegensatz zu einer allgemein verbreiteten Ansicht kommt es unter Krokodiliern nur selten zum Kannibalismus. Derartige Fälle haben normalerweise keine ernährungsbedingten, sondern soziale Ursachen.

Obwohl sie im Wasser meisterhaft zu jagen verstehen, sind sie an Land nicht sehr manövrierfähig. Daher können sich potentielle Beutetiere sicher fühlen, solange sie einen Abstand von mindestens vier Meter vom Wasser einhalten. Menschen sind besonders unbeholfene Säugetiere, die sich sehr häufig in der Nähe des Wassers aufhalten, doch können wir zum Glück für unsere Art feststellen, daß uns die meisten Krokodilier normalerweise nicht als geeignete Beuteobjekte betrachten. Es kommt vor, daß große Krokodilier, etwa Mississippi-Alligatoren, Mohrenkaimane und Sumpfkrokodile, manchmal Menschen töten, um ihre Nester und Territorien zu verteidigen oder weil sie hungrig sind. Angesichts der häufigen Kontakte zwischen diesen Arten und den Menschen dieser stark besiedelten Gebiete erfolgen derartige Angriffe jedoch sehr selten. Im Gegensatz dazu stellen zwei Arten, das Leisten- und das Nilkrokodil, dem Menschen gewohnheitsmäßig nach. Und wenn man im Verbreitungsgebiet dieser Arten an ein Gewässer kommt, ist äußerste Vorsicht geboten.

FORTPFLANZUNG

Alle Krokodilier legen Eier. Dabei umfassen die Gelege der kleinsten Arten zehn bis 15 Eier, doch kann das Leistenkrokodil bis zu 50 Eier ablegen. Sämtliche Alligatoriden, der Sunda-Gavial und die meisten Krokodile errichten Nester aus Pflanzen, Erde und organischen Resten, die sie zu einem Hügel zusammenscharren. Dagegen vergraben der Ganges-Gavial und fünf der Krokodilarten ihre Eier in Löchern, die sie an sandigen Ufern oder anderen krümeligen Substraten graben. Das Spitzkrokodil häuft manchmal einen Sandhügel auf und legt seine Eier dort hinein, anstatt sie direkt am Ufer zu vergraben.

Die meisten Arten ziehen sich nach der Eiablage nicht einfach zurück. Stattdessen bleibt die Mutter, manchmal auch der Vater, in der Nähe des Nestes, um es gegen Nesträuber zu verteidigen. Die Entwicklung der Embryonen nimmt 60 bis 100 Tage in Anspruch, je nach Art und Bruttemperatur. Dann durchbrechen die jungen Krokodile die Eischalen und beginnen im Nest zu rufen, worauf das erwachsene Tier ein Loch ins Nest gräbt, um die Jungen zu entlassen. Da die Eier in der Zwischenzeit häufig von Wurzeln oder den Bauprodukten von Termiten eingeschlossen sind, benötigen die Jungtiere die Hilfe ihrer Eltern, um das Nest verlassen zu können. Nach ihrer Befreiung werden sie von dem erwachsenen Tier vorsichtig im Maul gesammelt und zum Wasser getragen. Man hielt es nicht für möglich, daß eine Mutter, die viele tausend Mal mehr wiegt als ihre Kinder, dieser feinfühligen Aufgabe gewachsen sei, bis ein solcher Fall in den siebziger Jahren einmal gefilmt wurde. Selbst ein

David MacDonald/Oxford Scientific Films

Nilkrokodil wurde dabei beobachtet, wie es ein noch vollständiges Ei, aus dem die Rufe des Jungtieres zu hören waren, vom Boden aufnahm und vorsichtig zwischen Zunge und Munddach hin und her rollte, bis die Schale brach. Dann setzte die Mutter das Baby vorsichtig ins Wasser und verschluckte die leere Eischale.

Die Nester der Krokodilier, seien sie nun Pflanzenhügel oder nur Löcher im Sand, funktionieren wie präzise Brutapparate. Im Falle der einfachen Bodennester wirkt die Erde als Wärmereservoir, die die extremen Temperaturunterschiede an der Oberfläche mildert. Bei den Hügelnestern wird die Temperatur indes nicht nur von der Sonnenwärme, sondern auch von dem pflanzlichen Material gehalten, das im Hügel verwest. Bei allen Nestern erhöhen die Embryonen während der letzten Brutphase die Gesamttemperatur durch ihre Stoffwechselwärme. Unabhängig davon, ob sie die Bergbäche des Himalaya, tropische Dschungel oder die Sümpfe der gemäßigten Klimaten bewohnen, brüten alle Krokodilierarten ihre Eier bei etwa 30 Grad Celsius aus. Werden die Embryonen über längere Zeit Temperaturen von unter 27 oder oberhalb von 34 Grad Celsius ausgesetzt, sterben sie bei den meisten Arten ab.

Die Temperaturen, bei denen die Eier ausgebrütet werden, sind nicht nur für das Überleben der Embryonen von Bedeutung, sondern bestimmen auch das Geschlecht der Nachkommen. Anders als bei Vögeln und Säugern, deren Geschlecht schon bei der Befruchtung festgelegt wird, besitzt der Embryo eines frisch abgelegten Eies noch kein Geschlecht. Erst die Temperatur, der das Ei während der ersten Wochen ausgesetzt ist, bestimmt, ob aus dem Embryo ein Weibchen oder Männchen wird.

Beim Mississippi-Alligator, dem Keilkopf-Glattstirnkaiman und möglicherweise beim Krokodilkaiman bringen Temperaturen um 31 Grad Celsius Weibchen und höher als 32 Grad Celsius Männchen hervor. Wenn die Temperaturen dazwischen liegen, entstehen beide Geschlechter. Bei einigen Crocodyliden produzieren wiederum niedrige Temperaturen nur Weibchen und mittlere Werte zwischen 31 und 33 Grad Celsius eine Mischung aus Männchen und Weibchen. Bei noch höheren Temperaturen kommen wieder zumeist Weibchen heraus. Außerdem beeinflußt die Bruttemperatur sowohl die Farbmuster als auch die Vorzugstemperatur der Nachkommen.

Man kann vermuten, daß es sich bei der Verknüpfung zwischen Geschlecht und Temperatur um eine Anpassungsmaßnahme handelt, die den Geschlechterunterschieden in den Paarungssystemen Rechnung trägt. Bei den meisten Krokodilierarten gibt es unter den Männchen eine strenge soziale Rangordnung, und mit hoher Wahrscheinlichkeit gelangt nur immer das größte zur Fortpflanzung. Es wäre daher für ein Weibchen reine Verschwendung, bei Temperaturen unterhalb des Optimums männliche Nachkommen zu produzieren, da diese Tiere nach dem Schlüpfen nur langsam wachsen. Dagegen haben wohl alle Weibchen eine Chance, sich fortzupflanzen, unabhängig von ihrer Endkörpergröße. Es ist daher sinnvoll, bei optimalen Temperaturen Männchen hervorzubringen, die schnell wachsen, bei anderen Werten jedoch weibliche Nachkommen. Obwohl diese Hypothese einleuchtet, muß die Erforschung der Folgen, die eine temperaturabhängige Geschlechterdetermination mit sich bringt, noch fortgesetzt werden.

Edward Robinson/Oxford Scientific Films

▲ Mit ausgebuchteter Kehle brüllt ein Mississippi-Alligator seine Nachbarn im Everglades-Nationalpark (Florida) an. Beide Geschlechter dieser vermutlich stimmgewaltigsten Krokodilier-Art verfügen über ein außerordentlich vielfältiges Vokabular. Die territorialen Männchen stoßen im Abstand von zehn Sekunden ein lautes Brüllen aus, das auch in einer Entfernung von 150 Meter noch gut zu hören ist. Dann antworten die Nachbarn im Chor. Dieses gemeinsame Brüllen kann sich über eine halbe Stunde oder länger hinziehen. Zudem kennen die Erwachsenen eine Reihe grunzender und fauchender Rufe. Bei der Paarung tauschen die Partner leise, hustende Töne aus.

SOZIALVERHALTEN

Das Sozialverhalten der Krokodilier ist, soweit man weiß, vielschichtiger als das aller anderen Reptilien. Verschiedene Forscher haben bei diesen Tieren eine Art gemeinsamer Jagd beobachtet. Allerdings sind solche Beobachtungen schwer zu interpretieren, denn die Tiere könnten dieses Verhalten auch einfach aufgrund einer Neigung gezeigt haben, sich an einer Nahrungsquelle zu versammeln und dabei eine minimale Individualdistanz einzuhalten (die Untersuchungen wurden in der Wildnis gemacht). Im Gegensatz dazu läßt sich das mit der Fortpflanzung verbundene Sozialverhalten in Gefangenschaft leicht erforschen, und die Motivation dieses Verhaltens ist eindeutiger. Jede Art besitzt einen anderen Grad an Geselligkeit. So leben einige, etwa Keilkopf-Glattstirnkaimane, in Territorien, aus denen sie grundsätzlich erwachsene Geschlechtsgenossen fernhalten. Andere, etwa einige Populationen des Nilkrokodils, unternehmen jahreszeitliche Wanderungen zu ihren Niststränden, wo jedes Männchen für den Harem seiner Partnerinnen vorübergehend ein Territorium beansprucht.

Die Kiefer eines Krokodils sind schreckliche Waffen, und erwachsene Tiere sind sehr wohl imstande, einander umzubringen. Allerdings kommt dies nur selten vor. Der Verlierer einer Auseinandersetzung kann seine Unterwerfung, sofern er noch jung ist, durch entsprechende Töne bekunden, oder er hebt den Kopf senkrecht an und entblößt dabei seine Kehle. In der Regel darf er dann abtauchen, ohne weiter verfolgt zu werden. Wenn die Tiere zubeißen, treffen sie meist die Schwanzwurzel und nicht den relativ empfindlichen Brustbereich.

Zu den sozialen Signalen gehören Gesten wie die der Unterwerfung, aber auch das Schlagen des Wassers mit dem Kopf. Die Tiere grunzen und brüllen, für Menschen gut hörbar, und verständigen sich unter Wasser mit unhörbaren, tieffrequenten Tönen. Zwar

David Curl

▲ Eine Kinderstube der Leistenkrokodile. Während der ersten beiden Wochen nach dem Schlüpfen bleiben die Jungen eng am Ufer in Gruppen zusammen. Sie werden dabei von der Mutter und zuweilen auch anderen Erwachsenen bewacht. Die Babys ernähren sich von Insekten und anderen kleinen Wassertieren und tauchen beim geringsten Zeichen von Gefahr sofort unter.

wurden die meisten dieser Signale nur im Zusammenhang mit der Fortpflanzung untersucht, doch dürften sie auch bei der weniger augenfälligen alltäglichen Kommunikation von Bedeutung sein. Erwachsene und heranwachsende Tiere reagieren auf die Kummerrufe der Jungtiere und verteidigen sie gegen Räuber, unabhängig davon, ob es die eigenen Kinder sind. In einem Fall wurde das Schlauchboot dreier Forscher von einem ausgewachsenen Keilkopf-Glattstirnkaiman versenkt. Sie hatten den Hilferuf eines ganz jungen Krokodilkaimans imitiert. Ganz junge Tiere bleiben häufig in einer Gruppe zusammen und werden von der Mutter je nach Lebensraum und Art, über Wochen, manchmal sogar über Jahre begleitet. Während dieser Zeit kommunizieren die Jungen untereinander und mit der Mutter durch hörbare Grunzlaute.

ÖKONOMISCHE AUSBEUTUNG

Krokodilleder ist elegant, und Produkte aus Krokodilhäuten erzielen hohe Preise. Das begehrteste Leder stammt von den »klassischen Häuten«, wie dem Leistenkrokodil, dem Mississippi-Alligator und dem Nilkrokodil. Die Bauchschuppen dieser Arten enthalten nur wenige Osteodermen (Knochenplättchen unter einer jeden Schuppe), und die Oberfläche läßt sich glänzend polieren. In den letzten Jahren führte jedoch der zunehmende Mangel an klassischen Häuten dazu, die Häute des Krokodilkaimans zu verwenden. Wildlebende Exemplare dieser Art besitzen dicke Osteodermen, und das Leder erhält nur dann einen Schimmer, wenn es künstlich beschichtet wird.

Eine unbeschränkte Jagdtätigkeit während der fünfziger und sechziger Jahre reduzierte die Bestände der meisten Arten mit klassischen Häuten beinahe bis zur ökonomischen Bedeutungslosigkeit. Erst in den späten sechziger und frühen siebziger Jahren erließen viele Produzentenländer nationale und internationale Gesetze, und man bewegte sich in Richtung Naturschutz. Der Erfolg dieser Schutzaktionen zeigt sich in der Tatsache, daß eine kontrollierte wirtschaftliche Nutzung heute in den meisten Ländern erlaubt ist, die anfangs einen vollständigen Schutz für ihre Krokodilier angeordnet hatten. Die Pionierländer dieser kontrollierten Nutzung waren Papua-Neuguinea mit dem Leistenkrokodil, die Vereinigten Staaten mit dem Mississippi-Alligator, Zimbabwe mit dem Nilkrokodil und Venezuela mit dem Krokodilkaiman. Zwar variiert die Form der Handhabung von einem Land zum anderen, doch besitzen die meisten eine Mischung der folgenden drei Vorgehensweisen.

Jagd

Erwachsene und heranwachsende Krokodilier werden in der Wildnis gejagt, allerdings werden die Methoden, die dabei gestattet sind und die Größe der Tiere, die erlegt werden dürfen, normalerweise gesetzlich begrenzt. In Papua-Neuguinea stehen nur Krokodile oberhalb einer bestimmten Größe unter Schutz. Die kleinsten Individuen werden verschont, weil ihre Häute für den Handel zu klein sind. Auf diese Weise wird der wildlebende Brutbestand großer, alter Krokodile geschützt und nur die mittlere Größenklasse genutzt. Vermutlich gelingt es immer so vielen von diesen, dem Tod zu entgehen, daß sie die ältere Altersgruppe ergänzen können. Krokodilier-Populationen, die in Papua-Neuguinea, den Vereinigten Staaten und Venezuela in dieser Weise größenabhängig abgeschöpft werden, gedeihen offenbar recht gut. Auch wenn der Eindruck entsteht, daß die Jagd einer Art nur schaden kann, muß dies nicht unbedingt so sein, denn Krokodilier haben auch intensive Verfolgungsphasen überlebt, solange ihre Lebensräume intakt blieben. In den Entwicklungsländern liegt einer der zwingendsten Gründe für die Erhaltung der Lebensräume darin, daß die Einheimischen in wirtschaftlicher Hinsicht auf diese angewiesen sind. Die Jagd erhält den ökonomischen Ansporn und wird paradoxerweise in vielen Gegenden als ein wichtiges Mittel zum Artenschutz angesehen.

Aufzucht gesammelter Eier und Jungtiere

Auf Krokodil-Ranches werden in der Wildnis gesammelte Eier (und manchmal auch Jungtiere) aufgezogen. In Gefangenschaft liegen die Wachstumsraten bei angemessenen Temperaturen und guter Ernährung wesentlich höher als in der freien Natur, und die Tiere werden in der Regel im Alter zwischen einem und drei Jahren geschlachtet. Tiere, die in Gefangenschaft aufgezogen wurden, bringen normalerweise höherwertige, einheitliche Häute hervor, die auch höhere Preise erzielen. Es ist zudem leichter, den Schlachtvorgang für die Fleischproduktion zu überwachen, das in den Restaurants immer mehr zu einer Delikatesse wird. In vielen Fällen ist es auch für die Naturschutzbehörden einfacher, die Nutzung der Tiere zu überwachen, da die Tiere in den Aufzuchtstationen getötet werden. Auch das Sammeln von Eiern oder Jungtieren in der Wildnis gibt den Menschen einen ökonomischen Anreiz, die natürlichen Lebensräume zu erhalten.

Krokodilfarmen

Die Zucht und Aufzucht von Krokodiliern auf Farmen mit einem geschlossenen Bestandszyklus ist die am wenigsten verbreitete Methode zur Nutzung dieser Tiere. Doch dürfte sie in Zukunft noch an Bedeutung gewinnen, da immer mehr natürliche Lebensräume vernichtet werden. Es ist theoretisch möglich, einzelne Tiere für die Zucht domestizierter Krokodilier-Rassen auszuwählen, die in Gefangenschaft mehr Eier produzieren, schneller wachsen und zudem noch bessere Häute liefern. Diese Möglichkeiten werden zur Zeit in den Vereinigten Staaten und Zimbabwe erprobt. Allerdings sind derartige Unternehmungen für den Schutz natürlicher Arten und deren Lebensräumen absolut irrelevant. Außerdem hat sich gezeigt, daß Krokodilfarmen in Hinsicht auf den Artenschutz keineswegs immer neutral wirken. Für ihre Zuchtprojekte verfrachten die Farmen Krokodilier-Arten über die ganze Welt, und dies stellt viele aquatische Systeme vor ernste Probleme. Sollte es den fremden Arten gelingen, zu entweichen, würden die einheimischen Krokodilier möglicherweise durch Krankheiten oder Konkurrenz der eingeführten Art ausgelöscht oder von den neuen Tieren gar aufgefressen. Viele aquatische Tiere, die sich in ihrer Entwicklungsgeschichte daran angepaßt haben, mit einer Krokodilier-Art zusammenzuleben, können vermutlich nicht überleben, wenn sie plötzlich mit einer anderen konfrontiert werden. Es wäre schon reine Ironie, wenn die Zucht in Gefangenschaft, die sich der Genesung einiger Krokodilier-Arten verschrieben hat, den Status dieser Arten so verändert, daß sie nicht mehr bedroht sind, sondern selber eine Bedrohung darstellen.

FORTBEWEGUNG

Krokodile schwimmen mit seitlichen Schlägen ihres Schwanzes, der den Körper langsam, aber anscheinend mühelos durch das Wasser treibt. Diese Art der Fortbewegung muß sehr wirkungsvoll sein, denn es wurden schon Individuen Hunderte von Kilometern vom Ufer entfernt angetroffen. Die Tiere schwimmen nur dann schnell, wenn sie einer Gefahr ausweichen oder eine Beute verfolgen wollen. Der Schwanz ist imstande, das ganze Tier senkrecht aus dem Wasser zu schnellen. Dadurch kann ein Krokodil eine Beute schnappen, die sich auf einem überhängenden Ast niedergelassen hat.

Auf dem Land ist der Schwanz eines Krokodils jedoch nutzlos, und das Tier muß sich auf seinen kurzen Beinen fortbewegen. Obwohl es äußerlich einer Echse ähnlich sieht, ist sein Körper zu schwer, um im normalen Echsen-Spreizgang über den Boden geschoben zu werden. Nur wenn sich Krokodilier im Schlamm oder auf einer anderen schlüpfrigen Oberfläche aufhalten, »rutschen« sie auf dem Bauch.

Um gemütlich längere Strecken an Land zurückzulegen, bedienen sich die Krokodilier jedoch des »hochbeinigen Ganges«, einer Fortbewegungsart, die der gehender Säugetiere ähnlich ist. Dabei werden die Beine nahezu unter den Körper gestellt und der Bauch hoch über dem Boden gehalten. Einige Arten, etwa der Krokodilkaiman (*Caiman crocodilus*), wandern regelmäßig lange Strecken über Land.

Die spektakulärste Gangart hat das Australien-Krokodil (*Crocodylus johnsoni*) entwickelt. Um über kürzere Distanzen ins Wasser zurückzukehren, galoppiert es mit derselben Beinfolge, die auch ein Pferd bei hoher Geschwindigkeit anwendet. Die Hinterbeine treiben den Körper nach vor und heben ihn hoch vom Boden ab. Tatsächlich befinden sich manchmal alle vier Beine gleichzeitig in der Luft. Die Vorderbeine fangen das Körpergewicht bei der Landung auf, der Körper wird gebeugt und die Hinterbeine nach vorn geschwungen, um den nächsten Vorstoß vorzubereiten.

John Carnemolla/Australian Picture Library

▲ Als Räuber nutzen Krokodile in hohem Umfang ihre schreckliche Fähigkeit, explosionsartig aktiv zu werden, was wenigstens Menschen diesen sonst so lethargisch wirkenden Tieren nicht zutrauen. Wenn ein Krokodil plötzlich aus dem Wasser schnellt, kommt es beinahe vollständig aus dem Wasser heraus.

Gunther Deichmann/AUSCAPE International

◀ Abgesehen von kurzen, stürmischen Anläufen sind Krokodile an Land grundsätzlich langsam und recht unbeholfen. Eine bemerkenswerte Ausnahme bildet das Australien-Krokodil (*Crocodylus johnsoni*), das aufgeschreckt im vollen Galopp dem sicheren Wasser entgegensprintet.

INDEX

DANKSAGUNGEN

Die Herausgeber möchten folgenden Personen für ihre Hilfe und Unterstützung ihren Dank aussprechen: Elizabeth Cameron und Sophia Zantiotis, Australian Museum; Rod Scott, Big Nose Bros. Creative Communications; Tracy Tucker, Lu Sierra, Natalie Vellis und Tristan Phillips.

Ein großer Teil der Informationen dieses Buches beruht auf der Originalforschungsarbeit der Autoren. Allerdings haben sich folgende Bücher als wertvolle Quellen erwiesen und sind wohl auch für alle Leser interessant, die mehr über die Reptilien und Amphibien der Welt erfahren möchten.

Airone
Australian Geographic
Arnold, E.N. und Burton, J.A. (1978): *Field Guide to the Reptiles and Amphibians of Britain and Europe.* Collins, London.

1988 Red List of Threatened Animals (Rote Liste der bedrohten Tiere von 1988). World Conservation Monitoring Centre, IUCN, Cambridge.

Behler, J.L. und King, F.W. (1989): *The Audobon Society Field Guide to North American Reptiles and Amphibians.* Alfred A. Knopf, New York.

Bustard, Robert (1972): *Australian Sea Turtles. Their Natural History and Conservation.* William Collins Sons & Co Ltd, Glasgow.

Cogger, Harold G. (1992): *Reptiles and Amphibians of Australia.* A.H. & A.W. Reed Pty Ltd, Sydney.

Conant, R. und Collins, J.T. (1991): *A Field Guide to the Reptiles and Amphibians of Eastern and Central North America.* Houghton Mifflin Co, Boston.

Duellman, W.E. und Trueb, L. (1986): *Biology of Amphibians.* McGraw-Hill Book Company, New York.

Ernst, C.H. und Barbour, R.W. (1989): *Turtles of the World.* Smithsonian Institution Press, Washington, D.C./London.

Halliday, Tim R. und Adler, Kraig (Herausgeber) (1986): *The Encyclopedia of Reptiles and Amphibians.* Facts on File Inc., New York.

Lindsay, William (1991): *The Collins Dinosaur Atlas.* Collins Angus & Robertson, Sydney.

Mattison, Chris (1987): *Frogs and Toads of the World.* Blandford Press, Großbritannien.

Mehrtens, John M. (1987): *Living Snakes of the World in Color.* Sterling Publishing Co. Inc., New York.

Norman, David (1985): *The Illustrated Encyclopedia of Dinosaurs.* Crescent Books, New York/Salamander Books Ltd, London.

Obst, F.J., Richter, K. und Jacob, U. (1988): *The Completely Illustrated Atlas of Reptiles and Amphibians for the Terrarium.* T.F.H., Neptune City, New Jersey.

Parker, H.W. und Grandison, A.G.C. (1977): *Snakes – a natural history.* British Museum (Natural History) and Cornell University Press, New York (überarbeitete Ausgabe).

Phelps, Tony (1989): *Poisonous Snakes.* Blandford Press, London.

Ross, Charles A. und Garnett, Stephen (Herausgeber) (1989): *Krokodile und Alligatoren,* Jahr-Verlag, Hamburg.

Shine, Richard (1991): *Australian Snakes: a natural history.* A.H. & A.W. Reed Pty Ltd, Sydney.

Stebbins, R.C. (1985): *A Field Guide to Western Reptiles and Amphibians* (zweite Auflage). Houghton Mifflin Co, Boston.

Tyler, Michael J. (1989): *Australasian Frogs.* Penguin Books Aust. Limited.